알기 쉬운

주5일근무에 따른
임금·연봉제 실무

문강분 지음 | 공인노무사 |

가림 M&B

알기 쉬운

주5일근무에 따른

기업실무자가 꼭 알아야 할 임금 · 연봉제 실무 지침서

임금 · 연봉제 실무

문강분 지음 ｜공인노무사｜

가림 M&B

알기 쉬운
주5일근무에 따른 임금 · 연봉제 실무

2003년 11월 10일 제1판 1쇄 발행

지은이/문강분
펴낸이/강선희
펴낸곳/가림M&B

등록/1999. 1. 18. 제5-89호
주소/서울시 광진구 구의동 57-71 부원빌딩 4층
대표전화/458-6451   팩스/458-6450
홈페이지 http://www.galim.co.kr
e-mail galim@galim.co.kr

값 35,000원

ⓒ 문강분, 2003

ISBN 89-89107-35-0 13360

가림출판사 · 가림M&B · 가림Let's의 홈페이지(http://www.galim.co.kr)에 들
어오시면 가림출판사 · 가림M&B · 가림Let's의 신간도서 및 출간 예정 도서를
포함한 모든 책들을 만나실 수 있습니다.
온라인 서점을 통하여 직접 도서 구입도 하실 수 있으며 가림 홈페이지 내에서
전국 대형 서점들의 사이트에 링크하시어 종합 신간 안내 및 각종 도서 정보,
책과 관련된 문화 정보를 받아보실 수 있습니다.
또한 홈페이지 방문시 회원으로 가입하시면 신간 안내 자료를 보내드립니다.

추천의 글

지금 열심히 일하고 있는 당신, 당신의 몸값은 얼마인가?

이 질문에 대해서 독자 여러분들은 생각해본 적이 있는가? 한 번 직장은 평생직장이라는 고정관념에 사로잡혀 있지는 않은가?

우리는 주위에서 연봉제라는 말을 심심찮게 듣는다. 그러나 연봉제의 정확한 개념과 적용범위, 법률적 지식에 대해 자세하게 알고 있는 사람은 그리 많지 않을 것이다. 아직은 평생직장이라는 분위기에 익숙한 우리이기에 연봉제는 특정층의 사람에게만 적용되는 제도로 받아들이고 있다. 하지만 이러한 분위기 속에서 점차 목소리를 높이고 있는 것이 능력에 따른 급여제도, 바로 연봉제이다.

연봉제가 거스를 수 없는 대세라면 시대 흐름에 맞추어 근로자나 사용자 모두 연봉제에 대해 바르게 파악하고 대비하는 것이 현명한 자세일 것이다.

이 책은 포괄적 의미의 임금을 12개 장으로 나누어 그 내용을 — 임금에 관한 이론을 비롯하여 임금의 법률적 의미, 임금보호제도, 주5일근무제와 임금관리, 퇴직금제도, 연봉제와 법률문제, 성과배분제와 법률문제, 비정규직과 법률문제, 여성근로자와 임금관리 등 — 상세하게 설명하고 있다.

그러므로 독자들은 이 책을 통하여 연봉제를 포함한 임금제에 관해서 보다 정확하게 이해하고 실제에 응용할 수 있을 것이다.

끝으로 이 책을 내기까지 많이 고민하고 준비를 하느라고 고생한 저자의 노고에 감사한 마음을 전한다.

2003년 10월

인간개발연구원 원장 · 박사 양 병 무

노사정 모두가 이의가 없었던 "근로시간단축"과 "삶의 질 확보"라는 대의명분에도 불구하고 충실하게 이어졌던 수년간의 토론이 "임금보전"이라는 현실적인 걸림돌 때문에 번번이 합의에 실패했었던 사례를 되돌아본다면 결국 노사간에 "임금" 문제를 우회하는 것은 어렵다는 생각이다.

사용자들은 어려운 기업 여건에 비해 너무 많은 인건비를 지불하고 있다고 불만스럽게 이야기하고 국내외 기관에서 조사한 자료에도 우리나라의 노동생산성이 떨어진다는 분석이지만, 정작 어떤 기업의 근로자도 자신의 능력을 넘는 충분한 임금을 지급 받고 있다고 응답하는 사례를 본 적이 없다.

이렇게 주요 이해 당사자의 이해가 첨예하게 대립하고 있는 "임금"이라는 핵심 문제에 대해서 우리나라의 노사 관행은 양자간에 줄 것과 받을 것에 대하여 깊이 생각하여 제도를 정하고, 정한 제도를 정확히 이행하는 일은 제대로 하지 않으면서 자신의 노력을 과대평가하고 상대방에게 좀더 많은 것을 기대하면서 분쟁의 계기를 갖게 되지 않나 싶다.

우리나라의 노동법은 근로자의 임금지급청구권을 중심으로 매우 구체적인 형태로 구성되어 있어 임금과 관련된 분쟁은 근로자의 문제 제기에 의해 법적 분쟁으로 이어지기 십상인데, 많은 경우 사용자들은 법에서 부과된 각종 의무를 제대로 이해하지 못하여 지불 능력을 초과하는 임금을 지불하면서도 강행법률에 위반되어 형사처벌을 받을 뿐만 아니라 체불임금을 한꺼번에 청산하느라 도산하는 안타까운 상황을 목격하게 된다.

기업들은 연봉제 도입 등 성과주의로의 전환을 모색하고 있으며, 비정규직이 고용을 통해 인력 관리의 유연화를 도모하고 있으나 어느 경우에든 노동법의 규율체계로부터 완전히 벗어날 수 없으며, 오히려 법을 잘 이해하고 활용하여 적법한 기업 운영을 모색해야 하는 것이 긴요하다고 생각된다.

이 책은 지난 1999년 『임금관리와 법률실무』라는 저서의 공동 저자로 참여한 뒤, 한국인사관리협회에서 「임금관리와 법률실무」라는 강좌를 개설하여 강의를 시작한 이래 주로 기업실무자를 상대로 현재까지 매분기별로 14차에 걸쳐 500여 명이 넘는 실무자들에게 강의하면서 강의교재를 보완해 오던 것을 정리한 것이다.

임금관리와 노동법의 문제를 유기적으로 연결하면서 최근의 행정해석과 판례를 중심으로 임금관련 법률문제를 정리하고, 기업에서 관심이 많은 연봉제 및 성과배분제, 비정규직 문제, 여성근로자 문제 등의 이슈들을 별도의 장으로 정리하였다. 특히 주 40시간제 법개정, 퇴직연금제 도입 등 최근의 법·시행령 개정 사항도 빠짐없이 정리하였다.

이 책이 기업에서 인사관리와 노사관계 업무를 담당하는 사람들에게 항상 참고할 수 있는 유용한 매뉴얼이 되었으면 하는 바람이다. 그러나 능력의 부족으로 소망하는 만큼 내용을 모두 싣지 못한 점을 고백하지 않을 수 없다. 앞으로 보완해 갈 것을 약속드린다.

지연되는 일정에도 불구하고 끝까지 작업을 독려해주신 가림출판사 관계자 여러분에게 감사 드리고, 자료 수집과 원고 교정에 애쓴 이희진 노무사와 항상 질책과 조언을 아끼지 않은 강상무 님께 고마움을 전한다. 특히 주말에도 함께 하지 못하는 엄마의 빈자리를 잘 참아준 딸 소연과 가족들에게 깊은 사랑의 마음을 전한다.

2003년 10월

문 강 분

C ontents

제 1 편 법률실무

제 1 장 임금관리와 노동법

제 2 장 임금의 정의와 사회보험관리

제 3 장 평균임금·통상임금·최저임금제도

C ontents

C ontents

제 2 편 쟁점실무

제1편 법률실무

제 1 장 임금관리와 노동법

    IMF 외환위기가 오기 전까지 기업은 근속이나 학력 위주의 연공서열적 인사제도를 유지해 왔다.

    이는 과거 저임금, 고성장 시대에 있어서 생활보장이 최우선적으로 요구되고 장유유서가 중시되는 문화적인 전통과 부합할 뿐만 아니라 변화보다는 안정을 추구하는 근로자와 동일한 근로조건을 선호하는 노동조합의 요구에도 부합하는 것이었다.

▶ 1인당 GNI 대비 임금수준의 국제 비교(제조업)

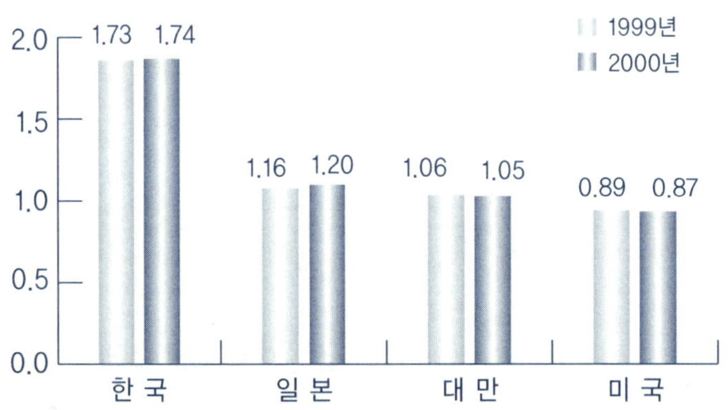

▶ 1인당 GNI 대비 제조업의 임금수준

(단위 : 미국달러)

구 분		연간 1인당 GNI	월평균1인당 GNI(A)	월평균임금 (제조업, B)	1인당 GNI대비 임금수준(B/A)
한 국	1999	8,595	716.2	1,240	1.73
	2000	9,770	814.2	1,416	1.74
일 본	1999	36,156	3,013.0	3,510	1.16
	2000	37,879	3,156.6	3,773	1.20
대 만	1999	13,235	1,102.9	1,166	1.06
	2000	14,216	1,184.7	1,242	1.05
미 국	1999	33,927	2,827.3	2,519	0.89
	2000	35,802	2,983.5	2,598	0.87

자료) 통계청 : 『월간국제통계』, 2002. 2.
　　　재정경제부 : 『주요경제지표』, 2002. 2.

그러나 산업의 고도화가 이루어져 가고 있는 현재, 성과에 주목하기 시작한 경영 문화의 형성과 근로자의 의식구조변화, 승진 적체현상의 심화, 고임금·개방화 시대의 도래, 산업구조의 고도화, 우수인력의 부족현상 심화 등으로 인하여 임금관리를 비롯한 인사제도 전반에 상당한 변화가 진행되고 있다.

임금제도와 관련하여 기업이 근로자들의 동기유발을 통해 경영능률과 기업효율을 제고시키기 위해 임금의 지급이 직무특성, 개인의 능력, 그리고 업적에 연결될 수 있도록 하는 성과주의 임금제도로의 전환을 급격하게 시도하면서 이와 관련된 노사간의 긴장도 증가하고 있다.

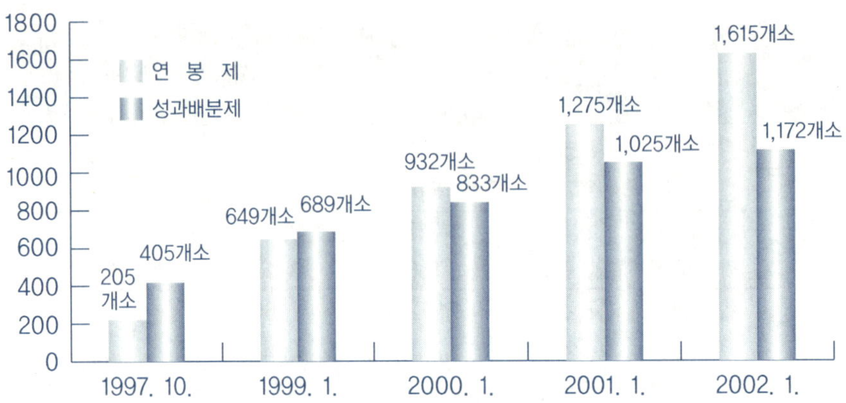

구 분		1997. 10.	1999. 1.	2000. 1.	2002. 1.
도입업체 (비율 %)	연 봉 제	205(3.6)	649(15.1)	932(23.0)	1,612(32.3)
	성과배분제	405(7.0)	689(16.0)	833(20.6)	1,172(23.4)
응답업체수(개소)		5,754	4,303	4,052	4,998

자료) 노동부

　임금은 사용자에게는 단일 동기유발요인으로는 최대의 수단으로 주로 임금관리 차원에서 합리화 방안이 논의되어 왔다. 그러나 근로자와 노동조합의 시각에서 본다면 임금은 근로계약관계의 기본요소이자 근로조건의 핵심내용이며 노사관계의 질서 재편과 관련되는 사안으로서 매우 중요하다.

　경영학 내지 기업실무에서는 임금관리의 효율화와 개선 방안을 모색하면서 더불어 반드시 고려해야 할 문제가 바로 임금을 규율하고 있는 법의 체계이다.

임금관리와 노동법

　시장경제체제하에서는 노동력과 임금이 서로 대가적 관계에 서면서 당사자의 자유로운 교섭에 의하여 결정되는 것이 원칙일 것이다. 그리하여 민법 제655조는 이와 같은 원칙에 입각하여 임금 및 기타 근로조건에 관한 결정을 사용자와 근로자에게 일임하고 있다.

　그러나 시장경제체제하에 있어서 당사자의 자유로운 교섭은 현실적으로 근로자들에게 불평등한 계약을 강요하는 결과를 낳고 있다는 인식하에 실질적 평등을 보장하고자 탄생한 노동법은 임금관리 전반에 중대한 영향을 미치게 된다.

　이른바 노동법이라고 하는 것은 민법·형법 등과 같이 노동법이라는 명칭의 법률을 말하는 것이 아니라 근로자·노동조합·노사관계 등을 규율하는 각 법규를 총칭하는 것인데, 근로자보호의 영역(개별적 근로관계)에 있어서는 근로기준법이 중심이 되고, 노동조합의 영역(집단적 노사관계)에 있어서는 노동조합및노동관계조정법·근로자참여및협력증진에관한 법률·노동위원회법 등이 그 중심이 되고 있다.

　근로기준법의 구조는 주로 근로조건을 근로자의 권리로서 보장하는 한편 그 권리의 준수를 사용자의 의무로 규정하고 있는 것이다. 이 법의 효과는 주로 강행법규의 성격을 띠고 있어서 이 법규에 위반되는 근로계약 등에 대하여는 효력을 부정하고 나아가서 무효로 된 부분에 대하여는 이 법의 기준을 바로 그 내용으로 의제하고(제22조), 특정조항의 위배에 대하여는 형사처벌도 명문화하는 강력한 효력을 부여하고 있다.

　근로기준법은 임금을 법적으로 정의하고(이 책 제2장), 근로계약체결시 대등하게 근로조건을 결정할 수 있도록 다양한 제도를 두고 있으며(이 책 제5장), 근로시간·휴일·휴가제도에 따른 각종 수당제도를 두고(이 책 제4장), 퇴직금제도를 설정하도록 하며(이 책 제7장), 각종 수당·퇴직금 및 사회보험의 기초가 되는 통상임금·평균임금 · 임금총액 등 기준임금제도를 두었고(이 책 제3장), 임금의 지불과 관련된 다양한 제도(이 책 제6장), 임금채권의 보호와 관련된 제도(이 책 제8장)를 예정함으로써 임금제도의 골격을 형성하고 있다.

이 법이 규율하는 노사관계는 날로 광역화 · 다양화되어 가고 있어서 기본법에서는 전체적인 법질서의 기본을 확정해두고 세부적인 사항은 시행령 등 하위 법령에 위임하는 경향이 있고, 그 법의 내용 중 행정기관의 지도 · 감독 등의 역할이 요구되는 것이 증가하는 데다가, 그 해석의 통일성 · 감독행정의 가이드라인 등이 절실히 필요하게 되는 것이므로 하위 법령이나 행정해석의 중요성이 여타 법 분야에 비해 지대한 것이 특징이다. 이 책에서는 각 장별로 최신 판례 및 행정해석을 중심으로 살펴보도록 한다.

임금관리의 3대 규범

| 근로계약, 취업규칙, 단체협약 |

근로계약은 근로자가 사용자에게 근로를 제공하고 사용자는 이에 대하여 임금을 지급함을 목적으로 체결된 계약을 말하는 것이고(근로기준법 제17조), 취업규칙은 사용자가 다수의 개별적 근로관계의 처리상의 편의를 위하여 근로계약상의 내용이 되는 사항과 복무규정 및 직장질서 등에 관한 사항을 일방적으로 정하는 것으로서 법률상 보통계약약관과 유사한 성질을 가지고 있는 것이다. 단체협약은 노동조합과 사용자 사이의 개별적 근로관계와 집단적 노사관계 등 제반 관심사에 관해서 단체교섭을 통하여 문서로 체결한 협정을 말하는 것이다. 우리나라의 법제하에서 임금을 규율하는 가장 중요한 규범의 역할은 근로계약·취업규칙 및 단체협약이다.

1. 단체협약

노동조합이 있는 사업장의 경우 노동조합과 사용자 또는 그 단체간에 근로조건 기타에 관하여 합의된 사항은 "서면으로 작성하여 당사자 쌍방이 서명, 날인"(노동조합 및 노동관계조정법 제31조 제1항)함으로써 단체협약으로서의 효력이 발생한다. 단체협약에서 정해진 임금의 기준은 개개 근로자의 임금을 결정할 때에도 준수되어야 하고, 이에 반하는 임금결정을 하여도 무효이며(동 법 제33조 제1항), 단체협약의 기준에 따라 결정한 것으로 간주한다(동 법 제33조 제2항). 동 법 제33조의 규범적 효력은 법률상 규정을 기다릴 필요도 없이 단체협약에 본래적으로 인정되고 있는 효력이라고 할 수 있다.

2. 취업규칙

　원래 근로자는 취업시에 사용자와 1 대 1로 근로계약을 체결하여 근로자의 권리
의무를 구체적으로 확정하는 것이 번잡한 데다가 노사관계는 어느 정도 정형화되
어 있으므로, 근로계약 체결에 있어서 취업규칙의 내용에 근로자가 반대하지 아니
하는 한 그 내용을 근로계약의 내용으로 하는 방식으로 취업규칙을 활용하고 있다.

　근로기준법 제96조는 상시 10인 이상의 근로자를 사용하는 사용자는 이 조에 규
정된 일정한 내용의 필요적 기재사항을 포함하고 있는 취업규칙을 작성하여 노동
부장관에게 신고하도록 의무화하고, 그 중 "임금의 결정·계산, 지급방법, 임금의
산정기간, 시급시기 및 승급에 관한 사항(제2호), 가족수당의 계산·지급방법에 관
한 사항(제3호), 퇴직금·상여·최저임금에 관한 사항(제5호), 근로자의 식대, 작업
용품 등 부담에 관한 사항(제6호)" 등 임금관련 사항을 필수적 기재사항으로 명시하
고 있다.

　취업규칙은 대개 사용자가 일방적으로 정하는 자치규범이라는 점과 그 주된 성
질이 사업장 내의 규율을 위한 것이라는 점에서 노사간의 자율적인 협의에 의하여
근로조건 등 노사간의 공동관심사에 대하여 결정하는 단체협약과 본질적으로 구별
되는 것이기는 하나, 취업규칙도 근로자가 반대하지 않는 한 근로계약의 내용이 되
어 노사간의 다른 약정이나 단체협약에 별다른 내용이 없는 한 근로조건이 취업규
칙에 의하여 결정되는 것이 노사관행이므로 노조조직률이 11%대에 머물고 있는
점을 감안하면 가장 광범위하게 노사관계규범의 전형적인 역할을 하고 있다고 보
아도 무방할 것이다.

　취업규칙은 법상으로는 근로기준법의 적용을 받는 등 그 규범적인 근거를 단체
협약과 달리하고 있으나 실제로는 양자의 기능이 현저히 서로 다른 것은 아니며 구
체적인 사항에 있어서는 동일한 내용을 중복되게 규정하는 경우도 허다하다.

3. 근로계약

다만 10인 미만의 근로자가 근무하는 소규모기업의 근로관계나 연봉제와 같이
사용자가 특정근로자와 특별한 약정을 하는 근로관계는 근로계약에 의해 규율된
다. 따라서 연봉제 내지 비정규근로의 활용으로 근로조건의 개별화가 진행되는 경
우는 개별 근로계약의 중요성이 증가한다.

| 제 규범의 법적 효력 |

개개 근로자의 임금결정인 근로계약의 체결 및 변경에 있어서는 그 기준이 되는
단체협약, 취업규칙 또는 법령과의 관계를 고려하여야 한다.
　근로기준법은 근로계약, 취업규칙, 단체협약의 법적 효력에 관하여 "취업규칙의
기준에 미달하는 근로조건을 정한 근로계약은 그 부분에 한하여 무효로 한다. 이
경우에 있어서 무효로 된 부분은 취업규칙에서 정한 기준에 의한다(제100조).", "취
업규칙은 법령 또는 단체협약에 반할 수 없다."고 규정하고, 나아가 "노동부장관은
법령 또는 단체협약에 저촉되는 취업규칙의 변경을 명할 수 있다(제99조)."고 규정
하여 단체협약은 취업규칙에 대하여, 취업규칙은 근로계약에 대하여 상위규범으로
서의 효력이 있음을 명시적으로 인정하고 있다.

| 규범 적용의 순서 |

1. 적용원칙

① 상위규범 우선의 원칙

원칙적으로 규범원칙 상호간에는 상위규범이 하위규범에 우선하는 효력이 있으므로 하위규범의 내용이 상위규범에 모순·저촉되는 경우에는 무효가 되어 근로관계에 적용될 수 없고, 상위규범에 정한 내용이 효력을 가진다(노동조합 및 노동관계조정법 제33조 제11항, 근로기준법 제99조의1 제1항).

② 유리한 조건 우선의 원칙

상위규범과 하위규범 상호간에 서로 모순·저촉되는 충돌관계에 있는 경우에는 상위규범 우선의 원칙에 따르게 되지만, 예외적으로 특정한 사항에 관하여 상위규범보다 하위규범이 근로자에게 유리한 조건을 규정하고 있는 경우에는 하위규범에 정한 유리한 내용이 우선적으로 적용된다.

③ 신법 우선의 원칙

위계에 차이가 있는 상·하위 규범들 사이에는 상위규범 우선의 원칙이나 유리한 조건 우선의 원칙에 의하여 그 적용순서를 결정할 수 있지만, 위계에 차이가 없는 같은 위계의 규범들 상호간에는 어떠한 규범을 적용할 것인가가 문제될 수 있다. 이 경우에는 위 같은 위계의 규범들 상호간에 그 성립상 시간적 선후관계가 있을 때에는 새롭게 성립한 규범이 우선한다.

④ 특별규정 우선의 원칙

산업별 또는 직종별로 조직된 노동조합의 연합단체가 사용자단체와의 사이에 당해 사업 또는 당해 직종에 일반적으로 효력이 미치는 단체협약을 체결하고 있다고 하더라도 각 사업장에 조직된 단위노동조합이 사용자와 사이에 체결한 단체협약이 있는 경우에는 개별 사업장의 단체협약이 특별규범으로 우선하여 적용된다.

한편, 비정규직에 대한 취업규칙이 있는 경우 비정규 근로자에게는 일반 취업규칙에 우선하여 비정규직 규정이 적용된다.

▶ 규범 상호간의 위계

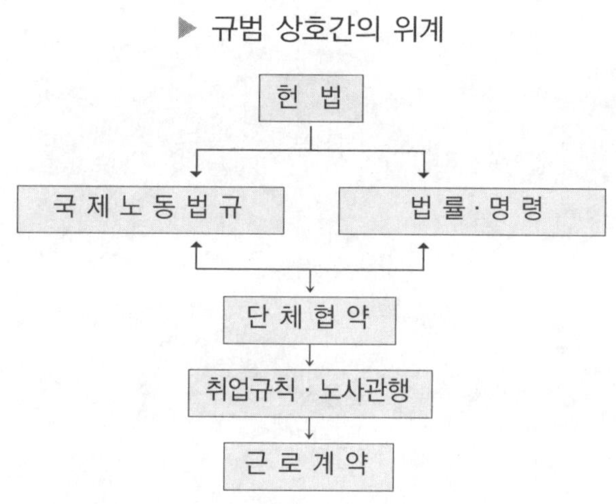

2. 우선적용의 순서

이상의 원칙에 따라 우선적용의 순서를 정하면 제1위는 법령(강행법규), 제2위는 단체협약, 제3위는 취업규칙, 제4위는 근로계약이 된다. 즉 단체협약과 법령과의 관계에서는 법령이 우선하고, 강행법규인 법령에 반하는 단체협약은 무효가 되는 것이다.

단체협약과 취업규칙과의 관계에서는 단체협약이 우선하고 협약에 반하는 취업규칙은 그 부분에 한하여 무효이다. 또한 취업규칙과 근로계약관계에서는 취업규칙이 우선하여 취업규칙에 정하는 기준에 미달하는 근로조건을 정하더라도 무효이므로 이 경우 취업규칙에 정하는 대로 인상된다.

▶ 임금관리 3대 지주

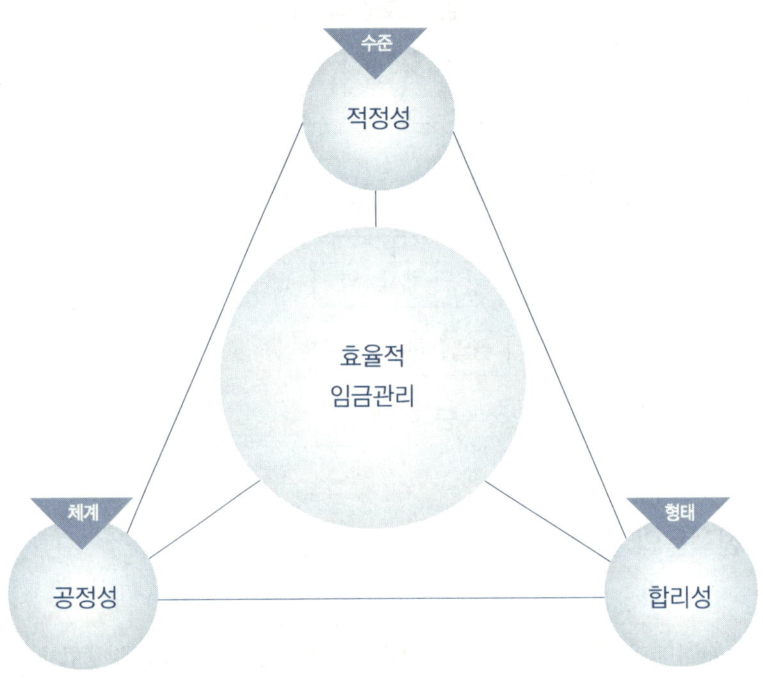

자료) 김식현 : 『인사관리론』. 무역경영사, 1984.

| 임금수준관리 |

　임금수준은 일정기간 동안 한 기업 내의 모든 근로자에게 평균적으로 지급되는 임금을 의미하며, 기업의 전체적인 임금수준을 결정하는 총액인건비와 관련이 있다. 기업단위에서는 단체협약(임금협약)에 의한 임금인상률 결정, 매년 물가인상분 등을 반영하는 BASE UP 등이 임금수준을 결정하는 주요한 제도들이다.

　임금수준과 관련된 법적 규제는 없으므로 경영실적과 생산성을 고려하여 적정하게 기업실정에 맞게 관리하면 될 것이나 어떤 경우에도 개별근로자의 임금수준이 최저임금법에서 정하고 있는 최저임금수준을 밑돌 수는 없다.

　최근에 최저임금액의 결정과 관련하여 노사 단체간의 마찰이 커지고, 특히 비정규직의 임금가이드라인의 역할을 하고 있어 최저임금관리의 중요성이 증대되고 있는 바 최적임금제도에 대해서는 제3장에서 자세히 다루기로 한다.

| 임금체계관리 |

▶ 대표적 임금체계와 유형별 특징 비교

임금체계 유형	임금항목 구성				임금인상 방법		
직급별 호봉	기본급 (단일호봉)		제 수당	고정상여	Base-up		호봉승급
능력급	본급	능력급	제 수당	고정상여	Base -up	고과승급 (merit pay)	고과상여 (incentive)
일본식 연봉	연봉(기본연봉+업적연봉) (=월봉×지급개월 수)		제 수당		Base -up	고과승급 (merit pay)	고과상여 (incentive)
미국식 연봉	연봉(base pay)				고과승급 (merit pay by performance evaluation)		incentive pay

1. 근로기준법과 임금체계

임금체계란 사용자가 근로자가 제공한 근로에 대하여 어떤 방법으로 대가인 임금을 지급할 것인가와 관련되는 임금결정방법의 문제로서, 연공을 기준으로 할 것인지 근로제공의 능력을 기준으로 할 것인지 아니면 제공된 근로의 결과를 측정하여 임금을 지급할 지에 따라 연공급·직능급 및 성과급 등으로 구분할 수 있다.

임금체계에 대하여 법은 구체적으로 정의하거나 언급하고 있지 않으나 근로기준법 제정시기를 기준으로 설정된 법정 기준 근로시간제도와 연장근로 및 휴일휴가제도와 강제퇴직금제도 및 기준임금제도가 연공급적 임금체계의 골격을 형성해왔다.

퇴직금제도가 없어지지 않고 그대로 있는 상황이기는 하나 2004년 7월부터 퇴직연금제의 도입을 예정하고 있고, 더군다나 이번 주40시간제 법개정으로 근로시간 단축과 동시에 탄력적 근로시간의 운용이 가능해짐에 따라 연봉제 내지 성과급제 등 성과주의 임금체계로의 전환이 쉬워질 것으로 판단된다.

2. 임금체계의 변경 절차

임금체계의 변경은 임금결정방법, 임금지급시기 및 각종 수당의 변경 등이 수반되므로 중대한 근로조건의 변화에 해당된다. 그러므로 이의 변경을 위해서는 우선 당해 제도가 임금보호법 위반이 아닌지 여부를 우선 검토한 뒤 근로조건대등결정원칙에 따른 정당한 변경절차를 거쳐야 할 것이다.

근로계약 체결·갱신절차를 거쳐야 하며, 다수의 근로자에게 동시에 적용되는 사항이거나 기존의 제도를 변경하는 것이라면 취업규칙의 변경절차를 그리고 노동조합과의 단체협약이 체결되어 있는 경우는 교섭을 통해 단체협약의 갱신을 이루어 내야 비로소 임금체계를 변경할 수 있다.

이러한 변경절차는 사용자에게 부담을 주는 것임에 틀림없지만 동기유발요인의 변화를 통해 성과향상을 기하고자 임금체계를 변경하는 것이라면 제도의 수혜자인 근로자의 충분한 이해와 동참이 필수적이라는 측면에서 긍정적으로 활용할 수 있을 것이다. 이 책에서 연봉제와 성과배분제도의 개요와 각종 법적 쟁점들을 검토한다(제9장, 제10장).

3. 동일가치노동 동일임금원칙

경영학에서는 임금체계에 대한 공정성 확보에 대한 논의가 이루어져 왔으나 최근 비정규직 증가와 함께 '균등대우' 내지 '동일가치노동 동일임금원칙' 차원의 논의가 심화되고 있다.

근로기준법 제5조는 "사용자는 근로자에 대하여 남녀의 차별적 처우를 하지 못하며, 국적·신앙 또는 사회적 신분을 이유로 근로조건에 대한 차별적 처우를 하지 못한다."고 규정하고 있으며, 남녀고용평등법 제8조 제1항은 "사업주는 동일한 사업 내의 동일가치의 노동에 대하여는 동일한 임금을 지급하여야 한다."라고 하고, 제2항은 "동일가치노동의 기준은 직무수행에서 요구되는 기술, 노력, 책임 및 작업조건 등으로 하고", 제3항은 "임금차별을 목적으로 사업주에 의하여 설립된 별개의 사업은 동일한 사업으로 본다."라고 정의하고 있다.

어떠한 기준으로 임금을 결정하든 어느 경우에나 합리적 차별임을 사용자가 입증하지 못하는 경우 임금차별에 대한 벌칙의 적용은 물론 그 차액지급의무를 면할 수 없기에 임금관리에 있어서도 차별에 대한 관리는 매우 신중히 접근해야 할 분야로 떠오르고 있다. 이 책에서 균등처우문제는 비정규직 관련 부문(제12장)에서, 동일가치노동 동일임금문제는 여성근로자 관련 부문(제11장)에서 최근 논의되고 있는 내용을 소개하도록 한다.

▶ 임금형태의 분류

임금형태 [고정급여 : 시급제, 월급제, 연봉제
         성과급제 : 개인성과급제, 집단성과급제

▶ 임금형태의 구성내용

		내 용
고정급여	시 급 제	● 임금이 시간단위로 결정되는 임금형태 ● 시간외 수당 지급대상 ● 조퇴 · 결근시 임금 공제 ● 생산직, 파트타임 근로자에 적용
	월 급 제	● 임금이 월단위로 결정됨 ● 근로일수에 관계없이 고정적으로 지급됨 ● 일반적으로 시간외 수당 적용 안 됨 ● 사무관리직, 감독직에 적용
	연 봉 제	● 임금이 1년 단위로 결정됨 ● 시간외 수당 적용 안 됨 ● 관리직, 전문직, 계약직
성과급제	개별성과급	● 제품단위당 임률에 작업성과를 곱하여 산출
	집 단 성과급	● 노사가 성과목표를 정하고 실적이 기대성과를 상회할 때 그 차액을 이해당사자에게 배분 ● 기업단위, 공장단위, 부서단위 등으로 적용 ● 매출액, 이익, 생산비용절감 등이 기준

자료) 양병무, 문강분, 황인철 : 『임금관리와 법률 실무』. 한국경총, 1999, p. 52.

임금형태는 임금의 계산 및 지불방법을 의미한다. 일반적으로 임금형태는 크게 고정급제와 성과급제로 구분된다. 고정급제는 시급제·월급제·연봉제로, 성과급제는 개인성과급제·집단성과급제로 구분할 수 있다.

근로기준법상 평균임금, 통상임금제도, 기타 임금지급제도 등은 직접적으로 임금형태관리에 영향을 주고 있다.

통상 생산직 근로자들은 근로시간에 따라 생산량이 좌우되므로 시급제를, 사무직 근로자는 포괄산정임금제도에 의한 월급제를, 전문직이나 관리자급에 대하여는 연봉제를 시행하는 것이 일반적이나, 점차로 전 직원까지 연봉제를 확대하거나 생산직에도 월급제를 시행하는 사례도 늘고 있다. 산업, 지역이나 직무의 특수성에 따라 합리적 임금형태를 구축하여야 할 것인데 각 임금형태별로 다양한 법적 쟁점이 제기될 수 있음을 유념하면 될 것이다.

최근에는 연봉제의 변동상여부분과 성과배분제의 시행에 따른 경영성과급의 임금성 여부가 논란이 되고 있다. 여기에 대해서는 제10장에서 구체적으로 살펴본다.

제 2 장 임금의 정의와 사회보험 관리

1. 임금의 법적 정의
2. 임금의 구체적 판단
3. 임금총액과 사회보험실무

1 | 임금의 법적 정의

우리 근로기준법에 규정된 임금의 개념은 ILO 협약[1]의 그것과 유사하다. 임금은 근로의 대가로서 근로자가 사용자의 지휘를 받으며 근로를 제공하는 것에 대한 보수를 의미한다. 여기서 말하는 근로의 대상이란 노동의 대가라는 것인데 직접적으로 제공하는 노동의 대가인 "근로시간이나 실적에 따라 지불되는 임금"만을 가리키는 것이 아니고 근로자의 인간다운 삶을 보장하고, 노동력을 재생산하기 위해 사용자가 그의 고용근로자에게 지급하는 것으로서, 지급조건이 명백한 것을 말한다.

한때 근로의 대가로서 지급되는 임금부분과 생활보장의 차원에서 지급되는 임금부분이 따로 존재한다는 논란이 있었으나, 임금은 그것이 어떤 형태이든 근로의 대가로서만 존재할 뿐 현실의 근로제공을 전제로 하지 않고 단순히 근로자의 지위에 기하여 발생하는 생활보장적 임금이란 있을 수 없다는 1995년 12월 대법원 판례가 나옴으로써 이러한 논란이 종식되었다(1995. 12. 21., 대법원 선고 94다26721 전원합의체 판결).

---

1) ILO협약 제95호(임금보호에 관한 협약, 1949) 제1조 : 본 협약에서 임금이라 함은 명칭 또는 계산방법의 여하를 불문하고 금전으로 평가할 수 있고, 쌍방의 합의나 국내의 법률 또는 규칙으로 정하여질 보수 또는 소득으로, 완성된 일이나 완성되어야 할 일 또는 완성된 용역이나 완성되어야 할 용역에 관하여 사용자가 문서 또는 구두에 의한 근로계약에 의거하여 근로자에게 지불하는 것을 말한다.
ILO협약 제100호(동일가치 노동에 대한 동일보수 협약, 1951) 제1조 : 본 협약에서 보수라 함은 현금 또는 현물을 불문하고, 직접 또는 간접으로 사용자가 근로자에게 지불하여야 할 통상, 기본 또는 최저의 임금이나 봉급 및 모든 추가적 보수로서 근로자의 고용으로부터 발생하는 것을 포함한다.

임금에 관한 법률적 정의는 앞에서 살펴본 바와 같다. 그러나 우리 기업의 경우 임금 또는 기타 부가적으로 지급하는 금품의 항목이나 지급방법 등이 매우 다양하기 때문에 법이나 시행령, 시행규칙 등에서 이를 일일이 규정하기가 매우 어렵고 구체적인 임금 여부의 판단에 있어서 노사간 갈등을 유발하는 것이 현실이다.

쟁의행위 기간중 근로를 제공하지 않은 경우의 임금청구권 발생 여부

지난 1995년 12월 21일 대법원은 전원합의체(주심 朴萬浩 대법관)에서 남만진 씨 등 삼척군 의료보험조합 소속 근로자 15명이 조합측을 상대로 낸 임금청구소송 상고심에서 단순히 근로자의 지위에 기하여 발생하는 임금이란 없으며, 따라서 파업기간중에는 근로자에게 일체의 임금을 지급하지 않아도 된다고 판결하였다. 당시 판결은 기존의 대법원 판례를 뒤집은 것이어서 센세이션을 일으킨 바 있다.

– 판례요지
① 모든 임금은 근로의 대가이므로 현실의 근로제공을 전제로 하지 않고 단순히 근로자로서의 지위에 기하여 발생한다는 이른바 생활보장적 임금이란 있을 수 없다.
② 우리 현행법상 임금을 사실상 근로를 제공한 데 대하여 지급 받는 교환적 부분과 근로자로서의 지위에 기하여 받는 생활보장적 부분으로 나누고(이른바 임금 2분설) 이에 따라 법적 취급을 달리하는 것이 반드시 타당하다고 할 수도 없으며, 실제로 현실의 임금항목 모두를 원심과 같이 교환적 부분과 생활보장적 부분으로 준별하는 것은 경우에 따라 불가능하다
③ 임금 2분설에서 전형적으로 생활보장적 임금이라고 설명하는 가족수당 · 주택수당 등도 근로제공과의 밀접도가 약하기는 하지만 이를 현실적인 근로제공의 대가가 아닌

것으로 보는 것은 임금의 지급현실을 외면한 단순한 의제에 불과하다

④ 근로조건에 관한 분쟁을 유리하게 전개하기 위해 사용자에 대하여 집단적·조직적으로 노무를 정지하는 투쟁행위인 쟁의행위는 근로계약에 따른 근로자와 사용자의 주된 권리·의무를 정지시킴으로 인하여 사용자는 노무지휘권·징계권 등이 정지되는데 반하여, 평상시 개별근로자의 결근·지각·조퇴 등은 단순히 개별근로자의 근로제공의무 불이행만이 남게 되는 것으로서 사용자는 여전히 근로자의 노무제공과 관련하여 노무지휘권이나 징계권을 행사할 수 있는 것이므로 양자는 그 성질이 근본적으로 다르다

⑤ 또한 후자는 개별적이고 단기적일 뿐 아니라 대체근로의 투입, 징계권의 행사를 통한 예방조치 등 전반적인 업무상의 장애도 비교적 손쉽게 해소할 수 있는 반면 전자의 경우는 집단적·조직적일 뿐만 아니라 장기적으로 지속될 수 있고 대체근로의 투입이 불가능해지는 등 사용자가 이로 인한 전반적인 업무장애를 해소할 수도 없게 된다.

⑥ 따라서 이와 같이 근본적으로 성질이 다르고 형태상으로도 뚜렷한 차이가 나는 쟁의행위로 인하여 정상적인 근로를 제공하지 아니한 자를 단순히 근로계약에 따른 근로제공이 없다는 동일성만을 토대로 평상시에 있어서 결근 등으로 근로를 제공하지 아니한 결근자 등과 동일하다거나 이에 준하는 법적 취급을 하여야 한다고 할 수는 없다.

⑦ 쟁의행위시의 임금지급에 관하여 단체협약이나 취업규칙 등의 규정이나 약정·관행이 있다고 인정되지 아니하는 한 쟁의행위기간 중의 임금청구권은 발생하지 않는다고 하여야 할 것이며, 그 지급청구권이 발생하지 아니하는 임금의 범위도 임금 중 이른바 교환적 부분에 국한된다고 할 수 없다.

⑧ 아울러 단체협약이나 취업규칙 등에서 결근자 등에 관하여 어떤 임금을 지급하도록 규정하고 있거나 임금삭감 등을 규정하고 있지 않거나 혹은 어떤 임금을 지급하여 온 관행이 있다고 하여, 이를 쟁의행위로까지 유추할 수는 없는 것이다.

⑨ 따라서 이와 다른 견해를 취한 바 있는 당원 1992년 3월 27일 선고, 91다36307 판결 및 같은 해 6월 23일 선고, 92다11466 판결은 이를 변경하기로 한다.

(1995. 12. 21., 대법원전원합의체 94다26721 ; 대법원 95다19501)

이에 법률적으로 정의되지 못하는 임금의 항목에 대해서는 법원의 판단에 의지할 수밖에 없는데, 여기에서는 판단이 모호한 임금항목들을 임금 여부의 판단기준이 되는 사항들과 연계시켜 설명하기로 한다.

일반적으로 근로자가 지급 받은 금품이 임금인지 아닌지 여부를 판단하는 기준은 그것이 '근로의 대상'으로 '사용자가 지급'한 '명칭을 불문한 일체의 금품'인지 아닌지 여부에 달려 있다.

| 근로의 대상 |

근로의 대상(對償)이라 함은 근로자[2]가 사용자[3]의 지휘·명령을 받으며 근로를 제공한 데 대한 반대급부로 지급되었음을 의미한다. 사용자는 법률상 또는 계약상 개개 근로자에 대하여 임금지급의 의무를 지게 되는데, 근로의 제공과는 전혀 무관하게 지급되는 다음과 같은 금품은 임금으로 볼 수 없다.

① 의례적, 임의적이거나 호의적, 은혜적인 의미에서 지급하는 것
② 근로자의 복지후생을 위한 시설이나 비용으로 지급하는 것
③ 기업설비에 갈음하여 실비변상적으로 지급하는 것 등

법원 판례의 경향을 보면 사용자가 근로자에게 지급하는 금품 가운데 사용종속 관계에서 행하는 근로에 대한 대가로 지급된 금품은 그 명칭에 관계없이 임금으로 판단한다. 만일 근로의 대가로 지급된 금품이 아니면 갑종근로소득세의 원천징수 대상이라도 임금으로 보지 않는 것이다.

---

2) 근로기준법 제14조【근로자의 정의】이 법에서 "근로자"라 함은 직업의 종류를 불문하고 사업 또는 사업장에 임금을 목적으로 근로를 제공하는 자를 말한다.
3) 근로기준법 제15조【사용자의 정의】이 법에서 "사용자"라 함은 사업주 또는 사업경영담당자, 기타 근로자에 관한 사항에 대하여 사업주를 위하여 행위하는 자를 말한다.

임금 여부의 판단

근로기준법 제18조, 제19조에서 말하는 임금이란 사용자가 근로의 대상으로 근로자에게 지급하는 일체의 금품을 뜻하는 것으로서, 지급하는 금품이 근로의 대상이 아니고 단순한 의례적·호의적 의미에서 지급되는 경우에는 그 금품을 임금이라 하기 어렵고, 그 지급되는 금품에 대하여 갑종근로소득세가 원천징수 된다고 하여 반드시 이를 임금이라 단정할 수 없다

(1973. 3. 27., 대법원 72다7425)

임금 여부의 판단

사용자가 근로자에게 지급하는 금품이 평균임금 산정의 기초가 되는 임금총액에 포함되는 임금에 해당하려면 먼저 그 금품이 근로의 대상으로 지급되어야 하므로, 비록 그 금품이 계속적·정기적으로 지급되더라도 그것이 근로의 대상으로 지급된 것이 아니라면 임금에 해당한다고 할 수 없으며, 어떤 금품이 근로의 대상으로 지급된 것이냐를 판단함에 있어서는 그 금품 지급의무의 발생이 근로제공과 직접적으로 관련되거나 그것이 밀접하게 관련된 것으로 볼 수 있어야 하고, 이러한 관련 없이 그 지급의무의 발생이 개별근로자의 특수하고 우연한 사정에 의하여 좌우되는 경우에는 그 금품의 지급이 단체협약, 취업규칙, 근로계약 등이나 사용자의 방침 등에 의하여 이루어진 것이라 하더라도 그러한 금품은 근로의 대상으로 지급된 것으로 볼 수 없다.

(대법원 74다1580 ; 대법원 90다카4683 ; 1995. 5. 12.,
대법원 94다55934 ; 대법원 95다19256)

1. 임시적·은혜적 급여의 판단

① 가족수당

가족수당이 단체협약 등에 의하여 사용자에게 지급의무가 지워져 있고 일정한 요건에 해당하는 근로자에게 일률적으로 지급되어 왔다면 이는 임시적·은혜적 급여가 아니고 근로의 대가 또는 근로와 밀접하게 관련된 생활보장적 급여이며, 근로의 대상성을 가지는 것으로서 임금에 해당된다(1987. 2. 24., 대법원 선고 84다카1409 판결 등).

임금 여부의 판단(식대보조비, 연료보조비, 가족수당 등)

대한석탄공사가 전 직원을 대상으로 취업규칙 또는 공사의 방침으로 정한 일정 기준에 의하여 매월 또는 매년 정기적·계속적으로 식대보조비(현물지급), 연료보조비(현물 또는 현금), 가족수당, 체력단련비, 광산근무수당(벽지수당), 입갱수당, 생산독려수당 등을 모두 지급하여 왔다면 이는 그 명칭이나 일부 현물지급 여부에 관계없이 근로의 대가로 지급하여 온 금품으로서 평균임금의 산정에 있어 포함되는 임금으로 봄이 타당하다.

(1990. 12. 7., 대법원 90다카19647)

② 자녀학자금보조비

학자금보조비의 경우 법원의 판례는 앞에서 설명한 가족수당과는 입장을 달리하고 있다. 즉 복지후생을 위하여 취업규칙 및 후생복지규정에 따라 지급한 학비보조비는 임금으로 볼 수 없다고 판시한 것이다. 이 판례에서 피고가 되었던 회사의 경우 직원의 취학자녀 중 2인 이내에서, 다른 단체로부터 장학금을 받지 아니하는 경우, 중·고생은 공납금의 100%, 대학생은 공납금의 70%를, 예산의 범위 내에서 보조할 수 있도록 규정하고 있었다(1991. 3. 26., 대법원 선고 90다15662).

한편 노동부는 기업의 질의에 대한 회시에서 학비보조금, 승차권, 보조금 등이 단체협약 또는 취업규칙에 명시된 근로조건의 하나로서 전 근로자에게 일률적으로 지급하도록 명시되어 있거나 관례로서 지급되는 경우는 임금에 해당되나, 그렇지 않은 경우는 임금이 아닌 복리후생비로 보아야 한다고 밝히고 있다.

학비보조금, 승차권의 근로기준법상 임금 여부

근로기준법상의 임금이라 함은 근로의 대상으로 근로자에게 지급하는 일체의 금품을 말하는 것인 바, 학비보조금·승차권·보조금 등이 단체협약 또는 취업규칙에서 근로조건의 하나로서 전 근로자에게 일률적으로 지급하도록 명시되어 있거나, 관례로서 지급되는 경우에도 동 법상의 임금에 해당되는 것이나, 단지 2년 이상 근속한 사원의 자녀에게 지급하는 학자금·통근버스를 이용하지 못하는 사원에게 지급하는 시내버스 승차권·자취하는 사원에게 지급하는 보조금 등은 전 근로자에게 일률적으로 일정액을 지급하는 것으로 볼 수 없고, 복리후생적으로 지급하는 것으로 보아야 할 것이므로 임금에 해당되지 않는 것으로 판단된다.

(1993. 7. 22., 임금 68207-453)

③ 축의금 · 조의금 · 위로금 등

근로자가 결혼하거나 사망, 또는 뜻밖의 재해·질병을 당하였을 경우에 사용자가 그때마다 결혼축의금·조의금·재해위로금 등의 명목으로 근로자에게 지급하는 금품은 의례적인 의미에서 임의로 지급되는 것이 상례이므로 근로의 대상성을 갖는 임금의 성질을 갖지 않는 것으로 보아야 한다(노동부예규「임금산정의 범위에 포함되는 금품예시」참조).

④ 특별상여금

　특별상여금의 경우 그 지급사유의 발생이 불확정적이고 일시적으로 지급되는 경우는 임금의 성질을 갖는 것에서 제외되지만, 계속적·정기적으로 지급되고 그 지급액이 확정되어 있다면 근로의 대가로 지급되는 임금이 된다. 예를 들어 금원(金源)의 지급동기나 경위, 지급사유를 미리 확정하지 않고 지급대상과 지급금액을 포함한 지급조건을 회사가 임의적으로 정하여 증산 축하금, 생산성향상 축하금, 노사 신뢰구축 격려금, 가동 독려금 등의 명목으로 지급한 것은 임금에 포함하지 않는다(1994. 5. 24., 대법원 선고 23다4649 판결). 그러나 지급조건이 명시되어 정기적·계속적으로 지급된다면 임금의 성격을 갖는 것이다(1994. 5. 10., 임금 68207-288). 판례에서는 다음과 같은 금품의 경우는 은혜적인 것이 아닌 임금의 성질을 갖는다고 판시하고 있다.

* 통합창사기념 특별상여금 명목으로 기본급의 200%를 지급하고 그 이후에도 매년 같은 날에 같은 액수를 지급한 경우(1982. 11. 23., 대법원 선고 81다1275 등)
* 비록 규정상 지급 여부가 회사측의 재량에 맡겨진 듯 되어 있다 하여도 그 동안 예외 없이 전 직원에게 정기적·계속적으로 일정액이 지급되어 온 경우(1977. 1. 11., 대법원 선고 76다1408)
* 직원임금규정에 지급이 의무적이지 않고 상공부장관의 승인이 있어야 지급할 수 있도록 상여금을 정기지급하여 온 경우(1976. 6. 22., 대법원 선고 76다439 판결 등)
* 의사(醫師)에게 있어서 특별상여금에 관한 명시규정은 없으나 이를 폐지하면서 직책등급에 따라 의사특별상여금이라 하여 매월 일정액을 지급하기로 하는 등 지급조건을 규정하여 매월 정기적으로 지급해온 경우(1975. 9. 23., 대법원 선고 74다1293 판결)

⑤ 주식지원금

해당 사업장의 단체협약·취업규칙 등에 사용자의 임금지급의무가 명시되어 있지 않고 관례적으로 지급되어온 사실이 없이 회사의 경영성과에 따라 1회에 한해 일시적으로 지급한 주식지원금은 임금으로 보지 않는다(1998. 2. 16., 임금 68207-63).

2. 복지후생적 급여

① 사택의 제공 또는 사택수당

주택을 소유하고 있지 않거나 벽지에 근무하는 근로자에게 제공되는 사택은 원칙적으로 복지후생시설에 해당하므로, 근로자가 그로 인하여 현실적으로 그 임료 상당의 이익을 얻고 있다고 하더라도 그 평가액을 임금에 포함시킬 수는 없다.

그러나 사택의 제공을 받고 있지 않은 다른 근로자(주택을 소유하고 있는 근로자 포함)에 대하여도 일정액의 균형급여, 즉 사택의 제공을 받고 있는 근로자와의 균형을 상실하지 아니하는 범위 내에서 일정한 사택수당이 지급되는 경우에는 사택수당과 함께 사택의 제공 그 자체도 평가액의 한도 내에서는 임금에 해당된다(1979. 10. 18., 노정근 1455-4728 등).

② 식사의 제공 또는 식사대

식대나 식사제공의 경우 근로의 대가인 임금으로 보는 것이 일반적이다. 그러나 그것이 단체협약이나 취업규칙 등의 규정에 따라 이루어졌다 하더라도 복리후생적인 성격이 강한 금품을 임금으로 단정하기에는 무리가 있다는 주장도 제기되고 있다. 즉 매일 식단을 달리하는 식사를 임금으로 환산하는 것이 매우 어렵고 개인적으로 다른 곳에서 식사를 하였을 때 그로 인해 제공받지 못한 식사에 상응하는 보상을 요구할 수 있는가 하는 문제가 있다는 것이다. 뿐만 아니라 근로기준법 제42조는 임금은 통화로 지급해야 하며 이를 어길 경우 형사적인 처벌까지 하도록 규정하고 있다. 따라서 환가가 가능하다는 이유로 현물을 임금으로 인정하게 되면, 사용자가 피치 못할 사정으로는 이를 지급하지 않았을 경우 처벌을 받아야 하는 모순에 빠지게 되기 때문이다(하갑래 :『근로기준법』, pp. 438~489). 다만 미리 정해진 임금에 대해 현물로 지급하였을 경우, 즉 근로자 전원에게 일률적으로 "급식수당"이 지급되고 있는 경우 그 금품은 임금으로 보는 것이 타당할 것이다(1974. 7. 23., 대법원 선고 74다106 판결). 위의 논란에도 불구하고 법원의 판례는 "근로자가 근로를 제공하면서 제공받는 식사의 평가액이나 현금으로 지급되는 식대·간식대는 근로의 대가로서의 성질을 갖는 것이고 임시적·은혜적으로 지급되는 것으로 볼 수 없으므로 임금의 성질을 갖는다(1981. 10. 13., 대법원 선고 81다697 판결 등)"라고 판단하고 있다. 또한 출근일에 한하여 현물로 제공되거나 구매권으로 지급되는 식사보조비는 통상임금에 해당한다고 보았다(1993. 5. 27., 대법원 선고 92다20316 판결 등).

③ 보험보조금 또는 저축장려금

사보험 계약을 한 근로자에 대하여 일정액을 보조하는 보험보조금은 사용자가 근로자의 복리후생을 위해 보조하는 것으로 판단, 임금으로 보지 않는다. 다만 이 역시 견해가 엇갈리는 사항으로 논란의 대상이 되고 있다. 즉 사회보험료는 원래 근로자가 직접 부담해야 하지만 사용자가 이를 대신 납부하는 것이며, 근로자는 자기의 필연적인 지출이 감소되는 이익을 받고 있으므로 근로의 대상인 임금에 해당된다는 것이다(사법원수원 :『해고와 임금』, pp. 52~53, 1998).

그러나 행정해석은 운전자보험이나 의료보험 등을 임금으로 보지 않고 있으며, 노동부 예규 150호에서도 운전자보험·산재보험·의료보험·국민연금 및 재해보상금 등 손해보험성 보험료 부담금은 임금에서 제외하고 있다.

 **사용자부담의 의료보험료의 임금 여부**

의료보험료 중 구의료보험법(1994. 1. 7. 법률 제4728호로 전문 개정되기 전의 것) 제51조의 규정 등에 의한 사용자 부담분은 근로자가 근로의 대상으로서 사용자로부터 지급 받는 임금에 해당한다고 볼 수는 없다.

(1994. 7. 29., 대법원 92다30801)

 **보험료의 임금 여부**

〈노동부〉

사용자가 인적·물적 사고로 인한 손해로부터 근로자를 보호하기 위하여 운전자보험에 가입하고 보험료의 부담조건을 단체협약으로 정한 경우라 하더라도, 그 보험금은 피보험자인 근로자가 돌발적인 사고가 발생한 경우에 한하여 보상되는 것인 바, 이는 피보험자의 매월 실수입에는 영향이 없고 단지 근로자의 복리후생을 위하여 사용자가 지원하는 것이므로 근로의 대상인 임금에 해당된다고 볼 수 없다.

(1987. 11. 24., 근기 01254-18603)

사용자가 부담하는 개인연금보험료도 마찬가지이다.

(1994. 7. 20., 임금 68207-442)

〈법무부〉

의료보험법 제1조 피보험자(근로자)를 사용하는 사용자가 의료보험법 제51조의 규정에 의하여 부담하는 보험료는 동 사용자가 근로자와의 근로계약에 의하여 근로제공의 반대급부로서 근로자에게 직접 지급하는 금품이 아니고, 동 법 동 조에 의하여 동 법 상의 보험자(조합)에게 납부하는 것이므로 근로기준법 제18조에 의한 임금이 아니다.

(1980. 3. 12., 법무 811-6368)

한편 근로자 재산형성의 원조를 목적으로 부담하는 주택자금 보조나 사내근로복지기금에의 출연 등도 복리후생적인 것으로 판단, 임금으로 보지 않는다. 일본의 경우 행정해석을 통해 재형저축을 장려하기 위해 사용자가 장려금을 지급하는 경우 "재형목적의 것도 종업원이라는 지위에 있는 자에게 지급하는 것으로 지급조건이 명백한 것은 임금에 해당한다(1948. 8. 22., 기수381호)."고 밝히고 있다.

그러나 우리의 경우 지급조건이 명백하더라도 필요경비의 실비변상적인 것과 사용자가 근로자의 내집 마련을 위한 자금을 원조해서 이자분을 부담하고 있는 경우, 그리고 재형원조를 목적으로 조성하는 경우에는 복리후생제도이므로 임금에 해당하지 않는다고 본다. 또한 근로자 개인에 대한 지급이 아니고 '사우회' 등 단체에 지급하는 것으로서, 직접적인 개인의 이익에 귀속하지 않는 경우에는 임금이 아니다.

④ 체력단련비 · 월동보조비

판례는 노사간의 합의에 따라 전 근로자에게 지급하여 온 체력단련비는 지급형태와 지급조건에 비추어 평균임금에 포함된다고 본다.

한편 보수규정 및 퇴직금 규정에서 "퇴직금은 월봉에다 재직연수에 따른 지급률을 곱하여 산출하며, 월봉이라 함은 퇴직 당시의 평균임금을 말한다."고만 규정하고 있다면 월동보조비도 임금인 이상 평균임금 산정에 포함되는 것으로 보아야 한다는 것이 대법원의 판례이다(1991. 2. 26., 대법원 선고 90다15662 판결).

다만 식대보조비, 가족수당, 연료보조비 등을 복리후생적인 급여로 보아 노사가 이를 임금에서 제외하기로 합의하였고, 여기에 누진율을 적용하여 산출된 퇴직금이 근로기준법에서 보장하는 하한선을 상회하는 경우 이를 평균임금의 산정에서 제외하는 것은 정당하다고 밝히고 있다(1991. 1. 15., 대법원 선고 90다6170 판결 등).

⑤ 운동시설, 목욕시설

기업 내에 근로자의 건강증진을 위하여 테니스장 시설이나 목욕시설 등을 갖추고 있고 근로자들이 이를 무료로 이용하고 있다고 하더라도 이는 모두 근로자의 복지후생시설로 마련된 것이므로 그 이용이익은 임금에 포함될 수 없다.

3. 실비변상적 급여

근로자가 특수한 근로조건이나 환경에서 직무를 수행하게 됨으로써 추가로 소요되는 비용을 변상하기 위하여 지급하는 급여는 실비변상적인 것으로 임금이 아니다.

실비변상적 급여의 임금 여부

근로기준법 제18조에 의하면 임금이라 함은 사용자가 근로의 대상으로 근로자에게 임금·봉급·기타 여하한 명칭으로든지 지급하는 일체의 금품을 말하는 것이므로, 근로자가 특수한 근무조건이나 환경에서 직무를 수행하게 됨으로 말미암아 추가로 소요되는 비용을 변상하기 위하여 지급되는 이른바 실비변상적 급여는 근로의 대상으로 지급되는 것이라고 볼 수 없기 때문에 임금에 포함될 수 있다.

(1992. 11. 9., 대법원 90다카4683)

① 출장비

출장시 여비나 숙박비 등으로 지급되는 출장비는 사용자가 근로자로부터 근로의 제공을 받기 위해 당연히 갖추어야 할 기업시설에 갈음하는 실비변상적인 성질을 갖는 것이므로, 그것이 월급에 포함되어 있다고 하더라도 임금으로 볼 수 없다 (1971. 10. 22., 대법원 선고 71다1982 판결). 출장에 관한 여비는 실비로서 이것을 사용자가 부담하였다 해도 실비변상이지 임금으로 볼 수는 없을 것이다.

② 영업수당

일부 영업직의 경우 외부와의 접촉이 빈번할 경우 음식대, 교통비 또는 선물대 등 여러 가지 비용이 누적되나 이처럼 사소한 비용을 매번 청구하기도 어렵고 그 처리가 복잡하다면 일정액의 교제비(접대비)를 매월 지급하는 것이 편리할 경우가 있다. 이때 지급되는 교제비 또는 활동비를 임금으로 볼 것인가에 대해 논란이 야기될 수 있으나 행정해석은 "영업활동을 위하여 지급하는 활동비는 근로의 대상으로 지급하는 것이 아니라 실비변상으로 지급하는 금품이므로 임금으로 볼 수 없다(1987. 2. 2., 근기 01254-1545)."고 밝히고 있다.

③ 근무복, 기구수당, 사무용품 등 구입비

제복, 작업복 등 근무복은 작업을 위하여 필요한 비품에 속하므로 근로자가 경우에 따라 이러한 근무복을 받는다고 하더라도 이는 임금에 포함되는 것이라고 할 수 없다. 근로자 소유의 작업기구에 대한 손료(損料)로 지급되는 기구수당(1966. 8. 22., 노정근 1455.9-4071), 사무용품이나 작업장비 등의 구입비로 지급되는 것(1981. 12. 22., 근기 1455-37763) 역시 임금에서 제외된다.

④ 일·숙직 근무수당

보수규정에 따라 전 직원에게 일률적·고정적으로 지급되는 수당이 아닌 직원 개개인이 일·숙직 근무를 할 경우 식비 등으로 지급되는 일·숙직 수당은 실비변상적인 성질을 띤 것으로 임금의 범위에 들지 않는다(1990. 11. 27., 대법원 선고 90다카10312 판결).

⑤ 차량보조금

차량 보유자들에게만 지급되는 차량보조금 역시 직원 개개인이 소유한 차량을 업무용으로 사용하는데 필요한 비용을 실비변상조로 지급하는 급여이므로 임금으로 볼 수 없다(1995. 3. 28., 대법원 선고 94다37639 판결).

일본의 판례 역시 「자동차관리규정」 등에 의해 종업원의 자가용 사용을 인정하고 거리나 시간 등에 따른 일정한 금액을 임차료, 또는 기타의 명목으로 지급하는 경우를 임금으로 인정하지 않고 있다(1973. 9. 26., 東京地裁判決).

⑥ 출·퇴근 교통비 등

출·퇴근 교통비의 지급, 정기승차권 등 통근과 관련한 비용은 그것을 어떻게 운용하느냐에 따라 임금일 수도 있고 임금이 아닐 수도 있다.

출·퇴근 교통비(통근비) 지급의 근거가 급여규정에 반드시 명시되어 있는 것은 아닐지라도 정기적·제도적으로 지급되어 왔고 소수 직원을 제외한 전 직원에게 그 직급에 따라 일률적으로 지급되어 온 것일 뿐 아니라 출·퇴근 교통비가 지급되지 않는 소수 직원에게는 그 대신 출·퇴근 차량이 제공되었다면, 출·퇴근 교통비는 실비변상적인 것이 아니라 근로의 대상인 임금의 성질을 갖는다(1992. 4. 10., 대법원 선고 91다37522 판결 ; 1990. 12. 7., 선고 90다카19647 판결).

또한 전 직원에게 통근비에 갈음하여 통근정기승차권을 지급하는 경우에 관하여 행정해석은 "법에 정한 임금이며 따라서 이를 임금대장에 기입하고, 또 6개월 정기 승차권의 경우에도 이는 각 월분 임금에 대한 선불로 인정되므로 평균임금산정의 기초에 가산하여야 한다."고 하고 있다. 단, 일시적 또는 일부 근로자에게 지급되는 교통비는 임금이 아니다. 이와 관련하여 행정해석은 "교통비가 전 근로자에게 정기적, 일률적으로 지급되는 경우 평균임금에 포함될 것이나 복리후생적 차원에서 일시적 또는 일부 근로자에게 지급되는 경우는 포함할 수 없다(1989. 9. 11., 임금 32240-13452)"고 한다.

식대, 교통비, 승무수당 임금 여부

사용자가 근무일마다 근로자에게 지급한 교통비·승무수당과 현물로 제공한 식사의 가액 및 매월 개근한 무사고 운전자에게 지급한 무사고수당은 실제 근무일수나 근무실적에 따라 지급액이 변경되어 정기적·일률적으로 지급되는 고정적인 임금이 아니고, 또 노동조합이 단체협약에 따라 근로자들이 교통사고 발생시 생활안정을 도모하기 위하여 사용자로부터 매월 기금의 형식으로 지급 받은 돈을 조합원들에게 운전자 보험금이라는 명목으로 분배한 것은 근로의 대상으로 지급된 임금이라 볼 수 없으므로, 이들은 모두 통상임금에 포함되지 않는다.

(2002. 7. 23., 대법원 2000다29370)

⑦ 연구비 또는 연구수당

동일한 명칭의 연구비 또는 연구수당이라 하더라도 그 지급대상을 결정하는 방식에 따라 임금인지 아닌지 여부가 판가름난다. 예를 들어 교수나 교사 등 교원의 특정한 연구를 위하여, 또는 특별한 연구실적이 있는 경우에만 별도로 지급되는 경우는 실비변상적 성격을 갖는 것으로서 임금에 포함되지 않는다. 그러나 특정한 연구나 실적과는 관계없이 교원 모두에게 일률적으로 직급 등 어떤 기준에 따라 일정액이 정기적, 계속적으로 지급되어 왔다면 이는 근로의 대가인 임금으로서의 성격을 갖는다(1977. 9. 28., 대법원 선고 77다300 판결).

⑧ 해외주재수당

국외주재 직원으로 근무하는 동안 지급 받은 급여 가운데 동등한 직급호봉의 국내 직원에게 지급되는 급여를 초과하는 부분은 근로의 대상으로 지급 받은 것이 아니라 실비변상적인 것으로 볼 여지가 있다(1990. 11. 9., 대법원 선고 90다카4683 판결).

⑨ 판공비, 기밀비, 접대교제비

흔히 회사의 임직원 등에게 지급되는 판공비 등은 일반적으로 회사의 영업활동을 위하여 소요되는 경비로서 실비변상적인 성격을 띤다고 할 것이므로 특별한 사정이 없는 한 임금으로 볼 수 없다.

4. 법정수당, 보상, 퇴직금

① 해고수당

근로기준법 제32조 제1항에 따르면 사용자가 근로자를 해고하고자 할 때는 적어도 30일 전에 예고해야 하고 30일 전에 예고를 하지 않은 때에는 30일분 이상의 통상임금을 지급하도록 되어 있다.

이는 생활권 보장을 위한 부조제도의 변형으로 해고예고에 대신하여 지급되는 것이며, '근로의 대상'이 아니기 때문에 임금이 아니라는 것이 일반적인 해석이다.

그러나 이는 평균임금이나 통상임금을 산정하는 기준으로서의 임금에 포함되지 않는다는 뜻일 뿐 사용자에 대해 청구할 수 있는 임금의 범위에도 포함되지 않는다는 의미는 아니다. 판례는 근로기준법에 의한 예고 해고보상금 청구권은 같은 법 제48조에서 말하는 임금채권에 해당하여, 동 권리를 3년간 행사하지 않으면 소멸시효가 완성된다고 판시한 바 있다.

② 휴가수당

유급휴일(법 제54조), 월차유급휴가(개정 전 법 제57조), 연차유급휴가(법 제59조) 등의 휴일에 대하여는 유급이라는 명문의 규정이 있으며, 또한 이때 지급되는 것이므로 당연히 임금에 해당된다. 다만, 연·월차 유급휴가수당은 지급 받은 때만의 임금으로 일시에 전액을 산입할 것이 아니고 당해 연도 근로월별로 나누어 산입하여야 할 것이다.

③ 휴업수당

근로기준법 제45조의 휴업수당이 임금인지에 대하여는 주장이 엇갈리나[4] 행정해석에서는 "휴업수당은 배상 또는 보상책임의 성격이 강하므로 이를 임금으로 보지 않는다(1988. 1. 14., 근기 01254-574)." 라고 회시한 바 있다.

④ 휴업보상 · 장해보상

보상금제도는 불의의 사고나 불법행위 등 사용자에게 그 귀책사유가 돌아가는 사안에 대한 배상책임제도이며, 근로의 대상으로는 보지 않는다. 근로기준법 제8장의 재해보상인 휴업보상 역시 사용자에게 지급책임이 있기는 하나 근로의 대상은 아니다. 따라서 이는 임금이 아닌 단순한 보상일 뿐이며, 법정 보상기준 이상으로 지급하여도 역시 임금이 될 수 없다.

⑤ 휴일근로수당

사용자가 근로의 대상으로 근로자에게 지급하는 일체의 금품으로서 근로자에게 계속적 · 정기적으로 지급되고, 단체협약 · 취업규칙 등에 사용자의 지급의무가 규정되어 있는 것이면 명칭에 관계없이 모두 평균임금의 산정기초인 임금총액에 포함된다. 휴일근무수당 역시 이 범주에 포함되어 있으며, 따라서 임금에 포함되는 것이 당연하다(1992. 4. 14., 대법원 선고 91다5587 판결).

⑥ 퇴직금

사회보장적 성격과 공로보상적 성격을 모두 가지고 있는 퇴직금의 경우 후불임금으로 보아야 한다는 것이 법원 판례의 입장이다(1979. 7. 10., 대법원 79다919).

다만 지급시기가 정해져 있지 않은 점, 퇴직금 채권이 근로관계 존속중에 이미 발생해 있다는 점 등을 감안할 때 통상적 의미에서의 임금과는 그 성격이 크게 다르다고 할 수 있다.

---

4) 부인하는 견해 : 하갑래 : 『근로기준법』. p. 438 ; 이장호 : 『휴업수당』, 『근로관계 소송상의 제 문제』. p. 461.

5. 근로의 질과 양, 근로여건에 관계되는 수당

기술수당, 자격 또는 면허수당, 특수작업수당, 직책수당, 직무수당이나 출납수당, 항공(승무·항해)수당, 입갱수당, 생산장려수당, 장려가급, 능률수당, 성과급 성격으로 매월 지급되는 영업수당(1994. 9. 7., 임금 68207-546), 매월 총판매액의 일정 비율을 지급하는 판매장려금 또는 판매수당(1994. 7. 8., 임금 68207-492) 등과 같이 근로의 질이나 양과 관련이 있는 금품은 임금으로 보는 것이 타당하다. 벽지수당·한랭지근무수당·별거수당 등과 같이 근로여건 또는 환경과 관련되는 수당 역시 임금으로 볼 수 있다.

다만 상여금의 경우 단체협약·취업규칙 등에 지급조건, 금액, 지급시기가 정해져 있거나 전 근로자에게 관례적으로 지급해 왔다면 이를 임금으로 볼 수 있으나 관례적으로 지급한 사례가 없고 사용자가 일시적으로 또는 임의로 지급하면 임금으로 볼 수 없다.

6. 기 타

① 임원의 보수

회사의 업무집행권을 가진 이사 등 임원은 회사로부터 일정한 근무처리의 위임을 받고 있는 것이므로 사용자의 지휘, 감독 아래 일정한 근로를 제공하고 소정의 임금을 지급 받는 고용관계에 있는 것으로 볼 수 없다. 따라서 이들이 일정한 보수를 받더라도 이는 근로기준법상의 임금이라 할 수 없다(1988. 6. 14., 대법원 선고 87다카2268).

 **이사 등 임원의 보수와 퇴직금 임금여부**

주식회사의 업무집행권을 가진 이사 등 임원은 회사로부터 일정한 사무처리의 위임을 받고 있는 것이므로(상법 제382조 제2항 참조) 사용자의 지휘감독 아래 일정한 근로를 제공하고 소정의 임금을 지급 받는 고용관계에 있는 것이 아니며, 따라서 일정한 보수를 받는 경우에도 이를 근로기준법소정의 임금이라 할 수 없고, 회사의 규정에 의하여 이사 등 임원에게 퇴직금을 지급하는 경우에도 그 퇴직금은 근로기준법소정의 퇴직금이 아니라 재직중의 직무집행에 대한 대가로 지급되는 보수의 일종이며, 한편 새마을금고법 제24조는 주식회사와 이사의 관계에 대하여 위임에 관한 규정을 준용하도록 한 위 상법 제382조 제2항의 규정을 새마을금고의 임원에 다시 준용하도록 규정하고 있으므로 새마을금고의 이사장의 퇴직금 역시 근로기준법상의 임금에 해당하지 않는다.

(2001. 2. 23., 대법원 2000다61312)

② 노조전임자 급여

최근 논란이 되고 있는 노조전임자의 급여에 관하여 노동조합 및 노동관계조정법 제24조 제2항은 노조전임자는 전임기간 동안 사용자로부터 어떠한 급여도 받아서는 아니 되며, 이를 어길 경우 사용자를 처벌하도록 규정하고 있다. 아울러 부칙 제6조에서는 이 조항의 시행을 2006년 12월 31일까지 유보하고, 이 조항이 시행되기 전까지는 노동조합과 사용자가 협의를 통해 전임자급여 지원규모를 축소하도록 노력하고 그 재원을 노조의 재정자립에 사용하도록 하고 있다. 한편, 노사가 합의하여 노동소합 전임자에게 일정 금품을 지급하더라도 이는 근로의 대가로 볼 수 없으며 근로기준법상 임금도 아니다(1993. 3. 15., 임금 68220-137).

이는 사용자와 근로자의 관계, 즉 근로관계에 있는 당사자 사이에 지급된 것이어야 임금의 성질을 갖는다는 뜻이다. 비록 그 명칭이 임금이라 하더라도 그러한 금품을 주고받은 당사자가 근로기준법상 사용자나 근로자가 아니라면 근로기준법상 임금으로 볼 수 없다.

① 봉사료 · 팁

고객으로부터 받는 봉사료

원칙적으로 사용자가 지급하는 것이 아닌 손님으로부터 직접 받는 봉사료는 임금이라 할 수 없다(1969. 4. 21., 법무 810-4419 등). 따라서 호텔, 식당, 골프장 등의 접객업소에 종사하는 근로자나 택시운송회사에 고용된 택시기사가 손님 또는 승객으로부터 받는 봉사료 또는 팁은 임금이라 할 수 없다.

다만 근로자가 오로지 고객으로부터 받는 팁이나 봉사료만을 목적으로 근로를 제공하는 경우 근로자가 근로제공의 대가로 사용자로부터 현금 대신 일정한 영업설비를 사용할 수 있는 이익을 제공받은 관계가 인정된다. 즉 이 경우 근로자가 고객으로부터 받는 팁은 근로자가 사용자로부터 제공받은 영업설비를 사용하는 이익에 갈음하는 것으로 그 자체가 임금이 된다고 할 수 있는 것이다(1969. 4. 21., 법무 810-4419).

사용자가 분배하는 봉사료

고객으로부터 대금의 일정액을 받도록 사전에 정하거나 사실상 일정액으로 받도록 직 · 간접적으로 규제하여 손님으로부터 받은 봉사료 또는 팁을 사용자가 일괄 관리하고 직접 분배하는 경우 근로기준법상의 임금으로 볼 수 있다(1991. 5. 2., 근기 32100-6182 ; 1985. 11. 4., 근기 01254-20594 ; 노동부 예규 150호).

② 육성회 또는 기성회에서 지급하는 교재연구비

사립학교의 경우 교수나 교사 등 교직원에게 지급되는 교재연구비를 학부형으로 조직·설립된 육성회 또는 기성회의 재원으로부터 증여의 형식으로 지출하는 경우가 있다. 이 경우 육성회 또는 기성회비의 납입 및 지출사무를 사실상 학교법인이 담당한다고 하여도 육성회 또는 기성회가 학교법인의 지배하에 있다고는 할 수 없다. 따라서 이는 결국 사용자 이외의 자가 근로자에게 지급한 것으로 보아 임금에서 제외하는 것이 마땅하다(1973. 11. 27., 대법원 선고 73다498 판결 등).

③ 기능공 양성과정의 수강생에게 지급된 수당

금품의 수수가 있더라도 사용자와 근로자의 관계에서 지급된 것으로 볼 수 없는 경우는 임금이라고 할 수 없다. 예를 들어 지방자치단체가 죽세공예 기능공 양성이라는 행정적 목적에서 재정적 지원을 하여 운영하는 죽세공예 센터에서 모집한 수강생과 강사들이 근로기준법상의 근로자와 사용자라고 할 수 없다면 이들에게 지급되었거나 지급될 수당은 임금이 아닌 일종의 장려금으로 보아야 한다(1977. 10. 11., 대법원 선고 77도2507 판결).

④ 택시기사의 개인수입

택시회사의 경우 소속 운전자들에게 일정액의 보수를 지급하는 외에 근로형태의 특수성과 계산의 편의 등을 고려, 운송수입금 가운데 사전에 정해진 일정액을 사납금이라는 명목으로 회사에 납입하도록 하고 이를 공제한 잔액은 운전자의 개인수입으로 인정, 자유처분에 맡기는 경우가 있다. 이 경우 운전자의 자유처분에 맡겨진 수입 부분은 편의상 지급방법을 바꾼 것으로 보아야 하며 근로의 대가로서 성과급적 성격을 띤 임금에 해당한다(1993. 12. 24., 대법원 선고 91다36192 판결 ; 1993. 9. 14., 임금 68297-555).

근로기준법 제18조는 근로의 대가로 지급한 것이면 명칭을 불문한 일체의 금품을 임금으로 정의하고 있다.

여기에서 일체의 금품이란 금전 또는 유가증권뿐만 아니라 현물 또는 제공되는 시설의 이용에 따르는 이익도 포함된다는 의미이다. 임금은 통화로 지급되어야 한다는 근로기준법의 규정은 현실적인 임금지급의 효과가 발생하였는지 여부를 판가름하는데 있어서만 적용될 뿐이고, 통화 이외의 다른 지급수단을 임금의 범위에 포함시킬 수 없다는 의미는 아닌 것이다.

아울러 임금 여부를 판단함에 있어서 어떠한 명칭으로 지급되었는지 역시 중요하지 않다. 임금의 성질을 갖는지 여부를 판단함에 있어서 중요한 것은 그것이 근로제공의 교환적 대가 또는 근로와 밀접한 관련이 있는 생활보장적 급여로서 근로의 대가성이 있는지 여부라 할 것이다. 흔히 별정수당, 체력단련비, 자녀학비보조비, 출근수당 또는 출근장려수당, 생산장려금 또는 기능장려수당, 입갱수당, 연료수당, 물가수당, 위험수당 등의 항목으로 지급되는 것들은 명칭만으로는 임금인지 여부가 불분명하다. 다만 취업규칙 · 단체협약 등에서 사용자의 지급의무가 정해져 있고, 그 지급조건에 해당하는 모든 근로자에게 정기적 · 일률적으로 지급되는 것이라면 근로의 대상으로서 임금의 성질을 갖는 것으로 보아야 한다(1990. 11. 27., 대법원 선고 90다카23868 판결 등).

① 의의 및 현황

  기업 이익이 증대하고, 근로자들의 욕구수준이 높아지면서 적절한 복리후생제도를 운영하고자 하는 경우에 임금인상 방법은 기준임금관리 등에 있어서 상당한 부담을 느낄 수밖에 없다.

  사내근로복지기금은 사용자가 경영이익의 일부를 재원으로 기금을 설치하여 생활안정자금 및 장학금 지원 등 근로자의 복지증진을 도모하는 제도이다. 기업의 이익발생 여하에 따른 기업의 신축적 출연이 가능해 임금의 하방 경직성을 보완하고, 임금교섭의 탄력성을 확보할 수 있으며 출연금 전액을 손비인정 받고 근로자가 받는 금품도 비과세되는 등 세제가 지원되므로 근로자의 생활 및 주거안정, 재산형성 등 다양한 복지사업을 안정적으로 수행할 수 있다는 점에서 매우 유용하다.

  이 제도는 대기업을 중심으로 활용도가 증가하여 연도별로 증가 추세로 2002년 말 기준 총기금수는 916개이며, 기금액은 4조 2,449억원이 조성되었다.

▶ 사내근로복지기금 연도별 현황

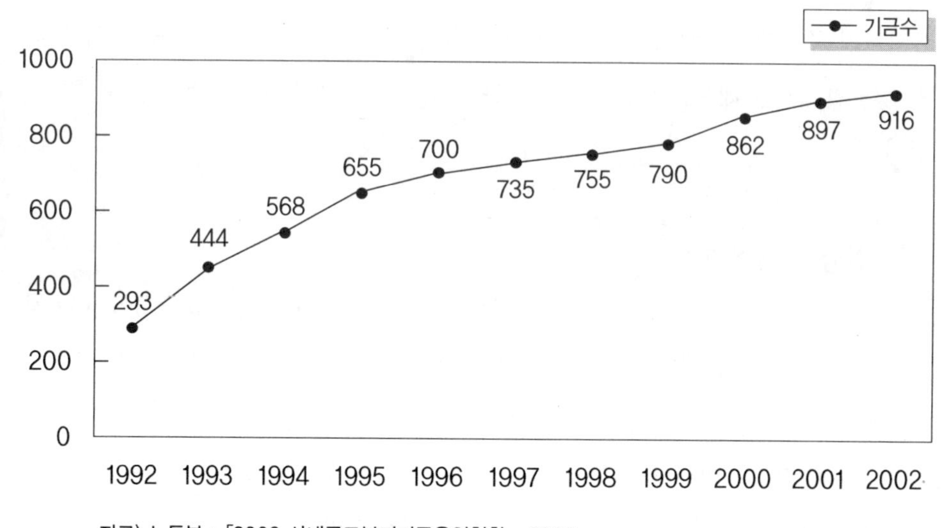

자료) 노동부 : 「2002 사내근로복지기금운영현황」, 2003.

② 기금 용도사업

* *기금복지사업의 원칙*

기금의 용도는 전체 근로자가 혜택을 받을 수 있도록 하되, 저소득 근로자가 우대될 수 있도록 하고 있다.

* *기금 수익금 및 당해 연도 출연금 50%를 통한 복지사업*

근로자 주택구입 · 임차자금의 보조, 우리사주 주식 구입자금지원 등 근로자 재산형성을 위한 지원, 장학금 · 재난구호금 · 경조금 등의 지급, 기타 근로자의 생활원조, 근로자의 체육 · 문화활동의 지원 및 근로자의 날 행사지원, 노동부령이 정하는 근로자복지시설(기숙사 · 보육시설 등) 등 근로자의 재산형성 지원 및 생활원조를 위한 사업으로서 정관이 정하는 사업을 할 수 있다. 법 시행령 개정(2003. 1. 1.)으로 선택적 근로자복지제도(다양한 복지혜택 중에서 근로자가 필요로 하는 항목과 수혜수준을 스스로 선택하는 제도)를 운영하는 경우 당해 연도 출연금 사용한도를 80%로 확대하여 활용하도록 하였다.

* *기금원금을 통한 복지사업*

근로자 주택의 신축 · 구입 또는 임차금대부, 우리사주 주식 구입자금대부, 근로자 생활안정자금 대부, 기타 이에 준하는 사업으로 정관에서 정하는 사업을 할 수 있다.

③ 기금 증식사업

기금은 안정성이 높고, 신속히 현금화가 가능한 자산에 운용하여야 하며(안정성과 유동성), 금융기관에의 예입 · 금전신탁 · 투자신탁 등의 수익증권 매입, 국채 · 지방채 또는 금융기관이 직접 발행하거나 채무이행을 보증하는 유가증권의 매입, 증권투자회사법에 의한 증권투자회사 및 부동산투자회사법에 의한 부동산투자회사가 발생하는 주식매입 등을 통해 증식사업을 할 수 있다.

　2003년부터는 이외에도 증권투자회사(뮤추얼펀드)와 부동산투자회사(리츠)에 대한 투자가 가능해졌다.

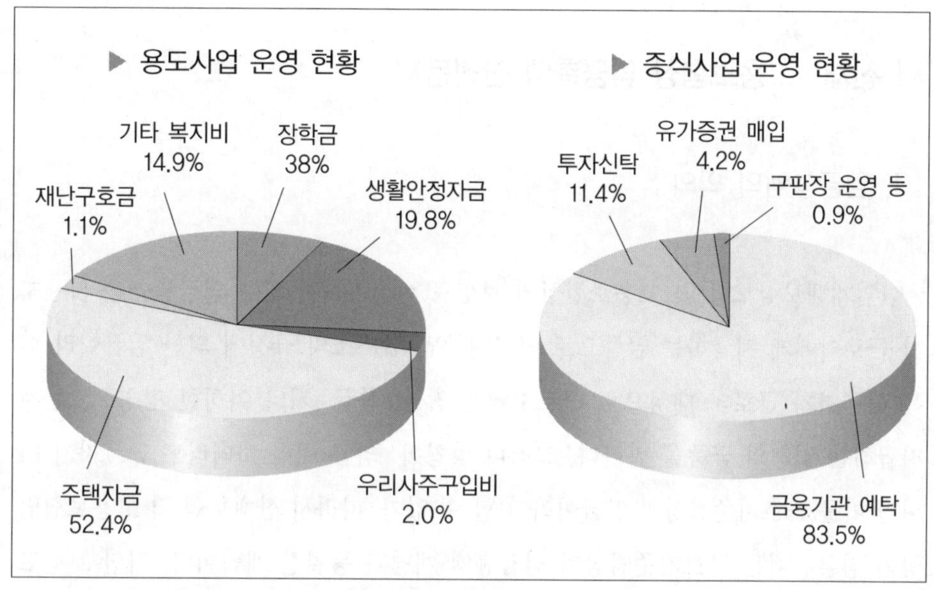

자료) 노동부 : 「2002 사내근로복지기금운영현황」, 2003.

④ 기금 설립절차

기금설립준비위원회 구성(근로자, 사용자 대표를 포함하여 노사 각 3인 이상 10인 이내 위원으로 구성) → 정관 작성 → 기금 설립인가 신청 → 기금설립 등기

임금총액과 사회보험실무

| 산재 · 고용보험상 임금총액 산정문제 |

1. 임금총액의 의의

산업재해보상보험 및 고용보험상의 보험료 산정기준이 되는 임금총액은 사용자가 근로자에게 지급하는 금품으로 근로기준법 제18조의 규정에 의한 임금이라 함은 사용자가 근로의 대상으로 근로자에게 임금, 봉급, 기타 여하한 명칭으로든지 지급하는 일체의 금품을 말한다. 그러나 명칭이 '임금'이라 하더라도 근로자가 아니면 이를 근로기준법상의 임금이라고 할 수 없다. 따라서 산재보험 및 고용보험법상의 임금총액은 근로기준법상의 임금총액 개념과 동일한 개념이다. 다만 보험료의 산정기초가 되는 임금총액이라 함은 사업주가 보험연도 중에 근로기준법 제18조의 규정에 의한 임금을 지급 또는 지급하기로 결정한 액의 총액을 말한다.

2. 임금총액에 포함되는 항목

임금총액에 산입되는 임금 항목은 임금의 근로대가성의 성질을 고려하여 임금에 포함되는 지의 여부를 결정하여야 할 것이며, 다음의 항목은 임금총액의 항목에 포함되는 예이다.

① 통화로 지급되는 것

- 기본급

- 연월차수당, 유급휴가수당

- 직책수당, 특수작업수당, 위험작업수당, 기술수당

- 연장 · 야간 · 휴일 근로수당

- 일 · 숙직 수당

- 사용자 귀책사유로 인하여 휴업한 기간 중에 지급된 휴업수당

- 장려, 개근 수당

- 단체협약, 취업규칙, 근로계약에서 근로조건의 하나로서 근로자에게 정기적 · 일률적으로 지급되도록 명시되어 있거나 관례적으로 계속하여 지급하여 온 사실이 인정되는 다음의 것(상여금, 통근비, 사택수당, 교육수당, 급식대, 별거수당, 월동수당, 연료수당, 지역수당, 물가수당, 조정수당)

② 현물로 지급되는 것

- 법령 또는 단체협약, 취업규칙, 근로계약서의 규정에 의하여 지급되는 현물급여(예시 : 급식, 정기승차권)

③ 고용보험법 등의 산정범위에 속하는 것으로 노동부장관이 고시한 금품

- 노동조합및노동관계조정법 제24조의 규정에 의한 노동조합의 전임자가 그 전임기간 중 사업주 또는 노동조합으로부터 급여의 명목으로 지급 받는 금품

- 사용자의 귀책사유로 인하여 휴업한 기간 중에 근로자가 근로기준법 제45조 제1항의 규정에 의하여 지급 받는 휴업수당

- 근로기준법 제72조의 규정에 의한 산전 · 후 휴가기간 중 사업주로부터 급여의 명목으로 지급 받는 금품

3. 임금총액에서 제외되는 항목

① 성질상 임금으로 인정되지 않는 것

** 통화로 지급되는 것*

- 은혜적 · 호의적으로 지급되는 금품 : 경조금, 위로금, 격려금, QC활동공로금, 회사창립일 등 축일에 특별히 지급되는 금품
- 경영성과에 따라 변동되는 성과상여금
- 실비변상적인 금품 : 기구손실금, 제복구입비, 작업용품대, 출장비, 여비, 판공비, 기밀비, 정보비 등
- 근로자가 아닌 자에게 지급하는 금품 : 대표이사, 비상근이사 등에게 지급되는 비용
- 복리후생비 : 급식비, 교통비, 가족수당, 교육수당, 사택수당, 월동연료수당, 김장수당, 학자금, 승차권, 차량유지지원금, 간식대 등이 단체협약, 취업규칙 등에 규정하고 있거나 또는 관례 · 관행에 따라 정기적으로 전 근로자에게 일률적으로 지급하는 경우는 순수한 복리후생비로 볼 수 없으므로 임금총액에 합산하고, 그 밖의 경우는 제외
- 손해성보험료 부담금 및 운전자보험, 의료보험, 국민연금 등

** 현물로 지급하는 것*

- 근로자로부터 대금을 징수하는 현물급여
- 작업상 필수적으로 지급되는 현물급여(예 : 작업복, 작업화 등)
- 복리후생시설로서 지급되는 현물급여(예 : 주택설비, 조명, 용수, 의료 등의 제공, 영양식품의 지급)
- 현물(現物)로 주어지는 보상 : 현물식대의 경우 원칙적으로 순수한 복리후생비로 보아야 하나, 현물급여가 다음의 조건을 충족하면 임금으로 합산하여야 한다.
  - 일정한 금액에 정해진 식권, 정기승차권 등이 전 근로자에게 일률적으로 지

급될 경우

- 사택 등이 주어진 경우 같은 조건의 다른 근로자에게 사택수당이 지급될 경우
- 미리 정해진 임금(상여금)에 대해 현물로 지급하였을 경우

* *기타 임금총액에 포함되지 않는 것*
- 퇴직금(단체협약, 취업규칙 등에 규정함을 불문함)

| 임금총액 산정 실무 |

1. 사업장 또는 사업단위 산정

① 산재보험

산재보험은 사업장단위로 임금총액 및 보험료율을 결정하여 산정해야 한다. 장소적으로 분리되어 있는 본사, 공장, 지점, 판매장, 창고는 각각 '사업장단위'로 분리하여 사업장관할 근로복지공단지사에 확정보험료를 보고한다. 다만 건설업·금융업 등 일괄적용사업의 경우에는 제외된다.

② 고용보험

고용보험법상의 직업능력개발사업 보험료율은 '사업단위'로 결정되는 것이므로 당해 사업주가 행하는 모든 사업의 규모로 결정된다. 즉 우선지원대상기업의 여부, 총 상시근로자수에 따라서 보험료가 결정된다. 이때 기업규모 판단을 위한 상시근로자수는 각 사업장의 근로자수를 모두 합한 수를 기준으로 하며, 확정보험료보고서의 신고는 사업단위 또는 사업장관할 근로복지공단지사에 보고하면 된다.

우선지원대상기업의 범위

1. 광업 : 3000인 이하
2. 제조업 : 500인 이하
3. 건설업 : 300인 이하
4. 운수, 창고 및 통신업 : 300인 이하
5. 제1호 내지 제4호 이외의 산업 : 100인 이하
6. 위 제1호 내지 제5호에 해당되지 아니하는 기업으로서 중소기업기본법 제2조 제1항 및 제3항의 기준에 적합한 것으로 중소기업청장(지방중소기업청장 또는 지방중소기업사무소장 포함)의 확인을 받은 기업은 우선지원대상기업으로 본다.
7. 제1호 내지 제6호의 규정에도 불구하고 독점규제및공정거래에관한법률 제14조 제1항의 규정에 의하여 동 법 제9조 제1항의 대규모 기업집단에 속하는 회사로 통지 받은 회사는 그 통지를 받은 날이 속하는 보험연도의 다음 보험연도부터 이를 우선지원대상기업으로 보지 않는다.

③ 국민건강보험

국민건강보험료의 산정은 표준보수월액을 기준으로 한다. 표준보수월액이란 직장가입자가 당해 사업장에서 받은 매월의 보수총액을 '보수월액' 이라 하는데, 보험료를 산정할 때에는 보수월액을 그대로 적용하는 것이 아니라 보수월액의 일정액별로 등급을 매기고 각 등급별로 표준이 되는 금액을 정하여 이를 보험료율과 곱하여 보험료를 산정하게 되는데 그 표준이 되는 금액을 표준보수월액이라 한다. 보수총액은 근로소득원천징수 영수증상의 17번 항목(과세대상급여)과 근로소득원천징수영수증상의 18번 항목(국외근로)을 합산하여 산정한다.

④ 국민연금보험

국민연금법상의 연금보험료 및 급여의 산정은 근로자 또는 사용자(사업경영자)에게 근로의 대가로 지급되는 금품 중 비과세 근로소득을 제외한 소득월액을 기초로

국민연금법 시행령 제5조에서 정한 1등급(22만 원)부터 45등급(360만 원)까지 구분한 등급표에 따라 적용된 금액을 기준으로 산정한다.

2. 임금대장 및 결산서에 근거 임금총액 산정내역 비교

① 연간 소득세징수액집계표상의 임금총액
② 임금대장에 근거 사업장단위별로 분리 산정된 임금총액
③ 결산서 임금총액 산정내역서 작성방법
- 손익계산서상의 급여, 상여, 제 수당, 복리후생비, 지급수수료, 용역비 중 계정별원장 중에서 임금총액 발췌
- 제조원가명세서, 용역원가명세서상의 임금, 급여, 상여금, 제 수당, 복리후생비 중 임금총액 발췌
- 대차대조표 연구개발비계정 등 계정별원장상의 임금총액 발췌, 지급수수료, 용역비 중에서 근로자에게 지급한 임금총액을 발췌하여 합산
④ 위 ①~③의 금액이 일치하는지를 확인하고, 위 금액에서 적용제외근로자, 근로자가 아닌 자에게 지급한 비용, 순수한 복리후생비의 제외 여부를 검토하여 제외하고 최종적으로 사업장 단위 순수한 임금총액을 산정

임 금 성 격	산재 보험	고용보험			입증서류
		실업 급여	고용안정 사업	직업능력 개발사업	
60세 이후 새로이 고용된 자	O	X	X	X	주민등록등본
65세 이상인 자	O	X	X	X	주민등록등본
1개월간 소정근로시간이 80시간 미만인 자	O	X	X	X	근로계약서
1개월 미만으로 근로계약이 체결된 일용근로자	O	X	O	O	근로계약서
국내 거주자격이 있는 외국인	O	O	O	O	
국내 취업활동 비자를 가지고 있는 외국인	O	X	X	X	비자
산업연수생 또는 불법취업 외국인	O	X	X	X	
정부지원 인턴사원	O	O	O	O	
2+1 현장 실습생 훈련수당 (없는 경우 최저임금 적용)	O	X	X	X	학생증
아르바이트 학생(주간)	O	X	X	X	
야간대학, 방송대, 휴학생	O	O	O	O	학생증
기준기간 연장사유 해당 근로자(질병, 휴업, 육아휴직, 산전·후 휴가, 쟁의행위 등)	O	X	X	X	근태관리대장
노조전임자	X	O	O	O	단체협약
해외법인에 파견된 근로자 (국내 본사에서 급여지급)	X	O	O	O	인사명령서류
대표이사, 비상임이사	X	X	X	X	갑근세원천징수영수증
평균임금	O	O	O	O	
법인등기부에 등재된 상근 이사	O	O	O	O	
순수한 복리후생비	X	X	X	X	복리후생비 계정별원장
지입 차주, 학습지 교사, 보험외판원, 캐디, 레미콘 운전기사, 프로야구선수	X	X	X	X	
도급제 근로자, 광고외근원, 전공의, 방송사 소속 관현악단	O	O	O	O	
파견 받은 근로자	X	X	X	X	

제 3 장 평균임금 · 통상임금 · 최저임금제도

1 　통상임금 · 평균임금의 의의

　근로기준법은 통상임금과 평균임금에 대해 규정을 하고 있으며, 이는 근로자에 대한 제반 급여산출의 근거로 사용되고 있다. 통상임금이라 함은 근로자에게 정기적, 일률적으로 소정근로 또는 총근로에 대하여 지급하기로 정해진 시간급금액, 일급금액, 주급금액, 월급금액 또는 도급금액을 말한다(근로기준법 시행령 제6조). 한편 평균임금이라 함은 이를 산정하여야 할 사유가 발생한 날 이전 3개월간에 그 근로자에 대하여 지급된 임금의 총액을 그 기간의 총일수로 나눈 금액을 말한다(근로기준법 제19조 제1항).

　실제로 통상임금이나 평균임금을 어떻게 산정하느냐에 따라 여러 가지 급여금액은 달라지게 된다.

　통상임금은 해고예고수당, 시간외 수당, 야간수당, 휴일근로수당 등의 가산임금, 연차유급휴가수당 등의 산출 근거가 된다. 반면 평균임금은 퇴직금, 휴업수당, 연차유급휴가수당, 재해보상금, 제재로서의 감급액을 산출하는 근거로서 이때 평균임금은 실제 지급되는 수당의 한 종류가 아니라 어떤 급여금액을 산출하는 기준단위일 뿐이다. 통상임금은 사전적 임금률(wage rate), 변동근로시간과 관련한 변동임금의 산정기준으로 활용되며, 평균임금은 사후적인 근로소득(임금률×실근로시간)으로 임금소득을 지급하는 보상제도의 산정 기준으로 활용되고 있다.

▶ 통상임금과 평균임금 적용 규정

	통 상 임 금	평 균 임 금
적용규정	– 해고예고수당(법 제32조) – 연장·야간·휴일 근로가산수당 (법 제55조) – 연장·휴일 근로에 대한 임금 – 연차휴가수당(법 제59조) – 휴업수당(법 제45조 단서) – 기타 법에 '유급'으로 표시된 보상	– 퇴직금(법 제34조) – 휴업보상, 장해보상, 유족보상, 장의비, 일시보상, 분할보상 등 각종 재해보상(법 제81~87조) – 감급의 제한(법 제98조) – 연차휴가수당(법 제59조) – 휴업수당(법 제45조)
포함되는 임금의 종류(예시)	기본급, 고정수당	기본급, 연장근로수당, 상여금 등 실제 지급된 임금 총액
활용되는 경우	변동근로시간과 변동임금의 산정 기준	근로소득을 보전하는 보상제도의 산정 기준
경제학적 개념(concept)	임금률(wage rate)	근로소득(labor income) = 임금률×실근로시간
산정시점의 개념	사전적(ex ante)	사후적(ex post)
산정기준 근로시간	소정근로시간	실근로시간
산정기간 근로시간	통상의 1개월	산정시점 이전 3개월
임금의 법적 정의	정기적, 일률적으로 지급되는 금품	지급된 금품의 총액

자료) 어수봉, 노사정위원회 「노사관계소위원회 발표자료」. 2000. 9. 7., 수정 인용.

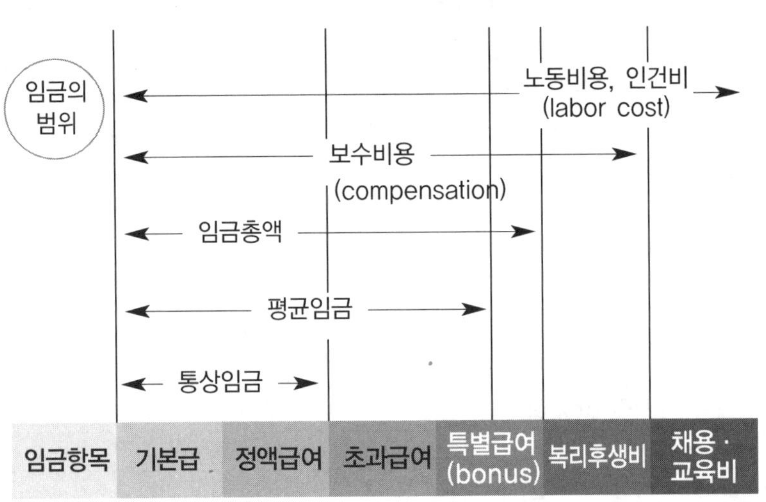

자료) 박준성 : 『인사관리』. 1998. 6.

| 개념으로 본 범위 |

1. 통상임금에 포함되는 임금

근로기준법은 그 시행령에 통상임금에 관한 정의규정을 두고 있으나 시행령에 규정된 정의만으로는 어떠한 임금이 통상임금에 포함되는지 명확하지 않은 경우가 많다.

근로기준법 시행령의 규정과 법원의 판례 및 행정해석을 참조하여 그 판단기준을 정리하면 다음과 같다.

① 근로의 대가여야 하며 임금의 범위에 포함되지 않는 금품은 제외된다.

② 소정의 근로의 양 또는 질과 관련이 있어야 한다. 소정의 근로와 관계가 없는 연장·휴일 근로수당 등은 포함되지 않는다.

③ 지급하기로 정해진 임금으로서 실제근무일수나 수령액에 구애됨이 없다.

④ 근무 여부와 관계가 없으므로 결근 등으로 인해 임금이 삭감되더라도 통상임금이 적어지는 것은 아니다.

⑤ 근무실적과 관계가 없다. 따라서 생산량 등에 따라 변동되는 임금은 제외된다. 다만 도급제 등 생산고에 따라 임금을 지급하기로 하는 경우에는 그러하지 아니하다.

⑥ 정기적으로 지급되어야 한다. 즉 "1임금산정기간"에 지급하기로 정해진 고정급 임금이어야 한다.

⑦ 일률적으로 지급되어야 한다. 여기서 일률적이라 함은 모든 근로자에게 지급되는 것뿐만 아니라 일정한 조건 또는 기준에 달한 모든 근로자에게 지급되는 것도 포함된다. 다만 여기서 말하는 "일정한 조건"이라 함은 "고정적인 조건"이어야 한다.

 **통상임금의 범위**

1. 소정 근로 또는 총근로의 대상(對償)으로 근로자에게 지급되는 금품으로서 그것이 정기적·일률적으로 지급되는 것이면 원칙적으로 모두 구근로기준법(1997. 3. 13., 법률 제5309호로 제정되기 전의 것)상의 통상임금에 속하는 임금이라 할 것이나, 근로기준법의 입법 취지와 통상임금의 기능 및 필요성에 비추어 볼 때 어떤 임금이 통상임금에 해당하려면 그것이 정기적·일률적으로 지급되는 고정적인 임금에 속해야 하므로 실제의 근무성적에 따라 지급 여부 및 지급액이 달라지는 임금은 고정적인 임금이라 할 수 없어 통상임금에 해당하지 아니한다.
2. 근로자에 대한 임금을 월급으로 지급할 경우 그 월급에는 구근로기준법 제45조 소

2. 평균임금에 포함되는 임금

근로기준법 제19조[5]는 평균임금을 산정함에 있어 그 대상이 되는 임금을 "임금의 총액"이라고 명시하고 있는데 이는 같은 법 제18조에 규정된 임금과 같은 의미이다. 다만 임시로 지불된 임금·수당과 통화 외의 것으로 지불된 임금으로서 노동부장관이 정하는 것 이외에는 산입하지 않는다. 판례를 중심으로 그 판단기준을 정리하면 다음과 같다.

① 근로의 대가이어야 한다. 즉 앞에서 설명한 "임금"의 범위에 포함되어야 한다.
② 근로자에게 계속적·정기적으로 지급되어야 한다.

---

5) 제19조【평균임금의 정의】
　① 이 법에서 평균임금이라 함은 이를 산정하여야 할 사유가 발생한 날 이전 3개월간에 그 근로자에 대하여 지급된 임금의 총액을 그 기간의 총일수로 나눈 금액을 말한다. 취업 후 3개월 미만도 이에 준한다.
　② 제1항의 규정에 의하여 산출된 금액이 당해 근로자의 통상임금보다 저액일 경우에는 그 통상임금액을 평균임금으로 한다.

평균임금의 범위

사용자가 근로자에게 지급하는 금품이 평균임금 산정의 기초가 되는 임금 총액에 포함될 수 있는 임금에 해당하려면 먼저 그 금품이 근로의 대상으로 지급되는 것이어야 하므로 비록 그 금품이 계속적·정기적으로 지급된 것이라 하더라도 그것이 근로의 대상으로 지급된 것으로 볼 수 없다면 임금에 해당한다고 할 수 없는데, 여기서 어떤 금품이 근로의 대상으로 지급된 것이냐를 판단함에 있어서는 그 금품 지급의무의 발생이 근로제공과 직접적으로 관련되거나 그것과 밀접하게 관련된 것으로 볼 수 있어야 하고, 이러한 관련 없이 그 지급의무의 발생이 개별 근로자의 특수하고 우연한 사정에 의하여 좌우되는 경우에는 그 금품의 지급이 단체협약·취업규칙·근로계약 등이나 사용자의 방침 등에 의하여 이루어진 것이라 하더라도 그러한 금품은 근로의 대상으로 지급된 것으로 볼 수 없다.

(1995. 5. 12., 대법원 94나14393)

포상금의 평균임금인지의 여부

해마다 미리 지급기준과 지급비율을 정하고 그에 따라 지급하는 포상금은 평균임금에 포함된다. 포상금 지급은 해마다 그 지급시기는 다르나 매년 한두 차례 시행되는 것이 관례화되어 있음을 알 수 있어 이를 우발적·일시적 급여라고 할 수 없으며, 피고가 해마다 미리 지급기준과 지급비율을 정하고 그에 따라 계산된 포상금을 지급하는 것인 이상 직원들이 그 요건에 맞는 실적을 달성하였다면 피고로서도 그 실적에 따른 포상금의 지급을 거절할 수 없을 것이므로 이를 은혜적인 급부라고 할 수도 없고, 또한 직원 대다수가 포상금을 업무와 관련된 용도로 사용하였다고 하더라도 피고가 포상금을 업무와 관련된 용도에만 사용하도록 하였다고 볼 자료가 없는 이상 그 용도는 직원들의 의사에 맡겨져 있어 그와 같은 사정이 있다고 하여 평균임금적 성격이 부정되는 것은 아니므로, 개인포상금은 평균임금에 포함된다고 해야 할 것이다.

(2003. 2. 11., 대법원 제1부 2002재다388)

3. 통상임금 · 평균임금과 당사자 합의

　판례는 당사자가 합의하여 통상임금에 포함되어야 할 성격의 임금을 통상임금에서 제외하는 것에 대해 원칙적으로는 무효라고 해석하고 있다. 즉 각종 법정수당 가산율 또는 지급일수 외에 별도의 최저기준이 없다는 이유로 근로기준법 제22조 제1항에 위반된다는 것이다.

　다만 그 판단의 기준은 근로자에게 유리한 지 불리한 지가 되고 있으며, 근로자에게 유리한 쪽으로의 기준변경은 법 위반으로 보지 않고 있다. 즉 당사자 합의에 의해 일정수당을 통상임금에서 제외시키거나 통상임금이 아닌 다른 종류의 임금을 법정수당 등의 지급기준으로 하는 등 지급기준, 지급률, 지급일수 등을 변경하더라도 최종적으로 산출된 금액이 법정기준보다 높아서 궁극적으로 근로자에게 불리하지 않다면 이를 위법시 하지는 않는다는 것이다.

　이러한 해석은 평균임금에 대해서도 마찬가지로 적용되고 있으며, 판례는 퇴직금지급과 관련된 평균임금 산정 등에 관하여 의견을 같이 하고 있다.

산정시 수당을 제외하기로 한 합의의 효력

성질상 통상임금에 산입되어야 할 각종 수당을 통상임금에서 제외하기로 한 합의는 효력이 없다. 노사간 합의에 따라 성질상 통상임금에 산입되어야 할 각종 수당을 통상임금에서 제외하기로 한 합의의 효력을 인정한다면 시간외 · 야간 및 휴일근로에 대해 가산수당을 지급하고 해고근로자에게 일정기간 통상적으로 지급 받을 급료를 지급하도록 규정한 취지는 몰각될 것이므로, 성질상 근로기준법 소정의 통상임금에 산입될 수당을 통상임금에서 제외하기로 하는 노사간의 합의는 동 법 제20조(근로기준법 위반의 근로계약) 제1항 소정의 규정에 위배되어 무효이다.

(1994. 5. 24., 대법원 93다319)

| 개괄적인 예시 |

개별적인 임금·수당이 평균임금·통상임금에 포함되는지 여부에 대해 예시한 통상임금산정지침(1997. 3. 28., 노동부예규 제327호)은 다음과 같다.

▶ 통상임금·평균임금 산정범위에 포함되는 금품 예시

근로자에게 지급되는 금품의 명칭	평균 임금	통상 임금	기타 임금
1. 소정 근로시간에 대하여 정한 후 지급되는 임금·기본급 임금	○	○	
2. 일·주·월, 기타 1임금산정기간 내의 소정 근로시간에 대하여 정기적·일률적으로 일급·주급·월급 등으로 정하여 지급되는 임금			
① 금융·출납 등 직무수당, 반장·과장 등 직책에 따른 수당 등 미리 정해진 지급조건에 따라 담당하는 업무와 직책의 경중에 따라 지급하는 수당	○	○	
② 물가수당, 조정수당 등 물가변동이나 직급간의 임금격차 등을 조정하기 위하여 지급하는 수당	○	○	
③ 기술수당, 면허수당, 특수작업수당, 위험작업수당 등 기술이나 자격증·면허증 소지자, 특수작업 종사자 등에 따라 지급하는 수당	○	○	
④ 벽지수당, 한랭지근무수당 등 특수지역에서 근무하는 자에게 일률적으로 지급하는 수당	○	○	
⑤ 승무수당·항공수당·항해수당 등 버스·택시·화물자동차·선박·항공기 등에 승무하여 운행·조종·항해·항공 등의 업무에 종사하는 자에게 근무일수에 관계없이 일정한 금액을 일률적으로 지급하는 수당	○	○	
⑥ 생산장려수당 등 생산기술과 능률을 향상시킬 목적으로 근무성적에 관계없이 매월 일정한 금액을 일률적으로 지급하는 수당	○	○	

근로자에게 지급되는 금품의 명칭	평균임금	통상임금	기타임금
⑦ 기타 제1호 내지 제6호에 준하는 임금 또는 수당	○	○	

3. 실제 근로 여부에 따라 지급금액이 변동되는 금품과 1임금 산정기간 외 지급되는 금품

근로자에게 지급되는 금품의 명칭	평균임금	통상임금	기타임금
① 근로기준법과 근로자의 날 제정에 관한 법률 등에 의하여 지급되는 연장근로수당, 야간근로수당, 휴일근로수당, 연차휴가수당, 월차휴가수당, 생리휴가수당 및 단체협약 또는 취업규칙에 의하여 정해진 휴일에 근로한 대가로 지급되는 휴일근로수당	○		
② 상여금			
* 취업규칙 등에 지급조건, 금액, 지급시기가 정해져 있거나 전 근로자에게 관례적으로 지급하는 경우	○		
* 관례적으로 지급한 사례가 없고, 기업이윤에 따라 일시적·불확정적으로 지급하는 경우			○
③ 근무일에만 일정금액을 지급하는 승무수당, 항공수당, 항해수당, 입갱수당 등	○		
④ 능률에 따라 지급하는 생산장려수당, 장려가급, 능률수당 등	○		
⑤ 월차·연차 휴가수당 개념의 개근수당, 근속수당, 정근수당 등	○		
⑥ 일·숙직 수당	○		
⑦ 봉사료(팁)			
* 사용자가 일괄관리 배분하는 경우	○		
* 고객으로부터 직접 받는 경우			○

4. 근로시간과 관계없이 근로자의 생활보조적·복리후생적으로 지급되는 금품

근로자에게 지급되는 금품의 명칭	평균임금	통상임금	기타임금
① 통근수당, 사택수당, 월동·연료 수당, 김장수당으로써			
* 정기적·일률적으로 전 근로자에게 지급하는 경우	○		
* 일시적 또는 일부 근로자에게 지급하는 경우			○
② 가족수당, 교육수당으로써			
* 독신자를 포함하여 전 근로자에게 일률적으로 지급하는 경우	○		

근로자에게 지급되는 금품의 명칭	평균임금	통상임금	기타임금
* 가족수에 따른 가족수당, 본인 또는 자녀교육비 부담 해당자에게만 지급하는 경우			○
③ 급식 및 급식비로써			
* 단체협약, 취업규칙, 근로계약 등에 규정된 급식비로서 전 근로자에게 일률적으로 지급하는 경우	○		
* 단순히 후생적으로 지급되는 현물급식			○
④ 별거수당	○		
5. 임금의 대상에서 제외되는 금품			
① 휴업수당, 퇴직금, 해고예고수당			○
② 단순한 생활보조적 · 복리후생적으로 보조하거나 혜택을 부여하는 경조비(결혼축의금, 조의금, 재해위로금), 피복비, 의료비, 체력단련비, 일시적으로 지급하는 급식, 통근차이용, 기숙사, 주택제공			○
③ 임시 또는 돌발적인 사유에 따라 지급되거나 지급조건이 규정되어 있어도 사유발생일이 불확정, 무기한 또는 매우 드물게 나타나는 것으로서 결혼수당, 사상병수당 등			○
④ 실비 변상으로 지급되는 출장비, 정보비(활동비), 작업용품대(기구손실금, 작업복, 작업화 등), 차량보유자에게 지급되는 차량유지비 등			○
⑤ 손해보험성 보험료 부담금(운전자 보험, 산재보험 등), 의료보험, 국민연금, 재해보상금 등			○

1. 가족수당

판례는 일정금액이 전 근로자에게 지급되는 것인지, 아니면 가족수에 따라 차등 지급되는 것인지를 구분하지 않은 상태에서 "가족수당은 은혜적인 것으로만 볼 수 없기 때문에 통상임금에 포함된다."는 견해[6]와 "통상근로의 질이나 양과는 무관하게 지급된 임금으로 통상임금 산정범위에서 제외된다."는 견해[7]가 혼재되어 있다.

아울러 부양가족이 있는 사람에게만 가족수에 따라 가족수당이 지급되는 경우에도 이는 임금의 성격을 가지는 것으로 평균임금에 산입해야 한다는 판례[8]도 있다.

그러나 부양가족수에 비례하여 가족수당이 지급되고 부양가족이 없으면 가족수당이 지급되지 않는 경우 이는 근로의 질·양과는 관련이 없는 것으로 근로의 대가로 보기 어렵다. 다만 독신자에게도 가족수당이 지급되는 이른바 혼합형 가족수당에 있어 1인분의 금액에 해당하는 금액은 순수하게 복리후생적으로 주어졌다고 보기 어려우므로 임금으로 보아야 한다.

통상임금의 범위(가족수당)

회사에서 지급하는 가족수당이 배우자, 자녀, 동거하는 부모가 있는 근로자에게만 지급되고 있는 것이라면 이는 근로의 양이나 질에 무관하게 지급되는 것이고, 근속수당이 3년 이상 근속한 근로자에게만 근속한 기간에 따라 정하여 놓은 금액을 지급하는 것이라면 이는 장기근속자를 우대하기 위한 은혜적 성격의 수당으로서 근로의 질과는 관계가 없이 지급되는 것이라고 할 것이므로, 그 가족수당 및 근속수당은 통상임금의 범위에 포함시킬 수 없다.

(1994. 10. 28., 대법원 94다26615)

2. 근속수당

① 근속기간에 따라 지급되는 근속수당

근무기간에 따라 지급 여부, 지급수준이 결정되는 근속수당이 통상임금인지에 대해 의견이 나뉘고 있다. 즉 근무기간에 따라 지급 여부, 지급수준이 결정되는 근속수당을 통상임금에 포함시켜야 한다는 견해[9]가 있는가 하면 통상임금의 범위에 포함되지 않는다는 견해도 있다.

그러나 판례[10]는 근속수당을 근로의 질에 대한 대가로서 고정적으로 지급되는 교환적 임금이 될 수 없다고 보고 있다. 오히려 1년 이상 근속한 근로자를 우대하기 위한 은혜적 성격의 수당으로, 근무연수에 구애됨이 없이 정기적 · 일률적으로 지급되는 고정급 임금이라고 할 수 없으므로 성질상 통상임금의 범위에 포함되지 않는다는 것이다.

이 판례에서 근속수당은 "근로교환적 임금이 아니고 은혜적 성격의 수당"이라는 논리를 받아들이면 근속수당이 통상임금에 포함되지 못하는 것이 자명해진다. 한편 행정해석에서도 "연 · 월차 개념의 근속수당"은 근속연수에 따라 지급액이 변동되므로 통상임금에 포함되지 않으며[11] 평균임금에 해당하는 것으로 보고 있다.

② 근속기간과 관계없이 일정액을 지급하는 근속수당

근속기간과 관계없이 일정액을 지급하는 근속수당은 엄밀한 의미에서 볼 때 근속수당이라고 보기 어렵다. 따라서 이는 근로의 대가로밖에 볼 수 없으며 정기적 · 일률적으로 지급하기로 정해져 있다면 통상임금으로 보아야 할 것이다.

---

6) 1988. 3. 2., 대법원 87다478.
7) 1990. 11. 9., 대법원 90다카6948.
8) 1987. 2. 24., 대법원 84다카1409 ; 1992. 4. 14., 대법원 91다5587.
9) 1988. 1. 4., 근기 01254-574.
10) 1992. 5. 22., 대법원 92다7306.
11) 1993. 3. 8., 임금 68207-121.

3. 승무수당 · 특수직무수당

① 승무거리 등에 따라 차등 지급되는 승무수당

승무 여부, 승무조건, 승무거리에 따라 차등 지급하는 승무수당, 연장 근로수당, 개폐수당 등은 일정범위 내의 근무일수, 근무성적 및 운행실적이 있어야만 비로소 지급되는 수당이다. 따라서 실제 근로 여부 또는 근무실적에 따라 그 지급액이 변동되는 임금이므로 통상임금의 범위에 포함되지 않는 것으로 해석된다.

다만 승무거리 등에 따라 차등이 있더라도 근로의 대가이며 능률에 따라 차등지급되는 생산장려수당, 장려가급, 능률수당으로 보아 평균임금에는 포함되는 것으로 보아야 한다.

② 일정액을 지급하는 승무수당

명칭이 승무수당이라 하더라도 승무거리, 시간, 조건 등과 관계없이 일정금액이 지급된다면 이는 승무수당으로 볼 수 없으며 통상임금에 포함된다. 생산장려수당, 장려가급, 능률수당, 항공수당, 항해수당 등도 마찬가지이다.

③ 특수직무수당

고정적인 조건이 아닌 특수직무수당은 통상임금 산입대상이 아니라고 한 판례가 있다.

특수직무수당의 통상임금 여부

특수직무수당은 통상임금에 포함되지 아니한다. 통상임금이라 함은 소정근로의 양 또는 질에 대하여 정기적·일률적으로 지급하기로 된 임금으로서 실제 근무일이나 실제 수령한 임금에 구애됨이 없이 고정적이고 평균적으로 지급되는 일반임금인 바, 일률

4. 주휴수당 · 초과근로수당 · 연월차수당

계속적·정기적으로 지급하는 초과근무수당

초과근무수당은 계속적·정기적으로 지급 받을 개연성이 있다면 망인의 일실수입 산정시 포함되어야 한다. 망인이 사고 이전의 수년 동안 매월 상당한 정도의 시간외 근무 및 휴일근무를 하고 그에 상응한 초과근무수당을 계속적·정기적으로 지급 받아왔다면, 다른 특별한 사유가 없는 한 망인의 이 사건 사고 이후 정년에 이를 때까지도 계속 종전과 같은 수준의 초과근무를 하고 그에 상응한 초과근무수당을 계속적·정기적으로 지급 받았을 상당한 개연성이 있다고 판단되므로, 향후 기대되는 평균적 초과근무수당을 포함하여 망인의 일실수입을 산정하여야 한다.

(2000. 3. 14., 대법원 99다14402)

5. 식 비

식비의 경우 순수하게 복리후생적으로 지급된 경우 이는 임금에 포함되지 않는다. 단, 복리후생적인 명칭을 가진 수당이라 하더라도 일정금액을 1임금지급기마다 정기적·일률적으로 지급하도록 정해져 있는 경우 이는 평균임금은 물론 통상임금에도 포함되는 것으로 보아야 한다. 행정해석에서는 단체협약·취업규칙 등에 규정된 급식비로서 전 근로자에게 일률적으로 지급되는 경우 이를 평균임금으로 보고 있다.

그러나 판례의 입장은 약간 다르다. 근로자가 출근한 날에만 일정금액 상당의 식사를 현물로 제공하고 식사를 제공받지 않은 근로자에게는 그 금액에 상당하는 구판장이용 상품권을 주는 등 현물을 현금으로 환산하는 것이 객관적으로 가능한 경우까지 근로의 대가인 정기적·일률적으로 지급된 임금으로 보고 통상임금이라는 판결을 내리고 있다. 아무런 조건 없이 일정금액을 전 근로자에게 식비명목으로 지급한다면 이는 순수한 의미에서의 식비로 볼 수 없다는 것이다.

이러한 견해는 불합리한 문제점을 안고 있다는 지적도 제기되고 있다. 즉 임금의 통화불 지급과 이를 어길 경우 사용자 처벌을 규정하고 있는 근로기준법의 취지에 어긋나며, 사용자가 복리후생적인 현물제공을 하고 싶어도 일률적으로 하지 못한다는 것이다. 그러나 판례가 행정해석에 우선한다는 점을 감안한다면 판례의 입장을 받아들여야 하는 것이 현실이다.

6. 학자금 보조 · 기타 복리후생적 수당

본인 · 가족 가운데 학교에 다니는 사람이 있을 때만 지급하는 학자금 보조는 평균임금에 포함되지 않는다.

월 출근일수에 따라 차등을 둔 연료수당, 출근장려수당은 실제근로 여부나 근무실적에 따라 지급액이 변동되는 경우 근로의 질이나 양에 대한 대가로서 정기적 · 일률적으로 지급되는 임금이 아닌 출근의욕을 고취키 위한 것이므로 통상임금이 아니라고 해석된다.[12] 이러한 수당이 전 근로자에게, 일률적으로, 출근한 날수에 비례하여, 매월 정기적으로 주어진다면 그 명칭에 관계없이 복리후생적 수당으로 보기 어렵고 능률에 따른 장려가급으로 보아야 할 것이다. 이 경우 이들 수당은 평균임금에 포함된다.

교통비 · 사택수당 · 주거수당 등 복리후생적 수당이 고정적 · 평균적 · 일률적으로, 객관적이고 합리적인 기준에 따라 매월 전 근로자를 대상으로 지급된다면 평균임금에 해당된다는 견해가 있으나 이러한 임금은 모두 통상임금으로 보아야 할 것이다. 그러나 일부 근로자에 대해 제공되는 사택은 비록 현금으로 환가가 가능하다 하더라도 이를 임금으로 볼 수 없다. 통근버스를 이용하지 못하는 사원에게 지급되는 승차권, 자취하는 사원에게 지급되는 보조금 등도 마찬가지로 임금이 아니라고 해석된다.

---

12) 1990. 11. 9., 대법원 다카6948.

7. 일 · 숙직비

근로기준법상 임금이라 함은 사용자가 근로의 대상으로 근로자에게 임금, 봉급 기타 어떠한 명칭으로든지 지급하는 일체의 금품을 말한다. 따라서 근로자가 휴일 또는 야간에 출근하여 일(숙)직을 한 대가로 지급 받은 일(숙)직비 역시 임금에 속하는 것이라는 점에는 의문의 여지가 없다. 일(숙)직 근무는 근로자가 취업규칙 등의 규정에 따라 일정 기간마다 정기적으로 제공하는 근로로서 일(숙)직비는 임시로 지급된 임금으로 볼 수 없으므로 평균임금의 산정기초가 되는 임금총액에 산입하여야 한다.

8. 상여금

상여금은 1개월을 초과하는 단위로 지급되는 임금으로 소정근로시간의 근로에 대한 대가로 볼 수 없으므로 통상임금에서 제외된다.

통상임금의 범위

근로기준법 시행령 제31조 제1항은 근기법 소정의 통상임금을 규정하고 있는 바, 원칙적으로 근로자에게 소정 또는 총근로의 대상으로 지급되는 금품으로서 그것이 정기적 · 일률적으로 지급되는 것은 통상임금에 속하는 임금이므로, 근로자에 대하여 1개월을 초과하는 기간마다 지급되는 것이라도 그것이 정기적 · 일률적으로 지급되는 것이면 통상임금에 포함될 수 있는 것이고, 소정 근로시간의 근로에 직접적 또는 비례적으로 대응하여 지급되는 것이 아니더라도 그런 사유만으로 그 임금을 통상임금에서 제외할 수는 없으나, 실제의 근무성적에 따라 지급 여부 및 지급액이 달라지는 임금은 고정적인 임금이라 할 수 없어 통상임금에 해당하지 않는다.
의료보험조합이 일정기간 실제로 근무한 근로자에게 연 4회 지급하는 상여금은 그 지

평균임금의 범위

1. 운송회사가 화물자동차 운전사들에게 지급한 출장식대 및 작업출장비는 근로의 대가인 임금으로 볼 수 없으므로 퇴직금 산정의 기초인 평균임금에 산입해서는 안 된다.
2. 상여금이 계속적·정기적으로 지급되고 그 지급액이 확정되어 있다면 이는 근로의 대가로 지급되는 임금의 성질을 가지나 그 지급 사유의 발생이 불확정이고 일시적으로 지급되는 것은 임금이라고 볼 수 없으며, 또한 그 상여금이 퇴직금 산정의 기초가 되는 평균임금에 산입될 수 있는지의 여부는 특별한 사정이 없는 한 퇴직 당시를 기준으로 판단하여야 한다.
3. 근로자가 퇴직할 무렵 당해 연도의 경영 실적에 따라 지급되는 특별성과상여금이 단 1회 지급되었을 뿐이고 장래 계속 지급될지 여부가 불확실하여 계속적·정기적으로 지급된다고 할 수 없는 경우, 그 특별성과상여금은 근로의 대가인 임금으로 지급된 것으로 볼 수 없으므로 퇴직금 산정의 기초인 평균임금에 산입해서는 안 된다.

(1998. 1. 20., 대법원 97다18936)

상여금의 통상임금 산입 여부

매월 기본급여의 50%씩이 지급되고 있어 통상임금에의 해당 여부가 논란이 있을 수 있으나 급여산정표에 의하면 상여금이 매월 분할 지급되더라도 그 결정은 연간을 단위로 하여 정해지고(기본급여의 600%) 고용계약서상 기본급, 제 수당과 별개로 상여금분할지급금을 명시하여 이를 확실히 하고 있으며, 또한 실제 매월의 근무일수에 따라 매월의 지급금액이 달라지는 점 등으로 보아 단지 지급방법 또는 지급시기가 매월 이루어진다는 것만으로 통상임금에 포함시키기 어렵다.

(2001. 3. 12., 임금 68207-162)

평균임금의 산정

상여금을 평균임금에 산입하고자 할 때에는 지급 받은 기간의 임금으로 일시에 그 전액을 평균임금 산정기초에 포함하는 것이 아니고 평균임금 산정사유 발생 이전 12개월간에 지급 받은 상여금총액의 3/12에 해당하는 금액만을 포함하여야 한다.

(1985. 8. 23., 근기 01254-15508)

한편 지급조건, 지급시기, 지급률 등 지급근거가 정해져 있거나 전 근로자에게 관례적으로 지급되는 고정적 상여금은 평균임금에 포함되나 관례적으로 지급한 사례가 없고 기업이윤에 따라 일시적·불확정적으로 지급되는 일시적·변동적 상여금은 평균임금에도 포함되지 않는다.

단체교섭을 할 때 일정한 경영목표를 세워 놓고 이 목표에 도달하면 일정액 또는 일정비율의 성과급을 일정한 시기에 주는 경우라 하더라도 이는 일시적·변동적 상여금으로 평균임금에 포함되지 않는다.

9. 체력단련비 · 효도휴가비 주재수당

　체력단련비에 대하여 취업규칙 등에 그 지급률, 지급시기 등이 정해진 경우에 그 명칭과 관계없이 고정적 상여금에 준하여 해석하여야 할 것이므로 평균임금에 포함된다.

평균임금의 범위

해외주재원으로 근무하는 자에게 지급되는 주재수당 및 주택수당은 해외근무라는 특수한 근무조건에 따라 임시로 지급되는 임금이라 할 것이므로 위 주재수당 및 주택임대료상당액은 근로의 대상으로 지급된 금원에 해당되지 않으므로 퇴직금산정의 기초가 되는 평균임금에 포함되지 않는다.

(1996. 11. 22., 서울지판 96가합2298)

지침상 체력단련비의 해석

통상임금산정지침(노동부예규 제327호)의 별표 제5호 제3항에 명시된 체력단련비의 개념은 체육건강시설의 사용료 지원 등 근로자의 체력 및 건강증진을 도모하기 위하여 복리후생적 차원에서 지급되는 금품을 명시한 것으로 해석해야 한다.

(2000. 10. 5., 임금 68207-466)

체력단련비, 효도휴가비의 산입 여부

전체 근로자에게 정기적·일률적으로 지급되는 체력단련비 및 효도휴가비가 평균임금 범위에 포함되는지 여부에 대하여 취업규칙 등에 "체력단련비" 및 "효도휴가비" 지급 조건, 지급시기를 정하여 지급되었거나, 또는 전 근로자에게 관례적으로 지급해온 경우라면 이는 임금성이 인정되므로 평균임금에 포함됨이 타당하다.

(2000. 10. 5., 임금 68207-466)

10. 자가운전 보조비

자가운전 보조비의 평균임금 산입 여부

자가운전 보조비 명목의 금원이 일정 직급 이상의 직원 중 자기 차량을 보유하여 운전한 자에 한하여 지급되고 있다면 이는 단순히 직급에 따라 일률적으로 지급된 것이 아니고 그 지급 여부가 근로제공과 직접적으로 또는 밀접하게 관련됨이 없이 오로지 일정직급 이상의 직원이 자기 차량을 보유하여 운전하고 있는지 여부라는 개별근로자의 특수하고 우연한 사정에 따라 좌우되는 것이므로, 그 자가 운전보조비 중 회사가 그 직원들에게 자기 차량의 보유와 관계없이 교통비 명목으로 일률적으로 지급하는 금원을 초과하는 부분은 비록 그것이 실제 비용의 지출 여부를 묻지 아니하고 계속적·정기적으로 지급된 것이라 하더라도 근로의 대상으로 지급된 것으로 볼 수 없다.

3 통상임금의 산정

| 산정의 원칙 |

통상임금은 시간급으로 산정함이 원칙이다. 왜냐하면 통상임금을 계산기초로 사용하는 근로조건, 즉 연장·야간·휴일근로 가산수당 등이 시간단위로 산정되기 때문이다. 다만 근로기준법 제19조 제2항의 규정에 따라 평균임금이 통상임금보다 적을 때에는 통상임금이 평균임금이 되는데 이때 일급 통상임금을 산정할 필요가 있다.

| 시간급 통상임금으로의 환산 |

시간급 통상임금이란 1시간에 대해 지급하기로 한 "통상임금에 포함되는 임금액"이다. 일급·주급·월급·도급금액을 시간급 통상임금으로 환산하는 방법은 근로기준법 시행령 제6조에 규정되어 있다.

근로기준법 시행령 제6조 【통상임금】

① 법과 이 영에서 "통상임금"이라 함은 근로자에게 정기적·일률적으로 소정근로 또는 총근로에 대하여 지급하기로 정해진 시간급금액·일급금액·주급금액·월급금액 또는 도급금액을 말한다.
② 제1항의 규정에 의한 통상임금을 시간급금액으로 산정할 경우에는 다음 각 호의 방법에 의하여 산정된 금액으로 한다.

---

1. 시간급금액으로 정해진 금액에 대하여는 그 금액
2. 일급금액으로 정해진 임금에 대하여는 그 금액을 1일의 소정근로시간수로 나눈 금액
3. 주급금액으로 정해진 임금에 대하여는 그 금액을 주의 통상임금 산정기준 시간수(법 제20조의 규정에 의한 주의 소정근로시간과 소정근로시간 외의 유급처리되는 시간을 합산한 시간)로 나눈 금액
4. 월급금액으로 정해진 임금에 대하여는 그 금액을 월의 통상임금 산정기준 시간수(주의 통상임금 산정기준시간에 1년간의 평균주수를 곱한 시간을 12로 나눈 시간)로 나눈 금액
5. 일·주·월 외의 일정한 기간으로 정해진 임금에 대하여는 제2호 내지 제4호에 준하여 산정된 금액
6. 도급금액으로 정해진 임금에 대하여는 그 임금산정기간에 있어서 도급제에 의하여 계산된 임금의 총액을 당해 임금산정기간(임금마감일이 있는 경우에는 임금마감기간을 말한다)의 총근로시간수로 나눈 금액
7. 근로자가 받은 임금이 제1호 내지 제6호에서 정한 2 이상의 임금으로 되어 있는 경우에는 각 부분에 대하여 제1호 내지 제6호에 의하여 각각 산정된 금액을 합산한 금액
③ 제1항의 규정에 의한 통상임금을 일급금액으로 산정할 때에는 제2항의 규정에 의한 시간급 금액에 1일의 소정근로시간수를 곱하여 계산한다.

1. 일급의 시간급 환산

① 환산방법

일급금액으로 정해진 임금에 대하여는 그 금액을 1일의 소정근로시간수로 나눈 금액이 시간급 통상임금이 된다.

② 일급금액

일급금액이란 1일을 단위로 지급하기로 정해진 통상임금을 말한다. 실제로 지급된 1일의 임금인 일당의 개념과는 구분된다. 통상임금 산정을 위한 일급금액은 "통상임금에 포함되는 임금"이어야 함은 물론이다.

③ 1일의 소정근로시간수

근로기준법 제20조는 소정근로시간을 "근로기준법 제49조, 제67조 본문 또는 산업안전보건법 제46조의 규정에 의한 근로시간 범위 안에서 근로자와 사용자간에 정한 근로시간"으로 정의하고 있다. 따라서 1일의 소정근로시간수라 함은 일반근로자의 경우에는 1일 8시간, 18세 미만 연소근로자의 경우에는 1일 7시간, 고기압하의 유해·위험작업근로자의 경우에는 1일 6시간 범위 내에서 근로자와 사용자간에 정한 근로시간을 의미한다.

④ 환산시 유의점

일급액과 1일 소정근로시간을 정한 상태에서 특정일(예를 들어 토요일)에 통상의 1일 소정근로시간보다 적은 시간을 근로하거나, 근로하기로 정하였더라도 그러한 특정일의 소정근로시간을 기준으로 시간급 통상임금을 환산하지는 않는다.

2. 주급의 시간급 환산

① 환산방법

주급금액으로 정해진 임금에 대하여는 그 금액을 "주의 통상임금 산정기준 시간수"로 나눈 금액이 시간급 통상임금이다.

② 주급금액

주급금액이란 1주를 단위로 하여 지급하기로 정해진 통상임금을 말한다.

③ 주의 통상임금 산정기준시간수

"주의 통상임금 산정기준 시간수"는 근로기준법 제20조의 규정에 의한 주의 소정근로시간과 소정근로시간 외의 유급 처리되는 시간을 합산한 시간이다.

일반근로자에 대하여 법정 기준근로시간을 소정근로시간으로 정하고 있는 경우를 예로 들어 설명하면 주의 소정근로시간은 44시간이 된다. 이 경우 소정근로시간 외의 유급 처리되는 시간, 즉 법정휴일·휴가 1일의 시간이 몇 시간인지에 대해 근로기준법령이 따로 정하고 있지 않아 혼란이 야기될 수 있다. 같은 법 제49조 제2항에 1일의 법정기준근로시간을 8시간으로 정하고 있다는 점을 감안할 때 1일의 법정휴일 또는 휴가는 8시간으로 계산하는 것이 타당할 것이다. 따라서 일반근로자에 대하여 법정 기준근로시간을 소정근로시간으로 정하고 있는 경우의 "주의 통상임금 산정시간수"는 44시간에 8시간을 합한 52시간이 된다. 이를 유추하여 계산하면 연소근로자가 법정 기준근로시간을 소정근로시간으로 정한 경우 49시간, 고기압하의 유해·위험작업근로자가 법정 기준근로시간을 소정근로시간으로 정한 경우에는 40시간이 된다.

3. 월급의 시간급 환산

① 환산방법

월급금액으로 정해진 임금에 대하여는 그 금액을 "월의 통상임금 산정기준 시간수"로 나눈 금액이 시간급 통상임금이 된다.

② 월급금액

월급금액이란 1개월을 단위로 하여 지급하기로 정해진 통상임금을 말한다.

③ 월의 통상임금 산정기준 시간수

"월의 통상임금 산정기준 시간수"는 "주의 통상임금 산정기준시간"에 1년간의 평균주수를 곱한 시간을 12로 나눈 금액이다. "주의 통상임금 산정기준 시간"은 주급금액을 시간급 통상임금으로 환산할 때의 기준시간으로, 근로기준법 제20조 규정에 의한 주의 소정근로시간과 소정근로시간 외의 유급처리되는 시간을 합산한 시간이다. 1년간의 평균주수는 365일을 7일로 나누어 산정한다. 일반근로자로서 법정 기준근로시간(주당 44시간)을 소정근로시간으로 정한 경우의 계산 예시는 다음과 같다.

$$\text{월 통상임금산정 기준시간수} = \left\{(40\text{시간}+8\text{시간}) \times \frac{365}{7}\ \text{일}\right\} \div 12\text{월} \fallingdotseq 209\text{시간}$$

이를 유추하여 계산하면 18세 미만 연소근로자는 약 209시간이, 고기압하의 유해위험작업 근로자는 174시간이 "월의 통상임금 산정기준 시간수"가 된다. 다만 유급휴일에 대한 임금을 평균개념을 활용하여 7시간 20분으로 환산하여야 할 것이다. 주급을 시간급으로 환산하는 경우에도 같다.

4. 기타 단위급 금액의 시간급 환산

일·주·월 외의 일정한 기간으로 정해진 임금을 시간급으로 환산하는 경우에는 일급·주급·월급의 경우에 준하여 산정한다.

① 도급임금의 시간급 환산

도급금액으로 정해진 임금에 대하여는 그 임금산정기간에 있어서 도급제에 의하여 계산된 임금의 총액을 당해 임금산정기간(임금마감일이 있는 경우에는 임금마감기간을 말한다)의 총근로시간수로 나누어 시간급 통상임금을 산정한다.

② 시간급·일급·도급 등이 혼합된 임금의 환산

근로자가 받는 임금이 시간급·일급·주급·월급·도급 등 두 가지 이상의 임금으로 구성되어 있는 경우에는 각각의 시간급 환산액을 합한 금액이 시간급 통상임금이 된다.

5. 일급 통상임금으로의 환산

근로기준법 제19조 제2항 규정에 따라 평균임금이 통상임금보다 적을 경우에는 그 통상임금을 평균임금으로 한다. 이때 평균임금이 통상임금보다 낮은지 여부를 판단하기 위해 일급 통상임금이 계산되어야 하는 것이다.

근로기준법시행령 제6조 제3항은 "통상임금을 일급금액으로 산정할 때에는 같은 조 제2항 규정에 의한 시간급 금액에 1일의 소정근로시간수를 곱하여 계산한다."고 규정하고 있다. 일반근로자의 경우 1일의 소정근로시간수는 8시간 범위 내에서 사용자와 근로자 사이에 정한 근로시간이다. 18세 미만 연소근로자는 7시간 범위, 고기압하의 유해·위험작업근로자는 6시간 범위 내에서 사용자와 근로자가 정하게 된다.

월급금액으로 정해진 임금에 대한 통상임금 산정기준시간수 산정방법

서비스업을 행하는 기업이 월급제 근로형태로 근로자들을 고용하고, 소정근로시간은 주6일 44시간(임금은 48시간분을 지급)이며, 월급여 계산은 30일을 기준으로 하여 월 중 입사자에게는 일할 계산으로 월급여를 산정하여 지급하는 경우 월의 통상임금 산정기준시간수 산정방법은?

근로자와 사용자간에 정한 소정근로시간이 없고, 1주 44시간 근로형태하에서 토요일에 근로하지 아니한 4시간분에 대하여 임금을 지급하고 있는 경우라면 "주의 소정근로시간과 소정근로시간 이외의 유급처리되는 시간을 합산한 시간에 1년간의 평균주수를 곱한 시간을 12로 나누어 산정하는 다음 방법이 타당하다.

- 다음 -

주 통상임금 산정기준시간수는 주의 소정근로시간수 44시간에 유급처리되는 시간수 12시간(토요일 4시간 근무 외에 4시간 유급처리, 주휴일 8시간 유급처리)을 합산하여 56시간(44시간 + 12시간)이 된다.

$$56시간 \times \frac{365}{7} \div 12개월 \fallingdotseq 243시간$$

다만 월급여 계산을 월 대소에 관계없이 일률적으로 30일을 기준으로 하고 있다면 월의 통상임금 산정시간수는

$$56시간 \times \frac{1}{7} \times 30일 \fallingdotseq 240시간이 된다.$$

(2000. 8. 3., 임금 68207-2326)

평균임금의 산정

| 계산의 원칙 |

평균임금은 실제로 제공된 근로에 대해 실제로 지급 받은 임금을 의미하며 일급 개념으로 산출한다. 근로기준법 제19조 제1항은 "이 법에서 평균임금이라 함은 이를 산정해야 할 사유가 발생한 날 이전 3개월간에 그 근로자에 대하여 지급된 임금의 총액을 그 기간의 총일수로 나눈 금액을 말한다."고 규정하고 있다. 평균임금의 계산식은 다음과 같다.

$$\text{평균임금} = \frac{\text{사유가 발생한 날 이전 3개월간의 임금총액}}{\text{사유가 발생한 날 이전 3개월간의 총일수}}$$

다만 이렇게 산정된 임금이 통상임금보다 적을 경우 통상임금을 적용한다. 이때 비교가 되는 통상임금은 일급 통상임금이다. 이렇게 평균임금을 통상임금 이상으로 보호하는 이유는 평균임금을 산정해야 하는 3개월 사이에 결근 등으로 근로일수가 적은 경우 당해 근로자의 평균임금이 지나치게 낮아지는 것을 막기 위해서다.

평균임금의 산정

1. 근로기준법시행령 제5조상의 평균임금을 정할 수 없다는 것에는 문자 그대로 그 산정이 기술상 불가능한 경우에만 한정할 것이 아니라 근로기준법의 관계규정에 의하여 그 평균임금을 산정하는 것이 현저하게 부적당한 경우까지도 포함하는 것이라고 보아야 한다.
2. 퇴직 직전 3개월간의 지급임금이 특별한 사유로 통상의 경우와 현저히 다른 경우에는 이를 그대로 평균임금산정의 기초로 할 수 없다.
3. 근로자가 퇴직 직전 의도적으로 평균임금을 높이기 위한 행위를 한 경우 그 기간을 뺀 그 직전 3개월분을 가지고 평균임금을 산정함이 옳다.

(1995. 2. 28., 대법원 94다8631)

평균임금의 산정

퇴직금 산정기준으로서의 평균임금은 원칙적으로 근로자의 통상의 생활임금을 사실대로 반영하는 것을 그 기본원리로 하고, 이는 장기간의 휴직 등과 같은 특수한 사정이 없었더라면 산정될 수 있는 평균임금 상당액이라 할 것인 바, 앞서 본 피고의 급여실태와 원고회사의 퇴직금 규정, 근로자의 퇴직 직전의 기간이 그 통상의 생활임금을 가장 잘 반영하고 있다고 보아 그 퇴직 직전 기간의 임금을 기준으로 평균임금을 산정하는 것으로 규정하고 있는 근로기준법의 규정취지에 비추어, 피고의 평균임금(월평균급여)은 그 휴직 전 3개월간의 임금을 기준으로 하여 산정함이 상당하다 할 것이다.

(1999. 11. 12., 대법원 98다49357)

| 구체적 계산방법 |

평균임금을 계산할 때 사용하는 임금총액에는 평균임금을 계산할 사유가 발생한 날로부터 3개월 전까지 받은 근로기준법상의 임금 모두가 포함된다.

다만 임시로 지불된 임금, 수당과 통화 이외의 것으로 지불된 임금으로서 노동부 장관이 정하는 것 이외의 것은 제외된다. 근로기준법 시행령 제2조 제2항에 따르면 법 제19조 제1항에 규정한 임금의 총액에 산입되지 않는 "임시로 지불된 임금과 수당"은 일시적·돌발적 사유로 인하여 지급되는 것처럼 그 지급사유의 발생이 불확정적인 것[13]을 말한다.

▶ 평균임금 산정의 예

산정사유발생일	2003. 6. 18.		채용연월일	1999. 3. 1.	
임금지급 방법	1. 월급 2. 주급 3. 일급 4. 시급 5. 도급 6. 기타		고용형태	1. 상용 2. 일용	
산 정 내 역					
평균임금 계산기간	2003. 3. 18.~ 2003. 3. 31.	2003. 4. 1.~ 2003. 4. 30.	2003. 5. 1.~ 2003. 5. 31.	2003. 6. 1.~ 2003. 6. 17.	합계
총일수	14일	30일	31일	17일	92일
기본급	451,612	1,000,000	1,000,000	566,666	3,018,278
제수당	135,483	280,000	300,000	170,000	885,483
계	587,095	1,280,000	1,300,000	736,666	3,903,761
상여금 산출식	1,000,000 × 600% × 3/12			3개월간상여금	1,500,000
3개월간 임금총액	3,903,761 + 1,500,000			임금총액	5,403,761
평균임금 계산	5,403,761 ÷ 92일			평균임금	58,736.53

---

13) 1978. 12. 31., 대법원 78다2007.

1. 해외근무자의 추가임금과 리베이트

해외에 근무하는 동안 지급 받은 급여 가운데 같은 직급, 같은 호봉의 국내직원의 급여보다 많은 부분은 근로의 대상으로 지급 받은 것이 아니라 실비변상적인 것이거나 해외근무라는 특수조건에 따라 임시로 지급 받은 임금으로 보아야 하므로 평균임금에 산입되지 않는다.[14]

광고유치활동에 따른 리베이트의 평균임금 포함 여부

광고수주업무는 취재기자의 객관적인 업무능력보다는 광고주와의 친분관계에 따라 결정되고, 리베이트는 광고주·취재원 등과의 관계유지를 위한 접대비 또는 기밀비 성격으로서 광고수주에 따른 실비변상적 금품이므로 근로의 대가성을 갖는 것으로는 볼 수 없으므로 평균임금에 포함되지 않는다.

(1998. 12. 5., 임금 68220-815)

2. 통화 이외의 것으로 노동부장관이 정하는 것

근로기준법시행령 제2조 제2항은 "통화 이외의 것으로 지불된 임금"을 평균임금 산정을 위한 임금총액에서 제외하고 있다. 행정해석간에 다소의 이견이 있으나 근로기준법 제42조의 통화불 임금원칙과 관련하여 복리후생적으로 지급된 현물의 임금성은 부인되며, 평균임금 산정시 그러한 현물지급부분은 제외된다.

---

14) 1990. 11. 9., 대법원 90다카4683 ; 1994. 7. 1., 임금 68207-389.

3. 상여금, 정근수당, 연월차수당

① 상여금

상여금은 사유발생일 전 3개월간에 지급되었는지 여부와 관계없이 사유발생일 전 12개월 중에 지급 받은 상여금 전액을 12개월로 나누어 3개월분을 평균임금에 포함시킨다. 근로연수가 1년 미만인 경우에는 그 기간 중에 지급 받은 상여금 전액을 당해 근로월수로 분할 계산하여 평균임금에 산입한다.

② 정근수당

1년에 1~2회 정기적으로 지급되는 것과 같이 1개월을 초과하는 간격을 두고 지급되는 정근수당도 1년분을 분할 계산하여 3개월분만 산입한다.

③ 연차유급휴가수당

먼저 평균임금 산정사유에 따라 연차휴가수당이 달리 발생할 수 있다. 즉 퇴직으로 인해 평균임금을 산정할 필요가 있게 되었다고 한다면, ⓐ 퇴직일이 속한 연도 바로 직전 연도의 출근율에 의해 그 다음 1년간(퇴직일이 속한 연도) 연차휴가청구권이 발생하였음에도 그 기간 중간에 휴가를 사용치 못하고 퇴직함으로써 발생하는 연차근로수당과 ⓑ 퇴직일을 기준으로 2년 전에 해당하는 날이 속하는 연도(연차휴가 계산을 위한 단위연도)의 출근율에 의해 발생한 연차휴가청구권을 1년간 사용치 못하여 그 청구권이 소멸되어 발생하는 연차휴가청구권이 있다. ⓐ의 경우는 연차휴가근로수당의 지급사유가 퇴직일에 발생한다. 따라서 평균임금산정시 사유발생일은 제외하고 그 전일을 기준으로 계산한다는 점을 감안할 때 ⓑ의 경우만이 평균임금 산정대상이 되는 연차휴가근로수당이 될 것이다. 다음으로 업무상 재해발생이 평균임금 산정사유라면 ⓑ의 경우만을 생각할 수 있다. ⓐ의 경우 재해발생일이 속한 해에 요양을 마치고 직장에 복귀하여 남은 기간 동안 연차휴가청구권을 행사할 수도 있기 때문에 연차휴가근로수당이 발생하지 않은 상태이기 때문이다.

 **평균임금의 산정**

연차휴가를 1년간 사용하지 아니하여 휴가 청구권이 소멸할 경우 이에 대한 대가로서 연차휴가근로수당을 청구할 수 있는 바, 퇴직 또는 해고 등으로 인하여 근로관계가 종료되는 경우 동 청구권은 개별 사업장의 단체협약, 취업규칙 등에 특별히 정한 바가 없는 한 휴가를 갈 수 있었던 날에 해당하는 일수에 대하여만 발생하는 것이다.

평균임금은 근로기준법 제19조 규정에 따라 이를 산정해야 할 사유가 발생한 날 이전 3개월간에 그 근로자에 대하여 지급된 임금의 총액을 그 기간의 총일수로 나누어 계산하는 것이나 연차휴가근로수당은 매달 지급되는 임금이 아니라는 점을 감안, 1년분의 연차휴가근로수당을 근로월별로 균등하게 산입하는 것인 바, 퇴직근로자의 평균임금 산정기준인 임금총액에는 퇴직일(평균임금 산정사유 발생일) 전일에 이미 발생되어 있는 1년분의 연차휴가중 미사용 연차휴가일수가 확정되어 연차휴가근로수당으로 대체 지급될 금액의 3/12을 산입하여야 할 것이다.

(1993. 11. 22., 근기 68207-2422)

 **평균임금의 산정**

근로자가 근로기준법 제57조 및 제59조의 규정에 의한 연차월차휴가를 사용하지 않고 근로를 제공하였다면 그 미사용 휴가일수에 대해서는 휴가근로수당이 지급됨이 원칙이다. 다만 근로자 각자가 연차 · 월차휴가 및 미사용 연차 · 월차휴가에 대한 근로수당을 반납하는데 동의하였다면 당해 근로자가 동의한 범위 내에서의 연차 · 월차휴가 및 미사용 연차 · 월차휴가에 대한 근로수당을 지급치 않더라도 이를 법 위반이라 볼 수는 없으며, 휴가근로수당의 반납은 임금채권이 기발생되어 있음을 전제로 한 것이므로 반납된 금액도 평균임금에는 포함되어야 할 것으로 사료된다.

근로자가 동의한 연차 · 월차휴가 반납이 기발생된 휴가를 말하는 것인지 향후 발생할 휴가도 해당되는지 여부에 대해서는 노사가 이를 합의하게 된 경위, 단체협약이나 취업규칙 및 근로계약 내용의 변경 여부 등을 살펴 판단할 수 있을 것이다.

(1999. 3. 12., 근기 68207-581)

다음으로 퇴직일 전 1년분의 1/3인지 아니면 퇴직일 전 3개월분의 대가인지가 문제가 될 수 있다. 연차휴가근로수당을 평균임금에 산입하는 방법에는 두 가지 견해가 있다.

첫째, 상여금·정근수당과 마찬가지로 평균임금 산정사유발생일 전 12개월 동안 지급 받은 금액을 12개월로 나누어 3개월분만 포함시킨다는 주장[15]과 둘째, 근로자가 퇴직하기 전 해에 개근하거나 9할 이상 출근함으로써 받을 것으로 확정된 연차휴가를 사용하지 않은 채 퇴직함으로 말미암아 그 기간에 대한 연차휴가근로수당 지급청구권이 발생하였다고 하더라도 이는 이와 같은 연차휴가를 받게 된 원인이 된 "퇴직하기 전 해 1년간"의 근로의 대상으로 지급되는 것이지 퇴직하는 그 해의 근로에 대한 대가로 볼 수 없기 때문에 연차휴가를 받게 된 원인이 된 "퇴직하기 전 해 1년간"의 일부가 평균임금 산정기간인 퇴직한 날 이전 3개월간 내에 포함되지 않는 한 연차휴가근로수당은 퇴직금의 산출기준이 되는 평균임금에 포함시킬 수 없다는 주장[16]이 그것이다.

④ 단체(임금)교섭과 소급인상 임금

노사간 임금협상이 임금협정 만료일 이후에 마무리되어 임금인상시점을 새협정 체결일 이전으로 소급하는 경우 구협정이 만료된 시점에서 신협정 체결일 사이에 퇴직한 근로자에게 소급임금을 지급해야 하는지가 문제가 된다.

그러나 이 경우 단체협약 등에 특별한 정함이 없는 한 이미 퇴직한 근로자에게 임금인상 소급효과가 미치지는 않는다.

⑤ 해외근로·출장과 평균임금산정

해외에 근무하는 동안 지급 받은 급여 가운에 같은 직급, 같은 호봉의 국내직원보다 많이 받은 급여 부분은 근로의 대상으로 지급 받은 것이 아니라 실비변상적인

---

15) 1993. 9. 23., 임금 68207-2056.
16) 1992. 4. 14., 대법원 91다5587.

것이거나 해외근무라는 특수조건에 따라 임시로 지급된 임금으로 보아야 하므로 평균임금에 산입되지 않는다.

| 사유발생일 이전 3개월간의 총일수 계산 |

1. 사유발생의 의미

근로기준법 제19조의 "사유가 발생한 날"과 같은 법 제36조의 "그 지급사유가 발생한 때"라 함은 사직서를 제출한 경우 "사용자가 이를 수리한 날"을 의미하는 것으로 해석된다. 재해보상의 경우에는 사상의 원인이 되는 사고가 발생한 날 또는 진단에 의해 질병이 발생되었다고 확정된 날을 말한다.

2. 기산일

근로기준법에는 사유가 발생한 날 "이전"으로 표시되어 있어 사유발생일이 포함되는 것으로 해석될 수 있으나, 사유발생일에는 근로를 제공하지 않아 임금을 받지 못할 수도 있다. 따라서 이 날을 포함시키는 것은 공정하지 못하므로 사유발생 당일은 포함되지 않은 것으로 해석한다.

아울러 법에서 3개월간이라 함은 90일을 말하는 것이 아니고 기산일로부터 소급하여 역월상 3개월간에 포함된 일수를 말한다. 취업 후 3개월 미만인 경우에는 근로기준법 제19조의 규정에 따라 그 기간만을 대상으로 평균임금을 산정한다.

① 군복무기간

군복무기간 중 퇴직하였다면 휴직 첫날이 사유발생일이 되고, 복직 후 3개월이 되지 않은 상태에서 퇴직하였다면 퇴직일이 사유발생일이 되며 복직 후 근무한 기

간만을 대상으로 평균임금을 산정하게 된다.[17]

② 노동조합 전임기간

노동조합 전임간부가 전임기간을 마친 후 원직에 복직하지 않고 퇴직한 경우 기
산일은 노사간의 합의로 정하는 것이 합당하다. 그러나 이에 관해 합의된 사항이
없다면 처음으로 노동조합 전임간부가 된 날을 기산일로 한다.[18]

만일 원직에 복직하였다가 3개월이 되기 전에 퇴직한 경우는 군복무 후 복직자
와 마찬가지로 실복직기간만을 대상으로 평균임금을 산정하게 된다.

③ 임금체계 변경

임금체계변동과 평균임금산정기간

퇴직금 지급을 위한 평균임금산정은 택시회사의 완전월급제 도입과 관계없이 법 기준
에 따라 퇴직사유가 발생한 날 이전 3개월간의 임금총액을 산정하도록 규정되어 있으
므로, 임금체계의 변동에 관계없이 평균임금 산정기간중에 실제 지급된 임금총액을
기초로 산정함이 타당하다.

(1999. 1. 14., 임금 68207-19)

3. 평균임금 산정대상기간에서 제외되는 기간

근로기준법 시행령 제2조에 따르면 수습기간, 사용자 귀책사유로 휴업한 기간,
산전 · 산후 휴가기간, 부상 · 질병의 요양을 위하여 휴업한 기간, 육아휴직기간, 쟁
의행위기간, 입대 또는 예비군 · 민방위 훈련참석으로 임금을 지급 받지 않은 기간
등은 평균임금 산정대상기간에서 제외된다.

근로기준법 시행령 제2조 【평균임금에서 제외되는 기간 및 임금】

① 법 제19조의 규정에 의한 평균임금 산정기간 중에 다음 각 호의 1에 해당하는 기간이 있는 경우에는 그 기간과 그 기간중에 지불된 임금은 평균임금의 산정기준이 되는 기간과 임금의 총액에서 각각 공제한다.
　1. 법 제35조 제5호의 규정에 의한 수습사용중의 기간
　2. 법 제45조의 규정에 의한 사용자의 귀책사유로 인하여 휴업한 기간
　3. 법 제72조의 규정에 의한 산전ㆍ산후 휴가기간
　4. 법 제81조의 규정에 의한 업무수행으로 인한 부상 또는 질병의 요양을 위하여 휴업한 기간
　5. 남녀고용평등법 제11조의 규정에 의한 육아휴직기간
　6. 노동조합 및 노동관계조정법 제2조 제6호의 규정에 의한 쟁의행위기간
　7. 병역법ㆍ향토예비군설치법 또는 민방위기본법에 의한 의무 이행을 위하여 휴직하거나 근로하지 못한 기간. 다만 그 기간중 임금을 지급 받은 경우에는 그러하지 아니하다.
　8. 업무 외 부상, 또는 질병으로 인하여 사용자의 승인을 얻어 휴업한 기간
② 법 제19조 제1항의 규정에 의한 임금의 총액에는 임시로 지불된 임금 및 수당과 통화 외의 것으로 지불된 임금은 이를 산입하지 아니한다. 다만 노동부장관이 정하는 것에 대하여는 그러하지 아니하다.

근로기준법 시행령 제3조 【일용근로자의 평균임금】

일용근로자에 대하여는 노동부장관이 사업별 또는 직업별로 정하는 금액을 평균임금으로 한다.

---

17) 1970. 3., 기준 1455.9-2697.
18) 1994. 9. 7., 임금 68207-545.

① 업무상 상병기간, 사용자귀책휴업기간, 업무 외 휴업기간

업무수행으로 인한 부상 또는 질병의 요양을 위하여 휴업한 기간과 그 기간중에 지급된 임금 및 사용자의 귀책사유로 인하여 휴업한 기간과 그 기간중에 지급된 임금은 평균임금 산정대상에서 제외한다. 업무 외 부상·질병으로 인하여 사용자의 승인을 얻어 휴업한 기간도 마찬가지다. 이 경우 사용자의 승인을 얻지 못하면 근로기준법 시행령 제2조에 규정된 제외기간에 해당되지 않는다. 이들 기간중에 소정근로일을 완전히 근로하지 못한 날은 그 정도 여하를 불문하고 이를 휴업일로 간주하여야 한다.[19]

② 수습기간

수습중인 기간과 그 기간중에 지급된 임금은 평균임금 산정대상에서 제외된다. 수습기간은 원칙적으로 3개월을 초과하지 않는 것이 바람직하며 이러한 취지에서 근로기준법 제35조 및 같은 법 시행령 제12조는 수습근로자라 하더라도 3개월을 초과한다면 해고의 예고를 하도록 규정하고 있다. 그러나 3개월을 초과한 기간을 수습기간으로 정한 근로자가 수습완료 후 정규근로자인 상태에서 퇴직하였다 하더라도 평균임금 산정시에는 수습기간 모두를 제외하여야 한다. 평균임금을 산정함에 있어 수습기간을 제외토록 하는 취지는 정규근로자로 재직중에 평균임금을 산정할 사유가 발생할 경우 수습기간이 포함되어 평균임금이 부당하게 낮게 산정되는 것을 막기 위함이다. 따라서 수습기간중에 평균임금을 산정해야 할 사유가 발생한 경우 수습근로자의 통상임금을 평균임금으로 하는 것은 타당하지 못하며 수습기간을 대상으로 평균임금을 산정해야 하며 이렇게 산정한 평균임금이 통상임금보다 적을 때에만 그 통상임금을 평균임금으로 보아야 할 것이다.

③ 적법한 쟁의행위기간, 산전·후 휴가기간, 육아휴직기간

노동조합 및 노동관계조정법상 적법한 쟁의행위기간은 평균임금 산정대상기간에서 제외된다. 산전·후 휴가기간, 육아휴직기간도 마찬가지다.

---

19) 1980. 2. 8., 법무 811-7963.

④ 군복무기간, 향토예비군훈련, 민방위훈련

군복무기간은 평균임금 산정대상 기간에서 제외되며 복직 후 평균임금을 산정할
사유가 발생한 경우에는 그 날로부터 3개월을 따져 평균임금을 산정하고, 3개월이
되지 못한 경우에는 복직일까지만 따져 평균임금을 산정한다. 또한 군복무기간 중
에 평균임금을 산정할 사유가 발생한 경우에는 군복무를 위한 휴직일을 기산점으
로 하여 평균임금을 산정한다.[20] 향토예비군훈련기간, 민방위훈련기간도 근로기준
법 시행령 제2조에 의한 제외기간이다. 한편, 근로기준법 시행령 제2조는 이들 기
간 중 임금을 지급 받는 경우에는 평균임금산정제외기간의 적용을 받지 않도록 규
정하고 있다. 병역의무기간 중에 사용자가 소액의 임금을 주고 이 규정을 원용하여
이후 평균임금산정시 불이익을 받게 할 수 있는데 병역법 등 관련법 위반의 논란
여지가 있다.

4. 평균임금산정대상기간에 포함되는 기간

근로자의 귀책사유로 인한 결근 · 휴업기간, 직위해제기간, 대기발령기간, 감봉
기간과 같이 징계기간은 평균임금산정 대상기간에 포함된다. 다만 징계기간이 부
당한 경우에는 이 기간을 제외하여야 한다.[21]

| 평균임금의 조정 |

재해보상을 위해 평균임금을 산정함에 있어 요양기간이 길어지는 경우 사유발생
일을 기준으로 하게 되면 평균임금이 요양보상, 휴업보상, 유족보상, 장사비, 일시
보상 등의 보상을 받는 시점의 현실과 부합하지 않을 수 있다. 근로기준법 시행령

---

20) 1970. 3., 기준 1455.9-2697.
21) 1994. 6. 20., 근기 68207-1005.

제5조는 이러한 문제를 해결하기 위해 같은 사업장 동종근로자 통상임금 변동률 등을 기준으로 평균임금을 조정할 수 있도록 하고 있다. 다만 제2회 이후의 평균임 금의 증감을 위한 조정은 직전 회의 변동사유가 발생한 달의 평균액을 산정기준으로 한다.

재해근로자가 소속한 사업 또는 사업장에서 동일한 직종의 근로자에게 지급된 통상임금의 평균액이 5% 이상 변동한 경우 그러한 변동률에 따라 변동임금이 증감된다.

소속사업장이 폐지된 경우에는 사유발생 당시의 같은 종류, 같은 규모의 사업장을 기준으로 한다. 한편, 산업재해보상보험법 시행령은 노동부장관이 작성하는 매월 노동통계조사보고서의 같은 업종·규모·성별 및 직종의 근로자의 정액급여변동률을 기준으로 한다.

비교대상이 되는 동일한 직종이 없는 경우에는 유사한 직종을 기준으로 한다. 산업재해보상보험법 시행령의 규정도 같다.

업무상 재해로 요양이 종결된 후 장기간 무급휴직을 하다가 퇴직한 경우 평균임금 산정방법

업무상 부상으로 요양을 위해 휴업하다가 동 요양이 종결됨과 함께 원직에 복귀하면서 근로를 제공하여야 함에도 불구하고 이러한 절차 없이 사용자의 승인을 얻어 장기간(4년) 휴업하던 도중에 바로 퇴직한 경우 재해발생시가 아닌 종결된 시점의 범위 안에서 조정된 평균임금을 적용함이 타당하다.

(2001. 10. 8., 임금 68207-693)

| 일용근로자의 평균임금 |

    일용근로자에 대하여는 노동부장관이 사업별 또는 직업별로 정한 금액을 평균임금으로 한다고 명시하고 있다.

> 시행령 제3조【일용근로자의 평균임금】
>
> 일용근로자에 대하여는 노동부장관이 사업별 또는 직업별로 정하는 금액을 평균임금으로 한다.

| 특별한 경우의 평균임금 |

    근로자에 대하여 평균임금을 산정할 수 없는 특별한 경우에는 시행령 제4조의 규정에 의해 노동부장관이 정하는 바에 따르도록 규정되어 있다.

> 시행령 제4조【특별한 경우의 평균임금】
>
> 법 제19조, 이 영 제2조 및 제3조의 규정에 의하여 평균임금을 산정할 수 없는 경우에는 노동부장관이 정하는 바에 의한다.

| 최저임금법의 의의 |

최저임금제[22]란 국가가 임금의 결정에 직접 개입하여 임금의 최저수준을 정하고 사용자에게 그 지급을 법적으로 강제하는 제도이다. 우리나라의 경우 1986년 12월 31일 최저임금법이 제정되고 1987년 7월 1일 동 법 시행령이 제정되어 1988년부터 최저임금제도를 본격적으로 시행하게 되었으나 최저임금은 사용자가 적용대상 근로자에게 지급하여야 할 임금의 최저수준을 정한 것일 뿐 임금인상률이나 인상방법을 정하는 기준은 아니어서 적용대상 근로자들에 대한 영향력은 대체로 감소되어오다가 최근 비정규직이 확산되면서 최저임금제가 이들 보호의 중요한 기준으로 다시 주목받고 있다.

| 최저임금법의 주요 내용 |[23]

1. 최저임금제의 적용대상

최저임금법은 근로기준법의 적용을 받는 모든 사업 또는 사업장에 원칙적으로 적용된다. 그러나 그 동안 최저임금법은 제도의 도입에 따른 충격을 완화시키기 위하여 적용대상이 되는 사업체의 규모 및 산업을 점진적으로 확대하여 왔다. 특히

---

22) 하갑래 : 『근로기준법』. 중앙경제사, 1997, pp. 465~480.
23) 한국노동연구원 : 「2002년 최저임금심의를 위한 생계비 산출 및 경제사회적 여건변화에 따른 최저임금 합리화 방안」 참조. 노동부, 2002. 10.

2000년 11월 24일 이후에는 적용대상 사업체규모가 기존의 상시 5인 이상에서 1인 이상으로 확대되었다. 그리고 최저임금법은 정신 또는 신체의 장애로 근로능력이 현저히 낮은 자, 수습 사용 중에 있는 자, 직업훈련기본법에 의한 사업주가 실시하는 양성훈련을 받는 자, 감시 또는 단속적 근로에 종사하는 자 등 일부 근로자를 제외하고 모든 임금근로자에게 원칙적으로 적용되고 있다(제7조). 따라서 근로형태를 불문하고 모든 근로자는 최저임금의 보호대상이 되는 반면, 사업주는 이들에 대하여 최저임금 이상의 임금을 지불해야 하는 책임이 발생한다.

▶ 최저임금 적용대상 관련 주요 지표 추이

적용기간	적 용 대 상(법)		적용근로자 (명)	수혜근로자 (명)	영향률 (%)
	규 모	산 업			
1988. 1.~1988. 12.	10인 이상	제조업	2,266,675	94,410	4.2
1989. 1.~1989. 12.	10인 이상	제조업, 광업, 건설업	3,052,555	327,954	10.7
1990. 1.~1990. 12.	10인 이상	전 산업	4,386,041	187,405	4.3
1991. 1.~1991. 12.	10인 이상	전 산업	4,556,075	393,183	8.6
1992. 1.~1992. 12.	10인 이상	전 산업	4,620,164	391,502	8.5
1993. 1.~1993. 12.	10인 이상	전 산업	5,045,064	227,519	4.5
1994. 1.~1994. 8.	10인 이상	전 산업	4,916,322	102,312	2.1
1994. 9.~1995. 8.	10인 이상	전 산업	4,863,923	103,033	2.1
1995. 9.~1996. 8.	10인 이상	전 산업	5,380,697	103,191	1.9
1996. 9.~1997. 8.	10인 이상	전 산업	5,240,135	127,353	2.4
1997. 9.~1998. 8.	10인 이상	전 산업	5,324,834	123,513	2.3
1998. 9.~1999. 8.	10인 이상	전 산업	5,136,061	22,980	0.4
1999. 9.~2000. 8.	5인 이상	전 산업	5,030,727	53,760	1.1
2000. 9.~2001. 8.	1인 이상	전 산업	6,692,344	141,102	2.1
2001. 9.~2002. 8.	1인 이상	전 산업	7,152,499	201,344	2.8

자료) 최저임금위원회

이상에서 살펴본 최저임금법의 적용대상과 이와 관련된 주요한 지표의 변화는 p. 116 표에 나타나 있다. 비록 최저임금법의 적용대상 사업체규모 및 산업이 지속적으로 확대되어 왔지만, 최저임금 영향률은 1989년 10.7%를 정점으로 그 이후 지속적으로 낮아져 2001년에는 2.8%에 머무르고 있다.

2. 최저임금적용시기

최저임금은 1988년에서 1993년까지는 1월 1일부터 12월 31일까지 1년간 적용되어 왔다. 그러나 1993년 8월 5일 최저임금법 개정으로, 1994년 이후에는 9월 1일부터 다음 연도 8월 31일까지 1년간씩 최저임금의 적용시기가 변경되었다. 이와 같이 적용시기가 변경된 이유는 매년 1월 1일부터 적용되었던 최저임금 인상률이 임금교섭 또는 임금체계에 미치는 파급효과를 차단하기 위해서였다.

3. 최저임금 수준의 변화

최저임금법이 시행된 지난 1988년 이후 최근까지의 최저임금 수준 및 그 인상률과 관련된 주요한 지표는 다음 표에 나타나 있다. 그 동안 최저임금 인상률은 최저임금에 포함되는 임금내역과 근접하는 정액급여 증가율과 비교하면 전반적으로 낮았기 때문에, 정액급여에 대비한 최저임금의 비율은 1989년 37.6%를 정점으로 2000년까지 지속적으로 낮아졌다[24].

---

24) 2002. 9. 1. ~ 2003. 8. 31. 까지의 최저임금액은 시간급 2,275원이고 일급 18,200원이다.

▶ 최저임금 수준 관련 주요 지표 추이

(단위 : 원, %)

적용기간	최 저 임 금		월환산	최저/정액	증 가 율		
	시 급	월 급	시간	급여(월)	최저임금	정액급여	소비자물가
1988. 1.~1988. 12.	462.5	111,000	240	35.1			
	487.5	117,000		37.0			
1989. 1.~1989. 12.	600.0	141,000	240	37.6	6.6	18.6	5.7
1990. 1.~1990. 12.	690.0	155,940	240	35.1	15.0	18.4	8.5
1991. 1.~1991. 12.	820.0	185,320	235	35.5	18.8	17.6	9.3
1992. 1.~1992. 12.	925.0	209,050	226	35.0	12.8	14.3	6.3
1993. 1.~1993. 12.	1,005.0	227,130	226	33.9	8.6	12.3	4.8
1994. 1.~1994. 8.	1,085.0	245,210	226	32.9	8.0	11.3	6.2
1994. 9.~1995. 8.	1,170.0	264,420	226	31.9	7.8	10.9	4.5
1995. 9.~1996. 8.	1,275.0	288,150	226	31.2	9.0	11.7	4.9
1996. 9.~1997. 8.	1,400.0	316,400	226	31.3	9.8	9.4	4.5
1997. 9.~1998. 8.	1,485.0	335,610	226	32.0	6.1	3.7	7.5
1998. 9.~1999. 8.	1,525.0	344,650	226	30.9	2.7	6.1	0.8
1999. 9.~2000. 8.	1,600.0	361,600	226	30.2	4.9	7.3	2.3
2000. 9.~2001. 8.	1,865.0	421,490	226	33.1	16.6	6.5	4.1
2001. 9.~2002. 8.	2,100.0	474,600	226	–	12.6	–	–

주 : 단, 최저임금/정액급여 비율은 시계열적 일관성을 위하여 10인 이상 사업체를 기준으로 함.
자료) 노동부 :「매월노동통계조사보고서」. 각 호 ; 최저임금위원회 :「최저임금심의 · 의결경위」. 각 연도.

그러나 최근 2000~2001년에는 최저임금 적용대상 확대와 더불어 최저임금이 상대적으로 높게 인상되어 정액급여에 대비한 최저임금의 상대적 수준은 이전에 비하여 상당히 개선되었다.

| 최저임금의 구체적 적용 |

최저임금은 근로자의 생계비, 유사근로자의 임금 및 노동생산성을 고려하여 시간 · 일 · 주 또는 월 단위로 정하며 일 · 주 · 월 단위로 정한 경우는 시간급으로도 표시하도록 정해져 있다. 아울러 18세 미만 연소근로자에게는 취업기간이 6개월이 될 때까지는 시간급 최저임금액의 90%가 최저임금으로 적용된다.

사업장에서 지급하는 임금이 최저임금에 위반되는지 여부를 판단하려면 최저임금에 포함되는 임금을 시간급으로 환산, 고시된 최저임금과 비교한다〔별표 '최저임금에 포함되는 임금의 범위' 및 '포함되지 않는 임금의 범위' 참조〕.

1. 최저임금 산정의 구체적 예시

① 휴일근로수당, 연 · 월차휴가수당

▶ 최저임금에 포함되는 임금의 범위

구 분	임 금 의 범 위
공통요건	1. 단체협약 · 취업규칙 또는 근로계약에 임금항목으로서 지급근거가 명시되어 있거나 관례에 따라 지급하는 임금 또는 수당 2. 미리 정해진 지급조건과 지급률에 따라 소정근로(도급제의 경우에는 총근로)에 대하여 매월 1회 이상 정기적 · 일률적으로 지급하는 임금 또는 수당
개별임금 및 수당의 판단기준	위의 공통요건에 해당하는 것으로 다음 표의 규정에 의한 임금 · 수당 외에 다음 각 호의 1에 해당하는 임금 또는 수당 1. 직무수당 · 직책수당 등 미리 정해진 지급조건에 따라 담당하는 업무와 직책의 경중에 따라 지급하는 수당 2. 물가수당 · 조정수당 등 물가변동이나 직급간의 임금격차 등을 조정하기 위하여 지급하는 수당 3. 기술수당 · 면허수당 · 특수작업 수당 · 위험작업수당 등 기술이나 자격 · 면허증 소지나 특수작업 종사 등에 따라 지급하는 수당

개별임금 및 수당의 판단기준	4. 벽지수당 · 한랭지근무수당 등 특수지역에서 근무하는 자에게 일률적으로 지급하는 수당 5. 승무수당 · 항공수당 · 항해수당 등 버스 · 택시 · 화물자동차 · 선박 · 항공기 등에 승무하여 운행 · 조종 · 항해 · 항공 등의 업무에 종사하는 자에게 매월 일정한 금액을 지급하는 수당 6. 생산장려수당 등 생산기술과 능률을 향상시킬 목적으로 근무성적에 따라 매월 일정한 금액을 지급하는 수당 7. 기타 제1호 내지 제6호에 준하는 것으로서 공통요건에 해당하는 것이 명백하다고 인정되는 임금 또는 수당

자료) 최저임금법 제6조 제4항, 동 법 시행규칙 제2조.

▶ 최저임금 적용을 위한 임금에 산입하지 아니하는 임금의 범위

구 분	임 금 의 범 위
매월 1회 이상 정기적으로 지급하는 임금 외의 금품	1. 1개월을 초과하는 기간의 출근성적에 의하여 지급하는 정근수당 2. 1개월을 초과하는 일정기간의 계속근무에 대하여 지급하는 근속수당 3. 1개월을 초과하는 기간에 걸친 사유에 의하여 산정하는 장려기금 · 능력수당 또는 상여금 4. 기타 결혼수당 · 월동수당 · 김장수당 · 체력단련비 등 임시 또는 돌발적인 사유에 따라 지급하거나, 지급조건이 사전에 정해진 경우에도 그 사유발생일이 확정되지 아니하거나 불규칙적인 임금 · 수당
소정의 근로시간 또는 근로일에 대하여 지급하는 임금 외의 임금	1. 연 · 월차휴가근로수당 · 유급휴가근로수당 · 유급휴일근로수당 2. 연장시간근로 · 휴일근로에 대한 임금 및 가산임금 3. 일 · 숙직 수당 4. 기타 명칭여하에 관계없이 소정근로에 대하여 지급하는 임금이라고 인정할 수 없는 것
기타 최저임금액에 산입하는 것이 적당하지 아니한 임금	가족수당 · 급식수당 · 주택수당 · 통근수당 등 근로자의 생활을 보조하는 수당 또는 식사, 기숙사 · 주택제공 · 통근차운행 등 현물이나 이와 유사한 형태로 지급되는 급여 등 근로자의 복리후생을 위한 성질의 것

자료) 최저임금법 제6조 제4항, 동 법 시행규칙 제2조.

유급휴일에 대한 임금 및 가산수당, 연·월차휴가근로수당은 최저임금적용을 위한 임금 및 소정근로시간에 산입되지 않는다.[25] 단, 휴일·휴가를 사용하였음에도 지급되는 유급휴일수당, 휴가를 사용했음에도 지급되는 연월차휴가수당 및 생리휴가수당 등은 최저임금 적용을 위한 임금 및 소정근로시간에 포함된다.

② 생산장려수당 · 상여금

능률에 따라 지급되는 생산장려수당, 장려가급, 상여금 등은 최저임금 적용을 위한 임금에 산입되지 않는다. 다만 이러한 명목의 임금이 매월 일정액으로 지급된다면 산입된다(임금 32240-21666).

③ 식비보조금

식비 등 복리후생을 위한 성질의 급여는 단체협약의 임금항목으로 명시되어 매월 1회 이상 정기적·일률적으로 지급되고, 이를 통상임금 산정시 포함시킨다 할지라도 최저임금 적용을 위한 임금에 산입하지 않는다.[26] 이는 근로자의 생활을 간접적으로 보조하는 수당으로 분류되기 때문이다.

④ 봉사료

봉사료는 사용자가 일괄관리하더라도 정기적·일률적으로 지급하는 임금으로 볼 수 없어 최저임금 적용을 위한 임금에 산입되지 않는다.[27]

⑤ 택시기사의 사납금 초과수입

택시업에 있어 사납금을 초과한 수입을 운전기사가 갖도록 되어 있는 경우 생산고에 따른 임금지급으로 보아 최저임금 적용을 위한 임금에 산입될 수도 있다.[28]

---

25) 1989. 11. 29., 임금 32240-19950.
26) 1989. 1. 12., 임금 32240-381.
27) 1989. 12. 29., 임금 32240-21667.
28) 1993. 9. 14., 임금 68207-555.

2. 최저임금 미달 여부의 판단

① 시급·일급의 경우

최저임금법 시행령 제5조 제1항에 의한 시급 환산방법은 근로자의 임금을 정하는 단위가 된 기간이 최저임금액을 정함에 있어 단위가 된 기간과 다른 경우에 한하여 적용되도록 예정되어 있다. 따라서 최저임금액이 결정기준과 같이 8시간 근로를 기준으로 산정된 일급에는 적용되지 않는다.

② 월급의 경우

월급인 경우에는 그 월급을 시간당 임금으로 환산하여 시간급 최저임금과 비교한다. 최저임금법은 월급인 경우 월평균 소정근로시간수인 209(226)시간으로 나누어 시간당 임금을 산출토록 규정하고 있다.

③ 도급의 경우

생산고에 따른 임금지급제, 기타 도급제로 정하여진 임금은 그 임금산정기간(임금마감일이 있는 경우 임금마감시간)의 임금총액을 그 임금산정기간 동안의 총근로시간수로 나눈 금액을 시급 최저임금과 비교한다.

④ 시간급·일급·월급·도급이 혼합되어 있는 경우

근로자가 받는 임금이 시간급제·일급제 등으로 혼합된 경우에는 각각의 시간급 임금을 계산하여 합한 금액을 시간급 최저임금과 비교한다. 예를 들어 월간 판매실적(생산고)에 따라 산정 지급되는 능률수당과 월정 급여를 동시에 받는 경우 먼저 능률수당을 총근로시간으로 나누어 시간당 임금으로 환산하고, 이를 기본급 등 월단위로 정해진 임금을 소정근로시간으로 나누어 환산한 시간당 임금과 합산하여 최저임금 미달 여부를 판단한다.[29]

⑤ 포괄산정임금제의 경우

운수업계, 격일제 근무 사업장 등과 같이 포괄산정적인 임금성격을 가지고 있는 경우에는 실근로를 확인하여 연장 · 휴일 · 야간근로에 대한 임금 및 수당을 제외한 시간급 임금을 산출, 그 금액과 시급 최저임금을 비교하여 최저임금 미달 여부를 판단한다.[30]

3. 최저임금의 적용대상

① 적용대상

최저임금의 적용을 받는 근로자의 범위에는 상용근로자뿐만 아니라 일용근로자, 파트타임 근로자 등 근로자의 고용형태에 관계없이 모두 포함된다. 다만 최저임금의 적용을 받는 근로자는 근로기준법 제14조의 규정에 의한 근로자이므로 최저임금을 적용할 당시에 근로기준법의 적용을 받는 근로자인지의 여부를 먼저 확인해야 한다.

② 적용제외 대상자

일반근로자와 비교하여 근로능력이 현저히 낮거나 특별한 사정으로 인하여 일반근로자와 동등한 임금을 지급하도록 하는 것이 당해 근로자의 고용유지 측면에서 적당하지 않은 경우 최저임금제의 적용을 제외할 수 있다. 단, 이 경우 노동부장관의 인가가 필요하다. 적용제외의 효력은 인가일 이후부터 발생하며, 인가가 있더라도 사유가 발생한 날로 소급 적용할 수는 없다(임금 32240-7313).

노동부장관의 인가를 받아 최저임금제의 적용을 제외할 수 있는 대상은 다음과 같다(최저임금법 제7조 및 동 법 시행령 제6조).

---

29) 1990. 4. 3., 임금 32240-4770.
30) 1990. 4. 9., 임금 32240-4788.

* 근로자의 정신 또는 신체의 장애가 당해 근로자를 종사시키고자 하는 업무의
  수행에 직접적으로 현저한 지장을 주는 것이 명백하다고 인정되는 자
* 수습사용 중에 있는 자로서 수습사용한 날로부터 3개월 이내인 자
* 직업훈련기본법에 의한 사업 내 직업훈련의 기능사훈련과정 또는 사무·서비
  스직 종사자, 훈련과정중 양성훈련을 받은 자
* 근로기준법 제61조 제3호의 규정에 의한 감시 또는 단속적으로 근로에 종사하
  는 자

한편 취업기간이 6개월 미만인 18세 미만 연소근로자에게는 시간급 최저임금액
의 90%가 그들의 최저임금이 되는데, 적용제외 규정과 연소근로자 특례규정이 경
합하는 경우 적용제외 규정이 우선한다.

4. 최저임금의 효력

① 임금지급의 하한선

사용자는 최저임금의 적용을 받은 자에 대하여 최저임금액 이상의 임금을 지급
하여야 한다(최저임금법 제6조 제1항). 최저임금액에 미달하는 임금을 정한 근로계약
은 그 부분에 한하여 무효로 하며, 무효로 된 부분은 최저임금법에 의하여 정한 최
저임금액과 동일한 임금을 지급하기로 정한 것으로 본다(최저임금법 제6조 제3항).

② 이 법을 이유로 한 임금수준 저하금지

최저임금법 제6조 제2항은 "최저임금을 이유로 종전의 임금수준을 저하시켜서는
아니 된다."고 규정하고 있다. 이 조항은 임금수준을 저하시키는 사유가 최저임금
때문일 것을 그 요건으로 하고 있다. 이 경우 비교가 되는 임금은 최저임금에 산입
하는 임금뿐 아니라 산입되지 않는 임금까지 합한 임금총액을 기준으로 해야 할 것
이다. 따라서 새로 조정된 임금총액이 고시된 최저임금액과 "최저임금적용을 위한

임금에 산입하지 아니하는 임금의 범위"에 해당하는 임금을 합한 금액보다 적으면 "종전의 임금수준을 저하"시킨 것으로 해석된다(임금32240-365).

또한 근로자가 자기의 사정으로 인해 소정의 근로시간 또는 소정의 근로일의 근로를 하지 않은 경우나 사용자가 정당한 이유로 근로자에게 소정의 근로시간 또는 소정의 근로를 시키지 않은 경우에까지 최저임금 이상 임금의 지급을 강제하는 것은 아니다.

③ 최저임금의 효력발생시기

결정 · 고시된 임금은 당해 연도 9월 1일부터 다음해 8월 31일까지 적용된다.

④ 최저임금 위반의 효력

최저임금법 제6조를 위반하여 최저임금에 미달하는 임금을 지급하거나 최저임금을 이유로 종전의 임금수준을 저하시킨 자는 3년 이하의 징역 또는 1,000만 원 이하의 벌금에 처한다.

한편 형사처벌과 동시에 근로자와 사용자 간의 근로계약에서 최저임금 미만의 임금액을 정하여도 그것은 무효가 되고 소정의 최저임금의 임금액을 정한 것으로 간주한다는 민사상의 강행법규로서의 효력도 함께 생긴다. 그리고 당연히 최저임금액과 계약임금과의 차액을 지불하지 않으면 최저임금의 미지급이 되어 시효(3년)기간 중 지불의무가 존속하는 결과가 된다(3년분 소급지불).

⑤ 최저임금 게시의무 위반 등

같은 법 제11조에 규정된 사용자의 최저임금게시 · 주지의무위반, 같은 법 제25조 규정에 의한 보고의무위반과 제26조에 의한 근로감독관의 요구 · 검사를 방해 · 기피하는 자는 100만 원 이하의 벌금에 처한다.

제 4 장 근로시간제도와 임금관리

근로시간제도의 의의와 주 40시간제 도입 현황

| 근로시간과 임금 |

근로조건 가운데에는 무엇보다도 근로시간과 임금이 가장 중요한 요소를 이루고 있으며, 양자는 법률적으로나 노동실무상으로 서로 밀접한 상관관계를 가지고 있다. 임금은 기본적으로는 근로시간에 따라서 산정·지급되는 것이며, 근로자들은 보다 많은 임금을 받기 위해 자신들의 실근로시간이나 유급휴가 등을 많이 인정받으려 하는데 반해서 임금관리 차원에서는 반대의 입장을 취하기 때문이다.

| 근로시간과 임금시간 |

부칙 제1조에 2011년까지 한시적으로 40시간제와 44시간제가 공존하게 되었다. 이 책에서는 이러한 사정을 감안하여 구법에 의한 근로시간을 ( ) 안에 표기한다.

> 근로기준법 제49조 【근로시간】
>
> ① 1주일간의 근로시간은 휴게시간을 제하고 40시간(44시간)을 초과할 수 없다.
> ② 1일의 근로시간은 휴게시간을 제하고 8시간을 초과할 수 없다.

근로시간은 근로자가 사용자의 지휘·감독하에 근로계약상의 근로를 제공하는 실근로시간으로 정의하는 것이 통설·판례의 견해이다. 통상적으로 근로시간의 관리 산정의 의무는 사용자에게 지워져 있으나 사용자가 어떠한 방법으로 관리하느냐의 여부는 현저히 부당한 경우가 아닌 한 사용자가 임의로 결정할 수 있도록 일임되어 있는 것이므로 근로시간의 관리는 곧 임금관리라 할 만큼 밀접한 관계를 맺기 마련이다. 그런데 어느 시간에 대하여 임금이 지급되는 경우에 그 시간이 근로시간인 것이 통상적인 것이다. 예컨대 근로기준법상의 실근로시간에 해당되지 않는데도 당사자가 그 시간에 대하여 임금을 지급하기로 약정을 하고 있다면 계약자유의 원칙상 임금의 청구는 인용되어져야 하는 것이며 이 시간은 "근로계약상의 근로시간" 내지는 "임금시간"이라고 불린다. 예컨대 소정근로시간 1시간 이내의 지각을 한 근로자에 대하여는 그 시간수의 감액을 하지 않는다는 약정이 있는 경우에는 그 근로자가 그 시간에 대한 임금 전액을 지급 받는 경우 그 지각한 시간은 임금시간에 해당하고 근로시간으로 볼 수는 없는 것이다.

| 주 40시간 근로시간 법제의 도입 |

최근 우리나라 근로시간의 현황을 보면 2002년 기준으로 연간근로시간은 2410시간이며, 주당근로시간은 46.2시간(10인 이상 기준)을 기록하여 OECD 국가 중에서 가장 근로를 오래 하는 것으로 조사되고 있다. 그러나 생산성은 현저히 떨어져 OECD 조사대상 30개국 중 23위를 차지하는 등 경쟁력이 취약한 것으로 조사되었다.

▶ 2001년도 OECD 주요국 연간근로시간과 우리나라의 연간근로시간

한 국	호 주	체 코	스페인	독 일	일 본	스웨덴	영 국	미 국
2447	1837	2000	1816	1467	1836	1603	1711	1821

▶ 2001년도 OECD 주요국 부가가치노동생산성(단위 : $)

한 국	룩셈부르크	미 국	프랑스	일 본	독 일	스웨덴	영 국	체 코
31,878	70,284	66,923	60,495	55,301	54,062	48,750	46,120	21,661

자료) OECD Employment Qutlook.

부 칙

제1조 【시행일】 이 법의 시행일은 다음 각 호와 같다.

1. 금융 · 보험업, 정부투자기관, 지방공사 및 지방공단, 국가 · 지방자치단체 또는 정부 투자기관이 자본금의 2분의 1 이상을 출연한 기관 · 단체 및 상시 1,000인 이상의 근로자를 사용하는 사업 또는 사업장 : 2004년 7월 1일
2. 상시 300인 이상 1,000인 미만의 근로자를 사용하는 사업 또는 사업장 : 2005년 7월 1일
3. 상시 100인 이상 300인 미만의 근로자를 사용하는 사업 또는 사업장 : 2006년 7월 1일
4. 상시 50인 이상 100인 미만의 근로자를 사용하는 사업 또는 사업장 : 2007년 7월 1일
5. 상시 20인 이상 50인 미만의 근로자를 사용하는 사업 또는 사업장 : 2008년 7월 1일
6. 상시 20인 미만의 근로자를 사용하는 사업 또는 사업장, 국가 및 지방자치단체의 기관 : 2011년을 초과하지 아니하는 기간 내에서 대통령령이 정하는 날

제2조 【개정규정의 적용에 관한 특례】 사용자가 부칙 제1조의 규정에 의한 시행일 전에 근로자의 과반수로 조직된 노동조합이 있는 경우에는 그 노동조합, 근로자의 과반수로 조직된 노동조합이 없는 경우에는 근로자의 과반수의 동의를 얻어 노동부령이 정하는 바에 따라 노동부장관에게 신고한 경우에는 부칙 제1조의 규정에 의한 시행일 전이라도 이를 적용할 수 있다.

개정법은 부칙을 통해서 업종별, 규모별로 단계적으로 주5일 근무제를 실시하도록 규정하고 있다. 그러나 업종별, 규모별로 시행시기 이전에 노사합의에 의해서 주5일 근무제를 도입하는 사업장은 개정 법률의 적용을 받을 수 있도록 하고 있다.

또한 시행일 이전에 노사합의로 개정법 중 특정사항만 선택적으로 도입하는 경

우 가능한 지의 여부에 대해서 근로시간의 단축 없이 휴일 및 휴가제도만을 도입하는 것은 법의 취지상 허용되지 않는다 할 것이다.

다만 노사자치의 원칙과 법정 기준의 최저기준의 취지를 고려할 때 개정된 법보다 유리한 여타 근로조건을 유지하면서 근로시간 단축을 시행일 전에 미리 도입하여 시행하는 것은 노사자율로 선택할 수 있는 문제이다.

상시근로자수의 산정, 개정법의 규모별 시행시기 관련

① 본사, 지점, 출장소, 공장. 현장 등이 장소적으로 분산되어 있는 경우에는 원칙적으로 각각 별개의 사업이다. 다만 장소적으로 분산되어 있더라도 지점, 출장소, 공장 등의 업무처리능력을 고려할 때 하나의 사업이라고 말할 정도의 독립성이 없으면 직근 상위 조직과 일괄하여 하나의 사업으로 보아야 한다. 따라서 근로기준법 적용대상인 상시근로자 판단은 장소를 기준으로 판단하되 인사나 회계, 노무관리 등에 있어서 독자적인 업무처리가 행해지고 있는지 등을 종합적으로 검토하여 법 적용 여부를 판단하여야 할 것으로 사료된다(2000. 6. 29., 안정 68301-686)

② '상시근로자'는 근로기준법 제14조의 근로자를 의미하는 것이므로 사업주와 직접적으로 고용종속관계를 맺고 있는 근로자만을 지칭하는 것이다. 이는 도급계약시에도 동일하게 적용되는 것이므로 원도급업체와 하도급업체가 근로자의 임면 근로조건결정 작업수행 등의 사항을 독립적으로 결정 운영하고 있는 한 별개의 사업장이라 할 것이며 이때 하도급업체 근로자는 원도급업체 근로자에 포함되지 않는다(1998. 4. 14., 안정 68307-320)

③ 장소적으로 분리되어 있고 인사, 예산 등도 모두 분리되어 운영되어 왔다면 하나의 사업 또는 사업장으로 볼 수 없다(2002. 6. 21., 서울행법 2002구합5696).

기존 주 44시간에서 주 40시간, 주5일 근로시간제 단축논의는 근로자 삶의 질 향상과 기업의 경쟁력 향상이라는 노사 모두의 이해를 반영하고자 논의가 전개되어 왔으나 노사정 합의에는 실패하였고, 결국 지난 2003년 8월 29일 정부법안이 국회의 본회의를 통과함으로써 역사적인 주5일 근로시대의 막이 올랐다.

▶ 개정 주 40시간법의 주요 내용

구 분	개 정 전	개 정 법
기준근로시간	주당 44시간	주당 40시간
연장근로상한	1주 12시간	연장근로의 경과규정 : 3년간 한시적. 1주 16시간
초과근로 수당 할증률	50% 가산	최초 4시간까지는 25%, 4시간 초과분은 50%
유급 주휴제	유급 주휴제	유급 주휴제 유지
연·월차 유급휴가제도 및 사용촉진방안	– 월차휴가 : 1개월 개근한 자에 한해 1일 부여 – 연차휴가 : 1년 이상 계속근로시 개근시 10일, 9할 이상 출근시 8일 부여 – 20일 초과시 금전보상	– 월차휴가를 연차휴가로 통합 – 부여기준을 1년 이상 계속근무하여 8할 이상 출근자로 하고, 부여일수는 15일 일률 적용 – 1년 미만 근로자는 1개월에 1일 부여 – 3년 이상 계속근로시 2년에 대해서 1일씩 가산 – 1년 이상 계속근로시 15일에서 기사용일수 공제 – 적극적인 사용권유에도 불구하고 휴가를 사용하지 않는 경우 수당지급면제
생리휴가	유 급	무 급
탄력적 근로시간제	2주 단위, 1개월 단위	2주 단위는 현행 유지 3개월 단위(특정 일 12시간, 특정 주는 52시간)
임금보전	신 설	기존 임금수준, 시간급 통상임금 저하금지
선택적 보상휴가제	신 설	연장·야간·휴일 근로를 휴가로 대체
단체협약 및 취업규칙 변경	신 설	부칙에 기존 단체협약, 취업규칙 변경노력 명시

> 부 칙
>
> 제4조【임금보전 및 단체협약의 변경 등】① 사용자는 이 법 시행으로 인하여 기존의 임금수준 및 시간당 통상임금이 저하되지 아니하도록 하여야 한다.
>
> ② 근로자·노동조합 및 사용자는 이 법 시행과 관련하여 단체협약 유효기간의 만료 여부를 불문하고 가능한 빠른 시일 내에 단체협약, 취업규칙 등에 임금보전방안 및 법 개정사항이 반영되도록 하여야 한다.
>
> ③ 제1항 및 제2항을 적용함에 있어 임금항목 또는 임금조정 방법은 단체협약, 취업규칙 등을 통하여 근로자·노동조합 및 사용자가 자율적으로 정한다.

1. 임금보전의 원칙

근로시간의 단축은 근로자들의 실근로시간의 단축을 통해 자칫 임금의 저하를 가져올 우려가 있다. 이러한 경우를 방지하기 위해서 개정법은 기존의 임금수준 및 시간당 통상임금이 저하되지 않도록 임금보전의 원칙을 부칙으로 마련하였다.

또한 노사는 근로시간의 단축에 있어 가능한 한 빠른 시일 이내에 단체협약·취업규칙 등에 임금보전방안 및 법 개정사항이 반영되도록 해야 하고, 이를 위한 임금항목이나 임금조정방법은 단체협약·취업규칙 등을 통해 노사가 자율적으로 결정하도록 하고 있다.

2. 임금보전의 방법

① 임금수준의 저하금지

임금은 사업장에서 노사가 자율적으로 교섭하여 결정함이 원칙이다. 그러나 법 개정으로 인하여 근로자의 소득이 삭감되는 것은 바람직하지 않으므로 이를 보전해야 함을 규정한 것이다. 이때 기존의 임금수준이 저하되지 않도록 한다는 것은 기본급, 각종 수당, 상여금 등 개별항목별 임금수준이 아닌 종전에 지급 받아 왔던 임금총액의 수준이 법 시행 이후에도 저하되지 않도록 해야 한다는 것을 의미한다.

② 시간급 통상임금의 저하금지

임금수준의 저하금지와 더불어 시간급 통상임금이 저하되지 않도록 한다는 것은 기존의 임금수준을 보전하기 위해 임금항목이나 임금조정을 할 경우에 있어서 시간급 통상임금을 저하시켜서는 안 된다는 것을 말한다.

3. 단체협약 및 취업규칙의 변경

아울러 근로시간의 단축과 관련하여 개정 법률과 기존의 단체협약 및 취업규칙과의 마찰로 노사간의 갈등이 야기될 우려가 있으므로 조속히 단체협약의 보충교섭 및 취업규칙 등의 변경절차를 통해서 노사 양측의 갱신노력을 규정하고 있다.

하지만 근로시간의 단축과 임금의 조정 등은 노사 모두에게 있어서 근로조건의 커다란 변화를 가져오게 되므로 매우 민감한 사항임에 틀림없다. 따라서 무엇보다도 주5일 근무제가 성공적으로 정착하기 위해서는 노사의 합의를 통해 자율적으로 법적인 테두리 내에서 사업장의 현실에 적합한 실행방안을 마련해 나아가는 것이 중요할 것이다.

① 개정법에 따른 단체협약 내용의 조정

* 법이 개정되더라도 기존의 단체협약 및 취업규칙을 이에 맞게 조정하지 않으면 생리휴가 무급화, 월차휴가 폐지 등의 조항이 사업장에서 개정되지 못해 제도개선의 취지가 퇴색될 수 있을 것이다.

* 법은 근로조건의 최저기준이며, 근로조건을 규율하는 단체협약 · 취업규칙 · 법 간의 유리한 조건우선의 원칙이 적용된다. 따라서 개정법 내용보다 유리한 단체협약 및 취업규칙이 동시에 개정되지 않으면 기존의 단체협약과 취업규칙이 적용되어야 한다.

근로기준법이 근로자의 최저 근로조건을 보호하는 기능을 하므로, 주5일 근무제 도입의 법적 근거로서의 근로기준법 개정법령의 적용은 "사업장 근로조건의 최저기준"으로서 기능을 제공하면 된다.

다만 휴일 및 휴가제도의 개선을 통한 주5일 근무제 도입이라는 사회적 취지가 개별 사업장에 정착되지 못하고 현재 현대자동차의 단체협약과 같이 기존 근로기준법상의 휴일 및 휴가제도의 변경 없는 주5일 근무제의 도입이 가능하게 되는 등 노사자치의 원칙이 근로조건을 둘러싼 노사대립의 형태로 나타날 경우 기존 단체협약 · 취업규칙과 개정법간의 유리한 규정의 확보를 위한 노사갈등이 존재하게 되고, 사업장의 부담과 노사관계 악화만 가중될 여지가 있다.

참고 현대자동차의 단체협약

2003년 현대자동차 단체협약 : 주5일 근무제 관련 별도 합의

3. 노사는 주 40시간 관련 법 개정시 단체협약 관련 조항은 별도 보충교섭을 통해 본 단체협약을 개정하기 전에는 기득권을 저하할 수 없다.

* 노동조합이 법개정 이전에 획득한 권리로서의 단체협약(특히 임금삭감 없는 주5일 근무제를 도입한 사업장의 경우)을 고수하려 할 경우 개정법보다 유리한 단체협약 규정(예를 들어 유급생리휴가, 월차휴가 등)이 적용되게 되어 휴일, 휴가제도 등을 함께 고려한 근로시간단축이라는 법개정의 취지가 사업장에 반영되지 못하는 결과가 초래될 수 있다. 실제로 법상의 단체협약 변경에 대한 규정은 권고 수준에 해당된다.

* 법개정이라는 사정변경을 이유로 단체협약 개정 및 보충협약 체결이 가능하고, 주5일 근무제 도입의 취지를 고려할 때 최대한 법개정의 취지가 반영되도록 단체협약을 개정하는 것이 바람직할 것이다. 한편 기존 단체협약(노동조합)과 개정법 적용(회사)간의 대립으로 교섭이 결렬될 경우 기존 단체협약의 효력, 노동조합의 쟁의행위 정당성 등의 문제가 발생할 수 있다.

② 취업규칙의 변경

근로기준법이 개정되었더라도 단체협약과 취업규칙을 변경하지 않을 경우에도 법이 그대로 적용되어, 유리조건의 우선적용원칙에 의거 생리휴가 및 월차휴가제도는 취업규칙에 의거하여 다시 적용하여야 하는 문제가 발생되므로, 개정 적용 전에는 반드시 취업규칙의 변경이 필요할 것이다.

| 주 40시간제 도입이 임금에 미치는 효과 |

근로기준법상 법정 근로시간이 주 44시간에서 주 40시간으로 줄어든다는 것은 단순히 근로자들의 근로시간이 들어든다는 의미 이상으로 매우 큰 경제적·사회적 파급효과를 가져오게 된다. 사실 주 40시간 근무제가 정확히 주5일 근무제와 일치하지는 않는다. 단지 주 40시간을 실현하기 위한 하나의 유형으로서 주5일제가 검토되고 있는 것이다. 실제로 주 40시간 근무제는 근로시간 단축은 물론 임금, 휴일, 휴가제도 등을 개선하는 것이므로 이에 따른 파급효과는 엄청나다 할 것이다. 다음의 사례를 통해 근로시간 단축이 임금에 미치는 효과를 살펴보기로 하자.

1. 시간급을 인상하는 경우

현재 임금을 유지하면서 근로시간만 단축할 경우 해당 근로시간에 대한 임금수준이 인상되어 시간급 상승이 불가피하다. 예를 들어 기본급이 1,000,000원, 현재 유급인정 근로시간이 1주일 44시간+8시간, 월 226시간 소정근로시간인 경우의 시간급은 4,425원이다. 여기에서 근로시간이 주 40시간으로 단축될 경우에는 월 소정근로시간이 209시간에 해당하므로 시간급은 4,785원으로 인상된다.

2. 시간급을 인상하지 않는 경우

① 시급제인 경우

시간급 통상임금에 유급으로 인정되는 월 총근시간수(209시간)를 곱한 금액과 기존의 월급과 새 월급과의 차액은 임금수준의 보전규정에 따라 그 차액(근로를 제공하지 않았음에도 유급으로 인정되는 시간 17시간분)을 조정수당으로 신설해 지급하는 방안이다.

② 월급제인 경우

임금이 월급으로 정해져 있을 경우에는 월 통상임금 산정기준시간은 소정근로시간과 소정근로시간 외에 유급으로 처리되는 시간을 합한 시간이므로 주 소정근로시간이 주 40시간으로 단축되었더라도 단축된 4시간분은 임금수준을 보전하기 위한 유급으로 인정되므로 월 통상임금 산정기준시간은 여전히 226시간이다. 따라서 시간급도 변화가 없다.

시급제의 경우	월급제의 경우
• 시간급 4,425원, 월 226시간분, 월급 1,000,000원 → 월 209시간분 시간급 4,425원 + 조정수당(17시간분) = 월 226시간분 → 월 통상임금은 1,000,000원으로 근로시간단축 전후에 변함 없음.	• 월급 1,000,000원, 월 226시간분 시간급 4,425원 → 월 209시간분+유급인정시간분(17시간분) = 월 226시간분 → 시간급 통상임금은 1,000,000원/226시간 = 4,425원으로 근로시간단축 전후에 변함 없음.

법정 근로시간의 단축(주 44시간 → 주 40시간)의 효과

1. 시간당 통상임금의 변화 없이 법정 근로시간이 단축된 경우

모 사업장에 종사하는 근로자 甲의 시간당 임금이 5,000원이고, 주당 실근로시간은 45.9시간이라고 하자. 갑의 주당임금 산정과 법정 근로시간의 단축에 따른 효과는 다음과 같이 나타낼 수 있다.

현행법상(주 44시간, 가산임금 50%지급)일 경우 갑의 주당임금은 다음과 같다.
甲의 주당임금 : 445,000원+1.9(5,000원+2,500원) = 234,250원
주 40시간으로 단축할 경우 주당 실근로시간을 법정 시간 단축분만큼 줄이고(41.9시간 일함) 시간당 통상임금은 현행대로 유지할 경우 : 甲의 임금은 약 8.5% 정도 삭감
405,000원+1.9(5,000원+2,500원) = 214,250원(-8.5%)
주당 실근로시간에는 변화가 없고(초과근로 5.9시간) 시간당 임금은 현행 수준을 유지할 경우 : 甲의 임금은 약 4.3% 증가
405,000원+5.9(5,000원+2,500원) = 244,250원(+4.3%)
주당 실근로시간에는 변화가 없고(초과근로 5.9시간) 시간당 임금을 상향조정할 경우 : 甲의 임금은 약 14.7% 증가(44시간 = 5,000원, 40시간 = 5,500원)
405,500원+5.9(5,500원+2,750원) = 268,675원(+14.7%)

| 주 40시간제 도입관련 쟁점 |

쟁점 1. 주 40시간 근무제와 주5일 근무제의 차이

주 40시간 근무제와 주5일 근무제는 다른 의미로 법개정에 따라 반드시 주5일 근무제를 도입해야 하는 것은 아니다. 이번 법개정의 취지는 "근로시간의 단축"을 의미하므로 1주일 40시간 이내의 범위에서 1일 7시간씩 주6일을 근무하거나 비연속적으로 휴일을 활용하는 등 형태를 포함해 사업장의 상황에 따라 유연하게 운영할 수 있다.

쟁점 2. 법정 근로시간과 실근로시간

따라서 1주일 40시간을 초과하는 소정근로시간제를 운영하는 사업장은 개정법상의 기준대로 단체협약과 취업규칙을 변경해야 한다. 물론 1주일 40시간을 초과하는 연장근로는 근로자의 동의를 얻어 시행 가능하며, 근로기준법상 법정 근로시간은 할증임금 발생의 기준근로시간이므로 1주일 40시간을 초과하는 근로시간에 대해서는 3년간 최초 1주일 4시간의 초과근로에 대해서는 25%, 4시간을 초과한 초과근로에 대해서는 50%의 할증임금을 지급해야 한다.

쟁점 3. 임금보전의 구체적인 의미

개정법 부칙에서는 "사용자는 이 법 시행으로 인하여 기존의 임금수준과 시간당 통상임금이 저하되지 아니하도록 하여야 한다."고 규정하고 있다. 즉 보전되어야 할 임금은 기존의 임금수준과 시간당 통상임금이다.

시간당 통상임금은 근로기준법 시행령 제6조의 규정에 의해 산정된 통상임금이 기존의 시간당 통상임금과 동일하거나 초과하면 될 것이다. 문제는 보전해야 할 "임금수준"의 의미이며, 여기에 포함되는 "임금의 범위"이며, 여기에는 두 가지 견해가 있다.

첫째, 부칙의 규정이 "이 법 시행으로 인하여 기존의 임금수준이 저하되지 않도록" 명시되어 있으므로, 법정 근로시간 단축에 의한 임금만이 아니라, 이 법 시행으로 저하된 임금수준이 있다면 이를 포함해 보전해야 한다는 견해(즉 생리휴가 무급화에 따른 임금보전, 월차휴가 폐지에 따른 임금보전 등)이다. 개정법의 시행으로 법정 근로시간 단축, 휴가일수의 조정 등 "전체적인 근로시간"이 변경되게 되었고, 개정법 부칙의 규정은 "법정 근로시간"으로 제한해석할 근거는 없고, 현재의 임금수준과 개정법의 적용에 따른 임금수준을 전체적으로 고려해야 한다. 다만 그 구체적인 임금보전의 방안에 대해서는 노사 합의를 통해 구체화시켜야 할 것이다.

둘째, 임금수준이 저하되지 않도록 한 것은 법정 근로시간 단축으로 인해 실근로시간이 단축되면서 동시에 임금도 줄어들 경우(근로시간이 1주일 44시간에서 1주일 40시간으로 단축되어 휴일은 늘었지만 임금은 줄어드는 경우)에는 근로시간단축의 취지를 살리기 어렵기 때문에 이를 보전해 주어야 한다는 규정이다. 이는 개정된 생리휴가 무급화, 월차휴가 폐지 등은 근로시간 단축과 휴가일수를 전체적으로 조정한 결과이다. 따라서 법정 근로시간 단축에 따른 1주일 4시간 근로시간에 대한 임금수준 보전으로 제한 해석해야 한다는 견해로 개정법 마련을 위한 노사정 논의과정에서의 임금보전은 "근로시간 단축분에 대한 임금보전"이었던 점을 고려할 때 "법정 근로시간 단축분"으로 제한해석하는 것으로 볼 수 있다.

법정 근로시간을 초과하는 연장근로 축소 폐지시 취업규칙 불이익 변경 여부

사용자가 경영상의 이유 등으로 법정 근로시간을 초과하는 연장근로를 축소 또는 폐지하는 것은 근로조건의 불이익 변경에 해당하지 않으므로 그에 따른 취업규칙 변경 시 근로기준법 제97조 단서에 의해 근로자의 집단적 동의를 얻을 필요가 없고 의견만 청취하면 될 것으로 사료되며, 사용자가 기왕에 실시하던 연장근로를 폐지하겠다는 의사표시를 분명히 하고 노무수령 거부 등 실제 연장근로를 시키지 않았다면 연장근로수당을 지급할 필요가 없다고 사료된다.

(2003. 3. 13., 근기 68207-286)

* 노사합의로 근로시간이 단축되더라도 임금수준을 보전하지 않기로 합의한 경우 그 합의의 효력

근로시간 단축에 따른 임금보전은 "근로조건의 최저기준"을 설정하고 있는 강행법규로서의 근로기준법에 명시된 규정이기 때문에 노사합의에 의한다 하더라도 근로기준법상의 최저기준에 미달하는 근로조건을 설정할 수는 없으므로 근로시간이 단축되더라도 임금수준을 보전하지 않기로 한 노사합의는 무효이다.

* 주 40시간제의 법정 시행시기 이전에 시행하는 사업장의 경우 노사합의로 법개정 사항 중 특정사항만 선택(예를 들어 휴가제도 변경만 도입하고 근로시간단축은 미도입)해서 미리 시행할 수 있는지 여부

법 시행시기에 해당될 경우에는 개정법의 강제적인 적용을 받게 되며, 법 시행시기 전이라도 노사합의로 개정법의 도입이 가능하다. 그러나 법 시행시기 이전에 개정법의 일부만을 도입하는 것은 휴일 및 휴가제도와 함께 시행되는 근로시간단축의 법취지에 부합하지 않으며, 따라서 근로시간단축 없이 여타 휴일 및 휴가제도만을 도입하는 것은 법의 취지상 허용되지 않는다 할 것이다.

다만 노사 자치의 원칙과 법정 기준의 최저기준의 취지를 고려할 때 개정된 법보다 유리한 여타 근로조건을 유지하면서 근로시간단축을 시행일 전에 미리 도입하여 시행하는 것은 노사자율로 선택할 수 있는 문제이다(예를 들어 근로시간을 주 40시간으로 단축하면서 월차휴가는 현행 제도를 유지하는 경우).

* 법정 근로시간단축을 자율적으로 시행할 경우 기존의 임금수준 보전 여부

개정법의 적용을 받기 전에는 구법이 적용된다.

노사합의로 시행시기 전에 개정법상의 근로조건을 전체적으로 도입할 경우에는 임금수준 보전의무도 적용되게 되나, 근로시간만을 단축하는 경우에는 단축분에 대한 보전 여부는 노사합의로 결정할 사항이다.

즉 주 40시간제가 법으로 도입되기 이전에 노사가 자율적으로 주 40시간제(주5일 근무

제)를 시행해 왔고, 사업장 현실에 따라 연 · 월차휴가 활용, 탄력적 근로시간제 도입, 근로시간단축에 따른 임금 조정, 임금보전 등의 다양한 방식이 시행되어 온 사실을 고려할 때 법 적용 이전에 노사합의에 의한 근로시간단축, 주5일 근무제의 시행방식(임금보전 문제 포함)은 현행법의 테두리 내에서 노사합의로 자율적으로 결정할 수 있을 것이다.

쟁점 4. 기존 단체협약과 취업규칙 변경 없이 개정이 법 적용되는 경우

근로자의 근로조건은 개별근로계약에 의해서만이 아니라, 근로기준법 · 취업규칙 · 단체협약에 의해 결정된다. 이와 같이 근로조건을 결정하는 법원(法源)으로서 기능하는 다양한 규범과 계약간의 효력이 어떻게 되는가가 문제이다. 근로계약 · 취업규칙 · 단체협약의 내용이 근로조건의 최저기준인 근로기준법에 미달해서는 안 되고, 근로기준법을 상회하는 근로조건을 설정한 경우 그 근로조건이 적용된다. 따라서 법이 개정되었더라도 기존의 단체협약과 취업규칙이 변경되지 않을 경우에는 다음과 같은 방식으로 근로조건이 규정된다. 첫째, 개정법보다 유리한 규정은 기존의 단체협약과 취업규칙이 적용된다(예를 들어 월차휴가, 유급생리휴가). 둘째, 개정법의 기준에 미달하는 규정은 개정법이 적용될 수 있다(예를 들어 근로시간 주 40시간).

쟁점 5. 시행시기 이전 자율 시행 가능 여부

개정법 부칙에 의해 노사합의(근로자 과반수 이상으로 조직된 노조가 있는 경우 그 노동조합, 없는 경우 근로자 과반수의 동의)를 통해 법정 시행시기 전이라도 개정법의 시행이 가능하며, 시행시기를 업종 및 규모별로 분화해 놓은 것은 근로시간단축의 시행에 따른 사업장의 부담을 완화하기 위한 것이기 때문에 그러한 부담을 고려하면서 사업장에서 자율적으로 시행하는 것은 법의 취지에 부합한다 할 것이다.

쟁점 6. 법정 근로시간단축에 따른 소정근로시간 및 통상임금 산정방법

근로기준법상 "소정근로시간"이란 법정 근로시간의 범위 안에서 근로자와 사용자간에 정한 근로시간을 말하며(근로기준법 제20조), 통상임금 산정방법은 주급금액으로 정해진 경우에는 소정근로시간과 소정근로시간 외에 유급처리되는 시간을 합산한 시간(이하 "주의 통상임금 산정기준시간"이라 한다), 월급금액으로 정해진 경우에는 주의 통상임금 산정기준시간에 1년간의 평균주수를 곱한 시간을 12개월로 나눈 시간(이하 "월의 통상임금 산정기준시간"이라 한다)을 통상임금 산정시 산정기준시간으로 하도록 규정하고 있다(근로기준법 시행령 제6조).

즉 소정근로시간은 법정 근로시간 준수 여부, 할증임금 발생 여부를 판단하는 기준이 되는 근로시간이고, 통상임금은 ① 소정근로시간에 대한 임금에 ② 소정근로시간 외에 유급처리되는 시간을 합산한 시간을 기준으로 산정하도록 하고 있다.

예를 들어 기존의 소정근로시간(=법정 근로시간과 동일한 경우)이 주 44시간인 경우, 유급처리되는 주휴일 8시간을 포함해 월 226시간이 통상임금 산정기준시간이며, 근로시간단축에 따라 소정근로시간(=법정 근로시간)이 주 40시간이면서 단축된 근로시간에 대해 무급처리할 경우 유급 주휴수당 8시간을 포함해 월 209시간이 통상임금 산정기준시간이 된다. 이 경우 임금보전 원칙에 따라 월급여를 삭감하지 않을 경우 시간급 통상임금은 인상된다.

그러나 단축되는 1주일 4시간을 유급으로 인정할 경우 통상임금 산정기준시간은 실근로시간 1주일 44시간과 유급인정시간인 1주일 4시간, 유급 주휴수당 8시간의 합인 월 226시간이 되어 근로시간은 단축되면서 시간급 통상임금 및 기존의 임금수준이 그대로 유지된다.

기준근로시간과 가산임금제도

| 법정 기준근로시간제도 |

기준근로시간이란 근로자의 최장근로시간을 정하고 있는 법정 근로시간을 말한다. 주5일 근무제 시행의 가장 큰 핵심은 법정 근로시간의 단축이다. 현행 근로기준법은 1일 8시간, 1주일 44시간을 초과할 수 없다고 규정하고 있다. 개정법은 법정 근로시간을 주당 44시간에서 40시간으로 단축함으로서 주 40시간제의 입법화를 명문화하였다.

개 정 전	개 정 법
제49조 【근로시간】 ① 1주간의 근로시간은 휴게시간을 제하고 <u>44시간</u>을 초과할 수 없다.	제49조 【근로시간】 ① 1주간의 근로시간은 휴게시간을 제하고 <u>40시간</u>을 초과할 수 없다.
제67조 【근로시간】 15세 이상 18세 미만 자의 근로시간은 1일 7시간, 1주일에 <u>42시간</u>을 초과하지 못한다. 다만 당사자간의 합의에 의하여 1일에 1시간, 1주일에 6시간을 한도로 연장할 수 있다.	제67조 【근로시간】 15세 이상 18세 미만 자의 근로시간은 1일 7시간, 1주일에 <u>40시간</u>을 초과하지 못한다. 다만 당사자간의 합의에 의하여 1일에 1시간, 1주일에 6시간을 한도로 연장할 수 있다.

개정 전 근로기준법 제49조 제1항과 제2항에 의하면 "1주일간의 근로시간은 휴게시간을 제하고 44시간을 초과할 수 없다. 1일의 근로시간은 휴게시간을 제하고 8시간을 초과할 수 없다."고 규정되어 있는 한편 제67조에서는 "15세 이상 18세 미만 자의 근로시간은 1일 7시간, 1주일에 42시간을 초과하지 못한다."고 정하고 있었으나 1주일간의 기준근로시간이 40시간으로 변경되었다. 개정법 근로자의 기준근로시간수는 ① 18세 이상의 근로자에 대하여는 1일 8시간, 주 40시간 이하(근로기준법 제49조), ② 15세 이상 18세 미만의 연소근로자에 대해서는 1일 7시간, 1주일 40시간 이하(근로기준법 제67조), ③ 유해·위험 작업에 종사하는 근로자의 경우는 1일 6시간, 1주일 34시간 이하(산업안전보건법 제46조)이다.

▶ 신구 기준근로시간제도

	구 분	남성근로자	여성근로자 (임산부 등)	연소근로자	유해·위험 작업 근로자
기준근로시간	개정 전(1주)	44시간	44시간	42시간 (1일 7시간)	34시간 (1일 6시간)
	개정 후(1주)	40시간	40시간	40시간	34시간
연장 가능 시간		1주 16시간	(1일 2시간) (1주 12시간) (연 150시간)	1일 2시간 1주 6시간	연장 근로 불 가
야간·휴일 근로		제한 없음		제한 없음	–
비 고		–	–	15세 이상 18세 미만	잠수· 잠함작업
관련 법조문		근로기준법 제49조	근로기준법 제68, 49조	근로기준법 제67, 49조	산업안전 보건법 제46조

가산임금제도는 근로기준시간을 초과하는 연장근로시간과 야간근로, 휴일근로에 대하여 통상임금의 일정률을 가산하여 지급하는 제도를 말한다. 근로기준법 제55조에서는 "사용자는 연장근로(제52조, 제58조 및 제67조 단서규정에 의해 연장된 시간의 근로)와 야간근로(하오 10시부터 상오 6시까지 사이의 근로) 또는 휴일근로에 대하여는 통상임금의 50/100 이상을 가산하여 지급하여야 한다."라고 규정하고 있다.

따라서 근로자가 정상적인 근로 이외에 위와 같이 근로기준법상의 시간외·연장·야간 근로를 실제로 제공한 경우에는 그 근로시간에 대하여 당연히 지급되어야 하는 통상임금의 100/100 이외에 추가로 통상임금의 50/100을 가산하여 합계 통상임금의 150/100에 해당하는 임금이 지급되어야 한다. 이러한 임금을 보통 시간외 근로수당, 야간근로수당, 휴일근로수당이라 하고 이들을 통칭하여 "법정수당"이라고 한다.

연장근로에 관한 특례(한시규정)

개 정 법(부칙)
제3조 【연장근로에 관한 특례】 ① 부칙 제1조 각 호의 시행일(부칙 제2조의 규정에 의하여 노동부장관에게 신고한 경우에는 적용일을 말한다. 이하 같다)부터 3년간은 제52조 제1항 및 제58조 제1항의 규정을 적용함에 있어 "12시간"은 이를 각각 "16시간"으로 한다. ② 제1항의 규정을 적용함에 있어 최초의 4시간에 대하여는 제55조의 규정 중 "100분의 50"은 이를 "100분의 25"로 한다.

개정법은 근로시간을 40시간으로 단축함으로써 발생하는 연장근로시간에 대해서 기존보다 저하된 4시간의 근로시간에 대하여는 3년간 한시적으로 25%의 기산임금을 지급하도록 규정하고 있다.

개정법은 부칙 제3조에 연장근로에 대한 특례를 두고 연장근로에 있어서 최초의 4시간에 대해서는 연장근로, 야간근로, 휴일근로에 해당하는 가산수당 50/100을 25/100로 한다고 규정하고 있다. 따라서 근로시간단축에 의한 연장근로의 경우에는 25/100를 가산수당으로 지급해야 하며, 이외의 근로시간의 연장에 대해서는 종전과 동일하게 50%의 가산임금을 지급해야 한다.

이와 같이 법정수당으로서 가산임금(할증임금)을 지급하는 제도적 취지는 시간외·야간 및 휴일근로는 기준근로시간 내에서 행해지는 근로보다 근로자에게 더 큰 피로와 긴장을 가져오게 하며 근로자가 누릴 수 있는 생활상의 자유시간을 제한하는 것이 되므로 이에 상응하는 경제적 보상을 하려는 데 있다(1990. 12. 26., 대법원 선고 90다카12493). 그리고 가산임금지급의무를 법적으로 명시하고 이에 위반한 사용자에 대하여 벌칙의 제재를 가함으로써(제112조) 본법이 규정하는 근로시간제와 주휴제의 원칙을 유지하고자 하는데 있다.

법정수당예정액 이상의 지급

이러한 법정수당은 근로자가 위와 같은 근로기준법상의 특별한 근로를 실제로 제공한 경우에 비로소 지급 받을 수 있는 것이므로, 그 구체적인 액수는 위 근로제공의 이후 월급날 등 일정한 시점을 기준으로 삼아 산정할 수 있는 것이 보통이다. 그러나 예를 들어 버스운전기사 등과 같이 격일근무의 경우, 택시운전기사와 같이 1일 2교대 근무형태의 경우, 간호사 등과 같이 1일 3교대제로 근무하는 경우 및 1년 단위로 연봉액을 정하는 경우와 같이 근로자가 그 근무형태의 특수성으로 인하여 위와 같이 근로기준법 제46조가 정한 특별한 근로를 제공할 것이 당연히 예상되는 경우에는 단체협약·취업규칙·근로계약 등에 의하여 이러한 법정수당의 예상액을 미리 정하여 월급 중에 법정수당의 명목으로 일정한 고정액을 포함시켜 지급하는 포괄임금제 방식을 취할 수도 있다.

이처럼 근로계약에 의해 약정된 법정수당의 예정액이 근로기준법의 규정에 의하여 산정한 법정수당액을 상회한다면, 근로자가 위 법정수당예정액을 지급 받는 것

은 아무런 문제가 없다. 그러나 반대로 위 법정수당 예정액이 근로기준법상 법정수
당액보다 부족하다면 그 차액분은 근로자에게 당연히 지급되어야 한다.

| 시간외 근로수당 |

　단체협약, 취업규칙, 근로계약 등에 의하여 근로자가 사용자에게 근로를 제공하
여야 할 시간을 몇 시간으로 할 것인가를 정하는 것은 임금액을 얼마로 할 것인가
를 정하는 것과 더불어 가장 중요한 근로조건의 하나이다.

　그러나 아무런 제약 없이 장시간의 근로시간을 노사가 자유로이 정하도록 하는
경우 근로자의 건강이 나빠질 수 있고, 노동생산성이 낮아져 공공의 이익에 반할
뿐만 아니라 근로자로 하여금 사회적 · 문화적 활동에 참여할 수 있는 자유로운 시
간이 확보되지 않게 되어 헌법상 모든 국민에게 보장된 행복추구권(헌법 제10조)이
나 인간다운 생활을 할 생존권(헌법 제34조 제1항)을 침해하는 결과를 초래하게 된
다. 따라서 근로기준법은 이러한 결과를 예상하고 근로자의 신체적 · 정신적 피로
의 회복을 통하여 근로의욕을 향상시키고 사회적 · 문화적 활동의 참가를 통하여
자신의 능력을 계발하고 인간다운 생활을 영위할 수 있도록 근로시간의 상한선을
제한하는 규제를 두고 있다.

1. 시간외 근로의 개념

　시간외 근로는 "기준근로시간"을 초과하는 근로이다. 노사간에 근로시간을 결정
함에 있어서는 원칙적으로 위와 같은 근로기준법상의 기준근로시간 내에서 구체적
으로 정해야 한다

2. 시간외 근로시간수의 확정

　근로기준법에서의 연장시간근로(시간외 근로)라 함은 그 원인이 무엇이건 또는 적법한 것이건 위법한 것이건 이와 관계없이 근로기준법 소정의 최장근로시간을 초과하는 근로를 말한다. 근로시간을 1일 8시간, 1주일 40(44)시간이라고 규정하고 있는 것은 어디까지나 1일을 단위로 하여 8시간을 초과할 수 없다는 것이고 1주일을 합하여 40(44)시간을 초과할 수 없다는 뜻이다. 여기서 1일과 1주일이란 각각 24시간과 7일간을 의미한다기보다는 달력상의 1일과 1주일간을 각각 의미한다고 할 것이다. 1주일 40(44)시간을 넘는 시간에 대해서는 근로기준법 제55조 규정에 따라 연장근로임금과 연장근로가산수당이 지급되어야 한다.

① 1일 단위와 1주일 단위의 경합

　근로기준법 제52조는 기준근로시간을 1일 8시간, 1주일 40(44)시간으로 규정하고 있지만 1일 8시간을 초과하는 연장근로시간과 1주일 40(44)시간을 초과하는 연장근로시간을 중복해서 연장근로임금과 가산수당을 지급하는 것이 아니고 어느 쪽이든 많은 쪽을 대상으로 연장근로임금과 가산수당을 지급하면 된다(1988. 3. 9., 근기 01254-3558).

② 법위반 연장근로와 가산수당 지급 여부

　이 경우 연장시간근로가 위법인지 적법인지는 불문한다. 근로시간제한의 원칙에 위반된 여부와는 관계없이 실제로 법정 기준초과의 근로를 한 경우에는 연장근로수당을 청구할 수 있다. 왜냐하면 제55조의 취지는 위법·적법을 불문하고 현실로 행해진 연장시간근로에 대하여 근로자를 보호하려는 것이어서 위법한 초과근로의 경우에 사용자에게 가산임금의 지급의무가 없다고 한다면, 동 규정은 노동보호법으로서의 기능을 발휘할 수 없게 될 것이기 때문이다.

③ 가산임금지급과 법위반 책임의 면제 여부

또한 가산임금을 지급한다고 하여 근로기준법 위반의 책임을 면하는 것은 아니다. 당사자 사이에 합의가 없는 연장근로나 주당 12(16)시간을 초과하는 연장근로에 대하여는 가산임금의 지급 여부에 관계없이 근로기준법 제52조 위반으로 이 법 제113조에 의하여 2년 이하의 징역 또는 1,000만 원 이하의 벌금에 처해질 수 있다.

한편 재량간주근로시간제, 선택적 근로시간제, 연장근로 제한의 예외 등이 적용되지 않는다면 연장근로가산수당이 주어졌다 하더라도 연장근로시간이 주당 12(16)시간을 초과할 경우 법 위반이 된다.

④ 다음날까지 이어지는 연장근로

전날의 근로가 다음날 소정근로시간까지 이어지는 경우 이는 모두 전일의 근로가 되어 연장근로가산수당을 지급하여야 한다(1994. 4. 1., 근기 68207-562). 이때 다음날의 소정근로시간 시작 이전에 휴무시간이 주어졌다 하더라도 출·퇴근에 소요되는 시간 등을 고려하여 노동력회복을 위한 충분한 시간이 주어졌다고 인정되지 않는 한 이러한 시간은 단순한 휴게시간으로 2일간의 근로가 단절된 것으로 볼 수 없다.

⑤ 도급제 근로와 연장근로

도급제 근로자라 하더라도 근로기준법 제46조 규정에 의해 근로시간에 응하여 일정액의 임금이 보장되어야 하는데 근로시간에 대하여 사용자의 지휘·명령을 받는 경우에는 법정 기준근로시간을 초과하여 근로한데 대한 연장근로가산수당을 지급해야 한다(1987. 6. 16., 근기 01254-9700).

5. 할증률

근로기준법 제55조에 의하여 사용자는 근로자의 시간외 근로에 대하여는 통상임금의 50/100 이상을 가산하여 지급해야 한다. 한편 이러한 시간외 근로시간 자체에 대한 기본임금으로서 통상임금의 100/100에 해당하는 임금이 지급되어야 하므로, 결과적으로 시간외 근로수당의 할증률은 "통상임금의 50/100"이 되는 것이다. 또한 시간외 근로가 야간근로 또는 휴일근로와 중복되는 경우에는 각 사유별 할증률을 합산하여야 한다(1991. 3. 22., 대법원 90다6545). 단, 개정법 부칙 제3조에 의거하여 40시간제 도입 후 3년간은 최초의 4시간에 대해서는 할증률을 25%로 적용하도록 특례규정을 두었다.

6. 관련 개념

① 법 내 초과근로와 연장근로가산수당

실근로시간이 근로기준법상 법정 최장근로시간보다 근로자에게 유리하게 정해진 경우(예를 들면, 1일 7시간제) 약정근로시간을 초과하여 법정 근로시간인 8시간까지 근로시간을 연장하는 것을 "법 내 초과근로"라 한다.

근로기준법 제55조에 규정된 연장근로라 함은 법정 기준근로시간을 초과한 연장시간근로를 의미하므로 단체협약, 취업규칙 등에 소정근로시간을 법정 기준 미만으로 정해 놓은 경우 그러한 소정근로시간을 초과하나 법정 근로시간 이하인 시간에 대하여는 근로기준법 제52조 제1항의 연장근로시간이 아니며 단체협약 등에 특별히 정함이 없으면 같은 법 제55조에 규정된 연장근로에 대한 가산수당을 지급하지 않아도 무방하다(1994. 4. 1., 근기 68207-562 ; 1991. 6. 28., 대법원 90다카14758).

따라서 이러한 법 내 초과근로에 대하여는 그 근로에 대하여 당연히 지급되어야 하는 통상임금의 100/100을 지급 받을 수 있을 뿐이고 별도로 시간외 근로수당이 가산 지급되는 것은 아니다. 다만 근로기준법 제50조의 탄력적 근로시간제와 제51

조 선택적 시간제를 적용하고 있는 경우에는 그 해석이 다를 수 있다.

② 근로시간의 특례 근로자와 시간외 근로

근로기준법상으로 인정되는 연장근로는 주당 12시간이 한도이지만 사업의 실태를 감안하여 공중의 불편을 피하려는 목적에서 운수업, 영화제작 및 흥행업, 의료 및 위생사업 등은 근로자대표와의 서면합의를 통해 주당 12시간을 초과하여 연장근로케 하거나 휴게시간을 변경할 수 있다(근로기준법 제58조). 물론 이 경우에도 1일 8시간, 1주일 40(44)시간을 초과하는 시간은 시간외 근로에 해당하며 50%의 가산임금을 지급해야 한다.

근로기준법 제58조 【근로시간 및 휴게시간의 특례】

① 다음 각 호의 1에 해당하는 사업에 대하여 사용자는 근로자대표와 서면합의를 한 때에는 제52조 제1항의 규정에 의한 주 12시간을 초과하여 연장근로하게 하거나 제53조의 규정에 의한 휴게시간을 변경할 수 있다.
  1. 운수업, 물품판매 및 보관업, 금융보험업
  2. 영화제작 및 흥행업, 통신업, 교육연구 및 조사사업, 광고업
  3. 의료 및 위생사업, 접객업, 소각 및 청소업, 이용업
  4. 기타 공중의 편의 또는 업무의 특성상 필요한 경우로서 대통령령이 정하는 사업
② 사용자는 대통령령이 정하는 바에 따라 제1항의 서면합의 내용을 노동부장관에게 신고하여야 한다.

---

③ 근로기준법상 시간외 근로의 적용배제

ⓐ 토지의 경작 및 개간, 식물의 재식·재배 및 채취사업, 기타의 농림사업(근로기준법 제61조 제1호), ⓑ 동물의 사육, 수산 동식물의 채취 및 포획이나 양식업, 기타의 축산, 양잠, 수산사업(근로기준법 제61조 제2호), ⓒ 감시 또는 단속적으로 근로

에 종사하는 자로서 사용자가 노동부장관의 승인을 얻은 자(근로기준법 제61조 제3호), ⓓ 사업의 종류에도 불구하고 관리·감독 업무 또는 기밀을 취급하는 업무에 종사하는 근로자(근로기준법 시행령 제30조) 등에 대하여는 근로기준법상 근로시간에 관한 규정이 적용되지 않는다. 따라서 시간외 근로를 생각할 수 없으며, 가산임금의 지급의무도 발생하지 않는다.

> **근로기준법 제61조 【적용의 제외】**
>
> 이 장과 제5장에서 정한 근로시간, 휴게와 휴일에 관한 규정은 다음 각 호의 1에 해당하는 근로자에 대하여는 적용하지 아니한다.
> 1. 토지의 경작, 개간, 식물의 재식, 재배, 채취사업, 기타의 농림사업
> 2. 동물의 사육, 수산동식물의 채포, 양식사업, 기타의 축산, 양잠, 수산사업
> 3. 감시 또는 단속적으로 근로에 종사하는 자로서 사용자가 노동부장관의 승인을 얻은 자
> 4. 대통령령으로써 정한 업무에 종사하는 근로자

> **근로기준법 시행령 제30조 【근로시간 등의 적용 제외 근로자】**
>
> 법 제61조 제4호에서 "대통령령이 정하는 업무"라 함은 사업의 종류에도 불구하고 관리·감독업무 또는 기밀을 취급하는 업무를 말한다.

| 변형근로시간제와 시간외 근로 |

1997년 개정된 근로기준법은 2주 단위 또는 1개월 단위의 탄력적 근로시간제, 선택적 근로시간제, 인정(사업장 밖)근로제, 재량근로제 등 소위 변형근로시간제를 명시적으로 도입하고 있다. 이는 특정일 및 특정 주에 8시간, 40(44)시간을 초과하더라도 가산임금을 지급하지 않아도 된다는데 기본적인 취지가 있다. 즉 1개월 단위의 탄력적 근로시간제 자체에 의하여 기준시간이 당사자간 약정한 시간이 되므로 8시간, 40(44)시간을 초과하는 일·주에도 가산임금을 지급하지 않게 된다.

그러나 변형근로제의 경우에도 연장근로는 가능하므로 할증임금을 지급해야 하는 사례가 발생한다. 이에는 1일, 1주일, 1정산기간이라는 세 가지 기준이 있어 계산이 복잡해지는데 가장 중요한 것은 미리 정해진 근로시간을 초과한 일·주·정산기간의 연장근로에 대해서는 당연히 가산임금을 지급해야 한다.

① 변형근로시 연장근로시간의 일반적 산정

변형근로를 실시하고 있는 경우 연장근로시간을 산정하는 방법에는 1일, 1주일, 1정산기간 등으로 나누어 살펴볼 수 있다.

첫째, 1일에 대해서는 노사간 서면합의 또는 취업규칙에서 1일 법정 근로시간을 초과하는 시간을 정한 날에는 그 시간(예 : 특정 일에 10시간을 근무하기로 했으나 12시간을 근무한 경우에는 2시간), 또는 법정 근로시간을 초과해서 근로한 시간(예 : 특정일에 6시간을 근무하기로 했으나 사정에 의하여 10시간을 근무했다면 8시간을 제외한 2시간)을 연장근로시간으로 계산한다.

둘째, 1주일간에 대해서는 서면합의 또는 취업규칙에서 정한 주간 법정 근로시간을 초과하는 시간을 정한 주에는 그 시간(예 : 특정 주에 52시간을 근무하기로 했으나 56시간을 근무한 경우는 4시간), 그 밖의 주는 주간 법정 근로시간을 초과해서 근로한 시간(예 : 32시간을 근무하기로 했으나 48시간을 근무했다면 40시간을 제외한 8시간)

이 연장근로시간이 된다.

셋째, 단위기간(정산기간)에 대해서는 정산기간에 있어서의 총법정 근로시간을 초과해서 근로한 시간〔예 : 4주 단위의 탄력적 근로제를 실시할 경우 4주간의 총근로시간이 160시간(40×4)을 초과하는 경우에 그 초과하는 시간〕이 연장근로시간이다.

넷째, 일·주·정산기간에 대한 시간외 근로가 중복되는 경우에는 이 가운데 하나만 계산한다.

② 탄력적 근로시간제의 경우

개 정 전	개 정 후
제50조【탄력적 근로시간제】① 사용자는 취업규칙(취업규칙에 준하는 것을 포함한다)에서 정하는 바에 의하여 2주간 이내의 일정한 단위기간을 평균하여 1주간의 근로시간이 제49조 제1항의 근로시간을 초과하지 아니하는 범위 안에서 특정 주에 제49조 제1항의 근로시간을, 특정 일에 제49조 제2항의 근로시간을 초과하여 근로하게 할 수 있다. 다만 특정 주의 근로시간은 48시간을 초과할 수 없다.	제50조【탄력적 근로시간제】 ① 〈전과 같음〉
② 사용자는 근로자대표와의 서면합의에 의하여 다음 각 호의 사항을 정한 때에는 1개월 이내의 단위기간을 평균하여 1주간의 근로시간이 제49조 제1항의 근로시간을 초과하지 아니하는 범위 안에서 특정 주에 제49조 제1항의 근로시간을, 특정 일에 제49조 제2항의 근로시간을 초과하여 근로하게 할 수 있다. 다만 특정 주의 근로시간은 56시간을, 특정 일의 근로시간은 12시간을 초과할 수 없다.	② 사용자는 근로자대표와의 서면합의에 의하여 다음 각 호의 사항을 정한 때에는 3개월 이내의 단위기간을 평균하여 1주간의 근로시간이 제49조 제1항의 근로시간을 초과하지 아니하는 범위 안에서 특정 주에 제49조 제1항의 근로시간을, 특정 일에 제49조 제2항의 근로시간을 초과하여 근로하게 할 수 있다. 다만 특정 주의 근로시간은 52시간을, 특정 일의 근로시간은 12시간을 초과할 수 없다.
1. 대상근로자의 범위	1. 〈현행과 같음〉
2. 단위기간(1개월 이내의 일정한 기간으로 정하여야 한다)	2. 단위기간(3개월 이내의 일정한 기간으로 정하여야 한다)
3. 단위기간에 있어서의 근로일 및 당해 근로일별 근로시간	3. 〈현행과 같음〉
4. 기타 대통령령이 정하는 사항	4. 〈현행과 같음〉
③~④ 〈생 략〉	③~④ 〈현행과 같음〉

탄력적 근로시간제도란 근로시간의 유연한 활용을 위하여 단위기간 동안에 법정 근로시간 내에서 특정 일 또는 특정 주의 근로시간이 법정 근로시간을 초과하여 근로할 수 있도록 하는 제도이다. 개정 전 근로기준법은 탄력적 근로시간제도를 2주 단위와 1개월 단위까지만 허용하고 있었으나 개정법에서는 근로시간이 단축되고, 고용유연성의 증가와 근로형태의 다양화 추세에 따라 탄력적 근로시간제의 단위기간을 3개월까지 연장할 수 있도록 했다. 즉 현행법상 2주 단위와 1개월 단위의 탄력적 근로시간제도를 노사간의 서면합의에 의해서 3개월 단위의 탄력적 근로시간제의 운용이 가능하도록 한 것이다. 또한 단위기간의 연장에 따라서 지나치게 장시간의 근로를 예방하기 위해 특정 일의 근로시간은 12시간으로, 특정 주의 근로시간은 52시간(개정 전 56시간)으로 제한하는 규정을 두고 있다.

한편 근로기준법은 1일 연장근로의 제한을 두지 않고 있다. 1개월 이내 탄력적 근로시간제의 경우 특정 일 근로시간을 1일 12시간으로 제한하고 있는데, 이는 소정 근로시간의 제한이며 당사자간의 별도합의로 연장하는 근로시간까지는 포함되지 않는다.

* *격주5일제 근로와 연장근로가산수당*

기준근로시간이 44시간을 적용 받는 기간 동안 격주5일제 근로에 따라 특정 주에 44시간을 넘어 근로하는 경우 근로자와의 합의에 관계없이 그 시간에 대해 연장근로가산수당이 지급되어야 한다는 것이 과거의 행정해석(1994. 10. 25., 근기 68207-1609)이었으나 새로 제정된 근로기준법 아래서 적법하게 탄력적 근로계약을 도입한 경우라면 연장근로가산수당을 포함한 연장근로임금을 별도로 지급하지 않아도 된다.

* *야간 휴일근로의 경우*

탄력적 근로시간제를 도입하더라도 주휴일 등은 부여해야 하며 야간근로나 주휴일에 근로한 휴일근로의 경우에는 가산수당을 지급해야 한다. 주휴일이 아닌 휴무

일 근로는 휴일근로가 아닌 연장근로 차원에서 가산임금 지급 여부를 판단하여야
한다.

3. 선택적 근로시간제의 경우

취업규칙에 정하여 시업 및 종업시간을 근로자 결정에 맡기기로 한 근로자에 대
하여, 노사합의를 통해 1개월 이내의 기간을 정한 후 그 기간 동안의 1주일 평균근
로시간이 40(44)시간을 초과하지 않는 범위 안에서 특정 일 또는 특정 주에 법정 기
준근로시간을 초과하여 근무할 수 있도록 하고 있다. 동 제도에 있어 실근로시간이
규정근로시간(정산기간 중 총근로의무시간)을 초과한 잉여근로시간이 발생하더라도
이 시간이 당연히 연장근로시간으로 되는 것은 아니다. 뿐만 아니라 잉여근로시간
은 노사가 근로하기로 한 규정근로시간을 초과하여 근로한 것으로서 근로시간으로
인정되지 않을 수 있다.

연장근로계산은 규정근로시간을 어떻게 정하였는지에 대해 달라질 수 있다. 다
만, 어떠한 경우든 법정 기준근로시간을 초과하는 연장근로시간은 정산기간을 평
균하여 1주일에 12(16)시간을 초과할 수 없다. 선택적 근로시간제는 시업과 종업시
간이 근로자의 결정에 달려 있는 만큼 근로시간 산정 및 정산을 위해 출·퇴근 기
록이나 근로 여부 확인방법을 명확히 하여 노사간 다툼을 미리 예방하여야 한다.

① 규정근로시간이 법정 기준근로시간과 같은 경우

규정근로시간이 법정 기준근로시간(1개월을 정산기간으로 하고 그 월이 30일이라면
40시간×30일/7일, 즉 188.6시간)과 같다면 잉여근로시간은 노사가 이를 근로시간으
로 보기로 합의하였을 경우에 연장근로시간이 되며, 이 경우 해당 시간은 법정 연
장근로 가산수당이 지급대상이 된다.

② 규정근로시간이 법정 기준근로시간 미만인 경우

이 경우 역시 노사간 합의가 있을 때 잉여근로시간이 근로시간이 된다. 다만 실근로시간이 법정 기준근로시간에는 미달되나 규정근로시간을 초과하는 잉여근로시간 부분에 대해서는 노사간 합의가 없다면 연장근로가산수당을 지급할 사용자의 의무는 없으며 실근로시간이 법정 기준근로시간을 초과하는 잉여근로시간 부분만 법정 연장근로 가산수당 지급대상이 된다.

③ 규정근로시간이 법정 기준근로시간을 초과하는 경우

이 경우 역시 노사간 합의가 있을 때 잉여근로시간이 근로시간이 된다. 잉여근로시간이 근로시간으로 간주되면 잉여근로시간은 물론이고 규정근로시간 미만이라 하더라도 법정 기준근로시간을 초과한 부분에 대해서는 규정근로시간을 지키지 않은데 대한 책임문제는 별론으로 하고 법정 연장근로 가산수당이 지급되어야 한다.

| 야간근로수당 |

하오 10시부터 상오 6시까지의 근로를 야간근로라 하는데(근로기준법 제55조), 야간근로의 경우는 근로시간의 위치가 특히 야간이어서 정신적 · 육체적 고통을 수반하는 것으로 보아 이러한 근로의 강도에 대한 보상으로서 가산임금을 지급하도록 하고 있다. 기준근로시간 이내의 야간근로에 대해서도 가산임금이 지급되어야 함은 물론이다. 임산부와 18세 미만인 자의 야간근로는 원칙적으로 금지하지만, 18세 이상 대상 근로자에 대한 야간근로는 본인 동의시 허용되므로(제68조 제1항) 야간근로시에도 가산임금을 지급하면 된다.

한편 토지의 경작 · 개간 등 농림사업과 같이 근로기준법 제61조 각 호의 1에 해당하는 근로자의 경우에는 근로시간이나 휴일에 관한 규정이 적용되지 않으므로, 연장근로 휴일근로에 대한 가산임금의 지급문제는 발생하지 않는다. 그러나 야간

근로에 대한 적용을 배제하지 않고 있으므로 이에 대해서는 가산임금을 지급하여야 한다.

1. 야간근로의 제반 문제

① 일·숙직 근로와 야간근로(1988. 3. 4., 근기 01254-3286)

취업규칙이나 사용자의 일반적 지휘·감독권에 근거한 지시(명령) 또는 관행으로 이루어지는 일·숙직은 본래의 업무와는 별도의 부수적 근로계약이 이루어지는 것으로 본다(1992. 9. 24., 서울민지판 90가합90460).

일·숙직 기간에 대하여 일정액의 수당을 지급하는 경우에는 그것이 실비변상 이외의 휴일, 연장, 야간에 하는 것을 말하므로 전형적인 일·숙직근로[31]는 휴일·연장·야간 근로로 볼 수 없다.

전형적인 일·숙직 근로에 대하여는 본래의 업무에 지급되는 통상임금을 기준으로 한 근로기준법 제55조의 수당지급문제는 발생하지 않으며 부수적 근로계약의 대가로 일·숙직 수당이 지급되면 된다.

일·숙직 시간 중에 수행하는 본래의 업무의 노동강도가 약할 경우에는 전형적인 일·숙직 근로에 준하여 취급하고 노동의 강도가 본래의 업무와 유사하거나 상당히 높은 "유사 일·숙직 근로"에 대하여는 통상의 근로에 준하여 처리하면 된다. 다만 어느 것이 "유사 일·숙직 근로"인가는 통상의 근로시간과 근로양태에서 완전히 벗어나는지, 근로의 내용이 계속 유지되는지, 수면이나 휴식이 얼마나 보장되는지, 본래의 업무 비중이 어느 정도 되는지를 구체적으로 살펴 판단한다(1990. 12. 6., 대법원 90다카13465).

아울러 본래의 업무를 한 시간과 전형적인 일·숙직을 한 시간대가 명확하게 구분된다면 본래의 업무를 한 시간만 뽑아내서 유사 일·숙직 근로시간을 계산해 낼

---

31) 본래 담당업무와 별개의 근로로서 근로의 내용이 사업장 시설의 정기적 감시, 긴급문서 또는 전화의 수수, 기타 돌발사태 발생에 대비한 준비 등 경미한 내용의 근로를 단속적으로 수행하는 것을 말한다.

수 있을 것이다. 본래의 업무에 대한 임금액에 일·숙직 임금까지 포괄하여 결정되었을 때 별도의 임금지급문제는 발생하지 않을 수도 있을 것이다.

② 연장근로와 야간근로가 중복된 경우

연장시간근로가 주간에서 시작되어 야간에까지 계속되는 경우에는 연장시간근로에 대한 가산임금과 함께 야간근로에 대하여도 가산임금을 지급해야 한다. 물론 이 경우의 야간근로에 대한 가산임금은 야간근로시간에 해당하는 부분에 한하여 지급하면 된다(1970. 8. 10., 근기 125-7513).

2. 할증률

야간근로수당의 산정을 위한 할증률은 항상 통상임금의 50/100이라고 할 것이다. 야간·시간외 및 휴일 근로가 중복되면 각 사유별 할증률을 합산하여야 한다.

3. 특수한 근로시간형태와 야간근로

① 탄력적 근로시간제

탄력적 근로시간제를 도입하더라도 주휴일 등은 부여해야 하며 야간에 근로한 경우에는 가산수당을 지급하여야 한다.

② 선택적 근로시간제

선택적 근로시간제를 도입하였다 하더라도 의무적 근로시간대가 야간근로에 해당하는 시간이라면 야간근로가산수당을 지급함은 당연하다. 다만 이러한 경우는 현실적으로 거의 발생치 않을 것이다. 한편 선택적 근로시간대가 야간근로에 해당하는 시간에 걸쳐 있고 그 시간에 근로가 제공되었다면 야간근로 가산수당이 지급되어야 한다. 완전선택적 근로시간제 아래서의 근로시간이나, 부분선택적 근로시간제 중 "의무근로시간대 또는 선택적 근로시간대 이외의 시간"인 야간근로라면 사용자의 사전요청이 있었거나 근로자의 통지에 대한 사용자의 사전승인 또는 묵시적 동의가 있었던 경우에 야간근로수당이 지급된다.

③ 간주근로시간제

재량 간주근로시간대에 야간근로를 하였다 하더라도 사용자의 지시가 없었거나, 근로자의 통지에 대한 사용자의 동의가 없었다면 근로기준법 제55조의 야간근로에 해당되지 않는다. 사업장 밖 간주근로시간제를 도입하면서 간주근로시간 포괄합의제를 채택하였다면, 동 근로자가 출·퇴근 등 근로시간통제가 이루어지지 않는다는 점을 고려할 때 근로기준법 제55조의 야간근로 및 휴일근로 관련 조항을 적용치 않도록 합의할 수 있으며, 합의가 없더라도 출·퇴근 및 근로시간배열이 근로자의 재량에 맡겨지고 야간근로를 함에 있어 사용자의 지시가 없었거나 근로자의 통지에 대한 사용자의 동의가 없었다면 같은 조항이 적용되지 않는다.

| 휴일근로수당 |

휴일이라 함은 근로자가 사용자의 지휘·명령으로부터 완전히 벗어나 휴식을 취하는 날을 말하는데, 이는 근로자로 하여금 노동력의 마모를 방지하고 건강유지와 문화적 생활의 향상을 위하여 필요한 것이라 할 수 있다.

현행 근로기준법에서는 휴일에 관해 특별히 보호하고 있는데, 우선 외국의 법제와 비교하여 이례적으로 유급휴일제를 채택하고 있으며, 나아가 휴일근로에는 가산임금을 지급하도록 함으로써 휴일제의 실효성을 담보하고자 하였다.

1. 휴일근로의 개념

근로기준법상 기준근로시간은 1주일을 단위로 하면 모두 40(44)시간이다. 그러
나 사용자는 근로자에게 1주일에 평균 1회 이상의 유급휴일을 주어야 한다(근로기
준법 제54조). 여기서 말하는 "1회의 휴일"이란 단순히 계속해서 24시간의 휴무를
의미하는 것이 아니라 원칙적으로 오전 0시부터 오후 12시까지의 "1역일"을 뜻하
므로, 위 주 40(44)시간의 근로시간은 1주일 중 6일 동안에 1일 기준근로시간의 범
위 안에서 적절하게 나누어 정해야 한다. 나머지 1일의 소정근로시간은 근로한 것
으로 간주되어 그에 대한 기본임금이 지급되어야 한다. 이러한 유급휴일을 "주휴
일"이라고 부른다.

주휴일 이외에도 노사간의 단체협약·취업규칙·근로계약 등에 의하여 국경
일·설날·추석 등을 유급 또는 무급의 휴일로 따로 정할 수 있다. 그 밖에「근로자
의 날 제정에 관한 법률」에 의하여 매년 5월 1일은 근로자의 날로서 유급휴일에 해
당한다.

근로자가 근로기준법 제54조 소정의 주휴일에 근로한 것뿐만 아니라, 단체협약
등에 정한 유급 또는 무급휴일과 근로자의 날 등의 휴일에 쉬지 않고 근로를 한 경
우도 근로기준법 제55조의 규정에 의한 휴일근로에 해당한다(1991. 5. 14., 대법원 90
다14089). 즉 주휴일, 근로자의 날 등의 유급휴일뿐만 아니라 단체협약 등에 정한
휴일이라도 사용자의 필요에 따라 부득이 근로를 하게 된 경우에는 근로자가 근로
할 의무가 있는 날에 한 경우보다는 더 큰 대가가 지급되어야 보상될 것이기 때문
에 이러한 휴일근로에 대하여는 그 근로제공의 대가로 당연히 지급하여야 할 통상
임금(100/100) 이외에 근로기준법 소정의 가산임금이 지급되어야 한다.

2. 할증률

무급휴일의 근로에 대하여는 당일의 통상임금과 50%의 가산임금을 합하여 150%가 지급되어야 하며, 유급휴일의 근로에 대해서는 유급으로 당연히 지급되어야 하는 통상임금과 당일의 근로에 대한 통상임금 및 그 가산임금을 합하여 250%가 지급되어야 한다(1989. 11. 28., 대법원 89다카1145).

3. 관련 문제

① 공휴일의 의미와 가산임금의 지급문제

공휴일에 관해서는 엄밀한 개념규정은 없지만 편의적으로 관공서가 직무를 행하지 않는 날로서 이해되고 있다. 「관공서의 공휴일에 관한 규정」에 따라 이를 유형별로 보면 일요일, 국경일, 기념일, 탄신일, 민속일, 기타 정부에서 수시로 지정하는 날 등이 있다. 공휴일은 일반 근로자가 아닌 관공서 직원에게만 적용된다는 점, 공휴일제의 입법취지가 유급주휴제의 보장취지와 같이 일의적이지 않고 개개 공휴일마다 다양하다는 점에서 적어도 법리적으로는 근로기준법상의 유급주휴제와는 구별된다고 하겠다. 따라서 공휴일을 어떻게 취급하느냐는 원칙적으로 근로계약의 당사자가 임의로 결정할 성질의 것이지만, 대부분의 사업장에서 일요일을 주휴일로 특정하고 있는 예에서 볼 수 있듯이 실제상 공휴일과 유급휴일이 중복·교차되는 경우가 많다.

대부분 단체협약에는 유급휴일에 관한 규정을 두고 있는데, 이를 토대로 해서 볼 때 관공서의 공휴일이 일반사업장의 휴무일로 되는 경우가 대부분이다. 나아가 추석, 구정, 신정 등의 민속일에도 이를 유급휴일로 하고 있으며 이외의 공휴일에도 약 60~70%의 비율로 유급휴일로 하고 있다.

근로기준법상 유급주휴일은 1주일에 한 번의 휴일을 특정하여 근로자에게 주면 되기 때문에 공휴일을 일반 사업장에서 휴일로 할 법적 의무는 없다고 할 것이다.

따라서 단체협약상 아무런 합의 규정이 없어 사용자가 취업규칙에 공휴일을 취업일로 규정해 두었을 경우 취업규칙의 불이익변경 등의 문제가 발생하는가는 별개로 하더라도, 근로기준법 제97조 제1항 취업규칙의 법규위반의 문제는 발생하지 않는다.

또한 공휴일을 휴무일로 인정할 경우 이를 유급으로 할 것인가 또는 무급으로 할 것인가에 관하여 법규상으로 아무런 규정이 없다. 때문에 이는 법률 해석상의 문제로 귀착되는 바 원칙적으로 보면 근로기준법상의 유급휴일제는 특징적 성격을 지니는 규정이라고 보아야 한다. 때문에 이를 일반 공휴일에까지 확대 · 적용하는 것은 무리이다.

요컨대 공휴일을 근로기준법상의 휴일과 동일시할 만한 법적 근거는 찾아볼 수 없기 때문에 이 문제는 결국 당사자의 의사가 표현되는 단체협약, 취업규칙 및 근로계약에 준거하여 개별적 · 구체적으로 판단하여야 할 것이다.

따라서 단체협약에 규정이 있는 경우에도 적법성이 인정되기 때문에 일단 판단의 기초가 된다. 만약 경영관행상 공휴일을 휴무일로 해오던 사업장에서 취업규칙에 새로이 이를 취로일로 신설할 경우에는 취업규칙의 불이익변경의 문제가 발생할 것이다.

단체협약이나 취업규칙에서 공휴일을 휴무일로 지정하고, 근로를 시킨 때에는 당일의 통상임금만 지급하더라도 법위반이 되지 않는다.

그러나 휴무일로 정하고 근로를 시킨 때에는 가산임금을 지급해야 할 것이다. 이 경우 무급휴일로 정한 경우는 당일의 근로에 대한 임금에 가산임금을 추가하여 지급하여야 하며 유급휴일로 정한 때에는 당연히 지급해야 할 임금과 당일의 근로에 대한 임금에 가산임금까지 지급해야 할 것이다.

② 연 · 월차휴가 근로수당과 가산임금의 문제

연 · 월차휴가를 이용하지 않고 계속 근로한 경우 근로자들은 사용자에 대하여 그 휴가일수에 해당하는 임금, 이른바 연 · 월차휴가 근로수당을 더 청구할 수 있음은 물론이다. 그런데 연 · 월차휴가수당에 가산임금이 포함되는가가 문제된다.

이는 휴가도 근로로부터 해방된다는 의미에서 휴일과 유사하기 때문에 휴일 가산임금제가 휴가의 경우에도 적용될 수 있는가에 관한 법 해석상의 다툼이다. 이에 대하여 대법원은 휴가와 휴일의 제도적 취지가 다르다 하여 부정적 해석을 한 바 있다.

대법원의 판례는 연 · 월차 근로수당에 대해서는 가산임금이 포함되지 않는다고 판시하고 있다.

③ 휴일근로와 연장근로가 겹치는 경우

휴일근로와 연장근로가 중복된 때에는 야간근로와 연장근로가 중복된 때와 마찬가지로 휴일근로에 대한 가산임금과 연장근로에 대한 가산임금을 각각 가산하여야 한다(1991. 3. 22., 대법원 90다6545).

| 시간외·야간·휴일 근로수당 지급형태에 관한 특수문제 |

1. 법정수당 고정급제의 유효성

사용자가 근로자에게 지급하여야 할 시간외·야간·휴일 근로수당의 총액은 근로자마다 실제로 일한 시간외·야간·휴일 근로시간수에 근로기준법 소정의 기준할증률 또는 그 이상의 고정할증률을 곱하여 산정하는 것이 원칙이다.

그러나 이와는 달리 예를 들어, 실제의 근무실적에 따라 지급되어야 할 시간외·야간·휴일 근로수당 명목으로 고정액을 지급하고 위 근무실적에 미달한 때에는 일정한 기준에 따라 감액조정한 금액을 지급키로 미리 약정한 경우에도 ① 근로자에게 불이익이 없고, ② 회사의 업무내용과 근로자의 근무형태 및 근로시간의 특수성 등 여러 가지 사정에 비추어 정당하다고 인정될 때에는 그 약정은 유효하다 (1991. 4. 23., 대법원 89다카32118).

예를 들어 근로자에게 불이익이 없는 경우는 보수규정상 법정수당 명목으로 지급되는 고정액이 근로자가 실제로 시간외·야간·휴일 근로를 한 시간수를 따져, 그에 의하여 산정한 법정수당의 총액과 같거나 이를 초과해야만 불이익이 없다고 할 수 있다. 그리고 회사의 업무내용, 근로자의 근무형태 및 근로시간의 특수성이란 시외버스기사 등과 같이 운행시간이 일정하지 않고 근로시간을 개별적으로 정확히 파악하기 힘든 경우를 말한다.

2. 포괄역산제

회사의 보수규정상 별도로 고정액을 법정수당 명목으로 지급하기로 정하지 않고 단순히 단일명목의 임금만을 총액으로 지급하기로 약정한 때에도 경우에 따라서는 위 단일명목의 임금총액 중에 법정수당이 모두 포함되어 있는 것으로 간주될 수 있음을 유념할 필요가 있다.

회사의 운전자, 아파트 경비원 또는 보일러공으로 입사 또는 채용되어 1일 24시간씩 격일제로 근무하는 내용으로 근로계약을 맺고 근무하여 온 경우, 이러한 격일제 근로계약은 근로형태의 특수성 때문에 근로기준법상의 기준근로시간을 초과한 연장근로와 야간·휴일 근로가 당연히 예상되는 계약이므로, 위 운전자가 매월 지급 받는 임금에는 근로기준법상 기준근로시간에 대한 임금 이외에 연장근로와 휴일·야간 근로에 대한 수당도 포함되어 있는 것으로 보아야 한다(1989. 10. 25., 대법원 83도1050 ; 1991. 4. 9., 대법원 90다16245).

택시운전기사의 하루 총수입금액 중 사납금을 공제한 나머지 수입을 운전기사 개인의 수입으로 하는 이른바 일당 도급제 근로계약의 경우, 운전기사 개인의 수입에는 근로기준법 소정의 법정수당 등이 포함되어 있다고 보아야 한다(1985. 3. 26., 대법원 84도1861 ; 1988. 3. 22., 대법원 87다카570).

일용 잡급직 청소부로 채용되어 근무하면서 매일 사역보고를 하고 그 보수를 필요에 따라 부정기적으로 며칠분으로 합산하여 지급 받았다면, 이러한 임금은 일당이라 할 것이다. 그리고 대체로 일당이라고 할 때에는 통상임금에 모든 수당을 가산하여 거기서 원천세를 공제한 실제의 수입을 가리키는 것이라고 보아야 한다(1963. 2. 21., 대법원 69다912 ; 1987. 6. 9., 대법원 85다카570).

| 위반의 효과 |

사용자가 근로기준법 제55조를 위반하여 가산임금을 지급하지 않는 경우에는 3년 이하의 징역 또는 2,000만 원 이하의 벌금에 처해진다(근로기준법 제112조). 또한 이 조는 강제규정이므로 비록 노사합의에 의하여 가산임금을 지급하지 않기로 했더라도 가산임금을 지급하지 아니한 사용자는 처벌된다. 그리고 그러한 합의는 법 기준에 미달하는 것으로 효력이 없으므로 개별근로자가 가산임금을 청구할 수 있다고 보아야 한다.

| 개정법과 휴가제도 |

▶ 휴가제도의 주요 내용

내 용	개 정 전	개 정 후
① 월차휴가	월 1일	폐 지
② 연차휴가일수	개근시 10일, 9할 이상 출근시 8일	8할 이상 출근시 15일
③ 연차휴가 가산휴가	1년을 초과하는 계속근로 1년에 1일 가산, 휴가일수 한도 20일(한도 초과일수에 대해 통상임금 지급)	1년을 초과하는 계속근로 2년에 1일 가산, 휴가일수 한도 25일(한도를 초과한 휴가일수에 대한 보상 여부에 대해서는 별도의 규정 없음)
④ 1년 미만 자의 연차휴가(신설)	1개월간 개근시 1일 휴가 부여. 1년 이상 근무로 연차휴가를 15일 확보한 경우 1년 미만 기간 중 사용한 휴가일수 공제	
⑤ 휴가사용촉진 (신설)	사용자의 적극적인 사용권유(휴가사용기간 만료 3개월 전 서면으로 요구, 만료 2개월 전 휴가사용시기 지정하여 서면 통보)에도 불구하고 휴가를 사용하지 않은 때 금전보상의무 면제	
⑥ 선택적 보상 휴가제(신설)	근로자대표와의 서면합의에 의해 근로기준법 제55조의 규정에 의한 연장근로, 야간근로 및 휴일근로에 대하여 지급되는 임금(50/100 가산금)에 갈음하여 휴가 부여 가능	
⑦ 시행시기	개정법 시행일 전 이미 발생한 연월차휴가는 종전 규정 적용	
⑧ 생리휴가	유 급	무 급

1. 연차유급휴가제도의 조정

개 정 전	개 정 후
제59조【연차유급휴가】④ 근로자가 업무상의 부상 또는 질병으로 휴업한 기간과 산전·산후의 여성이 제72조의 규정에 의하여 휴업한 기간은 제1항의 규정의 적용에 있어서는 출근한 것으로 본다. ⑤ 제1항 및 제2항의 유급휴가는 1년간 행사하지 아니한 때에는 소멸된다. 다만 사용자의 귀책사유로 사용하지 못하는 경우에는 그러하지 아니하다.	제59조【연차유급휴가】⑤ 사용자는 제1항 내지 제4항의 규정에 의한 유급휴가는 근로자의 청구가 있는 시기에 주어야 하며, 그 기간에 대하여는 취업규칙이나 그 밖의 정하는 바에 의한 통상임금 또는 평균임금을 지급하여야 한다. 다만 근로자가 청구한 시기에 유급휴가를 주는 것이 사업운영에 막대한 지장이 있는 경우에는 그 시기를 변경할 수 있다. ⑥ 제1항 내지 제3항의 규정을 적용함에 있어서 근로자가 업무상의 부상 또는 질병으로 휴업한 기간과 산전·산후 여성이 제72조 규정에 의하여 휴업한 기간은 출근한 것으로 본다. ⑦ 제1항 내지 제4항의 유급휴가는 1년간 행사하지 아니한 때에는 소멸된다. 다만 사용자의 귀책사유로 사용하지 못한 경우에는 그러하지 아니하다. **부 칙** 제5조【연차 및 월차 휴가에 대한 경과조치】이 법 시행일 전에 발생한 월차유급휴가 및 연차유급휴가에 대하여는 종전의 규정에 의한다.

개정법은 1년 이상의 계속근속연수에 따라서 부여되는 연차유급휴가제도는 1년 근속시 15일을 부여하고, 2년당 1일을 가산하여 부여하도록 하고 있다. 즉 사용자는 1년간 8할 이상 출근한 근로자에 대하여서 15일의 유급휴가를 부여하며, 계속 근로연수가 1년 미만인 근로자에 대해서는 1개월 동안 개근시에 1일의 유급휴가를 주어야 한다.

2. 선택적 휴가보상제도의 도입

개 정 전	개 정 후
〈신 설〉	제55조의2【보상휴가제】사용자는 근로자대표와의 서면 합의에 따라 제55조의 규정에 의한 연장근로, 야간근로 및 휴일근로에 대하여 지급되는 임금에 갈음하여 휴가를 부여할 수 있다.

사용자는 근로자대표와의 서면 합의에 의해 연장·야간·휴일 근로에 대하여 지급되는 임금에 갈음하여 휴가를 부여할 수 있도록 하고 있는데 이를 선택적 보상휴가제도라 한다. 이러한 제도의 취지는 근로자와 사용자가 임금과 휴가에 대한 선택의 폭을 넓히고, 근로시간단축의 근본 취지를 살려 실근로시간의 단축 효과를 고려한 것이라 할 수 있다. 여기에서 근로자대표라 함은 근로자 과반수 이상으로 조직된 노동조합이 있는 경우 그 노동조합, 근로자 과반수 이상으로 조직된 노동조합이 없는 경우에는 근로자의 과반수 이상과의 서면 합의를 말한다.

3. 생리휴가의 무급화

개 정 전	개 정 후
제71조【생리휴가】사용자는 여성인 근로자에 대하여 월 1일의 유급 생리휴가를 주어야 한다.	제71조【생리휴가】사용자는 여성인 근로자가 청구하는 때에는 월 1일의 생리휴가를 주어야 한다.

개정 전 근로기준법 제71조는 여성근로자에 대해 월 1일의 유급생리휴가를 부여하도록 하고 있다. 그러나 개정법은 법정 근로시간의 단축에 맞추어 생리휴가를 무급화하되, 실제로 근로자가 생리휴가를 사용할 경우 근로자의 임금이 저하될 수 있기 때문에 근로자의 청구에 따라서 이를 부여하도록 하고 있다.

생리휴가와 관련된 자세한 내용은 제11장에서 설명하도록 한다.

개 정 전	개 정 후
제57조【월차유급휴가】① 사용자는 1개월에 대하여 1일의 유급휴가를 주어야 한다. ② 제1항의 규정에 의한 유급휴가는 근로자의 자유의사로 1년간에 한하여 적치하여 사용하거나 분할하여 사용할 수 있다. 제59조【연차유급휴가】① 사용자는 1년간 개근한 근로자에 대하여는 10일, 9할 이상 출근한 자에 대하여는 8일의 유급휴가를 주어야 한다. ② 사용자는 2년 이상 계속근로한 근로자에 대해서는 1년을 초과하는 계속근로 연수 1년에 대하여 제1항의 휴가에 1일을 가산한 유급휴가를 주어야 한다. 다만 그 휴가 총일수가 20일을 초과하는 경우에는 그 초과하는 일수에 대해서는 통상임금을 지급하고 유급휴가를 주지 아니할 수 있다. ③ 사용자는 제1항 및 제2항의 규정에 의한 유급휴가는 근로자의 청구가 있는 시기에 주어야 하며 그 기간에 대하여는 취업규칙이나 기타로 정하는 바에 의한 통상임금 또는 평균임금을 지급하여야 한다. 다만 근로자가 청구한 시기에 유급휴가를 주는 것이 사업운영에 막대한 지장이 있는 경우에는 그 시기를 변경할 수 있다.	제57조【월차유급휴가】삭제 제59조【연차유급휴가】① 사용자는 1년간 8할 이상 출근한 근로자에 대해서는 15일의 유급휴가를 주어야 한다. ② 사용자는 계속근로 연수가 1년 미만인 근로자에 대해서는 1개월간 개근시 1일의 유급휴가를 주어야 한다. ③ 사용자는 근로자의 최초 1년간의 근로에 대하여 유급휴가를 주는 경우에는 제2항의 규정에 의한 휴가를 이미 사용한 경우에는 그 사용한 휴가일수를 15일에서 공제한다. ④ 사용자는 3년 이상 계속근로한 근로자에 대해서는 최초 1년을 초과하는 계속근로 연수에 대해서는 최초 1년을 초과하는 계속근로 연수 2년에 대하여 제1항의 휴가에 1일을 가산한 유급휴가를 주어야 한다. 이 경우 본문의 규정에 의한 가산휴가를 포함한 총휴가일수는 25일을 한도로 한다.

1. 개정법상 월차수당제도의 폐지

개정 전 근로기준법 제57조는 사용자는 1개월에 대하여 1일의 유급휴가를 근로자에게 부여해야 한다고 규정하여 월차휴가제도를 규정하였다. 그러나 국제적으로 월차휴가제도를 채택하고 있는 나라가 없고 1일 단위 휴가제도가 본래의 취지를 살리지 못하고 임금보전적 성격으로 운영되는 폐단이 지적되는 등의 사정으로 이 휴가제도를 폐지하고 연차휴가로 통합하는 방안으로 개정이 이루어졌다. 이와 관련하여 1년 미만 동안 계속근로한 근로자의 경우 연차휴가가 부여되지 않기 때문에 1년 미만 근로한 근로자라 하더라도 1개월당 1일의 휴가를 부여하도록 규정하고 있다. 따라서 단기계약직 근로자로서 계속근로기간이 1년에 미달되더라도 1개월당 1일의 휴가를 비례적으로 부여해야 할 것이다. 다만 미리 사용한 휴가일수는 1년 이상 계속 근속시 부여되는 연차휴가일수에서 차감하도록 하고 있다.

예를 들어 1년 동안 계속근속시에는 연차휴가가 15일이 부여되는데, 근로자가 1년 미만의 기간 동안 연차휴가를 갈음하여 매월 1일씩 총 12일의 휴가를 사용했다면 1년이 되는 시점에서 발생하는 총연차휴가일수인 15일에서 12일을 차감한 나머지 3일의 연차유급휴가가 발생한다고 볼 것이다.

2. 구법상의 월차휴가제도 운용

① 구법상 월차수당의 개념 및 종류

구근로기준법에 의하면, 1개월간 소정의 근로일수를 개근한 근로자에 대하여는 1일의 유급휴가가 주어진다(근로기준법 제57조 제1항, 근로기준법 시행령 제27조).

그리고 이러한 월차유급휴가는 근로자의 자유의사로 1년간에 한하여 모아서 사용하거나 나누어 사용할 수 있다(근로기준법 제57조 제2항).

한편 월차휴가일은 유급이므로 근로자가 그 휴가일에 근로를 하지 않아도 당연히 기본임금이 지급되어야 한다. 이와 같이 월차휴가기간 동안에 유급으로 당연히 지급되어야 하는 임금을 "월차휴가수당"이라 한다. 그러나 근로자가 그에게 주어진 월차휴가기간에 휴가를 가지 않고 근로를 한 경우에는 그 휴가일근로에 상응하는 임금이 지급되어야 할 것이다. 이와 같이 월차휴가일에 근로한 대가로 지급되는 임금을 월차휴가근로수당이라고 한다. 월차휴가수당과 월차휴가근로수당을 통칭하여 "월차수당"이라 한다. 즉 월차수당은 근로기준법상 근로자에게 주어진 월차휴가권에서 파생되는 임금이라는 의미를 갖는 것이다.

② 월차수당의 발생요건 · 발생시기 및 산정방법

** 월차휴가수당*

월차휴가수당은 연차휴가수당과 대비되는 개념이다. 예를 들어 근로자가 1992년 12월 1일부터 12월 31일까지 1개월간의 소정근로일수를 개근하였다면 위 근로자는 1993년 1월 1일부터 위 개근한 달에 대한 1일의 월차휴가를 사용할 수 있다. 그리고 그때부터 1993년 12월 31까지 1년 사이의 어느 시점에서 위 월차휴가를 사용하면 그때에 그 월차휴가수당청구권이 발생한다고 할 것이다. 근로기준법상 명문의 규정은 없으나 월차휴가수당 역시 연차휴가수당에 관한 규정(근로기준법 제59조 제3항)을 유추 적용하여 통상임금 또는 평균임금을 기초로 하여 산정해야 할 것이다. 그러나 근로자가 매월 월급제로 임금을 지급 받고 있는 경우에는, 연차휴가수당의 경우와 마찬가지로 근로자가 실제로 어느 달에 월차휴가를 실시하더라도 그 달의 월급임금이 공제되지 않고 그 전액이 그대로 지급되는 것으로 보아 별도로 월차휴가수당 청구권이 발생하지 않는다고 볼 것이다.

** 월차휴가근로수당*

월차휴가근로수당은 연차휴가근로수당과 대비되는 개념이다. 위의 사례에서 근로자가 1993년 1월 1일부터 12월 31일까지 1년 사이의 자유로운 시점에서 위 1992년 12월에 대한 월차휴가를 사용할 수 있음에도 불구하고 이를 실시하지 않고 1993년 12월 31일을 지나게 되면 그때부터 위 월차휴가근로수당을 청구할 수 있

다. 월차휴가근로수당도 연차휴가근로수당과 마찬가지로 통상임금을 기초로 하여
산정하고 시간외 근로수당 등과 달리 할증임금의 지급대상에서 제외된다.

| 연차휴가제도 |

1. 개정법상 연차휴가제도의 운용

개정법은 1년 이상의 계속근속연수에 따라서 부여되는 연차유급휴가제도는 1년
근속시 15일을 부여하고, 2년당 1일을 가산하여 부여하도록 하고 있다. 즉 사용자
는 1년간 8할 이상 출근한 근로자에 대하여서 15일의 유급휴가를 부여하며, 계속
근로연수가 1년 미만인 근로자에 대해서는 1개월 동안 개근시에 1일의 유급휴가를
주어야 한다.

① 연차유급휴가의 요건 및 산정방법
** 계속근로연수가 1년 미만인 경우*

연차유급휴가는 근로자의 계속근로연수에 따라 휴가일수가 달라지므로 계속근
로연수가 1년 미만인 경우에는 과거에는 연차휴가가 발생하지 않았다. 그러나 개
정법은 월차휴가를 폐지하는 대신에 계속근로연수가 1년 미만인 근로자에 대해서
도 연차휴가 규정을 적용해 1개월 동안 개근시에는 1일의 유급휴가를 부여하도록
규정하고 있다.

** 계속근로연수가 1년 이상인 경우*

근로자의 계속근로연수가 1년 이상인 때에는 근로자의 출근율에 따라서 연차휴
가를 부여하고 있다. 즉 계속근로연수 1년 이상에 대하여 8할 이상 출근한 경우에
는 15일의 연차휴가를 부여해야 한다. 다만 계속근로연수가 최초로 1년을 초과하

는 경우에는 15일의 연차휴가일수에서 이미 사용한 연차휴가일수를 공제한 나머지 일수를 연차휴가일로 할 수 있다.

2. 연차유급휴가의 가산

현행 근로기준법 제59조 제2항은 2년 이상 계속근로한 자에 대하여 1일을 가산하도록 규정하고 있는데, 개정법은 3년 이상 계속근로한 자에 대해서 최초 1년을 초과하는 계속근로연수 2년에 대하여서 1일을 가산한 유급휴가를 주어야 한다고 규정하고 있다. 이 경우 가산휴가를 포함한 총휴가일수는 25일을 초과할 수 없다.

3. 이미 발생한 연차 및 월차휴가권의 청구

한편 개정안은 근로시간단축 이전에 발생한 연차휴가 및 월차휴가에 대해서는 부칙으로 연차 및 월차유급휴가에 관한 경과조치를 둠으로써 동 법 시행일 이전에 이미 발생한 연차 및 월차휴가는 종전의 규정에 의해 적용하도록 경과조치를 두고 있다. 따라서 개정법의 시행일 이전에 이미 발생한 휴가청구권은 법 개정으로 인하여 소멸되지 아니하고, 이전과 동일하게 적용된다.

4. 연차휴가수당청구권

개정 전 근로기준법상에서 연차휴가는 유급휴가에 해당하므로 근로자가 그 휴가일에 근로를 하지 않아도 당연히 기본임금이 지급되었다. 그 기본임금은 취업규칙 등에 의하여 정한 통상임금 또는 평균임금을 기준으로 하여 산정된다(근로기준법 제59조 제3항).

이와 같이 연차휴가기간 동안에 유급으로 당연히 지급되어야 하는 통상임금 또는 평균임금을 "연차휴가수당"이라 부른다. 그러나 근로자가 주어진 연차휴가일에 휴가를 가지 않고 근로를 한 경우에는 그 휴가일 근로에 상응하는 임금이 지급되어야 할 것이다. 이와 같이 연차휴가일에 근로한 대가로 지급되는 임금을 "연차휴가근로수당"이라 부른다.

그러나 개정법은 사용자의 적극적인 연차휴가의 사용권유에도 불구하고 휴가를 사용하지 아니하고 근로할 경우에는 연차휴가에 대한 금전적인 보상의무는 면제된다.

5. 연차유급휴가의 사용촉진방안

개정 전 근로기준법은 근로자가 휴가를 사용할 경우 휴가수당을 통상임금 또는 평균임금으로 지급하도록 규정하고 있었다. 이는 근로자가 휴가를 사용하지 않을 경우 그 사용하지 않은 휴가에 대하여는 휴가수당으로 보상해야 한다거나 휴가보상수당 관련 언급은 없으나 판례는 휴가사용기간이 경과한 경우 연차휴가청구권은 소멸하지만, 이때 연차휴가근로수당청구권은 발생한다는 입장을 일괄되게 유지해 오고 있다.

이에 개정법은 사용자의 적극적인 사용권에도 불구하고 근로자가 휴가를 사용하지 않을 경우 사용자의 금전적인 보상의무를 면제하도록 규정하고 있다. 다만 사용자가 이를 악용하는 것을 방지하기 위해 휴가사용기간의 만료일 3개월 전에 사용자는 근로자에게 사용하지 않은 휴가에 대해서 시기의 지정을 서면으로 요구하고, 이에 대해 근로자가 사용시기를 지정하지 않아 사용자가 휴가사용기간 만료 2개월 전에 휴가사용시기를 지정하여 서면으로 통보했음에 불구하고 근로자가 사용하지 않는 경우에만 제한적으로 금전보상의무를 면하도록 하고 있다.

사용자의 연차휴가 촉진방안

근로자 甲의 연차휴가 사용기간 만료일은 2003년 10월 31일이다.

이 경우 사용자는 2003년 7월 31일(3개월 전)까지 미사용 연차휴가일수를 알려주고, 甲에게 그 사용시기를 정하여 통보할 것을 서면으로 통보해야 한다. 만일 이 경우 근로자가 연차휴가사용의 통보를 받고도 10일 이내에 휴가사용시기를 사용자에게 통보하지 않은 경우에는 사용자는 다시 2003년 8월 31일(2개월 전)까지 근로자의 휴가사용시기를 정하여 서면으로 통보하여야 한다.

6. 개정법에 의한 연차휴가 운용예

1993년 1월 1일 입사한 근로자 A의 경우

○ 법 개정 전 : 2003년 현재 현행법상 연차휴가 19개 사용권한(근속 10년)
　　　　　　　 2004년 연차휴가 20개 사용권한(근속 11년)
○ 법 개정 후 : 2004. 7. 1. 주5일 근무제가 시행될 경우 월차휴가 폐지
　 － 1년간 8할 이상 출근할 경우 연차휴가 15일(3년 이상 근로한 자는 2년마다 1일 가산 최장 25일까지)
　 － 다만 시행일 전에 발생한 월차 및 연차 유급휴가는 종전의 규정에 따른다.
○ 2004. 7. 1. 전에 이미 발생한 연차휴가 20개의 사용권한은 2004년까지는 보장된다(2004년 이후 사용하지 못한 휴가는 수당으로 전환).
　 위 근로자는 2005. 1. 1.에는 개정법의 적용을 받아 2004년 8할 이상 출근했을 경우 연차휴가가 발생하며, 그 휴가일수는 근속 11년에 해당하는 일수인 20일이다(근속 1년 15일, 근속 3년 16일, 근속 7년 18일… 근속 11년 20일).
○ 2004. 7. 1. 전에 발생한 월차휴가는 1년간 분할 적치하여 사용 가능하고, 1년 후 수당으로 전환된다(2004. 7. 1. 이후에는 새로운 월차휴가가 발생하지 않는다).

① 연차수당의 개념과 종류

근로기준법에 의하면 1년간 개근한 근로자에 대하여는 10일, 9할 이상 출근한 근로자에 대하여는 8일의 연차유급휴가가 주어진다(제59조 제1항). 그리고 근로자가 2년 이상을 계속하여 근로하면 1년을 초과하는 계속근로연수 1년에 대하여 1일씩을 가산한 유급휴가가 주어진다(제59조 제2항 본문). 그러므로 예를 들어 10년간 계속 근로한 근로자가 10년째 근무연도에 개근한 경우에 주어지는 연차휴가일수는 총 19일[=10일+(10년−1년)×1일]이 된다. 이러한 연차휴가일은 유급이므로 근로자가 그 휴가일에 근로를 하지 않아도 당연히 기본임금이 지급되어야 한다. 그 기본임금은 취업규칙 등에 의하여 정한 통상임금 또는 평균임금을 기준으로 하여 산정된다(근로기준법 제59조 제3항).

이와 같이 연차휴가기간 동안에 유급으로 당연히 지급되어야 하는 통상임금 또는 평균임금을 "연차휴가수당"이라 부른다. 그러나 근로자가 주어진 연차휴가일에 휴가를 가지 않고 근로를 한 경우에는 그 휴가일근로에 상응하는 임금이 지급되어야 할 것이다. 이와 같이 연차휴가일에 근로한 대가로 지급되는 임금을 "연차휴가근로수당"이라 부른다.

한편 15년간 계속 근로하였고 15년째 근무연도에 개근한 근로자의 경우에는 원칙적으로 총 24일[=10일+(15년−1년)×1일]의 연차휴가가 주어질 수 있다. 그러나 이와 같이 휴가총일수가 20일을 초과한 경우는 그 초과하는 일수(즉 위 사례에서는 4일)에 대하여는 통상임금을 지급하고 유급휴가를 주지 아니할 수 있다(동 법 제59조 제2항 단서). 다시 말하면, 연차휴가일은 그 상한선을 20일로 하고 그 나머지 휴가일 만큼은 휴가를 가지 않는 대신에 그에 상응하는 대가로 휴가대체임금을 지급 받을 수 있다. 이와 같이 20일을 초과하는 연차휴가일에 대하여 근로자가 휴가를 가지 않는 대신에 지급되는 통상임금을 "연차휴가대체수당"이라 부른다.

위 연차휴가수당, 연차휴가근로수당 및 연차휴가대체수당을 통칭하여 "연차수당"이라 한다. 즉 연차수당은 근로기준법상 근로자에게 주어진 연차휴가권에서 파생되는 임금이라는 의미를 갖는다.

② 연차수당의 발생요건·발생시기 및 산정방법

어떤 근로자가 1970년 3월 1일자로 입사하여 1992년 12월 31일 현재까지 계속 근로하고 있는 경우를 예로 들어 위 근로자에 대하여 앞서 본 연차수당 모두는 언제·어떻게 발생하고 각각의 구체적인 액수는 어떻게 산정할 것인가를 살펴보기로 한다.

다만 이 경우에 근로자의 근속연수를 산정함에 있어서 그 기산일을 근로자별로 실제 입사한 날을 기준으로 하면 1년간 근무연도의 종료일이 각각 달라지게 되고 이에 따라 연차유급휴가청구권의 발생일도 서로 달라지게 될 것이다. 그러므로 사용자가 이러한 번거로움을 피하기 위하여 근로자의 입사연도에는 입사일로부터 그 해 12월 31일까지의 기간은 그 해의 출근정도에 따라 연차휴가일수를 월할로 산정하고, 그 다음해(1971년)부터는 일률적으로 매년 1월 1일부터 12월 31일까지 각 1년간을 기준으로 하여 연차휴가일수를 산정하기로 정하였다는 전제하에 22년째 근무연도(1992. 1. 1.~1992. 12. 31.)를 기준으로 삼아 그에 대한 연차수당에 관하여 알아본다.

연차휴가수당

위의 사례에서 근로자는 1971년 1월 1일부터 1992년 12월 31일 현재까지 22년 동안 계속근로를 한 것이고, 위 22년째 근무연도(1992. 1. 1.~12. 31.)에 개근을 하여 그 근무연도를 마치게 되면 31일간의 연차휴가일[=10일+(22년-1년)×1일]이 주어지게 된다. 이러한 31일의 연차휴가는 23년째의 근무연도(1993. 1. 1.~12. 31.)에 사용할 수 있다. 그런데 20일을 초과하는 부분의 연차휴가는 이를 실시하지 않고 연차휴가대체수당을 지급 받을 수 있다. 따라서 위 사례에서는 20일분의 연차휴가일에 대해서만 연차휴가수당이 지급된다고 할 것이다. 그리하여 위 근로자가 23

년째의 근무연도에 20일분의 연차휴가를 사용하기 위하여 특정한 날짜를 지정하여 사용자에게 휴가를 청구하면 그때 비로소 연차휴가수당이 발생하게 된다. 구체적으로 앞의 연차휴가수당은 "유급휴가를 주기 전 또는 준 직후의 임금지불일"에 지급하여야 한다(근로기준법 시행령 제29조). 연차휴가수당은 근로자의 통상임금 또는 평균임금을 기초로 하여 산정한다(근로기준법 제59조 제3항). 따라서 앞 사례에서는 유급휴가를 주기 전 또는 준 직후의 임금지불일에 있어서 통상임금 또는 평균임금을 기준으로 산정하면 될 것이다.

다만 위 사례에서도 근로자가 역월 월급제의 임금지급체계하에서 매월 월급제로 임금을 지급 받고 있다면, 연차휴가수당이 별도로 발생하지 않는다는 점에 유념하여야 한다. 위 사례에서 근로자가 23년째의 근무연도에 위 20일의 연차휴가를 5월과 10월에 각 6일, 8월에 8일로 나누어 휴가일을 지정하여 사용하였다고 가정하여 보자. 이 경우에 위 5월, 8월, 10월에 그 휴가일만큼 근로를 하지 않아도 근로자에게는 월급이 감액되지 않고 다른 달과 마찬가지로 항상 월급전액이 지급되는 것은, 위 각 달의 월급 중 휴가일수에 상응한 부분의 임금이 연차휴가수당으로 지급되었다고 볼 수 있기 때문이다.

* 연차휴가근로수당

앞의 사례에서 근로자가 23년째 근무연도(1993. 1. 1.~12. 31.)에 20일의 연차휴가 중 1993년 5월에 6일간은 휴가를 실시하였으나 나머지 14일간의 연차휴가는 이를 사용하지 않고 근로를 하여 23일째의 근무연도를 마쳤다고 가정하여 보자.

이때에는 근로자가 휴가를 청구하여 휴가일을 구체적으로 지정 받고도 휴가를 실시하지 않은 것이든, 그렇지 않고 처음부터 휴가를 청구조차 하지 않은 채로 휴가를 실시하지 않은 것이건 묻지 않고, 근로자가 23년째 근무연도를 마친 다음날(즉 24년째 근무연도 개시일에 해당한다)인 1994년 1월 1일에 위와 같이 휴가를 실시하지 않고 근로를 한 14일간에 대한 연차휴가근로수당을 청구할 수 있다. 그리고 위 근로자가 24년째 근무연도(1994. 1. 1.~12. 31.) 중간인 1994년 3월 1일에 퇴직을 한 경우에도 위 연차휴가근로수당의 지급청구권이 퇴직으로 인하여 소멸하는 것이 아니므로 퇴직 당시에 위 수당의 지급을 청구할 수 있다(1971. 12. 28., 대법원 선고 71다1713 판결 ; 1991. 7. 26., 선고 90다카11636 판결).

그러나 만약 위 근로자가 23년째 근무연도(1993. 1. 1.~12. 31.) 중간인 1993년 10월 1일에 퇴직하여 1년간의 근무를 채우지 못하였고 그 기간 중의 근무일수가 연차유급휴가를 받을 수 있는 출근일수(1년 근무기간 중 9할 이상의 출근일수를 말한다)에 미달한다면, 그 근무일수에 상당하는 연차휴가근로수당청구권도 발생하지 않는다(1991. 8. 13., 대법원 선고 91다14437 판결 등).

그리고 이 경우 위와 같이 사용자가 근로자의 입사일을 기준으로 하여 1년 단위로 각 근로자의 연차휴가일수를 정하지 않고 입사연도에는 입사일로부터 그 해의 12월 31일까지의 기간 동안은 그 해의 출근 정도에 따라 연차휴가일수를 월할로 산정하고 그 다음 해부터는 일률적으로 매년 1월 1일부터 12월 31일까지 각 1년간을 기준으로 하여 연차휴가일수를 산정하여 왔다고 하더라도, 퇴직하던 해의 1년 미만의 근무기간(위 사례에서는 1993. 1. 1.~10. 1.)에 대하여 월할로 연차휴가를 청구할 권리가 당연히 발생한다고 할 수는 없다(1991. 11. 12., 대법원 선고 91다14826 판결).

연차휴가근로수당은 그 발생 당시의 통상임금을 기초로 하여 산정한다. 그리고 이에 대하여는 근로기준법 제55조 소정의 할증률에 의한 가산임금이 포함되지 않는다(1990. 12. 26., 대법원 선고 90다카12493 판결 등 다수). 연차휴가제도는 근로기준법 제55조가 정하는 시간외 근로 등에 대한 할증임금지급제도와 그 목적이 상이하고, 뒤에서 보는 바와 같이 휴가 총일수가 20일을 초과하는 경우에 그 초과일수에 해당하는 연차휴가 불실시의 보상으로 지급되는 연차휴가대체수당도 통상임금만을 기초로 하고 있어 이와 균형을 기하는 것이 타당하기 때문이다.

* <u>연차휴가대체수당</u>

위의 사례에서 근로자가 위 22년째 근무연도(1992. 1. 1.~12. 31)에 개근을 하여 그 근무연도를 마치게 되면 31일간의 연차휴가일이 주어지고, 이러한 31일의 연차 휴가는 23년째의 근무연도(1993. 1. 1.~12. 31.)에 사용할 수 있음은 앞서 본 바와 같 다. 그런데 이 경우 20일을 초과하는 일수의 휴가는 이를 실시하지 않는 것으로 노 사간에 미리 정했었다면, 위 근로자의 경우 20일을 초과하는 11일분에 해당하는 연차휴가대체수당청구권도 위 22년째의 근무연도를 마치는 다음날인 1993년 1월 1일에 발생한다. 그러나 이러한 정함이 없는 경우에는 위 22년째 근무연도 중간에 사용자가 20일 초과일수에 대한 휴가를 실시하지 아니할 것을 통지하여 그 통지가 근로자에게 도달한 시점에서 발생한다고 할 것이다. 연차휴가대체수당은 그 발생 시점에서의 통상임금을 기초로 하여 산정한다(근로기준법 제59조 제2항).

이번 법개정은 4시간 단축이라는 단축의 의미 못지 않게 근로시간제도의 유연성 을 상당 정도 제고하는 내용을 담고 있어 기업의 임금관리선진화에 긍정적 영향을 끼칠 것으로 기대된다.

쟁점 1. 연·월차휴가 제도가 변경되는 경우 기존에 이미 발생한 연·월차 휴가의 처리 방안

개정법 부칙 "연·월차휴가에 관한 경과조치"에 의해 이 법 시행일 전에 발생한 연·월 차휴가에 대하여는 종전의 규정에 의한다. 즉 2004. 7. 1. 개정법이 시행되는 사업장의 경우 2004. 7. 1.을 기준으로 이미 발생되어 있는 월차휴가 및 연차휴가의 휴가사용, 미 사용휴가에 대한 금전보상 등에 대해서는 현행법이 적용된다.

예를 들어 2003. 1. 1. 입사한 근로자가 개근했을 경우 2004. 1. 1.부터 10일의 연차휴가 사용권이 발생한다. 이 근로자는 2004. 7. 1.에도 여전히 기존의 연차휴가 10개를 사용 할 권리가 보장되며, 2004년 말까지 휴가를 사용하지 않고 남은 휴가일수에 대한 연차 휴가근로수당 청구권이 2005. 1. 1.부터 3년의 시효로 보장된다. 이 근로자가 2004년 개근했을 경우 2005. 1. 1.부터 사용가능한 연차휴가일수 산정은 개정법을 적용해 15일 의 연차휴가가 발생한다. 즉 시행시기를 기준으로 연차휴가가 이전에 발생했으면 현행 법을, 새로이 발생하면 개정법을 적용해 휴가일수를 산정하면 된다.

쟁점 2. 연·월차휴가, 탄력적 근로시간제를 활용해 주5일 근무제를 시행 하고 있던 사업장의 경우 기존 연·월차휴가 및 근로시간제 변화 여부

토요일 4시간 근무시간을 연·월차휴가로 대체(근로기준법 제60조)해 시행한 주5일 근 무제의 경우 토요일 4시간 근무시간이 법개정에 따라 단축되므로, 토요일 4시간 근무로 대체된 연·월차휴가는 사용 가능한 별도의 휴가로 전환된다.

예를 들어 월차휴가 12일과 연차휴가 10일, 특별휴가 4일로 주5일 근무제를 운영한 경 우 개정법의 시행에 의해 월차휴가는 폐지되고, 발생한 연차휴가 10일은 휴가발생일로 부터 1년 동안 별도휴가로 사용 가능하며, 주5일 근무제 시행을 위해 별도로 부여한 특 별휴가 4일은 노사합의로 그 보전 여부를 결정하면 될 것이다.

또한 토요일 4시간 근로시간을 평일의 시간외 근로로 흡수해 주5일 근무제를 운영한 경우 개정법의 시행에 따라 평일의 시간외 근로를 유지하면서 이에 대한 시간외 근로수당을 별도로 지급하거나, 평일의 시간외 근로를 법정 근로시간(8시간)으로 단축해야 할 것이다.

쟁점 3. 연·월차휴가 사용촉진의 구체적인 방법

사용자의 적극적인 휴가사용 권유에도 불구하고 근로자가 휴가를 사용하지 아니할 경우 사용자의 금전적인 보상의무를 면제하도록 규정하고 있다. 이는 신설조항으로 휴가사용기간의 만료일 3개월 전에 사용자는 근로자에게 휴가사용시기 지정을 서면으로 요구하고, 이에 대해 근로자가 사용시기를 지정하지 않아 사용자가 휴가사용기간 만료 2개월 전에 휴가사용시기를 지정하여 서면으로 통보했음에도 불구하고 근로자가 사용하지 않는 경우에만 제한적으로 금전보상의무를 면제하고 있다.

쟁점 4. 선택적 보상휴가제에 대해 근로자대표와의 서면 합의를 할 경우 개별근로자의 선택 여부와는 상관없이 사용자가 일방적으로 할증임금 대신 휴가를 부여할 수 있는지 여부

개정 법은 근로자대표와의 서면 합의를 요건으로 연장·야간·휴일 근로에 대해 지급되는 임금에 갈음하여 휴가를 부여할 수 있다고 되어 있다.

여기에서 근로자대표와의 서면 합의란 근로기준법의 일부 조항에서 적용되는 요건으로 유추하여 해석하건대, 근로자대표라 함은 근로자 과반수 이상으로 조직된 노동조합이 있는 경우 그 노동조합, 근로자 과반수 이상으로 조직된 노동조합이 없는 경우에는 근로자의 과반수 이상과의 서면합의를 말한다고 보아야 할 것이다. 따라서 근로자대표와 서면합의가 이루어진 경우라면 개별근로자의 동의는 필요치 않다고 봄이 타당할 것이다.

제 5 장 근로계약체결과 임금보호

근로조건 명시 의무

근로기준법은 사용자가 근로계약을 체결할 때 근로조건을 명확하게 밝힐 것을 의무화하고 있으며(근로기준법 제24조), 같은 법 시행령 제8조에서는 임금의 구성항목, 계산방법 및 지불방법에 관한 사항을 서면으로 명시하도록 규정하고 있다.

> **근로기준법 제24조 【근로조건의 명시】**
>
> 사용자는 근로계약의 체결시에 근로자에 대하여 임금, 근로시간, 기타의 근로조건을 명시하여야 한다. 이 경우 임금의 구성항목, 계산방법 및 지불방법에 관한 사항에 대하여는 대통령령으로 정하는 방법에 따라 명시하여야 한다.

임금은 근로조건 중 가장 중요한 것이기 때문에 무엇보다도 먼저 그 조건에 대한 내용을 명확히 할 필요가 있다. 사용자에게 근로조건의 명시의무를 부여하는 취지는 계약자유의 원칙 아래 근로조건을 방임하여 둘 경우 실제적으로는 임금이 힘의 우위에 있는 사용자의 일방적 결정에 의존하게 될 수도 있기 때문이다.

또한 근로자가 처음부터 근로조건의 내용을 모른다는 것은 근로자의 자유의사를 구속하는 것이 되므로 계약자유의 원칙에 근본적으로 어긋날 뿐 아니라 근로조건의 미확정 상태에서 불리한 취업을 강제당할 위험이 있기 때문이다.

근로조건 제24조는 이와 같은 탈법행위를 배제하기 위하여 근로계약 체결시에 근로조건을 명시함으로써 근로자에 대하여 자유의사에 의하여 계약의 선택 여부를 결정할 수 있도록 함을 목적으로 규정한 것인데, 직업안정법 제10조[32]에서도 동일한 취지를 규정하고 있다.

근로기준법 제24조 및 같은 법 시행령 제7조의 규정에 따라 명시할 근로조건을 열거하면 다음과 같다.

1. 명시하여야 할 근로조건의 범위

명시하여야 할 근로조건이라 함은 임금, 근로시간 이외에 취업의 장소와 종사하여야 할 업무에 관한 사항, 근로기준법 제96조에 규정된 사항 및 부속기숙사에 근로자를 기숙하게 하는 경우에는 기숙사규칙에 정한 사항 등을 말한다.

여기서 근로기준법 제96조의 근로조건이라 함은 ① 시업 · 종업의 시각, 휴게시간, 휴일, 휴가와 취업교체에 관한 사항, ② 임금의 결정 · 계산과 지급방법, 임금의 마감, 지급시기와 승급에 관한 사항, ③ 가족수당의 계산과 지급방법에 관한 사항, ④ 퇴직에 관한 사항, ⑤ 퇴직금 · 상여와 최저임금에 관한 사항, ⑥ 근로자의 식비, 작업용품 등 부담에 관한 사항, ⑦ 근로자를 위한 교육시설에 관한 사항, ⑧ 안전과 보건에 관한 사항, ⑨ 업무상과 업무 외의 재해부조에 관한 사항, ⑩ 표창과 제재에 관한 사항, ⑪ 기타 당해 사업의 근로자 전체에 적용될 사항 등을 말한다.

그런데 열거된 근로조건 중에서 "가족수당", "식비 · 작업용품 등의 부담에 관한 사항", "기숙사규정에 관한 사항" 등과 같이 법정 근로조건이 아니거나 법에 규정되어 있다 하더라도 반드시 의무화되어 있지 않은 근로조건에 대하여는 해당 사업장과 관련이 없다면 이를 명시하지 않는다 하더라도 법에 위반된다고 볼 수는 없을 것이다.

---

32) 직업안정법 제10조【근로조건의 명시 등】구인자가 직업안정기관의 장에게 구인신청을 할 때에는 구직자가 취업할 업무의 내용과 근로조건을 명시하여야 하며, 직업안정기관의 장은 이를 구직자에게 명시하여야 한다.

2. 명시의 방법과 취업규칙, 단체협약과의 관계

근로기준법 시행령 제8조는 임금의 구성항목, 계산방법 및 지불방법에 관한 사항은 서면으로 명시하도록 규정하고 있다. 구두로 하는 경우에는 사실상 근로자는 그 사실을 정확하게 인식하기가 어려울 뿐만 아니라 노사간에 분쟁의 원인이 될 우려가 있게 되는 것이므로 되도록 문서 또는 게시의 방법에 의하여 시간적인 여유를 두고 근로자에게 명시하는 것이 바람직하다. 10인 이상의 상시근로자를 사용하는 사업장에 있어서는 취업규칙의 작성의무가 있으므로 근로계약에 명시되지 않은 사항에 관해서는 취업규칙에 명시하는 것으로 충분하다고 해석된다.

3. 명시의 시기

근로조건을 명시할 시기는 근로계약의 체결시이다. 따라서 근로자를 모집하는 과정에 명시하여야 하는 것은 아니지만, 근로계약에 근로조건이 정확히 반영되어야 하기 때문에 늦어도 사실상의 근로계약관계가 성립되는 시기인 것이다.

다만 취업규칙변경 등에 의하여 근로조건의 내용을 변경하는 경우에는 본조에 의한 "근로조건의 명시"는 필요하지 않으나 사실상의 계약의 변경이기 때문에 만약 내용을 근로자에게 불리하게 변경하고자 한다면 근로자의 자유로운 의사에 의한 동의 없이는 변경의 효력을 발휘할 수 없게 된다.

4. 명시의 정도

근로자가 쉽게 이해할 수 있도록 상세하게 구체적으로 명시해야 한다고 해석된다. 예컨대 "취업의 장소와 종사하여야 할 업무"에 대해서는 취업과 동시에 부여받는 장소 및 업무뿐만 아니라, 장차의 배치전환 등 근로조건의 변경이 예상되는 경우에는 그 범위까지도 구체적으로 명시되어야 법의 정신에 합치된다고 할 것이다.

| 위반의 효과 |

사용자가 본조에 위반하여 명시하여야 할 근로조건을 명시하지 않은 경우에는 500만 원 이하의 벌금에 처하게 된다(근로기준법 제115조). 본 조항은 불리한 근로조건하에서 근로를 강요당하는 폐단을 없애기 위한 단속규정이므로 근로계약 자체는 법적으로 유효하게 성립하며, 근로조건을 명시하지 않았다는 사용자의 부작위만이 처벌대상이 될 뿐이다.

| 근로자의 구제 |

사용자가 근로자를 모집할 때, 유리한 조건을 제시하고 실제로는 불리한 근로조건으로 근로를 시키는 폐단을 없애기 위해 근로기준법 제26조는 근로자의 손해배상청구권과 계약즉시해지권, 사용자의 귀향여비지급의무를 규정하고 있다.

> **근로기준법 제26조 【근로조건위반】**
>
> ① 제24조의 규정에 의하여 명시된 근로조건이 사실과 다를 경우에는 근로자는 근로조건 위반을 이유로 손해의 배상을 청구할 수 있으며, 또는 즉시 근로계약을 해제할 수 있다.
> ② 제1항의 규정에 의하여 근로자가 손해배상을 청구한 경우에는 노동위원회에 신청할 수 있으며 근로계약이 해제되었을 경우에는 사용자는 취업을 목적으로 거주를 변경하는 근로자에게 귀향여비를 지급하여야 한다.

1. 손해배상청구권

　명시된 근로조건이 사실과 다른 경우에 근로자는 명시된 근로조건의 이행을 요구할 수 있고(민법 제390조), 법원에 채무불이행으로 인한 손해배상을 청구할 수 있다. 그러나 법원에 제소하는 것은 비용과 시간이 많이 들 수 있으므로 예외적으로 노동위원회에 손해배상청구를 할 수 있는 구제절차를 열어 놓고 있다. 따라서 근로자는 양자를 선택하여 행사할 수 있다.

① 요 건

　노동위원회에 대한 손해배상청구는 근로조건 위반에 관한 모든 손해배상청구에 대하여 허용되는 것은 아니며, 근로계약 체결시에 명시된 근로조건이 취업 후 사실과 다른 경우에만 할 수 있다.

　따라서 근로기준법 제30조 및 제31조에 위반된 부당해고나 노동조합 및 노동관계조정법 제81조에 규정된 부당노동행위 때문에 근로자가 손해를 입었다는 이유로 노동위원회에 손해배상 청구신청을 하였다 하더라도 명시된 근로조건이 취업 후 사실과 다른 경우가 아니라면 노동위원회가 근로기준법 제26조의 조문을 근거로 심리·결정할 권한은 없다. 다만 근로자가 근로기준법 제33조 또는 노동조합 및 노동관계조정법 제82조에 따라 노동위원회에 부당해고 또는 부당노동행위구제신청을 할 수 있음은 물론이다.

② 절 차

　근로자가 근로기준법 제26조 제2항의 규정에 의하여 사용자의 근로조건 위반으로 인한 손해배상을 청구하고자 하는 경우에는 같은 법 시행규칙(노동부령 제115호, 1997. 4. 7. 제정) 별지 제1호 서식의 근로조건 위반 손해배상 청구신청서에 "근로계약서 사본"과 "사용자의 근로조건 위반사실을 입증하는 자료"를 첨부하여 관할 지방노동위원회에 제출하여야 한다.

③ 손해배상판정의 효력

　노동위원회의 손해배상판정에 대해서는 강제집행방법이 보장되어 있지 않으며 사용자가 이행치 않았을 때 벌칙 적용도 없다. 따라서 현실적으로는 실효성이 확보되어 있지 않다고 볼 수 있다. 근로자와 사용자가 명시된 근로조건과 다른지에 대해 다툼이 있을 때 공정하고 권위 있는 제3의 의견을 구하기로 한 경우에 활용될 수 있을 것이다.

근로조건 위반시 손해배상청구

　근로기준법 제23조에 의한 손해배상청구는 명시된 근로조건이 사실과 상위하게 된 경우에 할 수 있다. 신청인은 연간 2호봉이 정기 승급되고, 이에 따라 임금이 인상되므로 해고 이후의 그 인상분과 이에 따른 상여금 및 취업규칙상의 연차휴가수당 등을 피신청인이 지급치 아니하는 것은 명시된 근로조건 위반이라 하여 본건 신청하기에 이르렀으나, 근로기준법 제23조(근로조건의 위반)의 "명시된 근로조건이 사실과 상위가 있을 경우"라 함은 근로계약이 체결된 후 근로자가 취업을 시작한 때, 즉 명시된 근로조건을 신뢰하고 취업을 했으나 사실상의 근로조건이 동 계약에 명시된 바와 다른 것을 알았을 때, 즉 계약초의 근로조건의 상위를 의미한다 할 것이다. 신청인은 1975. 12. 4. 입사하여 근무하던 중 1982. 4. 13. 해고된 바, 동 기간중 임금 등에 대하여 어떠한 이의도 제기한 바가 없었을 뿐만 아니라, 이미 수년이 경과하였으므로 본건 신청은 근로자가 근로계약 당시 명시된 근로조건을 신뢰하고 취업했으나, 동 근로조건이 사실과 다른 것을 알게 되었을 때에만 근로조건의 위반으로 인한 손해배상청구를 할 수 있는 것이라 할 것이고, 또한 해고 무효와 동시에 복직시킬 때까지 1일 금 12,110원의 비율에 의한 금원을 지급하라는 판결이 확정되어, 동 확정판결에 따라 신청인은 현재까지도 1일 12,110원의 비율에 의한 금원을 지급 받고 있을 뿐만 아니라, 동 청구소송 당시에도 본건 청구원인이 존재하였거나 예견할 수 있었다 할 것이므로, 동 판결 당시 당연히 신청인이 이를 청구하여야 하는데도 이를 하지 아니하고, 확정판결 후 수년이 지난 현재 이를 청구하는 것은 일사부재리의 원칙에 위배됨과 아울러 위 해고무효소송에서 예견되는 호봉 승급에 따른 임금 등 제 수당을 청구하지 아니한

2. 근로계약 즉시해제권과 귀향여비

근로자가 취업을 위하여 주거를 옮겼으나 실제 근로조건이 사용자와 체결한 근로조건과 달라 이를 해제하고자 해도 여비가 없어 불리한 근로조건을 감수하고 사실상의 강제노동에 종사할 우려가 있다. 이러한 취지에서 명시된 근로조건이 사실과 다른 경우 근로자는 근로관계를 즉시해제 또는 해지할 수 있으며 그 근로자가 취업을 목적으로 거주를 변경할 때에는 귀향여비를 지급하도록 하고 있다.

근로기준법 제26조 【근로계약 해제권과 귀향여비】

② 제1항의 규정에 의하여 근로자가 손해배상을 청구할 경우에는 노동위원회에 신청할 수 있으며 근로계약이 해제되었을 경우에는 사용자는 취업을 목적으로 거주를 변경하는 근로자에게 귀향여비를 지급하여야 한다.

① 지급요건

근로계약시 근로조건이 사실과 다른 경우 취업을 목적으로 근로자가 거주를 변경하는 경우 귀향여비를 지급할 의무를 진다. 거주는 민법 제18조의 주거뿐 아니라 제19조의 거소까지도 포함되는 것으로 해석된다. 기숙사에 입주한 근로자의 경우나 근로를 위해 거주지를 옮겼다가 원래의 생활근거지로 돌아가는 경우를 예로 들 수 있다.

② 여비의 범위

귀향여비는 교통비, 식비, 숙박이 필요한 경우 숙박비, 가재도구 등의 운송비 등 귀향에 필요한 일체의 경비는 물론 동거의 가족이 거주를 옮기게 되는 경우에는 그 비용까지 포함한다.

③ 청구권 행사기간

근로기준법은 근로자가 계약해제 후 언제까지 귀향여비를 청구할 수 있는지에 대해 밝히지 않고 있다. 근로기준법 제74조「여자 및 연소자의 귀향여비」규정을 준용하여 근로계약 해제 후 14일 이내로 해석하는 것이 타당하다고 본다. 참고로 일본의 노동기준법 제15조는 14일 이내에 귀향하는 경우에 지급의무가 있다고 규정하고 있다.

④ 지급시기

귀향여비도 근로기준법 제36조에 의해 청산되어야 할 금품이다. 따라서 지급사유 발생일로부터 14일 이내에 지급하여야 하며 당사자가 합의한 경우에는 지급사유 발생일로부터 3월 이내에 지급하면 될 것이다. 귀향여비의 성격상 귀향시점에 바로 지급되지 않으면 근로자가 원하지 않는 체류에 의해 식비 · 숙박비 등의 비용이 추가로 발생한다. 따라서 근로자의 청구가 있을 때 바로 지급되어야 하며 바로 지급되지 않아 발생한 추가적 경비는 사용자가 부담하여야 할 것이다.

⑤ 위반의 효과

근로기준법 제26조 제2항 위반에 대해서는 근로기준법에 벌칙이 없다. 그러나 사용자가 근로기준법 제26조 제2항을 위반하여 귀향여비를 지급하지 않았을 경우에는 근로기준법 제36조에 규정된 금품청산위반으로 같은 법 제112조의 벌칙을 받게 됨은 물론 근로자의 사법(私法)적인 청구권이 발생하게 될 것이다.

근로기준법은 근로계약을 체결함에 있어 근로자가 근로계약을 이행치 않을 때 사용자가 손해발생 여부 및 실제 손해액과 관계없이 일정한 손해배상액이나 위약금액을 청구할 수 있도록 미리 정해 둠으로써 근로자가 자유의사에 반하는 강제근로 하는 것을 방지할 목적으로 근로계약을 체결할 때 근로자의 근로계약불이행에 대한 위약금 또는 손해배상액을 예정하는 것을 금지하고 있다.

> **근로기준법 제27조 【위약예정의 금지】**
>
> 사용자는 근로계약 불이행에 대한 위약금 또는 손해배상액을 예정하는 계약을 체결하지 못한다.

이는 당사자의 채무불이행에 대한 손해배상액의 예정 또는 위약금의 약정을 허용하고 있는 민법 제398조에 대한 특별법적인 규정이라고 볼 수 있다. 사용자가 근로자에 대해 위약금 등을 예정하는 것을 금지하는 것이지 그 반대의 경우를 금지하는 것은 아니다.

위약금이란 채무불이행의 경우에 채무자가 채권자에게 일정액을 지불할 것을 미리 약정하는 금액으로서, 계약당사자간의 계약내용에 따라 그 금액과 성질이 결정된다. 근로기준법 제27조에 규정된 위약금의 부담자는 근로자 본인이 될 수도 있고 친권자, 신원보증인 또는 제3자가 될 수도 있다. 본인과 연대채무자 그 누가 부담하든 그 효과는 근로자에게 미치므로 근로기준법 제27조의 위반이 된다.

위약금예정

회사의 취업규칙과 교육훈련규정 및 위탁교육 관리세칙에 의하여 ① 외국에서 새로 도입하는 모의비행장치의 운용에 필요한 정비교육, ② 부조종사로 있다가 F27종의 기장으로 승격하기 위하여 필요한 훈련, ③ 상위 기종의 기장이 되기 위한 기종전환훈련, ④ 수습조종사로부터 부조종사가 되기 위하여 필요한 훈련, ⑤ 회사가 외국에서 도입하는 상위 기종의 부조종사가 되기 위한 기종전환훈련 등의 교육훈련을 각기 외국 등에서 이수했다면 그 대가로 일정의무 재직기간 동안 회사에서 근무해야 할 것인데도 그 기간이 경과하기 전에 퇴직했다면 특단의 사정이 없는 한 회사의 취업규칙과 교육훈련규정 및 위탁교육 관리세칙에 따라 교육훈련비의 일부씩을 회사측에 상환할 책임이 있다. 기업체에서 비용을 부담 지출하여 직원을 해외에 파견하여 위탁교육을 시키고 이를 이수한 직원이 교육수료일자로부터 일정한 의무 재직기간 이상 근무하지 아니할 때에는 기업체가 부담한 해당 교육비용의 전부 또는 일부를 상환하도록 하되 위 의무 재직기간 동안 근무하는 경우에는 이를 면제하기로 한 기업체의 교육훈련규정 및 위탁교육 관리세칙의 규정은 근로기준법 제24조에서 금지된 위약금 또는 손해 배상예정의 약정은 아니라 할 것이고, 또한 위 의무 재직기간은 근로기준법 제21조에서 말하는 근로계약기간이 아니라 교육비용 반환채무의 면제기간을 정한 것으로 봄이 상당하므로 위 규정 등이 같은 법 제21조, 제24조에 위배된다고 할 수 없는 것으로써 이는 기업체의 규정 등이 근로기준법 제6조가 금지하는 사용자가 정신 또는 신체상의 자유를 부당하게 구속하는 수단으로써 근로자의 자유의사에 반하는 근로를 강요하는

| 손해배상액예정 금지 |

손해배상액의 예정이라 함은 채무를 이행하지 않았을 때 배상하여야 할 손해액
을 실제 손해와 관계없이 미리 정하는 것을 말한다. 이러한 계약을 체결하는 목적
은 손해가 발생하였을 때 손해의 정확한 입증과 손해액의 산정절차를 생략하고자
하는 데 있다. 위약금예정은 성격상 채무불이행의 경우에만 해당되나 손해배상은
채무불이행뿐 아니라 불법행위의 경우에도 발생할 수 있는데 불법행위로 인한 손
해배상액의 예정도 금지된다고 해석된다.

손해배상의 약정

실근무 1년 이내에 퇴사하는 경우에 장학금의 60%를 손해배상으로 배상하여야 한다
는 약정은 위약금 예정에 해당되어 근로기준법 제24조에 저촉된다.
[요 지] 근로기준법 제24조는 "사용자는 근로계약 불이행에 대한 위약금 또는 손해배
상액을 예정하는 계약을 체결하지 못한다"라고 규정하고 있으므로 이 사건 계약조항
중 피고가 원고 회사에의 입사를 포기할 때 또는 입사 후 실근무 5년 이내에 퇴사할
때 지급된 장학금 전액을 반환하여야 한다는 부분은 마치 원고가 위 피고에 연구비
를 대여해 주었다가 5년 근속하면 상환을 면제해 주되 5년 안에 퇴사하면 면제하지
않겠다는 취지로 약정한 경우와 같으므로 이 조항부분은 근로기준법 제24조에 저촉

| 금지의 범위 |

1. 현실적인 손해배상청구

위약금예정 금지는 근로자가 근무도중에 사용자에게 피해를 입힐 것에 대비하여 실제 발생된 손해액과는 관계없이 일정액을 미리 정하여 근로자에게 배상하게 하는 근로계약을 체결하거나 이 배상액을 사용자가 일방적으로 임금 또는 퇴직금과 상계하는 것을 금지하고자 하는 것이다. 따라서 근로자의 불법행위 등으로 사용자에게 손해가 발생하였을 때 사용자가 근로자에게 이에 대한 손해배상을 실제로 청구하거나 할 수 있도록 단체협약·취업규칙 등에 정하는 것은 가능하며 이를 금지하는 것은 본조의 취지는 아니다.[33]

2. 결근시 임금삭감 및 징계

지각·조퇴·무단결근 등이 있는 경우에 그 시간에 대한 임금을 삭감하도록 정하거나 근로기준법 제98조(제재규정의 제한) 범위 안에서 징계의 수단으로 임금을 삭감하는 것은 근로기준법 제27조에 위배된다고 볼 수 없다.

---

33) 1993. 6. 4., 근기 01254-1160.

3. 근로계약 유지기간중의 손해배상 예정

손해배상의 예정이 금지되는 것은 근로계약 유지기간 중에 한한다. 퇴직 후의 손해배상을 예정하는 것은 강제근로의 금지조항 위반과 민법상 배상의 이행문제는 별론으로 하고 근로기준법 제27조 위반의 문제와는 관련이 없다.[34]

| 구체적인 예 |

1. 위탁수금원의 보증금

위탁수금원을 채용할 때 위약금 또는 손해배상금을 예정할 목적으로 보증금을 받는 경우에는 근로기준법 제27조에 위반된다(노정근 1455. 5-1275).

2. 음식값 미수금 대신 지불약정

음식점에서 근로하는 근로자가 퇴직할 때 손님의 음식값 미수금을 근로자가 대신 지불한다는 취지의 약정은 무효이다.

3. 부정행위 해당 금품 공개

사용자가 근로계약을 체결할 때 근로자로부터 "부정수입행위를 하다 적발되면 임금 및 퇴직금을 지급하지 않겠다."는 각서를 받은 경우, 근로자의 부정행위가 해고 등 징계요건이 되는 것은 별론으로 하고 임금 및 퇴직금 등의 금품을 지급하지 아니한다고 한 약정은 근로기준법 제27조 위반으로 볼 수 있다.

---

34) 1992. 10. 17., 근기 01254-1732.

4. 퇴직예고 미이행을 이유로 한 임금삭감

근로자가 퇴직 전에 사전예고를 하지 않았다고 하여 임금, 퇴직금 및 법정수당 지급을 일정기간 동안 유예하거나 지급하지 아니하는 것은 근로기준법 제27조 위반이다.

5. 택시기사의 사고로 인한 손해배상약정

사용자는 근로자에게 대하여 근로계약 불이행에 대한 손해배상액을 예정하는 계약을 체결하여서는 안 된다. 다만 근무중 사고로 사용자가 피해를 입은 경우 사용자는 근로자에 대하여 민법에 의한 현실적인 손해배상청구는 할 수 있다.

6. 조건부 상여금지급계약

상여금은 그 성격이 업무성과, 업무성적과 관련이 있는 것으로 지급조건, 지급수준 등은 당사자가 정하게 된다. 그러므로 상여금제도를 설정함에 있어 출근성적에 따라 지급액이 달라지도록 하더라도 이를 무효라고 할 수 없다. 따라서 결근에 대해 일정액을 공제하고 상여금을 지급하도록 하는 약정은 위법이 아니다. 다만 출근성적 등이 상여금 지급조건으로 미리 정해지지 않은 상태에서 징계의 수단으로 결근시 상여금을 삭감하였다면 이는 근로기준법 제98조에서 정한 범위 이내여야 할 것이다.

7. 장학금의 지급과 위약예정

장학금 수령 후 일정기간 근무하지 않으면 퇴직금 등과 장학금 상당액을 상쇄한다는 계약은 근로기준법 제27조에 위반된다. 다만 임금상쇄와 관련이 없는 상태에서 장학금 수령조건을 이행하지 않는데 대한 경비반환 문제는 민법의 원리에 따라 판단되어야 한다.

8. 군 제대 후 일정기간 이전 퇴직시 임금환수계약

병역법 제64조에 따르면 같은 법에 의해 입영하는 경우 사용자는 해당 근로자에 대해 휴직하게 하고 군복무를 마친 때는 복직시켜야 하며, 휴직기간을 승진에 있어 실제근무기간으로 산정하여야 하고 채용 및 승진에 있어 징집 또는 소집될 것 또는 되었던 것을 이유로 불리한 처우를 할 수 없다. 그러나 이 조항이 군복무를 위해 휴 직한 기간 동안 근로자에게 임금을 지급하여야 할 사용자의 법적 의무까지를 규정 한 것은 아니다. 다만 군복무기간 동안 임금의 전부 또는 일부를 지급하기로 당사 자가 정하는 것은 무방하다. 그러나 이 경우 제대 후 일정기간 동안 근무하지 않으 면 지급된 임금을 환수한다는 계약은 근로기준법 제27조에 위반이 될 수 있으며, 같은 법 제6조에서 규정한 강제근로금지 정신에도 반한다.

9. 해외연수와 위약예정

해외연수와 관련하여 일정기간 동안의 근무의무연한을 정하여 그 전에 퇴직한 경우 임금과 퇴직금 등을 환수한다는 약정은 근로기준법 제27조에 위반된다. 그러 나 임금환수 등과 관계없이 외국출장연수의 경비반환의무 면제조건으로 의무근무 기간을 정하는 약정 자체는 민법의 원리에 따라 판단하게 된다.

즉 해외에 파견된 근로자가 귀국일로부터 일정기간 근무하지 않을 때에는 파견 에 소요된 경비, 기타 손해를 배상한다는 규정은 근로자가 약정기간을 근무하지 않 고 퇴직하면 실제로 소요된 비용을 반환하되 일정기간 근무하는 경우에는 이를 면 제한다는 약정으로 보아야 한다. 따라서 이는 근로기준법 제27조에서 금지된 위약 금 또는 손해배상예정의 약정은 아니며·의무적 근무기간은 근로기준법 제23조에서 말하는 근로계약기간이 아니라 경비반환채무의 면제기간을 정한 것으로 보아야 하고, 본인에게 해외연수에 대한 선택의 자유가 주어져 있는 한 민법 제103조 또는 제104조에 위반한다고 할 수 없다.

또한 관련 법령에 규정을 두어 정부예산으로 해외에 파견된 사람이 의무기간을 지키지 않은 경우에는 경비환급조치를 명할 수 있고 이러한 경비환급조치는 단순한 사법상의 청구가 아니라 공법상의 법률행위로서 행정처분으로 해석된다.[35]

| 신원보증계약과 위약예정금지 |

근로관계에 있어 신원보증계약이라 함은 근로자가 근로중에 고의·과실 또는 채무불이행으로 인하여 사용자에게 배상을 해야 할 경우에 대비하여, 사용자가 신원보증인과 단독 또는 신원보증인과 근로자를 연대채무자로 하여 체결하는 계약을 말한다. 근로계약이 갱신되는 경우 신원보증계약도 자동으로 갱신되는 것이 아니며 새로운 합의가 필요하다.

신원보증법 제1조 【목적과 정의】

① 본법은 신원보증관계를 적절히 규율하는 것을 목적으로 한다.
② 본법에서의 신원보증계약이라 함은 인수, 보증, 기타 명칭의 여하를 불문하고 피용자의 행위로 인하여 사용자가 받은 손해를 배상하는 것을 약정하는 계약을 말한다.

---

35) 1976. 2. 10., 대법원 74누265.

1. 위약예정금지와의 관계

근로기준법 제27조의 "위약예정금지"는 사용자가 근로자와의 사이에서 근로계약 불이행에 대한 위약금 또는 손해배상액을 예정하는 계약을 체결하는 것을 금지하는데 그치므로 근로자에 대한 신원보증계약 자체를 금지시키는 것은 아니다.

다만 이러한 신원보증계약이 위약금이나 손해배상액을 미리 예정하는 형식을 취하면 법 위반이 될 수도 있으므로 현실적으로 발생한 손해를 대상으로 하는 등 적법하게 운영되어야 한다.

| 위반의 효과 |

위약예정의 계약을 체결한 것만으로도 근로기준법 제27조 위반이 되며 500만 원 이하의 벌금에 처한다(근로기준법 제115조).

동 조에 위반하여 위약금 또는 손해배상을 예정하는 계약은 무효이며 사용자가 실제로 손해를 입은 경우에는 그 사실을 입증하여 그 한도 내에서만 민법에 의해 손해배상의 청구가 가능하다.

3 전차금 상쇄 금지

근로기준법은 근로자의 신분이 부당하게 오랫동안 구속되고, 근로자로 하여금 불리한 근로조건을 감수하게 하는 것을 방지하기 위해 전차금(前借金) 또는 전대채권(前貸債權)과 임금을 상쇄하지 못하도록 하고 있다.

> 근로기준법 제28조 【전차금 상쇄의 금지】
>
> 사용자는 전차금, 기타 근로할 것을 조건으로 하는 전대채권과 임금을 상쇄하지 못한다.

| 전차금과 전대채권 |

전차금이라 함은 근로자가 근로계약을 체결할 때 또는 그 후 근로를 제공할 것을 조건으로 하여 사용자로부터 빌려 앞으로의 임금으로 갚을 것을 약속한 금전을 말한다. "근로할 것을 조건으로 하는 전대채권"이란 전차금 외에 전차금에 추가해서 근로자 또는 그 친권자 등에게 지급되는 금전으로서 전차금과 동일한 목적을 가지는 것이다.

| 상계금지의 범위 및 한계 |

근로자가 갑자기 필요한 경비를 사용자로부터의 전차금 등에 의해 충당하는 것 자체를 금지하는 것은 아니며 임금과 상쇄하는 것이 금지되는 것이다. 상쇄 또는 상계라 함은 채권자와 채무자가 서로 같은 종류의 채권을 갖는 경우 청구·집행·이행에 따르는 불편을 해소하기 위하여 대등한 금액 범위 안에서 서로 소멸케 하는 것이다.

따라서 이는 근로자에게도 그 필요성이 인정될 경우가 있다. 따라서 모든 전차금 상쇄를 근로기준법 제28조 위반이라고 할 것이 아니며 대여의 원인, 금액, 금리의 유무 등을 종합하여 신분적인 구속이 되는 강제노동의 위험이 있는지를 기준으로 법 위반 여부를 판단한다.

사용자가 기능검정시험비용을 지불하고 근로자가 약정기간 내에 퇴직할 때는 위 금액을 변제하며, 그 기간이 지난 후에는 이것을 면제한다는 특약이 ① 그 비용계산이 합리적인 실비일 것, ② 그 금액이 사용자의 대여금이라고 해석될 것, ③ 그 금액을 반환함으로써 언제라도 퇴직이 가능할 것, ④ 위 반환에 관한 약정이 부당하게 고용관계의 계속을 강제하지 않을 것 등의 내용을 갖는 경우에는 상계금지조항에 저촉되지 않는다.

| 구체적 사례 |

1. 회사에 대한 근로자의 채무액과 임금상계

근로기준법에 임금은 근로자에게 통화로 직접 그 전액을 지급하도록 규정되어 있고 또한 임금에 대하여는 전차금과 상쇄하지 못하도록 규정되어 있으므로 회사가 채무액을 근로자의 임금에서 공제하도록 규정한 단체협약은 그 부분이 무효가 됨이 원칙이다. 그러나 단체협약의 정함에 따라 복지차원에서 회사자금으로 주택자금융자 등을 받고 임금에서 갚아나가는 것은 근로할 것을 조건으로 하는 등 신체구속의 위험이 없는 한 이를 금지하는 전차금상계로 보기 어렵다.

2. 가 불

임금을 지급일 전에 지급하는 가불(假拂)에 대한 임금상계는 근로자의 편의를 위한 것으로 전차금 상계금지 조항에 위반되지 않는다.

3. 국외취업자의 조기 귀국시 항공료 징수

근로자의 귀책사유로 인하여 근로자가 항공료를 부담하게 되었을 경우에 사용자가 동 항공료 금액만큼 근로자의 임금에서 공제하는 것은 원칙적으로 근로기준법 제42조에 위배되나, 해외근로의 특수성으로 인해 근로자가 항공료를 조달할 방법이 없어 본인의 희망에 따라 항공료를 앞으로 지급될 임금에서 공제하도록 합의하였다면 이는 당사자간의 민법상 채권채무청산에 관한 방법을 약정한 것으로 볼 수 있어 공제가 가능하다.[36]

4. 택시사납금 미달액 임금공제

택시사납금제도는 임금결정방식의 하나로 사전에 금전대차관계가 없으므로 사납금 미달액에 대해 정액임금에서 그 만큼 공제하더라도 이를 전차금 상쇄 금지조항에 위반되지 않는다고 해석된다.

---

36) 1987. 2. 5., 해지 01254-1790.

전차금 상쇄 금지조항을 위반하면 500만 원 이하의 벌금에 처해진다(근로기준법 제115조). 본조항 위반계약 또는 의사표시는 사법(私法)상 무효이며, 근로기준법 제42조 규정에 의하여 임금전액이 지급되어야 한다. 전차금제도에 의하여 이를 변제할 때까지 근로를 강제하고 근로자가 퇴직의 의사표시를 하였음에도 전차금을 반환하라고 위협함으로써 사실상 근로를 강제하는 경우에는 근로기준법 제6조의 강제근로금지 위반이다.

강제저축과 저축금 관리

사용자가 근로자로 하여금 그의 임금의 일정액을 강제로 저축하게 하고 그 반환을 어렵게 함으로써 근로자를 사업장에 구속시키는 결과를 가져오거나 저축금을 기업의 경영자금으로 이용, 반환이 어렵게 되어 체불임금이 발생하는 것을 방지하기 위해 근로기준법에 강제저축을 금지하고 있으며 저축금을 관리할 때에는 노동부장관의 인가를 받도록 규정하고 있다.

근로기준법 제29조【강제저금 금지】

① 사용자는 근로계약에 부수하여 강제저축 또는 저축금의 관리를 규정하는 계약을 체결하지 못한다.
② 사용자가 근로자의 위탁으로 근로자의 저축금을 관리하게 될 경우에는 보관과 반환방법을 정하여 노동부장관의 인가를 받아야 한다.

| 금지의 범위 |

위 법조문에서 근로계약에 부수한다는 것은 근로계약의 체결 또는 존속의 조건을 말한다. 근로계약에 명문으로 약정한 경우는 물론이고 취업조건으로 저축계약을 하지 않으면 고용하지 않는다는 것이 객관적으로 인정되는 경우도 포함된다.

어디에 저축을 하느냐에 관하여는 사용자 자신이 근로자와 계약하는 것은 물론 제3자, 즉 은행·우체국·공제조합 등과의 저축계약도 모두 포함된다. 다만 근로자가 자발적으로 저축할 의사가 있는 경우에 사용자가 자기 거래은행에 저축하도록 권유하는 것은 법 위반이 아니다.

　아울러 사용자 자신이 직접 근로자의 예금을 받아 스스로 관리하는 "사내예금"은 물론 사용자가 근로자의 예금을 받아 다시 개개 근로자의 명의로 은행, 기타 금융기관에 예금하면서 그 통장과 인감을 보관하는 경우와 예금의 인출을 금지·제한하는 경우도 포함된다.

| 근로자의 위탁에 의한 저축금 관리 |

　근로계약에 부수하지 않고 근로자의 자유의사에 의한 저축금을 위탁받아 관리하는 계약을 금지할 이유가 없다. 다만 이러한 경우라고 하더라도 그대로 방치하여 둔다면 사실상 강제저금으로 작용할 우려가 있기 때문에, 사용자로 하여금 저축금의 보관과 반환방법을 정하여 노동부장관의 인가를 받도록 하고 있다.

1. 인가절차

　근로기준법 제29조 제2항의 규정에 의하여 저축금관리의 인가를 받고자 하는 사용자는 같은 법 시행규칙 별지 제2호 서식의 저축금관리 인가신청서를 관할 지방노동관서의 장에게 제출하여야 한다. 지방노동관서의 장은 사용자의 신청에 대하여 인가를 할 경우 같은 법 시행규칙 제3호 서식의 저축금관리 인가서를 교부한다.

2. 인가요건

저축금관리 인가의 대상이 되는 저축은 다음의 요건을 갖추어야 한다.

① 근로자가 관리를 위탁한 것일 것
② 관리를 위탁한 근로자 개개인의 명의로 예치한 것일 것
③ 체신관서 또는 은행업, 기타 금융 관련 법령에 의하여 설립된 금융기관에 예치한 것일 것
④ 예치기관, 예금의 종류 및 기간을 근로자가 자유로이 결정할 수 있는 것일 것
⑤ 저축금 반환을 요구할 때에는 즉시 반환 받을 수 있는 것일 것

위에 명시한 요건 중 ⑤와 관련하여 사용자가 장기적금, 장기예금 등의 형식으로 저축금을 관리할 경우 근로자의 요구에 따라 이를 해약하게 되면 약정이자의 일부를 근로자가 손해보더라도 이를 사용자의 책임으로 볼 수는 없을 것이다.

| 구체적인 예 |

1. 특별법에 의한 저축금 강제관리

강행적인 효력을 가진 법률에 의한 저축인 경우에는 동 법이 근로기준법의 특별법으로 작용하므로 그 범위 안에서 강제저축이 가능하나 관련 법의 이름으로 소정 범위를 넘는 부분의 저축금을 관리할 경우 근로기준법 제29조 위반이 된다.

2. 비강제적인 저축관련법

「저축증대와 근로자 재산형성 지원에 관한 법률」처럼 저축을 강제하는 법이 아니라면 이 법을 이유로 강제저축을 강요하는 것은 인정되지 않는다. 따라서 사용자가 근로자의 위탁에 따라 「저축증대와 근로자 재산형성 지원에 관한 법률」에 의한 재산형성저축을 관리하고자 하여도 근로기준법 제29조 제2항에 의거 저축금의 보관과 반환방법을 정하여 노동부장관의 인가를 받아야 한다.

▎위반의 효과 ▎

근로기준법 제29조 제1항에 위반하여 강제저축 또는 저축금의 관리를 규정하는 것은 같은 법 제113조 벌칙에 따라 1,000만 원 이하의 벌금에 처해질 수 있으며, 제2항에 위반하여 저축금의 보관과 반환방법을 규정하지 않고 저축금을 관리할 경우에는 같은 법 제115조의 벌칙규정에 따라 500만 원 이하의 벌금에 처해질 수 있다. 근로자의 위탁 없이 저축금을 관리하게 된 경우, 즉시 저축금액 및 이자를 근로자에게 반납하여야 하며 위탁에 의해 관리하더라도 보관 및 반환방법이 정해져 있지 않다면 이를 무효로서 근로자 요구가 있으면 언제든지 저축금액 및 이자를 반환하여야 한다.

중간착취의 금지

중간착취란 취업과정이나 취업기간에 노사의 중간에 개입하여 이익을 얻는 것을 말한다. 근로기준법은 타인의 취업을 소개 또는 알선하여 주는 조건으로 소개료, 수수료 등의 이익을 취하거나 취업 후에 중개인, 작업반장, 감독자 등이 그 지위를 이용하여 근로자의 임금의 일부를 착취하는 것을 금지하고 있다.

> 근로기준법 제8조 【중간착취의 배제】
>
> 누구든지 법률에 의하지 아니하고는 영리로 타인의 취업에 개입하거나 중간인으로서 이익을 취득하지 못한다.

| 중간착취의 판단기준 |

1. 대 상

중간착취의 행위주체가 누구든지 배제대상이 된다. 즉 제3자, 개인, 단체, 공무원, 사용자 등 모두가 포함된다. 법인이 업으로 타인의 취업에 개입하여 이익을 취하였으면 당해 법인을 위해 실제로 개입행위를 한 종업원이 처벌됨은 물론 법인 자체도 근로기준법 제115조에 의해 벌금형이 처해진다.

다만 다음과 같이 법률에 근거를 둔 경우는 예외로 한다.

① **직업소개사업**

직업안정법 제18조의 규정에 따라 시·도지사의 허가를 받거나 권한을 인정받은 무료직업소개사업과 같은 법 제19조의 규정에 따라 노동부장관의 허가를 받은 유료직업소개사업은 근로기준법 제8조 적용이 배제된다.

② **적법한 근로자 공급사업**

근로자 공급사업은 노동부장관의 허가를 받지 않고는 할 수 없다. 근로자공급사업을 할 수 있도록 노동부장관이 허가할 수 있는 자는 국내 근로자 공급사업인 경우에는 노동조합 및 노동관계조정법에 의한 노동조합뿐이며, 국외 근로자 공급사업의 경우에는 국내에서 제조업·건설업·용역업·기타 서비스업을 행하고 있는 자이다(직업안정법 시행령 제33조). 적법하게 근로자 공급사업을 행하는 경우에는 이를 근로기준법 제8조 위반으로 볼 수는 없다.

2. 영리목적

근로기준법 제8조는 중개행위를 반복하여 영업으로 이를 행하는 것을 금지하려는데 목적이 있으므로 영리를 목적으로 하는 한 주업, 부업을 따지지 않으며 우연적이고 1회적인 것은 이 법 위반으로 볼 수 없는 것이 원칙이나 1회의 행위라 하더라도 반복, 계속의 의사가 있는 것으로 인정되면 법 위반이 될 것이다.

3. 타인의 취업에 개입

타인의 취업에 개입하는 것은 민법상의 고용계약에 한하지 않고 넓은 의미로 근로관계에 제3자가 어떤 인과관계를 가지고 관여하는 것을 말한다.

4. 이익의 취득

이익이라 함은 보상금, 수수료, 소개료, 중개료 보수, 기타 금품 등 명칭을 묻지 않으며 유형, 무형 모두를 포함한다.

중간착취의 배제

근로기준법 제8조에 의하면 누구든지 법률에 의하지 아니하고는 영리로 타인의 취업에 개입하거나 중간인으로서 이득을 취득하지 못한다고 규정함으로써 근로자의 취직 시 또는 취직 후에 사용자와 근로자의 중간에 개입하여 중간착취 하는 것을 금하는 것이다. 그리고 타인의 취업에 개입한다는 것은 근로기준법이 적용되는 근로관계의 개시 및 존속 등에 관하여 알선 또는 소개하는 것을 의미하며 근로조건의 변경 등의 실시에 관하여 사용자와 근로자의 사이에 개입하여 이익을 취하는 것도 이에 해당한다고 보아야 할 것이다. 본건의 경우, 당해 근로자와 소속 사업장간에 사용종속관계에 있을 뿐만 아니라 고정급료를 정기적으로 지급 받은 경우로서 본조의 중간착취의 구성요건에 해당한다고 할 수는 없는 것이다.

(1976. 9. 26., 법무 811-12329)

| 구체적인 사례 |

1. 중간착취에 해당하는 예

① 급료 일괄수령과 일정이득 취득

사용자와의 사이에 도급관계 없이 단순한 고용관계만을 맺고 있는 자가 급료를 일괄하여 수령하고 그로부터 일정한 이득을 취득한다면 중간착취에 해당한다.

② 덕대계약 하청인의 중간이득

광업권자와 수급인 사이의 이른바 덕대계약은 법률상 무효이므로 근로계약관계
는 처음부터 광업권자와 근로자간에 발생한 것으로 취급되어야 하며 수급인이 광
업권자와 근로자 사이에 개입하여 중간이익을 취득하였다면 근로기준법 제8조가
적용될 수 있다.

2. 중간착취에 해당하지 않는 예

노조전임자에 대한 보수를 노동조합 임원이 일괄분배하는 경우 그들이 사용자와
갖는 관계를 당사자로서 근로관계의 연장으로 보아야 하며 이를 중간착취라 할 수
는 없다.

| 근로자파견, 도급 등 근로자공급과 중간착취 |

1. 개념 구분

① 근로자공급사업

직업안정법 제4조 제7호에 따르면 근로자공급사업이라 함은 공급계약에 의하여
근로자를 타인에게 사용하게 하는 사업을 말한다. 그러나 좁은 의미에서의 공급사
업은 공급사업주가 근로자와 근로계약이나 고용계약관계를 맺지 않은 상태에서 사
실상의 지배관계만 있으며 사용사업주는 근로자에 대해 고용계약 및 지휘 · 명령
관계를 맺고 공급사업주와 사용사업주는 그러한 근로자를 공급하는 계약을 맺는
관계를 말한다.

② **도급 · 청부 · 업무 위탁**

도급 · 청부 · 업무 위탁 등은 운영형태에 따라 그 내용이 복잡하지만 일반적으로 도급업자와 근로자 사이에 고용관계를 맺고 지휘 · 명령 관계가 성립하지 않은 상태에서 도급업자와 주문업자간에 업무 위임 · 위탁 계약을 맺는 것을 일컫는다.

③ **근로자파견**

근로자파견은 파견사업주가 파견근로자 사이에 고용계약을 맺고 사용사업주와 근로 사이에 지휘 · 명령 관계가 성립하며 주문업자와 근로자 사이에는 고용관계나 지휘 · 명령 관계가 성립하는 상황에서 파견사업주와 사용사업주 사이에 근로자파견계약이 성립되어 있는 것을 말한다.

2. 중간착취와의 관계

순수한 도급 · 청부 · 업무위탁 등은 근로기준법 제8조 위반의 문제가 발생하지 않으며 위법한 근로자공급사업은 원칙적으로 근로기준법 제8조 위반이 될 것이다.

제6장 임금지급과 임금관리

1 | 임금지급의 4원칙

| 의 의 |

근로자의 생활의 원천인 임금은 근로의 대가이므로 근로제공이 있는 경우 임금을 지급해야 한다. 근로기준법 제42조는 임금지급에 관한 네 가지 원칙을 규정하고 있는데, 이는 다음과 같다.

① 직접불의 원칙 : 근로자에게 직접 지급
② 전액불의 원칙 : 전액을 지급
③ 통화불의 원칙 : 통화로 지급
④ 정기불의 원칙 { 매월 지급 / 일정한 기일을 정하여 지급

단, 근로계약이 유지되고 있다 하더라도 결근기간, 개인적 사유로 휴직한 기간, 공공의 직무수행을 위한 기간, 쟁의기간, 군복무기간, 특례보충역 군사교육기간 등과 같이 근로를 제공하지 않은 기간에 대하여는 법령·취업규칙 등에 특별히 정함이 없다면 사용자의 임금지급의무는 발생하지 않는다.

> **근로기준법 제42조 【임금지급】**
>
> ① 임금은 통화로 직접 근로자에게 그 전액을 지급해야 한다. 다만 법령 또는 단체협약에 특별한 규정이 있는 경우에는 임금의 일부를 공제하거나 또는 통화 이외의 것으

로 지급할 수 있다.

② 임금은 매월 1회 이상 일정한 기일을 정하여 지급해야 한다. 다만 임시로 지급하는 임금, 수당, 기타 이에 준하는 것 또는 대통령령이 정하는 임금에 대하여는 그러하지 아니하다.

근로기준법 시행령 제18조 【임시로 지급하는 임금·수당의 범위】

법 제42조 제2항 단서에서 "임시로 지급하는 임금"이라 함은 다음 각 호의 것을 말한다.

1. 1개월을 초과하는 기간의 출근성적에 의하여 지급되는 정근수당
2. 1개월을 초과하는 일정기간의 계속 근무에 대하여 지급되는 근속수당
3. 1개월을 초과하는 기간에 걸친 사유에 의하여 산정되는 장려금·능률수당 또는 상여금
4. 기타 부정기적으로 지급되는 모든 수당

| 직접불의 원칙 |

1. 일반원칙

임금은 반드시 본인에게 지급되어야 한다. 임금 직접불의 원칙은 임금이 확실히 본인의 수중에 들어가게 하여 근로자의 생활을 보호하고자 하는데 그 취지가 있다. 직접불의 원칙은 통화불의 원칙이나 전액불의 원칙처럼 법령 또는 단체협약에 의한 예외를 인정하지 않고 있다.

2. 구체적 사례

① 은행구좌에 입금하는 행위

근로자의 희망에 의하여 지정된 은행의 요구불 예금구좌에 입금하는 것은 본인에게 직접 지급하는 것과 같은 효과를 갖는다.[37] 즉 근로자의 의사에 따라 근로자가 지정하는 본인 명의의 예·적금구좌에 불입된 임금전액을 소정의 임금지급일에 지급할 수 있는 상황이라면 은행구좌에 입금하는 것이 가능한 것이다.

다만 임금지급일에 근로자에게 지불계산서를 지급해야 하며, 노동조합이 있을 경우에는 노동조합 대표자와의 협정체결이 필요하다.

② 노동조합에 지급하는 행위

임금은 임금채권자인 개개 근로자에게 직접 지급하여야 한다.[38] 따라서 노동조합이라도 근로자의 임금을 수령할 수 있는 권리는 없다.

③ 위임과 대리행위

근로자의 친권자 또는 기타 법정대리인에게 지불하는 것, 근로자의 위임을 받은 임의대리인에게 지불하는 것 역시 근로기준법 제42조 제1항을 위반하는 것으로 근로자가 제3자에게 임금수령권한을 행사하게 하는 위임·대리 등의 법률행위는 무효가 된다.[39]

④ 사자에게 지급하는 행위

근로자가 병에 걸리거나 불가피한 사정이 있어 처자가 인감을 가지고 임금을 수령하는 것과 같이 사자(使者)에게 임금을 지급하는 것은 직접불의 원칙에 위배되지

---

37) 1985. 10. 7., 근기 01254-18305.
38) 1969. 6. 11., 기준 1455.9-6482.
39) 같은 취지 ; 1988. 3. 14., 일본노동성 기발 제1509호.

않는다.[40] 여기서 사자란 단순히 본인의 심부름꾼으로서 위에서 설명한 대리인과는 다른 개념이다.

사자가 임금을 대신 수령하기 위해서는 근로자 본인이 직접 임금을 수령할 수 없는 불가피한 사유가 있어야 하며, 사회통념상 동료나 채권자는 사자로서의 역할을 할 수 없는 것이 일반적이다. 아울러 노동조합이라 하더라도 그 조합원인 근로자의 사용자에 대한 임금청구권이 인정될 수 없으며, 이들에 대한 임금지불은 임금 직접불의 원칙에 어긋날 수 있다.

⑤ 선원법 적용자에 대한 예외

선원법 제48조 제2항은 "선박소유자는 선원의 청구가 있거나 법령 또는 단체협약에 특별한 규정이 있는 경우에는 임금의 전부 또는 일부를 그가 지정하는 가족 또는 그 밖의 자에게 통화로 지급하거나 금융기관에의 예금 등의 방법으로 지급하여야 한다."고 규정하고 있다.

⑥ 임금채권의 양도 및 압류처분

직접불의 원칙과 관련하여 문제가 되는 것은 임금채권을 양도하는 경우인데, 양수인이 직접 사용자로부터 임금을 지급 받을 수 있다고 한다면 임금의 대리수령도 금지할 근거가 없으며 본조의 직접불의 원칙은 아무런 의미가 없게 된다. 따라서 본조의 입법취지로 본다면 임금채권이 양도되는 경우에도 임금은 직접 근로자에게 지급되어야 한다.[41] 그러나 민사소송법에 의거, 임금총액의 1/2 범위 내에서는 압류가 가능한 바,[42] 임금채권의 압류 또는 행정관청이 국세징수법에 의하여 임금을 압류처분한 경우에 사용자가 이를 일괄공제하여 납부하는 것은 인정된다.[43]

---

40) 1988. 3. 14., 기발 제150호.
41) 1988. 12. 13., 대법원 87다카2803.
42) 민사소송법 제579조 제4호 "임금총액의 1/2을 초과하는 금액은 압류할 수 없다."
43) 1987. 3. 31., 근기 01254-5205.

⑦ 근로자의 주거불명

근로기준법은 임금의 지불장소에 대하여는 특별한 규정을 두지 않고 있다. 다만 민법 제467조 제2항에 "채권자의 현 주소에 해야 한다."고 규정되어 있으므로 이를 준용하면 될 것이다. 즉 기본적으로는 근로자의 현 주소에 임금을 지불하는 것이 원칙이라는 것이다. 그러나 오늘날 기업사회 일반의 노사간 인식과 실정으로 보아 특별한 합의가 없는 한 노무제공의 장소, 즉 근무장소에서 임금을 지불하는 것이 근로계약의 내용이라고 보아도 무방할 것이다.

특히 근로자의 행방불명 등으로 근로자의 주거가 명확하지 않아 임금채권의 변제가 어려울 때에는 해당 임금을 지불할 준비를 갖추고 그 수령을 최고하면 될 것이다.[44] 그러나 구좌불입의 방법으로 임금을 지불하고 있었던 경우 설사 행방불명이나 주거불명일지라도 종전의 구좌불입을 중지하는 것은 문제가 될 수 있다.

⑧ 미성년자의 친권자에 대한 임금지급

우선 민법에 따르면 20세 미만의 미성년자는 친권자 또는 후견인의 동의를 얻으면 근로계약을 체결할 수 있고, 친권자나 후견인은 미성년자에 갈음하여 근로계약을 체결할 수 있는 것으로 규정하고 있다. 그러나 근로기준법은 미성년자의 근로계약에 관해 ⓐ 친권자 또는 후견인은 미성년자의 근로계약을 대리할 수 없고, ⓑ 친권자 · 후견인 또는 노동부장관은 근로계약이 미성년자에게 불리하다고 인정되는 경우 향후 이를 해지할 수 있으며, 나아가 미성년자는 독자적으로 임금을 청구할 수 있다고 규정하고 있다.

따라서 친권자라 하더라도 미성년자를 대신하여 임금을 수령할 수 없으며 임금은 미성년인 근로자에게 직접 지급되어야 하는 것이다. 미성년자가 친권자에게 지불을 위임하는 경우도 마찬가지로 위법이 된다.

---

44) 1969. 6. 11., 기준 1455.9-6482.

| 전액불의 원칙 |

1. 일반원칙

임금 전액불의 원칙은 임금 전액이 근로자에게 지급되어야 하며, 법령 또는 단체협약에 특별한 규정이 없는 한 일방적으로 공제할 수 없다는 원칙이다.

이는 전차금(前借金)·위약금과의 상계 또는 저축강제를 금지하고 나아가 근로자 인신구속의 폐단을 없애며, 구매조합 또는 공제조합 등에 대한 근로자의 채무를 사용자가 공제함으로써 근로자가 생활의 위협을 받게 되는 것을 방지하고자 하는 취지를 가지고 있다.

2. 예 외

법령 또는 단체협약에 특별한 규정이 있는 경우에는 임금의 일부를 공제할 수 있다.

* _법령에 의한 공제 인정_ : 갑종근로소득세, 국민저축금, 고용보험료, 국민연금료, 의료보험료, 기능습득자에 대한 거주비와 취사비 등
* _단체협약을 통한 공제 인정_ : 소비조합 구매대금(회사 내 소비조합에서의 구매대금 등을 단체협약에 의하여 임금에서 공제), 조합비를 일괄 공제하는 체크오프 시스템(check-off system), 사택료, 대부금 등

① 노동조합 탈퇴자, 공제반대자의 경우

단체협약 규정에 의해 근로자의 노동조합비를 사전공제(check-off system) 하고 이를 노동조합에 전달하는 것은 노동조합과 체결한 일종의 편의제공 약정이라 할 수 있다. 이때 임금의 일부를 사전공제할 수 있기 위해서는 단체협약에 조합비 등과 같

이 임금공제대상 항목이 특정되어 있어야 할 뿐 아니라 본인의 동의가 필요하다.

따라서 조합원 개인이 명시적인 의사에 의하여 임금공제를 거부하는 경우는 임금을 사전 공제할 수 없다.[45] 마찬가지의 이유로 인하여 사용자는 노동조합을 탈퇴한 근로자의 임금을 공제해서도 안 된다.[46] 이 점과 관련하여 한편에서는 단체협약의 법적 효력을 무시한 것으로 조합비를 공제해주지 않는 사용자는 노동조합 및 노동관계조정법 제92조에 따라 처벌받아야 한다는 주장도 있다.[47]

② 취업규칙 · 근로계약에 의한 공제

취업규칙 · 근로계약 등의 규정에 따라 임금의 일부를 공제할 수 있는가 하는 점에는 논란이 따를 수 있으나 근로기준법 제42조는 법령, 단체협약만 인정하고 있다. 즉 취업규칙이나 근로계약의 작성 또는 체결에 있어 근로자가 사용자에 비해 상대적으로 약한 입장이라는 점을 감안, 근로조건의 일부로 취업규칙 · 근로계약에 임금의 일부를 공제할 수 있도록 정하는 것은 원칙적으로 인정되지 않는 것이다. 다만 자기명의의 은행예금, 대출금 상환의 대행 등과 같이 근로자가 개인적인 필요에 의해 요청한 경우에는 편의제공의 차원에서 인정되어야 할 것이다.[48]

③ 임금공제 협정에 의한 공제

소득세법이나 의료보험법 등 법령에 의하지 않고 임금의 일정부분을 공제하려면 노동조합과의 단체협약 체결이 필수적인 바, 이러한 단체협약의 부분을 임금공제협정이라 볼 수 있다. 따라서 조합비, 사택 · 기숙사의 사용료, 단체생명보험료, 회사식당의 이용대금, 임금정산에 필요한 초과지불 임금(過拂金) 및 회사 내 각종 대부금의 반환금 등에 대하여는 단체협약에서 임금공제협정을 체결, 적법하게 공제할 수 있다.

---

45) 1990. 5. 18., 임금 32240-7142 ; 1990. 9. 27., 노조 32250-2881.

46) 1986. 7. 3., 노조 01254-10877.

47) 문형남 : 『노동조합, 노동쟁의』, 중앙경제사, 1988, p. 182.

48) 하갑래 : 『근로기준법』, 중앙경제사, 1997, p. 485.

3. 임금의 상계금지

① 근로기준법상 위약예정금지 등과의 관계

근로기준법에서 금지하고 있는 위약금 예정금지(제27조), 전차금 또는 회사가 근로자에게 대출해 준 전대채권(前貸債權 ; 제28조), 강제저축(제29조) 등을 공제하고 임금을 지급할 경우 임금전액불의 원칙에 위배된다.

② 가불임금

가불(假拂)임금은 이미 제공한 근로에 대해 임금지급일이 되기 전에 지급된 임금이므로 임금지급일에 가불된 임금을 제외한 나머지 임금만을 지급하더라도 법 위반이 되지는 않는다.

③ 불법행위, 채무불이행으로 인한 손해배상금 등과의 상계

불법행위를 원인으로 하는 채권,[49] 민·형사상 배상금[50] 및 근로자가 회사에 대해 지고 있는 대출금과 임금·퇴직금의 상계[51]는 직접·전액지급의 원칙에 어긋나며 은행직원 등에 대한 불량대출금 결손액의 상계[52] 또한 금지된다.

④ 조합비와 노동조합의 손해배상금

노동조합이 사전공제 협정에 따라 사용자로부터 교부 받을 채권, 즉 임금에서 공제한 조합비와 노동조합의 불법행위로 인한 손해배상청구권[53]도 상계할 수 없다.

---

49) 1976. 9. 29., 대법원 75다1768.
50) 1982. 3. 4., 근기 1455-8212.
51) 1990. 5. 8., 대법원 88다카26143 ; 1982. 3. 24., 근기 1455-8212.
52) 1993. 9. 28., 서울 고판 92나16333.
53) 1975. 11. 17., 일본 요코하마 지판.

⑤ 택시회사의 사납금 부족액

택시회사에서 단체협약 등을 통하여 임금을 기본임금과 개인수입으로 구분, 운송수입금에서 사납금을 내고 난 나머지 금액을 개인수입금으로 하는 경우 운송수입금이 적어 사납금에 미치지 못할 때, 그 차액을 기본임금에서 공제한다는 계약은 본조 및 전차금상쇄 금지규정에 위반되지 않는다.[54]

⑥ 항공료와의 상계

해외근로자의 임금 · 퇴직금과 항공료의 상계도 원칙적으로 금지된다. 다만 근로자가 개별적으로 필요하여 동의한 경우에는 민법상 채권 · 채무청산에 관한 방법이므로 인정된다는 해석이 있다.[55]

4. 임금채권이 발생하지 않는 경우

① 결근 · 징계 등에 의한 삭감

근로자의 결근 · 출근정지 · 징계 등에 의해 임금이 삭감된 경우에는 임금채권 자체가 발생하지 않으므로 이로 인해 임금액이 적어지는 것은 임금전액불의 원칙에 위배되지 않는다.

임금지급 형태로서의 월급이나 주급의 순수한 의미는 결근 여부를 묻지 않고 매월 또는 매주 일정한 임금을 지급한다는 의미이다. 그러나 임금이 근로의 대가성이 있다는 점을 감안할 때, 단체협약 등에 근로일수 또는 결근과 관계없이 일정액을 지급한다고 규정하지 않았다면 결근일에 대하여 상응하는 임금을 삭감하는 것이 원칙이다.[56] 따라서 단체협약이나 취업규칙에 순수한 월급제 또는 주급제로 볼 수 있는 규정이 없다면 시간급적인 월급제 또는 주급제로 보는 것이 일반적이다.

---

54) 1993. 11. 16., 근기 68207-2289.
55) 1993. 11. 16., 근기 68207-2289.
56) 1987. 4. 14., 근기 01254-6028.

여러 번의 지각·조퇴를 1일의 결근으로 간주하도록 정하였더라도 법정 휴일·휴가부여를 위한 출근율 계산시 결근으로 보지 않으며 결근에 해당하는 임금을 공제할 수 없다. 그러나 지각 또는 조퇴 등에 대해 그 시간에 해당하는 임금을 삭감하거나 단체협약이나 취업규칙 등에 정하여 근로기준법 제98조에 의한 감급을 하거나 승급, 상여금 등에 영향을 주는 제도를 채택할 수는 있을 것이다.[57]

단, 연봉제와 같이 성과에 대한 평가를 기준으로 임금액이 결정되는 임금제도의 경우 성과평가의 고저에도 불구하고 결근 등으로 인한 근로시간에 상응하여 삭감하는 것을 당연히 긍정하기는 어려울 것으로 보인다. 결국 근로시간에 대비하여 임금액을 삭감하기 위해서는 명시적으로 이에 대한 약정이 필요하다는 것이다.

② 임금의 초과 지급·오납(誤納)

임금은 직접 근로자에게 전액 지급해야 하는 것이므로 사용자가 근로자에 대하여 가지는 채권을 근로자의 임금채권과 상계하지 못하는 것이 일반원칙이다.

그러나 계산의 착오 등으로 임금이 초과 지급(過納)되었을 때 상계시기가 임금의 정산·조정으로 인정될 만큼 합리성이 있고 금액과 방법이 미리 예고되는 등 근로자의 생활안정을 해할 염려가 없는 경우에는 가능하다. 아울러 근로자가 퇴직 후 미청산 임금이나 퇴직금을 청구할 경우에도 사용자가 초과 지급된 임금의 부당이득 반환청구권을 자동채권으로 하여 상계할 수 있다.[58] 즉 과불임금의 공제가 임금의 정산·조정의 실익을 거둘 정도로 합리적으로 정착되고, 그 금액이 근로자의 생활을 위협할 염려가 없는 범위라면 가능할 것이다. 단, "감급의 제재"의 경우에 근로기준법 제98조에 의하여 감액의 제한을 받는다.

---

57) 1983. 12. 30., 근기 1451-3247.
58) 1993. 12. 28., 대법원 93다38529 ; 1990. 7. 15., 임금 32240-9945.

5. 노동조합과 임금

① 무노동 무임금원칙

근로계약은 근로자가 사용자에게 근로를 제공하고 사용자가 그 근로제공에 대한 대가로서 임금을 지불한다는 유상 쌍무계약이다. 따라서 임금의 지급은 근로의 제공과 관련을 가진다. 또 임금지급에 관하여 "보수는 약정한 시기에 주어야 하며… 약정한 노무를 종료한 후 지체 없이 지급하여야 한다(민법 제656조 제2항)."고 규정하고 있어 노무의 제공이 있으면 이를 전제로 임금을 지불함을 원칙으로 하고 있다.

이를 반대로 생각할 때 근로계약에 있어 근로자가 노무를 제공하지 않은 경우 임금청구권도 발생하지 않는다. 즉 "근로자가 노무를 제공하지 않은 경우 그 불취로 시간에 대응하는 임금은 지급되지 아니한다."는 것이 원칙이며, 이를 무노동 무임금원칙이라 한다. 물론 이 원칙을 근로자에게 유리하게 변경하는 것은 자유이며, 결근 · 지각 · 조퇴 등의 경우에도 결근공제를 하지 않는 이른바 완전월급제는 이 원칙의 예외가 된다. 그러나 이를 변경한다는 특단의 합의가 없는 한 근로를 제공하지 않는 경우 임금청구권이 없음은 당연하다.

노동조합의 활동과 관련하여서도 이 원칙은 그대로 관철된다. 즉 파업 등의 쟁의행위기간 중에는 근로제공을 거부하는 사실관계가 발생, 근로관계의 주된 권리 · 의무가 정지되므로 파업참가 근로자들에게는 임금채권이 발생하지 않는 것이다. 따라서 사용자는 근로일수에 대한 임금만을 지급하면 된다.

종전의 판례는 "단체협약이나 취업규칙 또는 관행상 결근 · 지각 · 조퇴 등으로 근로를 제공하지 아니하여도 임금을 감액하지 아니한 부분이 있는 경우, 이는 생활보장적 임금으로 노무의 제공이 없어도 지급할 의무가 있다."고 판시하였다.[59]

그러나 근래에는 기존 판례의 입장을 변경, 쟁의행위시의 임금지급에 관하여 단체협약이나 취업규칙 등에서 이를 규정하거나 그 지급에 관한 당사자 사이의 약정

---

59) 1992. 6. 23., 대법원 92다1166.

이나 관행이 있다고 인정되지 않는 한 근로자의 근로제공의무 등의 주된 권리·의무가 정지되어 근로자가 근로를 제공하지 아니한 쟁의행위기간 동안에는 임금청구권이 발생하지 않는다고 판결하였다.[60] 이러한 판례의 입장은 1997년 개정된 노동법에 그대로 반영되었다. 즉 노동조합 및 노동관계조정법 제44조 제1항에서 "쟁의행위에 참가하여 근로를 제공치 아니한 근로자에 대하여는 그 기간에 대한 임금을 지급할 의무가 없다."고 선언하고, 제2항에서는 "노동조합은 쟁의행위기간에 대한 임금의 지급을 요구하여 이를 관철할 목적으로 쟁의행위를 해서는 안 된다."고 하여 무노동 무임금제도를 명시적으로 규정하고 있는 것이다. 같은 조문 제2항에 위반하여 쟁의행위를 하는 경우에는 같은 법 제90조 규정에 의해 2년 이하의 징역 또는 2,000만 원 이하의 벌금에 처해질 수 있다. 다만 이러한 조항들이 쟁의행위 기간 중에 사용자 스스로 임금을 지급하는 것 자체를 금지하는 것은 아니다.

② 쟁의기간중의 임금지급문제

앞에서 설명한 쟁의행위 기간중의 임금지급과 관련하여 쟁의기간을 근무의 연속으로 본다는 단체협약의 규정이 있는 경우 이는 승급·승진, 퇴직금산정, 연차휴가계산시 계속근로로 간주한다는 취지이며 그 기간중에 임금을 지급하겠다는 취지로는 보기 어렵다.[61] 아울러 쟁의가 끝난 후 임금지급시 쟁의로 인한 임금공제를 미처 처리하지 못해 다음 임금지급기에 이를 공제하더라도 이는 착오로 지급된 임금과의 상계로서 본조 위반이 되지 않는다.[62] 그러나 적법한 노동쟁의기간은 평균임금산정 대상기간에서는 제외되지만 휴일·휴가부여를 위한 출근율 계산시에는 출근한 것으로 간주한다. 다만 출근율 산정대상기간 모두가 노동쟁의기간인 경우 별도의 휴일·휴가를 부여할 필요는 없다.[63] 단, 불법쟁의기간은 결근한 것과 같이 취급한다.

---

60) 1995. 12. 21., 대법원 94다26721.
61) 1991. 10. 25., 대법원 91다25536.
62) 1990. 7. 15., 임금 32240-9945.
63) 1988. 5. 17., 근기 01254-7310.

③ 임금인상시기와 이전 퇴직자

임금협상 또는 회사 방침에 따라 근로자의 임금인상을 결정하는 경우 그 취업규칙이나 단체협약의 효력은 인상 당시 종사하고 있던 근로자 또는 조합원에게만 효력을 갖는다. 따라서 임금인상 결정 이전에 퇴사한 근로자는 퇴직과 동시에 근로관계가 종료되었다고 볼 수 있으므로 퇴직 후에 결정된 임금의 소급적용은 그 효력이 미치지 않는 것이 원칙이다. 다만 취업규칙이나 단체협약에 별도로 정한 경우 임금의 소급지급을 청구할 수 있다.

④ 통상의 결근, 또는 파업시 임금삭감률

무노동 무임금원칙은 당사자가 특히 이를 배제한다는 합의를 하지 않는 한 적용되는 것이다. 다만 통상적인 결근이나 지각을 파업시의 무노동과 똑같이 처리할 필요는 없다.

즉 통상의 결근·지각 등에 대하여는 이를 은혜적으로 취급함으로써 회사에도 노무관리상 이점이 있으며 임금을 공제하지 않더라도 근태평가 등의 사정이 가능하지만 파업의 경우에는 이것이 불가능하기 때문에 양자를 달리 취급해도 무방하다. 회사의 입장에서 합리적인 이유가 있고 계산방식에 대한 구체적 명시를 하지 않은 경우 사전에 통지한 결근에 대하여는 보다 관대한 처분을 행하고 파업일수에 대하여는 무노동 무임금원칙을 엄격히 적용하여도 위법이 되지는 않는 것이다.

⑤ 파업불참자에 대한 임금지급

노동조합이 파업을 행하더라도 회사는 조업을 지속할 수 있다. 마찬가지로 파업불참자에게 업무가 있음에도 회사가 고의로 휴업한 경우 회사는 그 임금 또는 휴업수당을 지불할 필요가 있는 것이다.

그러나 일부파업, 노조의 전략적 부분파업 등으로 비파업부분의 조업도 불가능할 경우 당해 부분에 종사하는 근로자들의 임금지급과 관련한 문제가 생길 수 있다. 이처럼 일부 근로자에 의한 파업이 원인이 되어 파업불참자의 근로의무 이행도 불가능하게 된 경우에는 사용자가 부당노동행위의사, 기타 부당한 목적을 가지고 특별히 파업을 행하게 하는 등의 특별한 사정이 없는 한 민법 제538조 제1항의 "채권자의 책임 있는 사유에는 해당되지 않으며, 당해 불참가근로자는 임금청구권을 상실한다고 해석하는 것이 타당하다."는 일본판례[64]를 참고할 수 있다. 휴업수당과 관련하여서도 부분파업의 경우 당해 파업의 대상이 되고 있지 않은 조합원이나 비조합원에 대하여도 그 노무제공을 받는 것이 무가치하다면 사용자는 임금지불의무를 면하게 된다는 것이 판례의 입장이다.

6. 근로형태의 변경

근로형태가 변경되어 근로시간이 연장되었을 경우에는 그에 상응하는 임금이 지급되어야 한다. 예를 들어 1일 8시간 3교대 근무에서 1일 12시간 2교대 근무로 바뀌었다면 사정이 없는 한 기본일급이 1.5배로 되어야 하는 것이다.

| 통화불의 원칙 |

1. 일반원칙

임금은 법령, 단체협약에 특별한 규정이 있는 경우를 제외하고는 법적 통용력이 있는 통화로 지급되어야 한다. 이 규정은 현물급여(truck-system)를 통해 근로자의 자유를 구속하거나 회사의 과잉제품을 지급함으로써 근로자들의 실질적인 임금확보에 지장을 주는 것을 방지하는 데 그 목적이 있다.

---

64) 1987. 7. 17., 日最高裁 2小判.

2. 구체적 사례

① 보증수표

한때 은행에 의해 그 지급이 보증되는 보증수표로 임금을 지급하는 것도 금지된다는 견해도 있었으나 일반적으로 금융제도가 발달된 현대에는 타당치 않다. 따라서 보증수표로 임금을 지급해도 통화불의 원칙에는 위배되지 않는다는 의견이 지배적이다. 다만 은행에 의해 그 지급이 보증되지 않은 당좌수표 등으로 임금을 지급하는 것은 임금통화불의 원칙에 위배된다.

② 주식·어음

회사 주식이나 어음으로 임금을 지급하는 것은 임금 통화불의 원칙에 위배된다. 다만 성과배분제도를 도입하면서 성과 지급수단으로 주식을 지급하는 경우 이는 임금이 아니므로 법 위반이 아니다.

| 정기불의 원칙 |

1. 일반원칙

이 원칙은 임금이 근로자 생활의 기초가 된다는 점을 중시, 근로자의 생활안정과 계획성 확보를 위해 1개월을 넘지 않는 범위에서 일정한 기일에 지급하도록 한 것이다. 따라서 취업규칙이나 단체협약에 주기적으로 도래하는 일정한 기일을 특정하여 임금을 지급해야 한다.

근로기준법은 제42조에서 "임금은 매월 1회 이상 일정한 기일을 정하여 지급되어야 한다."는 원칙을 정하고 있으며, 제96조에서는 "취업규칙에는 반드시 임금지급시기를 명시하여야 한다."고 규정하고 있다. 여기에서 매월이라 함은 매월 1일부터 말일까지, 즉 역일(曆日)상의 1개월을 의미하며, 일정한 기일이라 함은 15일, 21일, 27일, 또는 말일 등과 같이 주기적으로 도래하는 특정일을 정하는 것을 의미한다. 아울러 이렇게 결정된 임금지급기일에 임금을 지급하지 않았다면 나중에 그 임금의 일부 또는 전부를 지급하였다 하더라도 사용자는 근로기준법상 임금미지급의 책임을 면할 수 없다.[65]

2. 정기불의 원칙의 예외

① 임시로 지급되는 임금 · 수당

임시로 지급되는 임금이나 수당, 기타 이에 준하는 것은 동 원칙이 적용되지 않는데, 그 범위는 다음과 같다(근로기준법 시행령 제18조).

* 1개월을 초과하는 기간의 출근성적에 의하여 지급하는 정근수당
* 1개월을 초과하는 일정기간의 계속근무에 대하여 지급되는 근속수당
* 1개월을 초과하는 기간에 걸친 사유에 의하여 산정되는 장려금 · 능률수당 · 상여금
* 기타 부정기적으로 지급되는 모든 수당

② 성의와 전력을 다한 위법성 조각

사용자가 근로자에 대하여 임금을 지급해야 한다는 것은 당연한 의무로서 기업이 불황이라는 이유만으로 임금을 지불하지 않거나 늦게 지불하는 것은 법이 용인하지 않는다. 다만 사용자가 임금지급을 위하여 모든 성의와 노력을 다했음에도 임금체불이나 미불을 방지할 수 없었을 경우, 즉 사회통념상 인정될 정도의 불가피성이 있어 사용자에게 더 이상의 적법행위를 기대할 수 없는 특수한 사정이 있는 때에 한하여 근로기준법 제42조 위반 범죄의 책임을 면하는 조각(沮却)사유가 될 수

---

65) 1985. 10. 8., 대법원 95도1566.

있다.[66] 이 경우 책임면제의 범위는 형사적인 책임에 불과하며, 민사상의 임금청구권에 대해서도 책임이 면제되는 것은 아니다.

| 상여금 |

상여금에 대하여는 법령에 정함이 없으므로 지급액 · 지급조건 · 지급대상 · 지급방법 등에 대해 단체협약 · 취업규칙 등의 규정을 따르는 것이 원칙이며, 지급유형에 따라 평균임금 포함 여부가 결정된다. 만일 단체협약 · 취업규칙 등에 지급기간, 지급대상을 정한 경우에는 그 기간 또는 그 대상자에게만 지급하면 된다.[67] 아울러 근속연수에 따라 지급률을 달리하거나,[68] 근태 불량이나 실적 저조 등에 대한 제재수단으로 차등 지급할 수도 있으며,[69] 대기발령자에게는 지급하지 않는다는 등의 원칙을 취업규칙에 정할 수도 있다.

1. 퇴직자와 고정적 상여금

상여금이 일정금액 또는 일정비율로 일정한 기간마다 고정적 · 정기적으로 지급되는 것이라면 특단의 사정이나 별도의 정함이 없는 한 상여금 지급기간 도래 전에 퇴직한 근로자도 이미 근무한 기간에 해당하는 상여금을 근로의 대가로 청구할 수 있다.[70]

판례에 따르면 취업규칙이나 단체협약에 상여금 지급대상자를 명시, "각 지급기간의 말일 현재 재직중인 자"로 정하였더라도 이를 상여금 지급기간 중간에 퇴직한

---

66) 1988. 2. 9., 대법원 87도2509 ; 1988. 5. 10., 대법원 87도2098 ; 1993. 7. 3., 대법원 92도2089.
67) 1978. 12. 5., 법무 811-26824.
68) 1982. 12. 24., 근기 1455-34373.
69) 1989. 5. 2., 임금 32240-6549.
70) 1981. 11. 24., 대법원 81다카174 ; 1980. 12. 22., 법무 811-33935 ; 1993. 3. 15., 임금 68220-137.

자에 대해 그 근무기간에 해당하는 상여금의 지급을 배제하는 특별한 규정으로 볼
수 없는 것으로 되어 있다.[71]

2. 산재환자와 상여금

요양중인 산업재해 환자에 대해서 지불되는 휴업보상은 정기적 · 일률적 상여금
등을 포함한 평균임금을 기초로 하므로 사용자가 휴업보상 외에 따로 상여금을 지
급할 법적 의무는 없다.

3. 상여금의 조정

상여금지급을 "기본급의 일정비율" 등과 같이 특정임금에 연동시켜 놓았을 때에
는 상여금 지급일 1일전이라도 그 특정임금이 변동되었다면 특별한 규정이 없는
한 특정임금에 따라 상여금이 조정된다.[72]

4. 상여금과 감급의 제재

근로기준법 제98조에 따르면 사용자가 감급을 통해 근로자를 제재하고자 하는
경우, 그 감액은 1일분 평균임금의 50% 초과에서부터 월 임금총액의 10% 이상의
범위에서 정해져야 한다고 규정되어 있다. 일부에서는 상여금의 경우에도 이러한
기준을 적용하여 경영실적, 근로자의 근무성적이나 근무태도 등에 따라 상여금을
차등 지급할 경우 단체협약 등에 상여금 지급규정을 정할 때도 근로기준법 제98조
의 기준을 초과할 수 없다는 의견을 제시하기도 한다. 그러나 대다수 행정해석[73]과

---

71) 1982. 4. 13., 대법원 81다카137.
72) 1987. 1. 6., 근기 01254-16056.
73) 1989. 12. 14., 임금 32240-20781 ; 1981. 8. 25., 근기 1455-25867 등.

학계의견은 이에 반대하여 상여금을 차등적용할 때 "감급의 제재"에도 불구하고 차등적용 폭을 달리 정할 수 있는 것으로 정리하고 있다.

| 임금체불 |

근로기준법 제112조는 사용자가 임금지급 방법에 관한 원칙규정을 위반한 경우 3년 이하의 징역 또는 2,000만 원 이하의 벌금형에 처할 수 있도록 규정하고 있다. 근로기준법 제42조(임금지불)가 개개 근로자의 임금을 확보하기 위한 것이므로 근로자 "1인에 대해 1죄"가 성립하게 되어 10명에 대해 임금체불을 했을 경우 벌금한도는 2억 원까지 늘어날 수 있다.

1. 임금체불과 사용자의 의무

① 법정이자분 추가지급

임금체불은 사용자의 채무불이행이 된다. 따라서 별단의 합의가 없는 한 체불기간에 따라 연 5푼의 지연이자를 추가로 지급(민법 제379조)하여야 한다.

② 임금체불의 책임

원칙적으로 임금전액불 또는 정기불 지급의 원칙 등을 위반한 임금체불에 대한 책임은 회사 재산의 관리·운영권을 가지고 있는 자에게 있다. 따라서 사업주 또는 사업경영담당자가 임금체불의 1차적인 책임을 진다.

사업경영담당자가 아닌 이사 등의 경우에는 사업주로부터 사업경영의 전부 또는 일부에 대하여 포괄적인 위임을 받고 대외적으로 사업을 대표하거나 대리할 때 임금지불 책임자가 된다.[74] 이사 등이 형식적으로는 업무집행권을 가지고 있지 않더

---

74) 1983. 10. 11., 대법원 83도2272 ; 1988. 11. 22., 대법원 88도1162.

라도 대표이사와 함께 실질적으로 회사를 경영해 왔다면 임금체불책임을 지게 된다.[75]

또 형식적으로는 사업주, 사업경영담당자가 아니라 하더라도 회사의 실권자로서 실제의 경영자라면 임금미지급에 대한 죄의 책임이 있으며, 실질적인 권한이 없으면 임금체불의 책임을 지지 않는다.

경영주의 부탁을 받고 자신이 근무중이던 회사를 퇴근한 후 그 경영주 회사에 출근하여 경리전표를 정리해 주는 등 경영을 도와주던 사람이 경영주가 부도를 내고 행방을 감추어 버리자 부득이 한달 남짓 동안 사무를 관리하여 준 경우 이는 근로기준법 제36조 소정의 금품을 지급하여야 할 사용자에 해당하지 않는다고 해석[76]한 판례가 있다.

부도 등으로 정리절차가 개시된 회사의 경우는 임금체불의 책임소재가 다소 복잡하다. 이러한 정리회사의 경우 관리인이 선임되면 그 회사의 대표권·업무집행권과 재산관리 및 처분권 일체가 관리인에게 넘어가게 된다. 아울러 근로관계도 이전된 것으로 보아 회사 정리절차 개시 이후의 임금체불에 대하여는 관리인이 일체의 법적 책임을 지게 되는 것이다.[77]

한편 기업의 합병이나 인수·양도가 이루어진 경우의 임금체불 책임은 어떻게 되는가? 이 경우 종전기업의 근로관계가 새로운 기업으로 승계되었다면 미지급 임금의 지급의무도 승계된다. 따라서 근로자들은 새로운 사용자에게 민사절차에 따라 임금을 청구할 수 있다. 다만 임금 미지급에 따른 형사적 책임은 새로운 사용자에게 승계되지 않으며, 따라서 근로자들이 새로운 사용자에게 근로기준법 위반의 책임을 물을 수는 없다.[78]

---

75) 1990. 10. 12., 대법원 90도1791.
76) 1989. 9. 26., 대법원 89도1191.
77) 1989. 8. 8., 대법원 89도426.
78) 1993. 3. 15., 근기 01254-390.

③ 임금체불책임의 조각

　사용자가 임금체불의 방지를 위해 모든 책임과 성의를 다하였음에도 어쩔 수 없이 체불임금이 발생하는 경우가 있다. 이때 사용자의 불가피한 사정이 인정되면 임금정기지급 위반의 책임을 물을 수 없다는 것이 판례의 입장이다. 청산관리인, 보전관리인 등은 주어진 권한의 한도 내에서 임금체불의 책임을 지게 된다. 그러나 책임과 성의를 다하였음에도 불가피한 사정이 있었다고 인정되면 임금체불 책임은 면할 수 있다. 판례[79]는 "회사대표가 전격 구속된 이후 근로자들이 단기간에 동시 퇴직함에 따라 기일 내에 퇴직금을 지급하지 못한 경우 임금체불 책임을 물을 수 없다."고 판시하고 있다.

2. 대리인에게 임금을 지불한 경우의 법적인 처리

　직접불의 원칙을 위반하여 근로자 본인이 아닌 대리인 등에게 임금을 지급하는 경우 사용자는 위반에 따르는 벌칙의 적용을 받게 된다. 그리고 대리인에게 임금을 지급한 경우의 민사상 효력은 "변제 받을 권한이 없는 자에 대한 (임금)변제는 채권자(그 임금을 받아야 하는 근로자)가 이익을 받은 한도에서 효력이 있다."고 규정한 민법 제472조와 제460조에 의하여 처리하여야 한다. 즉 100만 원의 임금을 받아야 하는 근로자의 대리인이 사용자로부터 100만 원을 수취한 후 60만 원만 임금 채권자인 근로자에게 지급하고 40만 원은 지급하지 않았다면, 임금을 대리인에게 지급한 사용자는 40만 원에 해당하는 임금체불의 책임을 지게 되는 것이다. 물론 대리인이 100만 원 모두를 근로자에게 주었다면 임금체불 책임은 발생하지 않는다.

　그러나 대리인 등이 사용자로부터 수령한 임금을 근로자에게 전달하지 않고 착복한 경우, 그 임금지불은 채무내용에 좇은 변제가 아니고 무효에 해당한다. 따라서 사용자는 근로자 본인으로부터 청구가 있으면 다시 지급해야 하며, 먼저 지급한 대리인 등에 대해 부당이득의 반환을 청구할 수 있을 뿐이다.

---

79) 1992. 4. 7., 서울형지판 92노767.

임금의 비상시 지불

| 개 요 |

근로기준법 제42조의 규정에 의하여 임금의 지급기일이 정해진 경우 사용자는 그 기일에 임금을 지급해야만 한다. 반면 근로자 역시 특약이 있는 경우를 제외하면 지급기일이 도래할 때까지는 임금의 지급을 청구할 수 없다. 근로기준법 제36조는 근로관계가 종료한 경우 지급기일이 도래하지 않아도 14일 이내에 기왕의 근로에 대한 임금을 청구할 수 있도록 규정하고 있으나, 근로자에게 출산·질병·재해 등 불시의 지출을 해야 하는 사정이 발생한다면 지급기일이 될 때까지 기다려야 하는 불편이 발생할 수 있다. 이에 임금을 유일하고도 주요한 수입원으로 하는 근로자들이 임금의 비상시 지불을 청구할 수 있도록 하여 "일정 기일불 원칙" 때문에 파생되는 불편을 해소하고자 마련한 제도가 근로기준법 제44조(비상시 지불)이다.

아울러 이 조에서 정한 "비상시 지불"해야 하는 임금의 대상은 기왕의 근로, 즉 이미 제공된 근로에 대한 임금이다. 따라서 사용자가 지불해야 하는 임금의 반대급부, 즉 근로자의 근로는 이미 제공된 것이기 때문에 민법 제656조가 규정한 임금후불의 원칙을 부정하는 것도 아니다. 다만 일정기일불에 대한 특칙을 규정한 것에 불과하다고 이해하면 될 것이다.

> **근로기준법 제44조 【비상시 지불】**
>
> 사용자는 근로자가 출산, 질병, 재해, 기타 대통령령이 정한 비상한 일에 대처하기 위해 이미 제공한 근로에 대한 임금을 청구하는 경우에는 지급기일 전이라도 기왕의 근로에 대한 임금을 지급하여야 한다.

| 비상한 경우의 개념 |

근로기준법 제44조에서 비상한 경우라 함은 "근로자 또는 그의 수입에 의하여 생계를 유지하는 자가 출산하거나 질병 또는 재해를 입었을 경우, 혼인 또는 사망한 경우" 등을 의미하며, "부득이한 사유로 인하여 1주일 이상 귀향하게 되는 경우" 등도 여기에 포함된다(근로기준법 시행령 제20호). 질병에는 업무상의 질병·부상이나 업무 외의 사상병(死傷病)을 불문하며, 재해에는 홍수·화재 등에 의한 재액도 포함되는 것으로 보아야 한다. 아울러 근로자의 수입에 의하여 생계를 유지하는 자의 범위에는 근로자의 수입으로 생계를 영위하고 있으면 친족이 아닌 동거인도 포함되지만 친족이라 해도 독립된 생계를 영위하고 있는 자는 포함되지 않는다.

| 지급시기 및 지급대상 임금 |

비상시 임금지불의 의무는 근로자의 청구가 있는 경우에만 발생한다. 근로자에게 출산·질병·재해 등의 지급사유가 발생한다고 해도 근로자의 청구가 없으면 사용자에게 지급의무는 없다고 할 것이다.

아울러 사용자가 지급하여야 할 임금은 기왕의 근로, 즉 이미 제공된 근로에 대한 대가에 한정되며, 그에 해당하는 전액을 지급하는 것이 원칙이다. 따라서 단체협약·취업규칙 등에 별도의 규정이 없는 한 이미 제공된 근로에 대한 대가만 지급하면 되고, 장래의 근로에 대한 임금을 지급할 의무는 없다고 할 것이다.

한편 청구가 있던 때로부터 며칠 이내에 지급하는가에 대하여는 근로기준법 제36조의 금품청산 관련 조항과는 달리 명문의 규정이 없다. 그러나 비상시 지불이라고 하는 성질상 당연히 이를 지체 없이 지급하는 것으로 해석하는 것이 옳을 것이다.

| 위반시 벌칙규정 |

근로자가 비상시지불의 요건을 갖추어 임금을 청구하였음에도 불구하고 이를 지체 없이 지급하지 않은 사용자에 대해서는 1,000만 원 이하의 벌금형에 처한다(근로기준법 제114조). 만약 사용자가 지급시기를 지키지 않아 근로자에게 손해가 발생한 경우, 예컨대 응급수술의 시기를 놓쳐서 사망하거나 비용이 늘어난 경우에는 인과관계가 인정되는 범위에서 손해배상청구까지도 가능하게 된다.

3 도급사업의 임금지급

| 의 의 |

도급 또는 도급계약이라 함은 당사자의 일방(수급인)이 주어진 일의 완성을 약정하고, 상대방(발주자 또는 도급인)이 그 일의 결과에 대하여 보수를 지급할 것을 약정함으로써 성립하는 계약을 말한다(민법 제664조). 아울러 도급사업은 꼭 수급인 자신의 노무에 의해서만 행해야 한다는 의무는 없으며, 수급인이 다시 하수급인을 정하여 일을 완성시키는 것도 무방하다.

그러나 이러한 관계 때문에 하수급인들은 도급인 또는 수급인에의 의존도가 높은 것이 일반적이다. 뿐만 아니라 대부분의 경우 하수급인은 영세성을 면치 못하고 있으며, 하수급인에게 귀속되는 임금의 폭은 한정되어 있다.

이러한 실정하에서 하수급인이 근로자에게 임금을 주지 못하게 되는 위험성은 다른 사용자의 경우에 있어서보다 특히 높다고 할 수 있다. 이에 근로기준법은 도급사업의 특수성을 고려, 이러한 사업에 종사하는 근로자의 임금보호를 위한 규정을 마련하고 있는 것이다.

원래 임금지급 의무는 근로자와 직접 근로계약관계를 맺고 있는 사용자에게 있다. 따라서 도급사업에 종사하는 근로자에 대한 임금지급 의무는 원칙적으로 그 근로자를 직접 고용하고 있는 수급인에게 지워진다. 그러나 하수급인의 상수급인이나 도급인에 대한 의존성이 매우 높은 도급사업의 경우 실질적으로 상수급인이나 도급인의 지시와 감독 등이 하수급인에게 커다란 영향을 미친다. 이러한 점들을 고려하여 하수급인이 직상수급인(直上受給人)의 귀책사유로 인하여 근로자에게 임금을 지급하지 못하게 되었을 경우 그 직상수급인은 당해 수급인과 연대하여 임금지급 의무를 부담하도록 근로기준법 제43조를 강제하고 있는 것이다.

요컨대 근로기준법 제43조는 사업이 수차의 도급에 의하여 행해지는 경우 하수급인이 직상수급인의 귀책사유로 근로자에게 임금을 지급하지 못하였을 경우 그 직상수급인과 당해 하수급인에게 연대책임을 물어 근로자의 임금채권을 보호하기 위한 규정이다.

| 직상수급인의 정의 |

직상수급인이라 함은 수차의 도급인 경우에 바로 위의 수급인을 말한다. 예컨대 A가 도급인, B가 수급인, C가 하수급인, D가 당해 수급인일 경우 D의 직상수급인은 C이다.

그런데 직상수급인의 정의와 관련하여 "사업이 수차의 도급에 의하여 행해지는 경우"라고 하고 있기 때문에 도급이 1차에 걸쳐 행해지는 경우, 즉 도급인과 수급인만 있는 경우에는 도급인이 직상수급인에 해당하는지가 문제된다. 그러나 본조의 취지는 수급인의 의존성과 종속성을 고려하여 근로자들이 임금을 받지 못하게 된 책임을 일정한 귀책사유가 있을 경우에는 도급을 준 자에게도 함께 부담하게 하려는 것이라 볼 수 있다. 따라서 도급이 1차에 걸쳐 행해지든 여러 차례에 걸쳐 이루어지든 관계없이 이를 묻지 않고 직상수급인이나 도급인이 연대책임을 지도록 한 것으로 보아야 한다는 것이 일반적인 견해이다.

따라서 법문에 직상수급인이라고 한 것은 도급이 수차에 걸쳐 행해진 경우에는 도급을 준 상수급인이 복수가 되므로 책임을 부담하는 상수급인의 범위를 직상수급인에만 한정하여 연대책임을 지게 한다는 의미로 해석해야 할 것이다.

이와 관련하여 판례에서는 "사업경영담당자가 신발을 임가공하여 주기로 도급계약을 체결한 임가공업자에게 정당한 사유 없이 도급금액을 지급기일에 지급하지 아니함으로써, 임가공업자들이 각자 고용한 근로자들에게 임금을 지급하지 못하였다면 근로기준법 제112조 위반의 죄책을 진다."고 판시(1990. 10. 12., 대법원 90도1794)한 바 있다.

이 밖에 직상수급인이 상시 5인 미만 근로자를 사용하고 있다 하더라도 제43조의 규정은 적용되는 것으로 해석해야 한다(1994. 3. 8., 근기 68207-396).

┃ 연대책임의 요건 ┃

연대책임을 지는 직상수급인의 귀책사유라 함은 하수급인의 근로자들이 임금을 받을 수 없게 된 원인으로서의 사유를 말한다. 즉 직상수급인의 귀책사유와 하수급인의 근로자들에 대한 임금지급 사이에 인과관계가 있어야 하는 것이다.

직상수급인의 귀책사유가 되는 항목이라 함은 정당한 사유 없이 도급계약에 의한 도급금액 지급일에 도급금액을 지급하지 않는 경우, 정당한 사유 없이 도급계약에 의한 원자재공급을 지연하거나 공급을 하지 않는 경우, 정당한 사유 없이 도급계약의 조건을 이행하지 않음으로써 하수급인이 도급사업을 정상적으로 수행하지 못한 경우 등을 의미한다. 아울러 "정당한 사유"를 판단함에 있어 하수급인의 계약의무 불이행과 같은 내부적 요인과 발주자와의 관계나 천재지변 등과 같은 외부적 요인 등이 있을 수 있는데, 내부적 요인에 한정하는 것이 타당하다는 견해도 있다(하갑래 : 『근로기준법』).

| 직상수급인의 책임 |

1. 연대책임의 범위

하수급인이 직상수급인의 귀책사유로 말미암아 임금을 지급하지 못한 때에 직상수급인이 "연대하여 책임을 진다."고 하는 것은 하수급인이 자기와 근로관계에 있는 근로자에 대하여 임금을 지급할 수 없을 때 직상수급인도 하수급인과 함께 연대하여 임금채무 전부에 대하여 책임을 진다는 뜻이다.

아울러 연대채무는 보증채무와는 달리 보충성이 없기 때문에 직상수급인은 최고·검색의 항변권을 가질 수 없다(민법 제437조).

일반적으로 하수급인보다는 직상수급인의 지급능력이 클 것이기 때문에 근로자들은 직상수급인에 대하여 자신들의 임금을 청구할 것이지만, 근로자는 임의로 그 중 한 사람에 대하여 임금채무의 전부 또는 일부의 이행을 청구할 수 있고 또 그 두 사람에 대하여 동시 또는 순차로 임금채무의 전부 또는 일부의 이행을 청구할 수 있다(민법 제414조).

2. 지휘·감독과 도급인의 직접책임

도급계약에 있어 도급인이 수급인의 일의 진행 및 방법에 대하여 지휘·감독한
다면 도급인과 수급인의 관계는 실질적으로 사용자와 피용자의 관계와 다르지 않
다. 따라서 도급인과 하수급인이 제3자에게 행한 불법행위 등에 대해 민법 제756
조와 제757조에 따라 사용자의 책임을 따질 수 있다. 근로기준법 제43조는 민법 제
756조 등의 특별법적 지위에 있으므로 "구체적인 지휘·감독" 여부가 직상수급인
의 연대책임 요건이 되지는 않는다.

3. 직상수급인과 하수급인의 법률관계

직상수급인이 임금채무를 변제하여 공동으로 면책된 경우에 직상수급인과 하수
급인 사이의 당사자간 거래관계는 근로기준법 시행령 제19조 각 호의 경우에 의하
여 도급계약의 내용에 따라 처리하면 될 것이다. 직상수급인의 귀책사유가 발생하
여 직상수급인이 근로자의 임금을 지급한 경우 단지 하수급인에 대하여 그 임금상
당액의 구상채권을 취득함에 그치게 될 뿐 하수급인에게 지급할 공사대금채무가
그 임금의 범위 안에서 당연히 소멸되는 것은 아니다. 아울러 그 구상채권도 직상
수급인이 근로자에게 그 임금상당액을 지급할 때 발생한다.

이에 대해 대법원은 "근로기준법 제43조 규정에 의하여 자기의 귀책사유로 하수
급인과 근로자에게 임금을 지급하였다 하더라도 직상수급인은 하수급인에 대하여
그가 지급한 임금상당액의 구상채권을 취득함에 그치는 것이므로, 그 임금을 지급
하였다 하여 당연히 그가 하수급인에게 지급할 공사대금 채무가 그 임금 범위 내에
서 소멸되는 것이 아니고 또 구상채권도 직상수급인이 근로자에게 그 임금상당액
을 지급할 때 발생한다 할 것이다(1988. 4. 12., 대법원 87다카1886)."라는 요지의 판
결을 내린 바 있다.

4. 입증책임

　직상수급인이 연대책임을 면하기 위해서는 자신에게 "정당한 사유"가 있었음을 입증하여야 하며, 직상수급인의 귀책사유가 인정되지 않는 경우에는 면책된다. 다만, 여기서 "정당한 사유 없이"라는 말의 의미가 직상수급인에게 고의 또는 과실이 있는 경우까지만 의미하는 것인지, 아니면 그의 세력 범위에 속하는 위험부담까지를 포함하는 것인지는 명확하지 않으나 전자의 견해로 보는 것이 타당하다는 것(김형배 :『근로기준법』)이 일반적이다.

| 위반의 효과 |

　근로기준법 제43조(도급사업에 대한 임금지급)를 위반하여 직상수급인이 임금지급의 연대책임을 지지 않은 경우, 즉 근로자의 임금지급청구에 대하여 정당한 사유 없이 이행하지 않는 경우에는 3년 이하의 징역 또는 2,000만 원 이하의 벌금에 처해진다(근로기준법 제112조). 아울러 동 조의 위반은 직상수급인에 대해서만 문제가 되고, 하수급인에 대해서는 근로기준법 제42조에 의한 임금체불의 책임을 묻게 될 것이다.

4 휴업시 수당지급제도(휴업수당)

| 의 의 |

사용자 귀책사유로 근로자가 근로를 제공하지 못할 때에는 민법 제538조 제1항 규정에 의해 임금을 청구할 수는 있으나 이 경우 사용자의 고의 · 과실 등이 인정되어야 하고 민사소송절차를 거침에 따라 많은 시간이 걸리기 때문에 근로자의 생활이 불안해진다. 이러한 문제점을 해결하기 위하여 근로기준법 제45조는 근로기준법에 있어서는 근로자의 귀책사유가 아닌 사유로 인하여 근로자가 일을 할 수 없게 된 경우에 임금상실이라는 위험으로부터 근로자를 보호하기 위하여 민법의 원리와는 다른 휴업지불제도를 마련하고 있는 바 근로기준법 제45조는 민법의 규정에 대한 근로자의 생존권의 확보를 목적으로 근로자를 보호하기 위해 마련된 특별규정이라고 할 수 있다.

> **근로기준법 제45조 【휴업수당】**
>
> ① 사용자의 귀책사유로 인하여 휴업하는 경우에는 사용자는 휴업기간 중 당해 근로자에 대하여 평균임금의 70/100에 상당하는 금액이 통상임금을 초과하는 경우에는 통상임금을 휴업수당으로 지급할 수 있다.
> ② 제1항의 규정에 불구하고 부득이한 사유로 사업계속이 불가능하여 노동위원회의 승인을 얻는 경우에는 제1항의 기준에 미달하는 휴업수당을 지급할 수 있다.

우리나라도 1989년 3월 29일에 근로기준법이 개정되기 전에는 휴업수당수준을 일본과 같이 평균임금의 60%를 기준으로 하였는데, 법개정으로 상향조정되었다. 이에 대해 한국경영자총협회(경총)은 "평균임금의 70%는 통상임금의 100%를 넘는 경우가 많다."는 이유로 관계조문의 개정을 요구하였다. 이러한 문제점의 해결

방안으로 휴업수당기준을 통상임금으로 정하는 것이 정확할 것이라는 견해도 제시
되어 왔는 바 1997년 개정된 근로기준법에서 "평균임금의 70/100에 상당하는 금액
이 통상임금을 초과하는 경우에는 통상임금을 휴업수당으로 지급"할 수 있도록 제
도를 변경하였다.

| 휴업수당의 지급대상 |

근로기준법 제45조의 휴업수당은 사업장 전체가 휴업하는 경우는 물론 사업장
일부가 휴업하는 경우와 특정근로자에 대하여 근로자의 의사에 반하여 사용자가
취업을 거부하는 경우에도 적용된다.

근로시간의 제한을 받지 않는 도급형태의 근로자, 즉 일이 있을 때만 근로를 하
고 그 성과에 따라 임금이 지급되며 사용자로부터 근로시간의 제한을 받지 않도록
하는 완전도급형태의 근로계약을 체결하였다면 당해 근로계약의 성격상 근로기준
법 제45조의 적용을 받지 않는 것이 원칙이다.

근로계약기간이 정해져 있지 않은 상태에서 근로계약이 1일단위로 체결되어 그
날의 근로가 끝나면 근로관계가 종료되고 다음날 출근의 의무가 없는 일용근로자
는 휴업수당의 적용을 받지 않는 것이 원칙이다. 다만 그러한 근로자라 하더라도
일정한 기간 계속적으로 근로할 것이 객관적으로 인정되거나, 오랫동안 계속적으
로 근로해 오고 있는 상황에서 휴업이 끝나면 계속적으로 근로할 것이 객관적으로
인정될 때는 근로기준법 제45조가 적용될 것이다.[80]

---

80) 1968. 6. 5., 기준 1422-4513.

| 사용자의 귀책사유 |

1. 일반원칙

근로기준법 제45조에 규정된 귀책사유는 민법 제538조에 규정된 귀책사유와 달리 고의, 과실 또는 이와 동등시되는 사유를 요건으로 하지 않으며 "세력범위설" 또는 "지배영역설"의 입장에서 원칙적으로 사용자의 세력범위 안에서 생긴 경영장애를 사용자의 귀책사유로 보아야 할 것이다. 따라서 사용자는 이러한 사유를 불가항력이라고 하여 그의 책임면제를 주장할 수 없다고 해석하는 것이 학계의 통설이다.

2. 사용자의 귀책사유의 판단

이러한 견해는 사업장의 소실, 기계의 파손, 원자재의 부족, 주문량의 감소, 판매부진이나 자재난, 기업시설의 이전을 비롯하여 하수급 공장의 자재·자금난에 의한 휴업, 배급유통기구의 차질에 의한 휴업 등은 일반적으로 사용자의 세력범위 안에 속하는 경영장애로 본다.

① 판매부진 · 자금난

판매부진과 자금난은 특단의 사유가 없는 한 사용자의 세력범위 안에서 생긴 경영장애이다.[81]

② 원자재 부족

원자재 부족은 원칙적으로 사용자의 관리 경영책임 범위에 있다는 것이 일반적인 견해이다.[82] 방직공업 주원료인 원면 중 약간의 국산 원면을 제외하고는 전량을

---

81) 1968. 11. 30., 기준 1455.9-11203.
82) 1970. 12. 5., 근기 1455011502.

미국에서 구입·조달하는 경우에 있어 미국 부두노동자의 파업으로 인해 수송이 불가능하게 된 경우 이는 객관적으로 사용자의 경영상 책임으로 인정할 수 없다[83]거나 원료의 공급이 중단되는 실질적인 원인 여하에 따라 판정되는 것이라는 행정해석[84]이 있으나 "부득이한 사유"로 노동위원회의 승인을 받는 문제는 별론으로 하고 사용자의 원자재 사전비축 책임 등을 감안하여 원자재 부족은 사용자의 세력범위 안에 있는 경영장애로 보는 것이 지배적이다.

③ 공장이전

공장이전 등은 사용자가 자기 책임하에 결정하는 것으로 사용자의 귀책사유로 인정된다.[85]

④ 주문량 감소

정부관리 양곡만을 가공하는 업체에 있어 시장·군수의 가공요구와 같은 구매자의 주문량 변동은 경영사정으로서 원칙적으로 사용자의 귀책사유가 될 수 있다.[86] 군납회사가 군의 수송관계로 일감이 없어 휴업하게 된 경우 사용자가 선량한 관리자로서 최선을 다했는지에 따라 사용자의 귀책사유인지가 결정된다는 견해[87]가 있으나 부득이한 사유로 노동위원회의 승인을 받는 문제를 별론으로 하고 사용자의 세력범위 안에 있는 경영장애로 보는 견해가 지배적이다.

⑤ 시장불황과 생산량 감축

시장불황과 생산량 감축은 원칙적으로 사용자의 귀책사유에 해당한다.[88]

---

83) 1969. 5. 9., 기준 1455.9-4914.
84) 1957. 7. 4., 보노 537.
85) 1970. 2., 기준 1455.9-2428.
86) 1977. 2. 2., 법무 811-2001.
87) 1957. 7. 4., 보노 537.
88) 1968. 1. 5., 기준 1455.9-12.

⑥ 외부적 사유로 인한 정전

한국전력공사의 공사관계 등 외부적 사유로 인한 정전은 사용자의 귀책사유가 아니다.[89] 그러나 사용자가 시설관리 등에 소홀하여 정전이 된 것같이 그 세력범위 안에서 일어난 정전은 사용자의 귀책사유가 된다. 전기공사 등도 마찬가지이다.[90]

⑦ 눈 · 비

돌발적으로 내리는 눈 · 비는 사용자의 귀책사유가 되지 않음이 원칙이다.[91] 따라서 갑작스런 폭설로 통근버스 운행이 불가능하여 당일을 휴일로 대체하였다면 휴업수당지급문제는 발생하지 않는다.[92] 다만 사용자가 눈 · 비를 피할 수 있는 시설을 만들어 놓은 것이 사회통념상 요청되는 상태에서 그러한 일을 게을리 하여 당일을 휴일로 대체하였다면 이는 사용자의 귀책사유가 될 것이다.

⑧ 화 재

화재가 사용자의 귀책사유에 해당하는가는 화재의 원인이 어떠한가에 따라 달라진다. 사용자의 시설관리 소홀 등 사용자의 책임으로 인해 화재가 발생하였다면 이러한 화재는 사용자의 귀책사유가 된다.[93] 천재지변, 기타 제3자의 방화 등 사용자와 전혀 관계없는 화재인 경우 사용자의 귀책사유로 볼 수는 없을 것이다.

⑨ 수 재

수재는 시설관리 등을 감안할 때 사용자가 이를 예방할 수 있다고 사회통념상 인정되는 경우가 아닌 한 사용자의 귀책사유로 볼 수 없을 것이다.

---

89) 1979. 4. 10., 법무 811-8509.
90) 1987. 11. 13., 근기 01254-18029.
91) 1983. 4. 14., 해지 125-6474 ; 1984. 6. 1., 해지 125-12623.
92) 1987. 3. 25., 근기 01254-4826.
93) 1980. 2. 13., 법무 811-3396.

⑩ 갱 안에서의 붕괴사고

갱 안에서의 붕괴사고는 사용자가 그 안전시설을 구비해야 할 책임이 있으므로 사용자의 세력범위 안에 있는 귀책사유이다.[94]

⑪ 예비군 훈련

예비군 훈련일을 휴일로 정하여 휴업하였다면 전 근로자에게 휴업수당을 지급하여야 한다.[95]

⑫ 직장폐쇄

노동조합 및 노동관계조정법상 정당한 직장폐쇄의 경우 휴업수당문제는 발생하지 않는다. 그러나 그 정당성을 인정받지 못한 직장폐쇄는 휴업수당 지급사유가 된다.[96]

│ 휴업수당의 수준 │

근로기준법 제45조 규정에 의하여 사용자의 귀책사유에 의한 휴업수당은 평균임금의 70% 이상이다. 이 경우 평균임금의 산정일은 휴업에 들어가는 첫날이 되고 보통의 경우 (근로자의 평균임금×70%×휴업일수)에 의한 금액이 휴업수당으로 지급될 것이다. 다만 평균임금의 70%에 상당하는 금액이 통상임금보다 많으면 통상임금으로 휴업수당을 지급할 수 있다.

---

94) 1982. 10. 18., 근기 1455-28040.
95) 1987. 9. 30., 근기 01254-15894.
96) 1994. 11. 9., 근기 68207-1770.

1. 임금의 일부를 지급한 경우

사용자의 귀책사유로 인한 휴업기간 중에 근로자가 임금의 일부를 받은 경우에
는 휴업기간에 해당하는 평균임금에서 이미 지급한 임금을 뺀 나머지 금액에
70/100을 곱하여 휴업수당을 산정한다. 이 경우 나머지 금액의 70/100 상당액이
그 기간중의 통상임금보다 많으면 통상임금으로 휴업수당을 지급할 수 있으며, 통
상임금을 휴업수당으로 지급하는 경우에는 통상임금과 휴업기간 중에 지급 받은
임금과의 차액을 지급하여야 한다.

2. 8시간 미만의 휴업

휴업수당은 평균임금을 기초로 하여 산정되는데, 평균임금은 일급기준으로 계산
된다. 따라서 8시간 미만의 휴업인 경우에 휴업수당액은 어떻게 산정하느냐는 문
제가 발생한다. 근로기준법 시행령 제21조를 원용하여 1일분의 평균임금에서 근로
를 제공한 시간분에 대한 통상임금액을 뺀 금액에 70/100을 곱하여 산정하여야 할
것으로 본다. 이 경우 나머지 금액의 70/100 상당액이 그 기간중의 통상임금보다
많으면 통상임금으로 휴업수당을 지급할 수 있으며, 통상임금을 휴업수당으로 지
급하는 경우에는 나머지 시간에 대한 통상임금만 지급하면 된다.

3. 휴업수당 외에 다른 임금 지급 여부

휴업수당의 지급기준은 평균임금이고 평균임금에는 상여금 등이 포함되어 있으
므로, 평균임금의 기초임금에 포함되는 임금은 휴업수당 외 별도로 지급할 사용자
의 법적 의무는 없는 것으로 해석된다.

 **휴업수당과 상여금의 지급**

전 직원에게 상여금 지급이 규정되어 있다 해도 휴업근로자들에게 월평균 급여액의 70%를 지급하기로 한 휴업수당 외에 상여금을 지급할 의무는 없다. 휴업 전과 후의 원고들에 대한 임금지급내역 등에 비추어 보면 합의사항 취지는 휴업수당으로 지급하는 월평균 급여액의 70%를 제외한 여타의 수당 등에 대하여도 조업근로자가 지급 받는 액수의 70%를 휴업근로자에게 지급하기로 한 것이 아니라, 휴업수당의 기준이 되는 월급여 평균액을 산정함에 있어 월급여 항목 중 복지후생 차원에서 지급되는 주택수당 등을 제외하고 근로대가성이 있는 임금 항목에 대해 근무직원들과 동일한 기준으로 지급률을 달리해 지급하기로 한 것으로 부연적인 합의사항에 불과하다 할 것이다. 결국 회사는 한가족협의회에서 노사합의를 통해 휴업근로자들에게 휴업수당으로서 월평균 급여액의 70%만 지급하기로 하였다 할 것이므로, 비록 회사의 급여규정상에 재직중인 전 직원에게 상여금을 지급하도록 규정되어 있고 상여금 반납기한이 경과했다 해도 회사가 원고들에 대해 월평균 급여액의 70% 상당액을 지급하기로 한 휴업수당 외에 급여규정에 따라 상여금을 지급할 의무는 없다.

(2001. 2. 9., 서울지법 99가단163593)

| 휴업수당의 적용완화 |

사용자의 귀책사유가 있다 하더라도 부득이한 사유로 사업계속이 불가능하여 노동위원회의 승인을 얻은 경우, 사용자는 평균임금의 70/100 또는 통상임금 이하의 휴업수당을 지급할 수 있다.

1. 승인신청 및 재심신청의 주체

지방노동위원회의 "휴업수당지급 예외" 승인결정은 수당지급채권의 발생 여부에 직접 영향을 미치는 것으로서 승인신청자는 당해 사용자가 되고 재심신청당사자는 당해 근로자들이다. 이들과 별개의 인격체인 노동조합은 승인결정이나 재심판정에 사실상 이해관계가 있거나, 노동위원회법 제23조 제1항 소정의 관계인에 해당한다 하더라도 재심신청인으로서의 자격은 인정되지 않는다.

비록 중앙노동위원회가 노동조합의 재심신청을 각하하지 않고 그 본안에 들어가 재심신청을 기각하였다 할지라도 노동조합에게 재심신청자격이나 재심판정취소의 소를 제기할 수 있는 원고자격이 인정되지는 않아 이는 적법하지 않다.[97]

2. 성립요건과 노동위원회 결정의 성격

① 성립요건

평균임금의 70% 이하 또는 통상임금 이하로 휴업수당을 지급하기 위해서는 사용자가 부득이한 사유로 사업을 계속하는 것이 불가능하고, 노동위원회의 승인이 있어야 한다.

따라서 부득이한 사유로 사업계속이 불가능하다고 하더라도 노동위원회의 승인을 받지 못하면 휴업수당을 지급하여야 한다.

② 노동위원회 승인의 성격

노동위원회의 승인은 휴업지불예외의 효력요건으로서 아무리 객관적으로 부득이한 사유로 사업계속이 불가능하다 하더라도 노동위원회로부터 승인을 얻지 못하면 그 수당의 지급을 면할 수 없다. 노동위원회의 승인 또는 재심처분은 관계 당사

---

97) 1993. 11. 9., 대법원 93누1671.

자들 사이의 수당지급 발생 여부에 대해 직접적인 영향을 미치는 것이므로 행정처분이며 행정소송의 대상이 된다.[98]

3. 부득이한 사유로 사업계속 불가능의 판단기준

① 원 칙

사용자의 귀책사유로 휴업한 경우 "부득이한 사유로 사업계속이 불가능한 것"이었는지 여부는 사용자가 선량한 관리자로서 최선을 다하였는지 아니면 불가항력적인 것으로 사회통념상 인정될 수 있는지에 따라 판단된다. 휴업수당제도의 취지에 비추어 불가항력적인 사유로서 천재지변, 전쟁 등과 같은 전형적인 사유 외에도 사용자의 세력범위에 속하지 않는 기업 외적인 사정과 통상의 사용자로서 최대의 주의를 기울였으나 피할 수 없는 사고 및 근로자의 행위에 의한 사고 등이 이에 포함된다고 할 수 있다. 구체적으로는 노동위원회가 사안에 따라 사실관계를 조사하여 판단하게 된다. 따라서 노동위원회의 결정기준을 정형화시키기는 어렵다.

② 사업허가취소와 취소원인 치유노력

근로자 집단사퇴로 관계 법규에서 정한 사업허가 기준에 미달하게 되자 일간신문에 기능자격자 모집공고 등 근로자 확보에 노력을 기울여 왔으나 응모자가 없어 취하게 된 휴업조치는 기업의 세력범위 안에서 해소할 수 있는 것이 아니므로 부득이한 사유로 인하여 사업계속이 불가능하였다고 판단한 사례가 있다(1990. 2. 28., 중노위).

③ 예방조치가 불완전한 화재

화재 발생원인을 살펴볼 때 전선이 합선되면서 합판에 인화되어 발화된 점, 콘센트, 형광등 스위치, 환풍기 등에 연결된 전선이 원인 모를 피복의 손상으로 습기 등

---

98) 1968. 9. 17., 대법원 68누151 ; 1982. 9. 24., 근기 1455-26530.

에 의해 누전·발화된 점이 인정되므로 전기시설물이 완벽하게 되어 있다고 단정하기 어려우며, 화재로 인한 형사 및 행정적 책임이 부과되지 않았다고 해서 사용자의 귀책사유가 없는 부득이한 사유의 화재라고 볼 수 없으며 또한 화재범위를 살펴볼 때, 물품을 보관하는 창고만 소실된 것으로서 화재발생 즉시 인근지역의 창고 활용, 기존 창고의 가설수리 등이 가능하므로 선량한 관리자로서 최선을 다하였다고 할 수 없어 부득이한 사유로 인한 휴업으로 인정하기 어렵다고 본 예가 있다 (1984. 6. 15., 경남지노위).

④ 예방대책 등

동절기 계절변화는 사전에 예측할 수 있어, 작업에 지장이 없도록 준비하여야 함에도 간이도로 개설, 저탄장 시설 및 자동선별기 설치 등 가능한 예방조치를 소홀히 한 점을 감안하여 불가항력에 의한 부득이한 휴직으로 보지 않은 예가 있다 (1985. 12. 10., 충북지노위).

⑤ 정밀검사 소홀

권양기(무거운 물건을 들어올리는 기계. 원치라고도 한다)가 작업에 가장 중추적인 역할을 하고 있고, 권양기의 샤프트가 중요한 부품이라면 드럼을 해체하여 샤프트의 이상 유무를 면밀히 점검하였어야 하는데도 설치 이래 정밀검사를 하지 않았으며, 이로 인해 샤프트의 균열을 사전에 발견하지 못한데 대해 사용자의 세력 범위 안에서 발생한 경영장애로 본 예가 있다.

4. 입증책임

불가항력 등 부득이한 사유로 사업계속이 불가능하다는데 대한 입증책임은 휴업수냥지불의 책임을 면하고자 하는 사용자에게 있다.[99]

---

99) 1970. 2. 24., 대법원 69다1568.

5. 휴업수당 완화시 지급수준 및 지급여부

근로기준법 제45조는 노동위원회의 휴업수당액 결정권은 인정될 수 없으며, 사용자가 평균임금의 70/100 또는 통상임금 이하에서 적정한 수준을 결정할 수 있는 것으로 본다. 근로기준법 제45조는 "휴업수당으로 지급할 수 있다."라고 표현하고 있어 휴업수당을 지급하지 않아도 되는지가 명백하지 않다. "할 수 있다"는 표현은 법적으로는 권한이나 재량을 의미하는 것으로 의무규정이 아니다. 따라서 노동위원회로부터 부득이한 사유로 인한 휴업이라는 판정을 받을 경우 휴업수당은 지급하지 않더라도 법 위반이 아닌 것으로 해석된다.

6. 노동위원회의 승인신청

사용자가 근로기준법 제45조 단서의 규정에 의하여 노동위원회의 승인을 받고자 할 때는 관할 노동위원회에 이를 신청하여야 한다.

| 쟁의행위와 휴업수당 |

1. 전면파업

근로자가 정당한 파업에 참가한 경우 근로자는 자기의 목적을 관철하기 위하여 근로의 제공을 거부하는 것이기 때문에 근로자가 사용자에 대하여 지고 있는 근로제공의무를 이행하지 않는 것으로 보아야 한다. 따라서 이를 사용자의 귀책사유로 휴업한 것이라 볼 수 없으므로 휴업수당청구권이 인정되지 않는다 할 것이다. 근로의 대상이 아닌 생활보장적 의의를 갖는 임금은 지급대상이 된다는 반대설이 있으나 우리 법은 무노동 무임금원칙을 직접 명시함으로써 이를 해결하고 있다.

2. 부분파업

부분파업시 파업 불참자나 비조합원이 근로를 희망하고 근로를 제공할 상태에 있을 때 사용자가 그들의 근로수령을 거절하면 휴업수당지급을 청구할 수 있는가의 문제가 발생하는데, 두 가지 경우로 나누어 설명할 수 있다.

① 근로 희망자만으로 조업을 할 수 있는 경우
사용자에게 근로기준법상 휴업수당 지급의무는 물론 민법 제538조 제1항에 따라 임금을 지급할 민사상 책임도 발생될 수 있을 것이다.

② 근로 희망자만으로 조업을 할 수 없을 경우
파업은 노사관계에 있어 예측이 가능하므로 불가항력이라고 할 수는 없다. 그러나 이를 사용자의 세력범위에 속하는 단순한 노동력 공급부족 현상이라고 볼 수도 없는 것이 사실이다. 또한 노동조합의 전략적인 부분파업에도 불구하고 사용자가 휴업수당을 지급할 경우 형평의 원칙에 어긋나고, 파업결과가 근로 희망자들에게도 근로조건의 향상이라는 차원에서 볼 때 근로자 전체가 휴업수당 지급의무는 없다고 볼 수 있다. 그러나 법률관계를 명확히 하기 위해서 사용자는 직장폐쇄를 활용할 수 있을 것이다.

3. 직장폐쇄

직장폐쇄가 집단적 노사관계법상 정당성을 가지는 한 사용자의 휴업수당 지급의무는 없다. 그러나 직장폐쇄가 위법한 경우에는 사용자에게 휴업수당 지급의 의무가 있으며[100] 민법 제538조 제1항에 따라 임금전액을 지급할 민사상 책임이 발생할 수 있다.

---

100) 1969. 10. 30., 기준 1455.9-11349.

| 휴업수당 지급의 방법과 소멸시효 |

휴업수당은 근로기준법의 체계 또는 취지에서 임금의 일종으로 보아 그 지급방법에 대하여는 임금지급에 관한 규정인 근로기준법 제42조의 적용을 받는다. 따라서 특별한 약정이 없는 한 통화로 직접 근로자에게 그 전액을 지급하고 매월 1회 이상 일정한 기일에 지급하여야 할 것이다. 한편 휴업수당청구권의 시효는 근로기준법 제48조의 적용을 받아 3년으로 보아야 한다.

| 위반의 효과와 휴업수당의 효력 |

1. 벌 칙

본조에 위반하여 휴업수당을 지급하지 않은 사용자에 대하여는 3년 이하의 징역 또는 2,000만 원 미만의 벌금에 처하도록 되어 있다. 이는 휴업수당이 임금에 대신하여 지급되는 것이므로 임금체불의 경우와 같이 처벌할 수 있도록 하고 있는 것이다.

2. 휴업수당과 민법 제538조 제1항과의 관계

민법의 규정에 의하면 사용자의 귀책사유로 인하여 이행불능의 경우에 근로자에게는 임금전액에 대한 청구권이 발생하지만 근로기준법 제45조 규정에 의하면 휴업수당으로서 평균임금의 70/100 이상의 청구권이 발생할 뿐이다. 이 두 제도의 관계를 명확히 하기 위해서는 첫째, 근로기준법 제45조의 귀책사유는 민법상의 귀책사유에 해당할 수 없는 경영상의 장애까지 모두 포함되어 있다는 점과 둘째, 민법상의 귀책사유 요건이 갖추어진 경우에도 근로기준법 제45조는 근로자가 임금전액을 청구하는 것을 막지 않는다고 해석된다. 따라서 사용자의 고의, 과실이 인정되는 사유에 의한 휴업의 경우에는 근로기준법 제45조에 의한 휴업수당청구권과 민법의 규정에 의한 임금전액에 대한 청구권이 동시에 발생되어 이 두 청구권은 경합관계에 서게 된다. 이때 휴업수당 지급의 한도 내에서는 민법상의 청구권은 소멸하고, 임금지급이 평균임금의 70/100 이상이 되는 부분에 관해서는 휴업수당청구권이 소멸한다고 해석된다. 즉 근로자가 휴업수당을 받았다 하더라도 민법상 사용자의 귀책사유의 요건이 갖추어진 경우에는 민사상 임금전액을 청구할 권리를 가지며, 휴업수당의 한도 내에서 민법상 청구권은 성립하지 않는다.

3. 휴업수당과 중간수입공제의 문제

민법 제538조 제2항의 규정에 의하여 채무를 면한 채무자는 자기의 채무를 면함으로써 이익을 얻은 때에는 이를 채권자에게 상환해야 하는 것으로 되어 있는 바, 근로기준법의 휴업수당 규정은 민법에 의한 청구권과는 별개의 기초에 입각하여 근로자의 생존권을 보호하기 위한 규정이므로 여기에 민법의 이익상환규정이 적용될 여지는 없다 할 것이다. 대법원 판례에서도 부당해고에 있어 중간수입공제의 한도를 평균임금의 70%로 봄으로써 사용자의 귀책사유로 인한 휴업수당에 있어 중간수입공제의 여지는 인정하지 않고 있다.

4. 부당해고와 휴업지불

해고가 부당하게 이루어져 복직되었다 하더라도, 부당해고로 인한 손해배상의 문제는 별론으로 하고, 당연히 근로기준법 제45조의 휴업수당지급의 문제는 발생하지 않는다. 따라서 부당해고로 인한 임금전액의 청구에 있어서 해고기간 중 다른 직장에 취업하여 얻은 중간수입에 대하여는 공제의 대상이 되는데 공제의 범위는 휴업지불의 한도가 된다.

| 해고기간과 임금청구권 |

근로기준법 제30조 제1항에 의하면 "사용자는 근로자에 대하여 정당한 이유 없이 해고, 휴직, 정직, 전직, 감봉, 기타 징벌을 하지 못한다."고 규정하였다. 그러나 정당한 이유 없이 해고된 근로자가 해고무효의 판결(또는 가처분결정)을 얻어 직장에 복귀하는 경우에는 해고된 때부터 무효판결을 얻었을 때까지의 임금은 그 동안 근로계약관계가 존속하고 있었던 것으로 간주하여 쌍무계약에 있어서 일방채무의 이행불능이 있는 경우의 반대급부 청구권 문제로서 처리된다. 즉 객관적으로 정당한 이유가 없는 해고를 한 사용자는 해고에 의한 근로자의 취로불능에 대하여 원칙적으로 "귀책사유"가 있다고 할 것이므로 근로자는 해고기간 중의 임금청구권을 상실하지 않는다. 그러나 예외적인 예를 들어 유니온 숍 협정에 근거한 해고가 이루어진 후에 노조탈퇴처분의 무효를 이유로 무효로 된 때에 사용자가 해고시에 탈퇴처분의 무효임을 아는 것이 극히 곤란하다고 인정되는 경우에는 사용자의 "귀책사유"가 부정되는 경우가 있을 것이다.

| 해고기간중의 임금산정 |

해고기간중의 임금청구권이 인정되는 경우 그 금액은 당해 근로자가 해고되지 않았다면 근로계약상 확실히 지급되었을 임금의 합계액이 된다.

이에 대한 대법원의 판례에 의하면 "사용자가 근로자에 대한 해고처분이 무효이거나 취소된 때에는 그 동안 고용관계는 유효하게 계속되고 있었는데도 근로자가 근로를 제공하지 못한 것은 부당한 해고가 사용자의 귀책사유로 말미암은 것이므로 근로자는 계속 근로하였을 경우에 받을 수 있는 임금 전부의 지급을 청구할 수 있다. 원심이 이와 같은 취지에서 본봉에 제 수당을 합친 급여액에서 원천징수 세액을 공제한 금액의 지급을 피고에게 명한 조치는 정당하다."고 판시하여 임금의 범위를 명확히 하고 있다.

이것은 기본급, 제 수당, 상여금 등에 이르게 되는데 통근수당과 같이 실비변상적인 것이거나 잔업수당과 같이 현실적으로 잔업에 종사함으로써 비로소 청구권이 발생하는 것 등은 제외된다.

또 이들 임금액이 출근율 실적과 사정 등에 의거 상이하게 산정되는 경우에는 가장 개연성이 높은 기준에 따라 산출하여야 할 것이다. 해고기간중의 임금인상도 동일하게 개연성이 높은 배부기준을 사용하여 인정해야 하나 승급이나 승격은 사용자에 의한 발령이 있음으로 해서 비로소 성취되는 것이므로 인정이 곤란하다.

| 해고기간중의 임금과 중간수입 |

해고기간중의 임금에 관한 또 하나의 문제는 근로자가 해고된 후 해고무효 판결을 얻을 때까지의 기간에 다른 업소에서 일을 하여 수입을 얻고 있는 경우에 사용자는 그 중간수입을 근로자에게 소급 지급해야 할 임금액에서 공제할 수 있는가의 문제이다.

해고근로자가 해고기간에 다른 직장에 취업해 수입을 얻었더라도 해고가 부당한 것으로 확인되면 사업주는 평균임금의 70%를 지급해야 한다는 판례[101]가 있다. 이 판례에 의하면 "사용자의 귀책사유로 인하여 해고된 근로자는 위 근로자에게 해고기간중의 임금을 지급함에 있어 민법 제538조 제2항에 의하여 위의 이익(이른바 중간수입)의 금액을 임금액에서 공제할 수 있는 바, 다만 근로자가 지급 받을 수 있는

---

101) 1991. 6. 28., 대법원 90다카25277.

임금액 중 소정의 휴업수당 한도 내에서는 이를 이익공제의 대상으로 삼을 수 없고, 그 휴업수당을 초과하는 금액에서만 위의 중간수입을 공제하여야 할 것이다." 라고 결론을 내리고 있다.

휴업수당과 중간수입공제 범위

근로기준법 제38조는 근로자의 최저생활을 보장하려는 취지에서 사용자의 귀책사유로 인하여 휴업하는 경우에는 사용자는 휴업기간중 당해 근로자에게 그 평균임금의 70/100 이상의 수당을 지급하여야 한다고 규정하고 있고, 여기서의 휴업에는 개개의 근로자가 근로계약에 따라 근로를 제공할 의사가 있음에도 불구하고 그 의사에 반하여 취업이 거부되거나 또는 불가능하게 된 경우도 포함되므로 근로자가 사용자의 귀책사유로 인하여 해고된 경우에도 위 휴업수당에 관한 근로기준법이 적용될 수 있으며, 이 경우에 근로자가 지급 받을 수 있는 해고기간중의 임금액 중 위 휴업수당의 한도에서는 이를 위 중간수입 공제의 대상으로 삼을 수 없고, 그 휴업수당을 초과하는 금액범위에서만 공제하여야 할 것이다.

(1991. 12. 13., 대법원 90다18999)

| 해고와 불법행위 |

해고가 징계권의 남용으로서 불법행위에 해당될 때에는 사용자에게 손해배상의무를 생기게 할 수 있다는 것이 최근 명확하게 성립되고 있다. 일반적으로 권리남용인 해고에 대하여는 사용자의 고의·과실이 있는 한 근로자의 고용이 유지하는 이익이나 명예를 침해하는 불법행위가 될 수 있다. 그러나 고의·과실, 인과관계, 손해의 발생 등 불법행위의 성립요건을 하나하나 검토한 후에 결론이 내려져야 하며 권리남용인 해고가 원칙적으로 불법행위가 된다고는 해석할 것이 아니다.

| 복직거절로 인한 임금상승 누락분의 청구 |

근로자가 징계해고처분을 당하게 되자 회사를 상대로 해고처분의 무효확인 및 해고기간 동안의 임금청구 소송을 제기한 사건에서 근로자가 원직에 복직하였더라면 다른 근로자들과 마찬가지로 승급 및 임금상승률에 따라 상승된 임금을 받을 수 있었을 터인데 회사가 근로자를 원직에 복직시켜 주지 않는 바람에 근로자는 그와 같은 임금상승의 혜택을 받을 수 없게 되어 그 임금상승분 만큼의 손해를 입게 되었을 때의 구제방법의 문제이다.

이에 대하여 고법판례[102]는 "민사소송상 주위적으로는 원직에 복직시켜 주어야 할 채무의 불이행에 기하여, 예비적으로는 복직거절이라는 불법행위에 기하여, 그 손해의 배상을 구한다는 근로자의 청구에 대하여 첫째, 원고와 피고 사이에 이미 확정된 판결과 이 사건 주위적 청구는 모두 임금 또는 이에 준하는 임금상당의 채무불이행을 원인으로 한 손해배상 청구로서 그 소송의 목적을 같이 하고, 청구원인도 동일한 근로계약 내지 근로계약 의무불이행을 원인으로 한 것이어서 특단의 사정이 없는 한 전소(前訴)의 확정판결의 기판력은 이 사건 주위적 청구에 영향을 미친다. 둘째, 전소와 예비적 청구는 그 법률적 평가를 달리하고 있기는 해도 위 해고시부터 복직시까지 부당한 징계해고처분을 원인으로 한 임금상당의 금원지급을 구하고 있다는 점에서 법률사실은 동일하다. 따라서 두 소의 소송물은 동일하다고 할 수 있으므로 특단의 사정이 없는 한 전소의 기판력은 이 사건의 예비적 청구에도 영향을 미치고 있다. 그렇다면 이 사건의 주위적 청구와 예비적 청구는 어느 것이나 소의 이익이 없어 부적법하다."고 판단하였다.

그러나 대법원은 "두 소(訴)의 소송물이 동일한 법률사실에 기하고 있다 하더라도 청구원인이 다르다면 그 소송물은 별개라 할 것인 바, 이 사건에서 보면 판결이 확정된 전소는 해고기간 동안의 임금을 종전 임금에 따라 청구한 것인데 대하여,

---

102) 1988. 3. 25., 서울고법 87나4960.

후소(後訴)인 이 사건 청구는 복직의무 불이행 또는 복직거절로 인한 임금상승 누락분을 손해금으로 청구하는 것이어서 양자는 청구취지와 청구원인을 전혀 달리하고 있어 소송물 또한 별개임이 명확하다."며 원심을 파기, 소송물이 별도임을 명확히 한 바 있다.

| 복직시 부당이득반환 |

복직시 퇴직금 해고예고수당 등 부당이득의 반환

행정관청의 명령에 의해 복직된 근로자가 해고 당시 지급 받았던 퇴직금과 퇴직예고수당은 원칙적으로 복직시에 사업주에게 반환하여야 할 것이나, 이를 반환하지 않았다면 근로자가 부당이득을 취한 것으로 보아야 할 것이다.

한편, 근로기준법 제36조(신법 제42조)는 임금을 매월 1회 이상 근로자에게 전액 지급하도록 규정하고 있고, 민사소송법 제579조는 급료·봉급·상여금 등의 1/2을 압류금지채권으로 규정하고 있으며, 민법 제497조는 압류금지채권을 수동채권으로 하는 상계를 금지하고 있음을 볼 때 근로자의 부당이득을 이유로 임금채권을 압류하거나, 부당이득금과 임금채권을 상계하는 것은 원칙적으로 금지되어 있다.

따라서 근로자의 부당이득금 반환지연을 이유로 월급여액 전액의 지급을 거부 또는 보류하는 것은 근로기준법에 위반되는 것으로 판단되며, 근로자의 부당이득금에 대해서는 민사절차를 통해 반환 받아야 할 것이다.

(1996. 9. 2., 임금 68207-428)

근로자가 사망 또는 퇴직한 경우에 당해 근로자의 권리에 속하는 금품이 신속하게 지급되지 않는다면 퇴직근로자 또는 사망근로자 유족의 생활이 곤란하게 되고 또한 기일이 경과함으로써 금품의 반환에 따르는 불편과 시비가 야기될 우려가 있으므로 이와 같은 폐단을 배제하려는데 그 입법 취지가 있다.

근로기준법 제36조【금품청산】

사용자는 근로자가 사망 또는 퇴직한 경우에는 그 지급사유가 발생한 때로부터 14일 이내에 임금·보상금, 기타 일절의 금품을 지급하여야 한다. 다만 특별한 사정이 있을 경우에는 당사자간의 합의에 의하여 기일을 연장할 수 있다.

근로기준법 시행령 제13조【금품청산기간】

법 제36조 단서 규정에 의한 기일연장은 3개월을 초과하지 못한다.

| 금품청산의 당사자 |

1. 청구권자

① 근로자 본인

근로자가 해고, 퇴직 등의 경우 금품청산의 청구권자는 당연히 근로자 본인이 된다. 퇴직이란 자발적 퇴직은 말할 것도 없고, 일반해고 및 징계해고인 경우도 포함된다. 일반채권자는 임금의 직접지불원칙상 그 청구권자에 포함되지 않는다.

② 근로자가 사망한 경우

근로자가 사망한 경우 금품 청구권자는 그의 재산상속인이 되는데 재산상속인의 범위는 민법의 일반원리에 따르게 된다. 다만 여기서 말하는 상속인 중에서 취업규칙에 의해 그 순위(그 순위에서는 혼인신고를 하지 않았어도 사실상 혼인관계에 있는 자를 배우자와 마찬가지로 취급한다)를 변경한 경우에는 그 자에게 지급하여도 위반되지 않는다.

2. 금품청산 의무자

① 사용자

금품청산 의무자는 사용자 특히 사업주 또는 사업경영담당자가 되며 형식상 대표이사가 아니라는 이유로 그 책임을 면할 수 없다.

② 정리회사의 공동관리인

정리회사의 공동관리인은 근로기준법 제15조 소정의 사용자로 금품청산의 의무자가 되는데, 회사정리법에 의한 정리절차가 개시된 이후 그 회사의 대표이사는 금품청산 의무자가 아니다.

| 금품청산의 범위 |

1. 임 금

임금은 근로기준법 제18조의 임금을 말한다. 일반적으로 이미 제공한 근로의 대상인 임금을 의미하지만 근로자가 지급을 요구할 수 있는 임금은 모두 포함된다. 예를 들어 "월의 도중에 퇴직한 경우에는 그 월분의 임금을 전액 지급한다."는 특약이 있는 경우에는 그 특약에 의하여 근로하지 않은 부분에 대한 임금도 청구할 수 있다.

2. 보상금

보상금이란 재해보상금을 말하며 요양보상(근로기준법 제81조), 휴업보상(근로기준법 제82조), 장해보상(근로기준법 제83조), 유족보상(근로기준법 제85조), 장사비(근로기준법 제86조), 일시보상(근로기준법 제87조), 분할보상(근로기준법 제88조) 등의 근로기준법 제81조에서 제88조에 규정된 일체의 보상금을 말한다. 산업재해보상보험법의 적용을 받는 사업장인 경우에는 국가가 재해보상금 지급의 책임을 지지만 그렇지 않은 사업장으로서 근로기준법의 적용을 받는 사업장의 경우에는 사용자에게 당해 근로자의 퇴직 이후에도 재해보상 책임이 있다.

3. 일체의 금품

기타 일체의 금품이라 함은 적립금, 보증금, 저축금, 퇴직금, 해고예고수당 등 명칭에 관계없이 근로자에게 귀속할 일체의 금품을 말한다. 즉 근로자의 소유권에 속하는 금전으로서 근로관계와 관련하여 사용자에게 예치 또는 보관을 부탁한 것을 포함한다.

사용자는 근로자가 사망, 기타 퇴직의 사유로 근로관계가 종료되면 14일 이내에 금품을 청산하여야 한다. 여기서 퇴직사유라 함은 근로자 본인의 임의퇴직에 한하지 않으며 근로계약기간의 만료나 정년에 의한 근로계약의 종료뿐만 아니라 해고의 경우 등도 포함된다.

1. 기산점

사용자의 금품청산 의무는 그 지급사유가 발생한 날로부터 기산하여야 한다. 근로자의 사망 또는 기타의 퇴직사유로 사용자와 근로자 사이의 근로관계가 종료되면 즉시 임금 · 보상금 · 퇴직금 · 기타 일체의 금품에 관하여 사용자에게는 지급의무가, 근로자에게는 지급청구권이 발생한다. 사직의 경우는 사직서를 제출한 날이 아니라 사직서가 사용자에 의하여 수리된 날을 가리키며, 사용자가 수리를 거부하는 경우에는 사직서를 제출한 날로부터 30일이 경과한 날이 된다. 또 해고의 경우에는 해고예고기간이 경과한 때로부터 금품청산기간이 기산될 것이지만 해고예고수당을 지급하는 경우에는 해고의 의사표시를 한 때로부터 기산될 것이다.

2. 기간의 계산

금품청산 사유가 발생한 때에는 근로자의 지급청구가 없더라도 그때로부터 14일 이내에 금품을 청산하여야 하는데, 14일의 계산은 근무할 수 있는 날과 관계없이 역일에 따라 계산한다.

3. 임금지급일과의 관계

임금마감일과 임금지급일이 각각 달리 정해져 있는 경우가 있는 경우라 하더라도 임금마감일 또는 임금지급일과 관계없이 지급사유가 발생한 날로부터 14일 이내에 지급해야 한다.

| 금품청산 시기의 유예 |

1. 연장기간

현실적으로 14일 이내에 청산할 수 없는 특별한 사정이 있는 경우에는 당사자간의 합의에 의하여 기일을 연장할 수 있다. 그러나 이러한 단서규정에도 불구하고 근로기준법 시행령 제13조에 의해 기일 연장은 3개월을 초과하지 못하도록 하고 이를 초과한 경우 벌칙조항인 제112조에 의해 처벌되도록 정하여 왔으나 판례[103] 에 의하여 이 시행령은 무효가 되었다. 그러므로 당사자간에 일정기간의 연장합의가 있다면 그 연장기일의 합의가 3개월을 초과하였는지에 관계없이 제36조 단서에 의한 형사처벌의 대상에서 제외된다.

---

103) 1998. 10. 15., 대법원 98도1759. "근로기준법 제36조 단서에서 임금 · 퇴직금 청산기일의 연장합의의 한도에 관하여 아무런 제한을 두고 있지 아니함에도 불구하고, 시행령 제13조에 의하여 법 제36조 단서의 내용을 변경하고 법 제112조와 결합하여 형사처벌의 대상을 확장하는 결과가 된다 할 것인 바, 이와 같이 법률이 정한 형사처벌의 대상을 확장하는 내용의 법규는 법률이나 법률의 구체적 위임에 의한 명령 등에 의하지 않으면 아니 된다고 할 것이므로, 결국 모법의 위임에 의하지 아니한 시행령 제13조는 죄형법정주의의 원칙에 위배되고 위임입법의 한계를 벗어난 것으로서 무효라고 할 것이다."

2. 특별한 사정

특별한 사정이라 함은 천재지변, 기타 이에 준하는 부득이한 사정으로서 지급의무의 이행을 위한 노력을 다했음에도 불구하고 그 의무를 이행할 수 없는 사정을 말한다.

3. 근로자와의 합의 형식

근로자와의 합의는 일정기간에 대한 약속어음을 주고받는 것처럼 서면으로 이루어지는 것이 바람직하다. 그러나 말로 약속하였다 하더라도 이를 입증할 수 있는 한, 효력이 부정되지는 않는다.

4. 기간연장의 기산점

금품청산의 기간연장의 기산점은 역시 퇴직의 효력이 발생한 날이 될 것이며, 퇴직의 효력이 발생한 후 본래의 금품청산기간인 14일이 경과한 날이 아니라고 할 것이다.

| 위반의 효과 |

근로자의 퇴직, 해고, 사망 등 근로관계가 종료된 경우에 사유 발생일로부터 14일 이내에 사용자가 금품을 청산하지 않으면 3년 이하의 징역 또는 2,000만 원 이하의 벌금에 처해진다(근로기준법 제112조). 금품청산 규정에 위반하는 경우나 임금지급원칙에 위반하는 경우 벌칙내용은 동일하다.

감액지급 제한제도(감급의 제재)

사용자는 근로자에 대하여 정당한 사유가 있으면 근로기준법 제30조 규정에 따라 해고, 휴직, 정직, 감봉, 기타 징벌을 할 수가 있다. 그러나 이중 감봉 또는 감급은 근로가 제공되었음에도 일단 발생한 임금채권을 감액하는 것이므로 노동력 착취의 논란이 있을 수 있으며, 그것이 지나치게 많은 금액일 경우에는 근로자의 생활을 위협할 염려가 있다. 이 같은 피해를 방지하기 위하여 근로기준법 제98조는 감급의 최고한도액을 규정하고 있다.

> 근로기준법 제98조 【제재규정의 제한】
>
> 취업규칙에서 근로자에 대하여 감급의 제재를 정할 경우에는 그 감급은 1회의 액이 평균임금의 1일분의 1/2을, 총액이 1임금지급기에 있어서의 임금총액의 1/10을 초과하지 못한다.

| 제재의 범위 |

근로기준법이 금지하고 있는 감급의 내용에 대해 행정해석의 내용을 종합하여 정리하면 다음과 같다.

- 1회의 사범(事犯)이 1일분의 반액을 초과하는 경우
- 1회의 사범이 1임금지급기에 있어서의 임금총액의 1/10을 초과하는 경우

- 여러 개의 사범이 1임금지급기에 발생한 경우로서 각각의 사범에 대한 감급의 합계액이 1임금지급기에 있어서의 임금총액의 1/10을 초과하는 경우
- 1회의 사범에 대하여 여러 개월에 걸쳐 나누어 감급을 하더라도 그 금액을 모두 합한 금액이 1임금지급기에 있어서의 임금총액의 1/10을 초과하는 경우

| 감급 제한의 대상 |

1. 판단기준

근로기준법 제98조에 규정된 감급 제한이 되는 임금은 평균임금이다. 따라서 감급 한도를 넘었는지 판단할 때는 특정임금만을 대상으로 할 것이 아니고 여러 가지 항목을 모두 합하여 평균임금을 산정한 후 이를 기준으로 하는 것이 원칙이다.

2. 상여금과 감급의 제재

상여금은 경영실적, 근로자의 근무성적이나 근무태도 등에 따라 차등 지급할 수 있는 것이므로 일정한 제재기준을 단체협약 등에 정하여 그러한 기준에 따라 산정된 금액을 빼고 지급하거나 다른 지급제한 규정을 두더라도 근로기준법 제98조의 기준을 초과할 수 없다는 견해가 있다.

3. 퇴직금과 감급

퇴직금도 후불임금으로 볼 수 있으나 일반적인 임금과는 그 성격이 달라 평균임금에 포함되지 않는다. 따라서 퇴직금은 근로기준법 제98조에 따라 감급의 제한을 받는 대상임금이 아니다. 따라서 퇴직금제도를 설정함에 있어 징계해고 사유별로

누진율을 달리 한다거나 하는 제도를 설정하더라도 이러한 제도가 전 근로자에게 일률적으로 적용되는 한 근로기준법 제34조 제2항 위반이 아니다. 다만 이 경우에도 법정퇴직금보다 낮은 퇴직금을 지급할 수는 없다.

| 결근 · 지각 · 조퇴와 감급의 제재 |

감급의 제재를 할 수 있는 근로자의 귀책사유에 대하여는 단체협약, 취업규칙 등에 정하여 운용하면 된다. 이 경우 그 기준이 사회통념상 합리적이고 공정하다면 무효가 되지는 않을 것이다.

1. 순수한 월급제와 감급의 제재

결근, 지각, 조퇴의 경우에도 임금을 깎지 않는 것이 원칙인 순수월급제에 있어서도 취업규칙 등으로 정하여 결근 등이 감급을 비롯한 징계사유가 될 수 있으며 감급의 제한을 받는다.

2. 미제공 근로에 대한 임금삭감과 감급의 제재

시간급 또는 시간급적인 일급 · 월급에 있어서 지각, 조퇴, 결근의 경우 그 시간에 상응하는 임금을 삭감하는 것은 근로를 제공하지 않은 결과에 따른 것으로 삭감액이 법정 감급한도액을 넘는다 하더라도 이를 근로기준법 제98조 위반으로 볼 수는 없다.

3. 결근으로 간주하기로 한 지각 · 조퇴와 감급

여러 번의 지각 · 조퇴를 결근으로 간주하도록 정하더라도 법정 휴일 · 휴가부여를 위한 출근율 계산시 결근으로 취급하면 안 되고 결근에 해당하는 임금을 공제하는 것도 위법하다. 그러나 지각 또는 조퇴 등에 대해 그 시간에 해당하는 임금을 삭감하거나 단체협약이나 취업규칙 등에 영향을 주는 제도를 채택할 수는 있을 것이다. 다만 결근일수에 따라 상여금 등을 삭감하는 경우 결근일수 비율 이내에서 이루어지는 것이 사회통념상 적당하다.

| 감급의 제재와 다른 징계와의 관계 |

1. 출근정지 · 휴직 · 정직과의 관계

근로자가 자신의 귀책사유로 인해 취업규칙 등에 정한 정당한 사유에 의해 출근 · 정지 · 휴직 · 정직 등의 징계를 받음으로써 출근하지 못하여 임금을 지급 받지 못했다면 이는 징계의 결과, 근로를 제공하지 못한데 따른 것으로서 근로기준법 제98조 위반은 아니다.[104]

2. 승급정지와의 관계

제재의 수단으로 정기승급에 있어 불이익을 주는 승급정지는 이미 발생한 임금의 삭감이라고 볼 수 없을 뿐 아니라 같은 직급의 업무를 계속 담당하면서 같은 임금을 받게 되는 것이므로 감급의 제재규정에 위반되지 않는다고 해석된다.[105]

---

104) 1966. 7. 14., 노정근 1455.
105) 1993. 7. 9., 근기 01254-1508.

3. 강위 · 강등과의 관계

직급이나 직위 또는 호봉을 강등시키는 제재를 받은 경우 근로기준법 제98조 적용 여부는 종전의 직무를 그대로 맡고 있는지 여부에 따라 판단된다. 강등(降等) · 강위(降位)가 종전업무를 계속 유지하면서 임금만을 깎는 취지라면 근로기준법 제98조 위반이 된다. 그러나 직무를 바꾸는 취지라면 임금삭감이 직무변경에 수반하는 결과로서 감급제재규정에 위반되지는 않는다.[106] 다만 이 경우 직무변경이 책임과 의무 등에 있어 종전 직무와 동일가치노동이라면 감급 제재규정의 적용을 받게 될 것이다.

| 적용 제외 |

근로기준법의 적용을 받지 않는 자는 물론이고 근로기준법의 적용을 받더라도 사립학교교원과 같이 특별법에 규정이 있는 경우에는 감급 제재규정의 적용이 배제된다. 사립학교법 제61조 제4항에는 감봉은 1개월 이상 3개월 이하의 기간, 보수의 1/3을 감액한다고 규정하고 있다.

| 위반의 효과 |

근로기준법 제98조를 위반하여 감급의 제재를 한 사용자에 대하여는 근로기준법 제115조 제1호 규정에 따라 500만 원 이하의 벌금에 처한다. 근로자는 근로기준법 제98조에서 정한 기준을 초과한 감급액에 대해서는 임금지급청구권을 갖는다.

---

106) 1966. 7. 4., 노정근 1455 ; 1993. 3. 26., 근기 01254-467.

제 7 장 퇴직금제도

퇴직금제도의 운영 현황

| 운영 현황[107] |

1. 적용대상

퇴직금 제도는 1961년 30인 이상 사업장에 강제 적용된 후 그 대상이 점차 확대되어[108] 현재 5인 이상 사업장에 적용되고 있으며 2000년 말 적용대상 근로자는 7,385천 명으로 전체 근로자의 83.7% 수준이나 2001년 취업자 및 경제활동인구를 기준으로 할 경우 적용비율은 각각 34.6%, 33.3%로 매우 낮은 상황이다.

▶ 적용대상 근로자 현황

구 분	계	상용근로자(명)	임시 · 일용근로자
전체 규모	8,817,412명(100.0%)	7,769,713명(88.1%)	1,047,698명(11.9%)
5인 이상	7,384,537명 (83.7%)	6,581,759명(89.1%)	802,778명(10.9%)

주 : 사업장 전체 종사자수에서 자영업주와 무급가족종사자 제외(노동부 :「사업체노동실태현황」. 2001년)

▶ 적용대상 근로자 비율

퇴직금적용대상자수(A)	취업자(B)	경제활동인구(C)	A/B	A/C
7,385,000명	21,362,000명	22,181,000명	34.6%	33.3%

---

107) 노사정위원회 :「퇴직금 논의 자료」. 2003. 9., 노동부 보고 자료를 수정 인용함.
108) 적용대상 확대 : 1975년 16인 이상, 1987년 10인 이상, 1989년 5인 이상.

2. 중간정산 활용

1997년 근로자의 목돈 수요와 기업의 퇴직금 부담을 고려하여 근로자의 요구와 사용자의 동의를 전제로 퇴직 전이라도 정산할 수 있도록 중간정산제를 도입 이래로 설립연도가 오래된 대규모 기업을 중심으로 퇴직금 중간정산을 실시한 사례가 증가하여 왔다.

▶ 중간정산 현황

구 분	계	300인 미만	300인 이상
1998년	25.5%	22.3%	40.1%
1999년	32.4%	28.5%	50.2%

자료) 한국노동연구원 : 「퇴직금제도에 관한 기업의 운영실태 및 개선의견조사」. 2000.

3. 퇴직보험 활용

1997년 퇴직금의 지급보장성 제고를 위해 퇴직보험제도를 도입한 이래 2001년 퇴직보험 등을 통한 사외적립액은 11조 5,000억 원 규모에 이르고 있다.

▶ 퇴직금보험 가입실적

퇴직보험(생보 · 손보)	퇴직일시금신탁(은행 · 투신)	계
9조 3,280억 원	2조 1,952억 원	11조 5,232억 원

주 : 퇴직보험 : 2001년 9월 말 기준, 퇴직일시금신탁 : 2001년 12월 말 기준

4. 퇴직금채권 우선변제 현황

퇴직금을 민사소송으로 청구하는 경우 담보채권이나 조세·공과금을 제외하고
는 다른 채권보다 우선하여 변제하며, 특히 최종 3년간의 퇴직금은 질권·저당권
에 의해 담보된 채권보다도 우선하여 변제하는 최우선변제 제도를 도입하고 있다.

한편, 1998년 도산기업 근로자의 임금 및 퇴직금채권을 보호하기 위하여 임금채
권보장제도를 도입한 이래 기업의 도산으로 지급 받지 못한 최종 3년간의 퇴직금
은 임금채권보장기금에서 지급하고 추후 사업주에게 구상하고 있다.

▶ 체당금 지급실적

구 분	지급액(100만 원)	지급인원(명)
퇴 직 금	81,155	35,720
임금·휴업수당	90,048	47,186

주 : 2001년 12월 말 현재

| 취지 및 법적 근거 |

퇴직금은 계속적인 근로관계가 끝남에 따라 사용자가 퇴직하는 근로자에 대하여
지급하는 급부라고 정의할 수 있다. 우리 근로기준법 제34조는 사용자에게 퇴직금
제도의 설정을 의무화하고 있다.

근로기준법 제34조 【퇴직금제도】

① 사용자는 계속근로연수 1년에 대하여 30일분 이상의 평균임금을 퇴직금으로서 퇴
직하는 근로자에게 지급할 수 있는 제도를 설정하여야 한다. 다만 근로연수가 1년 미
만인 경우에는 그러하지 아니하다.

이러한 "법정 퇴직금제도"는 외국에서는 찾아보기 어려운 제도이다. 참고로 일본의 경우 「중소기업퇴직금공제법」에 따라 중소기업자로 하여금 근로자와 퇴직금 공제계약을 체결하도록 하고 있는데, 우리나라의 경우에는 건설업 일용근로자를 대상으로 이러한 제도를 도입하고 있다. 한편 근로기준법 이외의 법에서 퇴직금제도를 두어 그 적용을 받는 특수한 신분의 근로자들이 있다. 즉 선원은 「선원법」(제51조), 공무원은 「공무원연금법」, 사립학교 교원은 「사립학교교원연금법」에 의하여 정해진 퇴직금을 지급 받을 뿐 근로기준법에 정한 퇴직금제도의 적용을 받지 않는다. 아울러 근로기준법에서 정한 법정 퇴직금제도의 제공을 받는 사업장의 경우에는 1988년도부터는 국민연금법에 의한 국민연금제도의 적용을 받고 1995년도부터는 고용보험법 제5장에 의한 실업급여의 적용을 받음으로써 우리나라 퇴직급부제도는 3원화되어 있다.

| 우리나라 퇴직금제도의 법적 성격 및 특성 |

1. 법적 성격 "임금후불설"

근로자에게 재직중 적립하여 두었던 임금을 사후적으로 지급하는 근로조건으로서 후불임금이라는 설이다. 우리나라의 학설, 판례는 임금후불설의 입장을 취하고 있다(1975. 7. 22., 대법원 선고 74다1840 판결). 즉 "퇴직금은 사회보장적 성격과 공로보상적인 성격이 포함되어 있으나 사용자와 근로자의 관계에 있어서는 근로의 대가인 임금적인 성질을 갖는 것"이라고 해석된다. 그러나 퇴직금이 임금의 성격을 갖는다 하더라도 근속기간에 대한 후불임금적 성격을 갖는 점, 퇴직은 장래 도달할 것이 확실하지만 그 시기가 언제인지 모르므로 퇴직금 지급시기가 불확정시점부인 점, 퇴직금채권은 근로관계 존속중에 이미 발생하나 그 이행기가 퇴직(1998. 3. 24., 대법원 선고 96다24699 판결)이라는 불확정시점이라는 점에서 임금과 다른 성격을 갖는다. 이러한 특수성 때문에 퇴직금은 통상임금·평균임금 개념 어느 쪽에도 포함되지 않는다.

2. 우리나라 퇴직금제도의 특성

① 강제규정

근로기준법 제34조는 제도설정을 사용자의 의무로 규정하고 있다. 따라서 지급조건·지급액의 계산방법 등에 관한 제도를 설정하지 않은 것 자체가 법 위반이 된다.[109] 또한 고용계약을 체결할 때 퇴직금제도를 설정하거나 퇴직금을 지급한다는 약정이 없었다 하더라도 근로자는 근로기준법 제34조에 규정된 퇴직금을 청구할 수 있다.

② 퇴직의 종류 불문

해고·퇴직의 종류와 관계없이 근로계약이 종료되면 계속근로연수를 판단하여 법정 퇴직금을 지급해야 하는 것으로 자진퇴직시에도 퇴직금은 지급되어야 하며, 범법행위 등으로 징계해고 되었을 때에도 퇴직금은 지급되어야 한다.

따라서 퇴직금 규정에 근로자의 범법행위, 형사처벌, 중대과실 등을 이유로 퇴직금을 지급하지 않는다고 정하였더라도 이는 무효이고 해당 근로자는 법정 퇴직금을 지급 받을 수 있다. 다만 퇴직금누진제 등 법정 퇴직금 이상 지급되는 제도를 도입하면서 근로자의 귀책의 정도에 따라 누진율을 달리 한다던가 하는 조건을 붙이더라도 하한선이 법정 퇴직금 이상이라면 이를 퇴직금차등제도로 보지 않으며 법에 어긋나지도 않는다.

---

109) 퇴직금 청구권을 사전에 포기하는 퇴직금부제소 합의는 효력이 강행법규에 위반하여 효력이 없으며 허용되지 아니한다(1998. 3. 27., 대법원 선고 97다49725 판결 ; 1997. 7. 25., 선고 96다22174 판결).

③ 사용자단독부담원칙(근로자에게 부담금지)

근로기준법은 사용자로 하여금 퇴직금제도를 설정하게 하고 지급사유가 발생할 때 이를 지급토록 하는 것으로 충당금, 적립금 등 어떠한 명목으로든지 근로자에게 부담시킬 수 없다.

④ 차등제도 설정금지의 원칙

퇴직금제도를 설정함에 있어서는 "하나의 사업 또는 사업장 내"에 차등제도를 두어서는 안 된다.

| 퇴직금 제도의 문제점 |

1. 기능의 축소

퇴직금제도가 그 동안 근로자의 퇴직 후의 노후소득, 실직시 생계비 등의 역할을 해 왔으나 4대 사회보험의 확충으로 그 기능이 축소되고 있다.

주) 고용보험 : 1998. 10. 전 사업장 적용확대, 국민연금 : 1999. 4. 5인 이상 사업장 확대

2. 지급보장 장치의 미흡

근로기준법은 5인 이상 사업장에 퇴직금제도의 설정을 의무화해 놓았으나 그 지급보장을 위한 제도적 장치는 미흡한 실정이다. 현재 퇴직보험 등에 가입할 수 있으나 그 도입 여부는 전적으로 노사가 선택하도록 되어 있고, 퇴직금이 체불된 경우 최종 3년간의 퇴직금은 최우선변제되나, 사업주의 재산이 없으면 사실상 수급이 불가능한 상황이다. 도산기업 근로자의 퇴직금 지급보장을 위한 임금채권보장제도가 있으나, 보장기간은 최종 3년간에 한정되며 그 액수도 일정한 한계(상한액

510만 원)가 있는 실정이다.

2001년 12월 말 현재 체불임금 913억 원 중 퇴직금이 204억 원(22.3%)이다.

3. 기업의 부담 증가

기업당 퇴직급여충당금 누적액(1996년)은 평균 54억 8,000만 원으로 경영상 잠재
적인 압박요인으로 작용하고 있어 이에 따라 경영계는 기업의 부담을 완화할 수 있
는 제도개선의 필요성을 제기해 왔다.

▶ 기업당 평균 누적퇴직충당금 규모

누적퇴직충당금	누적퇴직충당금/자본금	누적퇴직충당금/총자산	누적퇴직충당금/근로자수
548,529만 원	0.34	0.032	1,313만 원

자료) 한국노동연구원 : 「기업의 퇴직금제도 운영실태조사」. 1997.

4. 노동시장의 변화에 부적절

현행 퇴직금제도는 연공급 임금체계 및 정규 상용직을 중심으로 설계된 제도이
므로 연봉제 도입사업장의 급증, 계약직·임시직·시간제근로자 등 비정규 근로자
의 증가 등 급변하는 노동시장에 부합하지 않는 측면도 있다.

또한, 경직된 임금체계와 근속기간의 장기화에 따른 누적 퇴직금 부담은 중고령
근로자의 고용안정에도 영향을 주고 있다.

5. 다층형 노후소득 보장장치 필요

우리나라는 2000년에 이미 고령화사회에 진입하였고, 2019년에는 고령사회가
될 것으로 전망되는 등 빠른 속도로 노령화가 진행됨에 따라 노후생활 보장을 위한

다층보장체계의 구축이 필요해졌다(65세 이상 인구 : 고령화사회 7%, 고령사회 14%, 초고령사회 20%).

국민연금은 최대(40년 근속기준) 생애 평균소득의 60% 보장을 예정하고 있으나 연금재정에 대한 우려가 증대하고 있어 현재의 퇴직금제도를 기업연금의 형태로 전환하여 노후소득 보장 기능을 강화해야 한다는 주장도 대두되어 왔다.

| 퇴직연금제도의 도입 |

OECD는 노후소득 보장, 연금재정의 지속가능성(sustainability) 유지 등을 위하여 퇴직금제도를 확정기여형 기업연금으로 전환, 다층보장체계를 구축할 것을 권고한 바 있다.

▶ OECD의 소득 보장체계 개혁 방향

1단계(1st pillar) : 강제적용의 공적연금	
1층(1st tier)	2층(2nd tier)
• 세금으로 재원 조달, 보편적 기초연금 • 20%의 소득대체율	• 가입자 소득수준 연계, 확정급여 연금 • 20%의 소득대체율
2단계(2nd pillar) : 법정 퇴직금제도 → **강제적 확정기여형 기업연금**으로 전환	
• 완전 적립의 확정기여형 (a fully funded, defined-contribution system)	
3단계(3rd pillar) : 현행 개인연금제도의 활성화	
• 금융기관 간 개인계정의 이관 허용 등을 통한 기존 제도의 활성화	
• 개인연금 담당 기관에 대한 금융감독원(FSS)의 관리·감독 기능 제고	

자료) OECD : Economic Survey of Korea, 2002 및 2003

우리나라도 이상과 같은 문제점들이 지적되면서 1998년부터 "퇴직금제도 개선"이 노사정위원회 의제로 선정되었고, 노동부의 연구용역결과를 토대로 노동부가 논의를 요청한 이래 2001년 7월부터는 별도의 실무팀을 구성하여 논의를 시작한

바 있다. 2003년 3월 이후 노사정위원회는 퇴직연금제도 도입의 기본방향을 중심
으로 합의도출을 시도하였으나 퇴직급여보장제도의 적용확대 등에 대한 노사간 이
견으로 합의에는 이르지 못하였다.

▶ 쟁점사항에 대한 노사입장

구 분	노 동 계	경 영 계
적용 범위	• 5인 미만 사업장으로 확대 – 퇴직연금제도 도입과 병행하여 5인 미만 사업장의 근로자에게도 퇴직금제도 적용을 확대	• 5인 미만 사업장으로의 확대에 반대 – 영세기업의 열악한 경영여건을 고려하지 않은 법적 강제적용 확대에는 반대
도입 형태	• 확정급부형만을 도입 – 확정각출형은 근로자들이 운용의 책임을 지므로 잘못된 주식투자 등으로 손실을 볼 우려가 큼	• 확정각출형만을 도입 – 확정각출형은 기업이 매월 퇴직연금 기여금을 근로자 개인구좌에 지급하므로 퇴직연금의 지급보장기능이 강화되고 기업재정의 투명성도 동시에 제고 가능
국민연금 과의 연계	• 국민연금과 별개로 퇴직연금 도입을 논의 – 퇴직연금 도입으로 인해 국민연금의 소득보장수준이 낮아져서는 안 됨	• 국민연금과 연계하여 퇴직연금 도입을 논의 – 노후소득보장을 위한 노사의 총부담 수준이 증가하지 않도록 국민연금과 퇴직연금을 종합적으로 검토

자료) 노사정위원회 「퇴직금제도 논의자료」에서 인용

노사정위원회는 2003년 7월 그 동안의 퇴직연금제 논의결과(노사의견 등)를 정부
에 이송하였으며 정부는 노사의 입장을 고려하여 입법을 추진할 것을 요청하여 노
사정위원회의 논의내용을 토대로 관계 부처의 협의를 거쳐 입법예고 등 입법 절차
를 진행중이며 2004년 7월 시행을 목표로 추진중이다.

| 지급대상자 |

1. 근로기준법상 근로자

법정 퇴직금제도의 적용대상은 근로기준법 제14조 규정에 의한 근로자로서 1년 이상 계속 근로한 자이다. 임시직 · 잡급직 · 촉탁직 · 일용직, 도급계약의 형식을 빌렸다 하더라도 근로기준법 제14조 소정의 근로자에 해당하는 근로자, 수련의 등 전문직, 외국인, 직장예비군 중대장 등도 근로기준법상 근로자로 인한 법정 퇴직금제도 적용대상이다.

그러나 근로기준법상 근로자가 아닌 경우에는 법정 퇴직금제도 적용대상이 아니다. 회사의 대표이사, 이사 등 주식회사 임원은 상법 제328조에 의해 민법상 위임에 관한 규정을 적용 받는 자로서 상법 제388조에 따라 정관 또는 주주총회의 결의로 그 보수가 결정되므로 근로기준법상 퇴직금 지급대상자가 아니다.

따라서 이들에게 퇴직위로금 등을 지급하더라도 민법상 보수의 일종이고 근로기준법 제34조에 규정된 소정의 퇴직금으로 볼 수 없다. 기타 상법이 적용되지 않는 이사 · 감사 등은 근로기준법상 근로자인지 여부에 따라 퇴직금 지급대상인지 여부가 결정되며, 비상근 임원 · 순수한 도급계약자 · 공인회계사 시보 · 지역예비군중대장[110] 등은 일반적으로 근로자로 보지 않으므로 퇴직금지급대상이 아니다.

근로기준법상 퇴직금을 청구할 수 있는 근로자가 되기 위해서는 사용자와의 사이에 적법 · 유효한 근로관계가 성립되어 근무하다가 퇴직한 근로자이어야 한다. 따라서 당사자간의 근로계약관계가 부정되거나 근로계약이 무효이거나 소급 · 취

---

110) 1979. 4. 24., 대법원 78다828.

소되었다면 사실상 근로를 제공하였더라도 근로기준법상의 퇴직금을 청구할 수 없다. 다만 노사가 명시적인 근로계약을 체결하지 않았더라도 사실상 근로관계에 편입되었다면 퇴직금청구권이 인정된다.

임원의 퇴직금 지급 대상 여부

업무집행권을 가진 이사 등 임원은 주주가 아니라 하더라도 사무처리의 위임을 받고 있으므로 특별한 사정이 없는 한 근로자라 할 수 없다.

회사의 업무집행권을 가진 이사 등 임원은 그가 회사의 주주가 아니라 하더라도 회사로부터 일정한 사무처리의 위임을 받고 있는 것이므로, 특별한 사정이 없는 한 사용자의 지휘·감독 아래 일정한 근로를 제공하고 소정의 임금을 받는 고용관계에 있는 것이 아니어서 근로기준법상의 근로자라고 할 수 없다.

(1992. 12. 22., 대법원 92다28228)

정부투자기관 임직원의 퇴직금 지급대상 여부

근로기준법에 대한 특칙을 규정한 바 없는 정부투자기관의 임직원의 보수·퇴직금 등 근로조건에 관한 사항은 근로기준법의 적용을 받는다. 정부투자기관관리법(1973. 2. 6. 법률 제2477호, 정부투자기관관리기본법의 시행에 따라 1984. 3. 1. 폐지) 및 정부투자기관예산회계법(1962. 8. 13. 법률 제1119호, 같은 사유로 1984. 3. 1. 폐지)은 근로기준법과는 입법목적, 규정사항들을 달리하므로 위 법들이 전면적으로 근로기준법의 특별법이라고 볼 수 없을 뿐만 아니라 위 각 법률의 개별조항에 있어서도 정부투자기관 임직원의 보수·퇴직금 등 근로조건에 관하여 근로기준법에 대한 특칙을 규정한 바도 없기 때문에 정부투자기관의 임직원의 보수·퇴직금 등 근로조건에 관한 사항은 근로기준법의 적용을 받는다.

(1991. 3. 12., 대법원 90다15457)

2. 재산상속자

퇴직한 근로자가 사망한 경우 민법상 재산상속자가 수령권자가 된다.[111]

| 지급의무자 |

법정 퇴직금 지급의무자는 근로기준법 제15조에 규정된 사용자가 되며, 금품지급과 관련되는 근로조건의 경우에는 특히 사업주·사업경영담당자 등이 대상자가 됨이 원칙이나 권한의 위임 정도에 따라서는 다른 사용자도 대상자가 된다.

1. 정리회사의 공동관리인

정리회사의 공동관리인이 실질적으로 회사를 위하여 직무를 집행하여 온 것이 사실이라면 근로기준법 제15조 소정의 사용자라고 할 것이다.[112]

2. 노동조합이 운영하는 사업장

노동조합이 운영하는 식당의 종업원에 대해서는 노동조합장이 사용자이다[113].

---

111) 1990. 6. 4., 임금 32240-7947.
112) 1984. 4. 10., 대법원 38도1850.
113) 1987. 4. 17., 근기 01254-6308.

3. 사업경영담당자의 교체

    퇴직금을 지급하지 않은 상태에서 법인의 사업경영 담당자가 바뀌면 새로운 사업경영 담당자에게 퇴직금 지급의무가 있으나 바뀌기 전의 사업경영 담당자도 근로기준법상 책임을 면치 못한다[114].

---

114) 1987. 3. 30., 근기 01254-5076.

| 계속근로연수 |

근로기준법 제34조 제1항은 사용자에게 "계속근로연수" 1년에 대해 30일분의 평균임금을 퇴직금으로서 퇴직하는 근로자에게 지급할 수 있는 제도를 마련하도록 규정하고 있다. 여기서 "계속근로연수"라는 개념은 먼저 "계속하여 근로를 제공한 기간"이라고 보는 견해가 있고 다음으로 "근로계약을 체결하여 해지될 때까지의 기간"이라고 보는 견해가 있는데 행정해석과 판례는 후자의 견해를 원칙으로 하면서 군복무기간 등에 대한 예외를 인정하고 있다.

1. 기산일과 마감일

근로기준법 제34조에 규정된 계속근로연수는 초일불산입 원칙을 명시하고 있는 민법 제157조의 규정에 불구하고 입사일, 근로계약체결일 등 출근의무가 있는 날이 포함되며, 퇴직일 역시 마감일로서 계속근로기간에 포함된다. 다만 퇴직금산정을 위해 평균임금을 계산할 때는 사유발생일, 즉 퇴직일은 포함되지 않는 것으로 보는 것이 타당하다.

① 법령 개정과 기산일

사업장이 근로기준법 개정에 따라 별도의 소급규정 없이 그때부터 법정 퇴직금제도 적용대상이 되었다면 그 사업장의 근로자가 개정법령 시행일 이전부터 계속근로를 하였더라도 퇴직금 지급을 위한 계속근로연수 기산점은 그러한 법령 시행일 이후부터이다.

② 회사정리법에 의한 관리회사의 기산일

회사정리법에 의한 관리회사도 근로자에 대해 퇴직금을 지급해야 하나 계속근로
연수 기산일은 파산된 회사 입사일과 관계없이 관리회사에 근무할 의무가 있는 날
이 될 것이다.

③ 마감일로서의 퇴직일

퇴직금 계산의 기산일이 되는 퇴직일은 근로관계의 자동소멸, 임의퇴직, 합의퇴
직, 정년퇴직, 정리해고, 징계해고 등 근로계약이 끝나는 날 모두가 포함된다.[115]

근로관계가 자동적으로 소멸되는 근로자의 사망일, 폐업일, 기업의 파산일 등은
계속근로기간 산정의 마감일이 된다.

정년퇴직에 있어서는 퇴직일에 대해 단체협약 등에 따로 정함이 있다면 그 날이
기산일이 된다. 그러나 따로 정함이 없는 경우 관례·관행이 있어 특정한 날에 퇴
직하면 그 날이 기산일이 되며 관례·관행이 없으면 정년에 도달되는 첫날이 퇴직
일로서 계속근로기간 산정의 마감일이 된다.

근로자가 사표를 제출하여 임의로 퇴직할 때에는 원칙적으로 사표수리일이 퇴직
일이 되며 즉시 사표를 수리하지 않을 경우에는 단체협약·취업규칙 등이 정한 바
에 따르되, 정함이 없다면 민법의 법 원리에 따라 퇴직의 효력일을 판단하여야 할
것이다.

> **노동부 예규 제37호(1981. 6. 5.)**
>
> 기간의 정함이 없는 근로계약 관계에 있는 근로자가 사용자에 대하여 당해 근로계약
> 의 해직(퇴직)의 의사표시를 한 때 근로계약관계의 종료시기(퇴직의 효력발생시기)에
> 관해서는 아래 기준에 따라 처리한다

---

115) 1972. 4. 11., 대법원 71다1033.

1. 근로자가 사용자에게 퇴직의 의사표시(사표제출)를 행한 경우 사용자가 이를 수리하였거나 또는 당사자간에 계약종료시기에 관한 특약(단체협약·취업규칙 및 근로계약 등)이 있으면 각각 그 시기(사표를 수리한 시기 또는 특약에 의한 시기)에 계약해지의 효력이 발생할 것이다. 단, 이 경우 당해 특약 내용이 관계법규에 저촉되어서는 안 된다.
2. 이 경우 사용자가 근로자의 퇴직의 의사표시에 대하여 이를 수리하지 아니하거나 또는 계약종료시기에 관한 별단의 특약이 없다면 사용자가 당해 퇴직의 의사표시를 통고 받은 날로부터 1개월이 경과된 때까지 계약해지의 효력이 발생하지 않으므로 고용관계는 존속되는 것으로 취급되어야 할 것이다(민법 제660조 제2항).
3. 제2항의 경우 근로자에게 지급하는 임금을 일정한 기간급으로 정하여 정기 지급하고 있으면 사용자가 근로자로부터 퇴직의 의사를 통고 받은 당기 후의 1임금지급기를 지나는 때에 계약해제의 효력이 발생하는 것으로 취급하여야 할 것이다(민법 제660조 제3항).

따라서 근로자가 계약해지의 의사표시를 하였으나 위에서 설명한 기간 범위 안에서 사용자가 사표를 수리하지 않은 기간 동안 근로자는 출근할 의무가 있으므로 근로자가 출근하지 않을 경우 사용자는 이에 대해 결근처리할 수 있을 것이다.

* _일용직_ : 건설현장 일용근로자와 같이 근로계약을 1일 단위로 체결하고 그 날의 근로종료에 따라 사용종속관계가 종료되는 순수한 의미의 일용근로자인 경우에는 근로자가 사표를 제출한 다음날 퇴직의 효력이 발생한다.[116]
* _휴직중 퇴직_ : 근로자가 휴직중에 사직할 경우에도 퇴직시점은 사직서 수리일이 되는 것이 원칙이며 민법 제660조에 따라 해석한다.

---

116) 1979. 5. 4., 법무 811-10607.

④ 기간의 정함이 있는 계약

일정한 산업완료에 필요한 기간을 정한 근로계약은 그 기간이 완료한 날이 계속근로연수 산정마감일이 된다. 1년 미만의 기간을 정하여 근로계약을 체결한 후 이를 갱신하여 다시 근로계약 만료일에 도달하였다면 그 날이 계속근로연수 산정마감일이 된다. 다만 이 경우 근로자가 계속하여 근로하고자 하는 경우에는 해고의 법리에 따른다.

⑤ 해 고

정리해고, 징계해고 등 해고의 종류를 따지지 않고 해고통지가 근로자에게 도달한 날이 계속근로산정의 마감일이 된다. 다만 해고의 정당성에 있어 다툼이 있다가 부당해고로 판명되면 부당해고기간은 다시 계속근로기간이 되어 그 마감일이 바뀌게 된다.

2. 특정기간의 합산 여부

① 해외파견

* *해외근로* : 국내에서 근무하던 근로자가 해외근로를 선택하여 회사방침에 따라 사직서를 제출하고 퇴직금을 수령한 후 해외근무를 마치고 입사하는 경우 이후 퇴직금은 재입사시부터 가산한다. 다만 사직서 제출 및 퇴직금 수령행위가 없었다면 계속근로로 보아야 하며 해외근로나 해외교육중 또는 직후에 퇴직하였더라도 이에 준하여 해석한다. 또한 이 경우 퇴직금산정을 위한 평균임금계산에 있어서 해외근로기간에 대하여는 동등한 지위에 있는 국내 직원의 급여를 기준으로 할 수 있을 것이다.[117]

---

117) 1990. 11. 9., 대법원 90다카4683.

* _해외유학_ : 근로자가 해외유학을 한 기간도 그 유학의 목적이 근로자로서의 본연의 직무에 관련되어 있는 것인 이상 실질적인 근로관계가 계속되고 있다고 보아 계속근로연수에 통산하여야 한다. 다만 이러한 경우라도 근로자의 요구와 사용자의 승인에 의해 퇴직금을 정산할 수 있다.

② 일용직·임시직 등 비정형근로기간

일용직, 임시직, 촉탁직, 시간제근로, 아르바이트 등은 그 근로형태가 상용 또는 정식근로와 다르다 하더라도 그러한 형태의 계속근로가 1년을 넘으면 퇴직금을 지급하여야 한다.

일용근로자의 퇴직금지급

일당 임금 속에 퇴직금 명목으로 일정한 금원을 매일 지급하였다 하여도 퇴직금 지급으로서의 효력은 없고 일용근로자라 하더라도 1년 이상 계속근로한 경우 사실상 상용근로자로서 퇴직금지급대상이 된다.

주휴수당이나 연·월차 휴가수당이 구근로기준법에서 정한 기간을 근로하였을 때 비로소 발생하는 것이라 할지라도 당사자 사이에 미리 그러한 소정기간의 근로를 전제로 하여 주휴수당이나 연·월차 휴가수당을 일당임금이나 매월 일정액에 포함하여 지급하는 것이 불가능한 것이 아니며(1982. 3. 9., 대법원 80다2384 ; 1987. 6. 9., 대법원 85다카2473 ; 1992. 2. 28., 대법원 91다30828 등 참조), 포괄임금제란 각종 수당의 지급방법에 관한 것으로서 근로자의 연·월차 휴가권의 행사 여부와는 관계가 없으므로 포괄임금제가 근로자의 연·월차 휴가권을 박탈하는 것이라고 할 수도 없다(1993. 5. 27., 대법원 92다33398 참조). 따라서 원고가 지급 받은 생산수당 속에 주휴수당이나 연·월차 휴가수당이 포함되어 있다고 본 원심판결에 구근로기준법상의 주휴수당이나 연·월차 휴가수당에 관한 법리를 오해한 위법이 있다고 할 수 없다.

그러나 원심판결이 원고가 수령한 생산수당 속에 퇴직금까지 포함되어 있다고 본 것은 수긍할 수 없다. 구근로기준법 제28조 제1항은 사용자에 대하여 퇴직하는 근로자

일용직의 경우는 소정근로시간과 소정근로일이 정해져 있지 않고 그 성격이 그날그날 근로계약을 체결하고 종료하는 형태의 근로라서 계속근로라는 개념의 성립이 어렵다. 그러나 원칙적으로 일용관계가 계속되어 왔다면 이는 이미 상용근로관계로 바뀐 것으로 보아야 한다. 그러나 상용근로관계로 본다 하더라도 소정근로일이 정해져 있지 않아 불규칙한 근로제공이 이루어지므로 어떠한 때에 계속근로관계가 중단된 것으로 보아야 하는가는 그 판단이 어렵다. 이에 관해서는 수년 동안 매월 최소한 4일 내지 5일 정도씩 일용인부로 일해 온 일용직 근로자의 계속근로를 인정한 판례가 있으며,[118] "매월 상당기간"이라는 표현을 쓴 후 그 상당기간을 5일, 10일, 15일처럼 구체적으로 예시한 행정해석[119]도 있다. 반면 11년 이상을 공사가 있으면 일용으로 일하고 공사가 없으면 해고하는 형식을 되풀이하다가 15개월 정

---

118) 1979. 1. 30., 대법원 78다2089.
119) 1979. 7. 6., 법무 811-16173.

도 일을 전혀 하지 않은데 대해 이때에 이르러 계속근로가 단절된 것을 인정한 판례[120]도 발견할 수 있다. 그러면 단절된 일용근로 간에 어느 정도 간격이 있으면 계속근로가 부인되는 것인가? 여기에 대해서 학설, 판례, 행정해석 모두 일반적인 기준을 제시하지는 않고 있다. 따라서 각 사안에 따라 구체적·객관적으로 따져 사회통념상 계속근로로 인정될 만한 합리성이 있는지에 따라 판단되어야 한다.

한편 일용직, 임시직, 촉탁직 등 비정형근로에 있어 11개월을 일하고 1개월을 쉬게 하는 것을 반복하는 것처럼 규칙적으로 근로관계를 단절시킨다 하더라도 이는 통틀어 계속근로로 보아야 한다. 서류상으로 2개월마다 2~3일씩 해고되었다가 다시 채용된 것으로 했다 하더라도 이를 통산해서 계속근로로 보아야 한다는 판례[121]와 지방자치단체 잡급직원규정 때문에 임명과 해임을 되풀이했다 하더라도 통산하여 계속근로로 보아야 한다는 해석[122]들이 있다.

그러면 정규근로와의 합산은 어떠한 식으로 하는가? 이 점에 관해서는 임시직, 촉탁직, 잡급직, 일용직 등으로 근무하다가 비록 사임의 형식을 취하는 등 근로관계 단절을 위한 조치를 취한 후 공백기간 없이 정규사원으로 근로하였다면 근로자 요구와 사용자승인에 의해서 퇴직금정산이 이루어진 경우가 아닌 한두 기간을 통산하여 계속근로기간을 계산한다.

임시직 등과 정규근로의 두 기간 사이에 어느 정도 간격이 있으면 단절이 인정될 수 있을 것인가에 대해서도 역시 일반적인 기준을 제시하기 어려우므로 사안에 따라 구체적·객관적으로 따져 사회통념상 단절로 인정될 만한 합리성이 있는지에 따라 판단해야 할 것이다. 이와 관련하여 근로자가 자유의사로 임시직을 퇴직한 후 1개월이 지나 정식직원으로 채용된 데 대해 단절을 인정한 판례[123]가 있으며 같은 경우로서 15일에서 2개월이 지난 데 대해 단절을 인정한 행정해석[124]이 있다.

---

120) 1982. 7. 13., 대법원 81다카571.
121) 1975. 6. 24., 대법원 74다1625.
122) 1979. 4. 10., 대법원 78다1753 ; 1988. 8. 13., 근기 01254-12346.
123) 1979. 11. 13., 대법원 79다1397.
124) 1980. 2. 29., 법무 811-4913.

이 밖에 계속근로의 단절로 해석할 수 있는 경우는 다음과 같다.

　＊ *공개경쟁 채용* : 두 기간 사이에 기간적 단절이 어떠하든 간에 일용직 등으로 일하다가 사직원을 제출하고 신입사원 공개경쟁 채용과정을 똑같이 거쳐 정규사원이 된 경우에는 근로관계의 단절을 인정해야 할 것이다.[125] 이때 일용직 등만을 대상으로 하는 특별채용과정을 거친다거나 하는 것은 근로관계의 단절로 인정되지 않는다고 본다.

　＊ *정년퇴직 후 임시직 등으로의 재임명* : 정년퇴직 후 별도의 근로계약을 체결하는 것은 가능하며 이때 근로조건이 정년퇴직 전보다 낮아지더라도 위법이 아니다. 또한 이 경우 고령자고용촉진법 제21조 제2항의 규정에 따라 계속근로기간을 단절시켜 각각 계산할 수 있다. 일용근로자 또는 임시직 근로자로서 근무하다가 정규사원으로 임명되어 계속 근무한 경우 각 근무시간을 통산하여야 한다. 수습 · 시용기간은 물론이고 촉탁기간도 마찬가지이다.

③ 다른 법의 적용을 받게 된 2개의 신분

　＊ *공무원관계법의 적용* : 예를 들어 근로기준법 적용을 받던 국가기관, 지방자치단체 등의 일용직 · 임시직 근로자가 공무원의 신분을 갖는 고용직 · 기능직으로 임명되어 공무원연금법의 적용을 받게 되었다면 이 두 기간은 단절된 기간으로 해석된다.[126] 반대로 공무원 신분에서 근로기준법 적용대상인 임시직 · 일용직으로 바뀐 경우에도 마찬가지이다.[127]

---

125) 1984. 7. 4., 근기 1451-14868.
126) 1981. 1. 13., 대법원 80다2395 ; 1978. 6. 2., 대법원 78다425.
127) 1989. 12. 26., 임금 32240-21343

* *사원과 임원* : 근로기준법의 적용을 받는 사원으로 계속 근무하다가 상법상 이사나 감사 등으로 승진한 경우에는 그 두 기간을 단절시켜 각각 계속근로연수를 계산한다.[128] 근로기준법 관련사항은 아니나 임원경력 중 상근·비상근 임금을 번갈아 가면서 근무하다 퇴직한 경우도 각각 단절된 기간이라 해석된다.

④ 기간의 정함이 있는 근로계약의 갱신기간

근로계약에 기간을 정한 경우에는 그 기간이 1년 미만이어야 하거나 일정한 사업완료에 필요한 기간이어야 한다. 1년 미만의 근로계약을 맺은 후 갱신을 하게 된 경우 계속근로로 합산한다.

⑤ 직업훈련기간, 수습·사용기간

입사 후 직업훈련기간이 "고용근로자에 대한 직업훈련"기간이라면 이는 "근로제공"기간이 되므로 원칙적으로 계속근로연수에 합산하여야 한다.[129]

⑥ 휴업·휴직기간

* *업무상 재해, 사용자 귀책에 따른 휴업* : 업무상 질병·부상으로 인한 휴업기간과 사용자의 귀책사유로 인한 휴업기간 그리고 어느 누구의 책임으로 돌릴 수 있는 휴업기간은 근로관계가 정지되어 있거나 해지되어 있다고 보기 어려우므로 이를 계속근로연수에 포함하는 것이 타당하며 이에 대해서는 별다른 이견이 없다.

* *근로자개인사유로 인한 휴업·휴직* : 이에 대해서는 먼저 긍정설이 있다. 즉 근로자로서 재직중에 개인적인 사유로 휴업한 기간이 있다면 그 기간은 계속근로연수에 포함된다는 견해가 있는 것이다. 이 견해에 따르면 개인적인 질병으로 휴직한 경우나 범죄행위로 구금되어 휴직한 경우[130], 운전기사로서 도로교통법 위반으

---

128) 1987. 2. 24., 근기 01254-2931.
129) 1990. 4. 4., 근기 01254-4856

로 일정기간 면허정지처분을 받은 경우[131] 등 근로계약이 살아 있는 중이라면 그 기간 모두를 계속근로연수에 합산해야 한다.

반면 부정설의 입장도 있다. 즉 근로자측의 사정이나 책임 있는 사유로 휴직한 경우 그 실질적인 근로관계가 근로자의 귀책 때문에 일시적으로 정지된다는 점과 퇴직금이 임금후불적인 성격을 갖는다는 점을 감안할 때, 이를 계속근로연수에서 제외해야 한다는 견해가 그것이다. 판례의 입장을 보면 "정상적인 근무기간과 병가 또는 휴직기간이 있는 경우 근로자의 퇴직금을 각 기간별로 계산하여 합산한 금액으로 산정할 수는 없다."고 하여 계속근로의 단절을 부정하는 듯한 입장을 밝히면서도 논리를 전개하는 과정에서는 "계속연수에 산입할 수 없는 병가 또는 휴가기간"이라는 표현을 쓰고 있다.[132] 이러한 견해와 같은 취지로 개인적인 사유에 의한 휴직기간에 대해 계속근로를 단절시켜 복직 후 계속근로연수 계산이 다시 시작된다는 견해는 배척하였으나 그 휴직기간을 전체기간에서 빼야 한다는 입장을 밝힌 하급심판례[133]도 있었다. 한편 원칙적으로는 계속근로기간으로 인정하면서 단체협약, 취업규칙 등의 규정으로 합산하지 않을 수 있다는 행정해석[134]도 있다.

* *군복무기간* : 군복무기간중의 근로자 신분에 대해서는 병역법에 규정되어 있다. 이에 따르면 사용자는 근로자의 병역기간을 휴직으로 처리하도록 하고 있는데, 병역법 관련규정의 개정과정을 보면 다음과 같다.

---

130) 1987. 5. 4., 근기 01254-7175 ; 1984. 4. 6, 근기 1451-9018.
131) 1984. 5. 28., 근기 1451-12318.
132) 1991. 6. 28., 대법원 90다14560.
133) 1991. 11. 4., 인천지판 9나3475.
134) 1993. 5. 27., 임금 68207-326.

개정일자	관련조문	내 용
1962. 10. 1. (법률 제1163호)	제76조 제2항	• 군인이 실역 복무를 마치고 종전에 근무하던 직장에 복직하거나 다시 고용되는 경우에는 복무한 기간을 실무에 종사한 기간으로 봄.
1970. 12. 31. (법률 제2978호)	제69조 제2항 · 제3항	• 실역에 복무하기 위하여 휴직코자 하는 경우에는 휴직하게 하고 그 복무를 마친 때에는 복직시켜야 함. • 실역에 복무하게 되어 휴직된 때에는 승진에 있어 복무기간을 실무의 종사기간으로 함.
1975. 4. 4. (법률 제2978호)	제69조 제1항 · 제3항	• 징집 · 소집 또는 지원에 의하여 현역 또는 실역에 복무중인 때에는 그 직을 보유하며 신분상 불리한 처우를 받지 아니하고 현역 또는 실역을 마친 때에는 복직시켜야 함. • 현역 또는 실역에 복무하게 되어 휴직된 때에도 그 승진에 있어 복무기간을 실무의 종사기간으로 해야 함.
1983. 12. 31 (법률 제3696호) ※ 1989. 12. 30. 법개정시에도 이 조항은 불변	제64조 제1항 · 제2항	• 고용주는 임 · 직원이 입영한 때에는 휴직하게 하고 군복무를 마친 때에는 복직시켜야 함. • 휴직된 자에 대하여는 그 승진에 있어 군복무기간을 실제근무기간으로 산정하여야 함. • 임 · 직원의 채용 및 승진에 있어 징집 또는 소집될 것 또는 되었던 것을 이유로 불리한 처우를 하지 못함.

군복무기간을 퇴직금산정시 계속근로연수에 산입할 것인가에 대해 대법원판례는 1962년 개정법과 관련하여 산입해야 한다고 보았으나 1970년 개정법과 관련하여서는 같은 법 제69조 규정이 "복직을 보장하고 승진에 있어서 복무기간을 실무종사기간으로 보아야 한다는 의미이지 휴직기간을 승진 이외에 퇴직금 지급기간에까지 산정한다는 취지로 볼 수 없다."고 입장을 변경하였으며 1983년 개정법 이후 판례[135]도 관련법 개정 전인 1970년 12월 31일까지의 군복무기간은 근속연수에 포함시키고 그 후의 복무기간은 근속연수에 합산하지 않은 것이 정당하다고 밝히고 있다. 행정해석은 꾸준히 "산입되어야 한다는 입장"을 보아다가 대법원 판례를 좇아 "개정된 병역법 시행 이후에 대하여는 노사간 별단의 약속이 없는 한 퇴직금산정 기초가 되는 계속근로연수에 산입하지 않더라도 법 위반이라 볼 수 없다."고 태도를 바꾸었다.[136] 한편 특례보충역 편입에 의한 군사교육기간에 대해서는 동 기간을 근속연수에 포함한다는 것이 행정해석의 입장이다.[137]

 * *쟁의행위기간, 노조전임기간, 결근기간* : 불법 · 적법을 불문하고 해고조치 등 근로관계를 해지한 사실 없이 근로계약관계가 유지되었다면 계속근로연수에 포함될 것이다.[138] 노조전임자로 종사한 기간[139], 기타 결근기간[140] 등도 근로를 제공한 기간은 아니나 근로계약이 유지되고 있다면 계속근로연수에 합산된다.

 * *부당해고기간* : 근로자에 대한 해고가 무효로 확인된 경우에는 부당하게 해고된 기간도 퇴직금 계산시 계속근로기간에 합산한다.

---

135) 1993. 1. 15., 대법원 92다41896.
136) 1993. 5. 25., 근기 01254-1099 ; 1993. 5. 27., 임금 68207-326.
137) 1993. 2. 22., 근기 01254-269.
138) 1989. 10. 19., 임금 32240-1034.
139) 1981. 7. 11., 근기 1455-20260.
140) 1983. 10. 11., 근기 1451-25560.

* *회사의 부도 발생으로 근로자가 사업을 운영한 기간* : 회사가 부도 등으로 사업을 폐지하게 되자 근로자가 사원대책위원회 등을 만들어 근로계약을 다시 체결하는 등 회사를 운영한 경우 이러한 행위가 법인의 행위로 간주되어야 계속근로연수에 합산될 수 있다. 따라서 회사운영 등에 있어 대표이사 등 권한 있는 자의 사전 위임이나 사후추인 등이 합산을 인정할 수 있는 기준이 된다.[141] 사용자가 단순히 도주한 정도로 사업폐지로까지 볼 수 없는 경우에는 위임·추인 여부와 관계없이 계속근로가 인정될 수 있다.

 **상시 5인 이상·미만을 반복하는 사업장, 1주 소정근로시간 15시간 이상·미만을 반복하는 근로자의 퇴직금 관련규정 해석기준**

● 근로기준법 제34조에 의한 퇴직금 지급은 같은 법 제10조 및 같은 법 시행령 제1조의2에 의거 상시 5인 이상의 근로자를 사용하는 사업 또는 사업장에 적용되고 있는 바, 사업장에서 상시근로자수가 5인 이상과 5인 미만을 반복(또는 1주 소정근로시간이 15시간 이상·미만을 반복하는 근로자)하는 경우 퇴직금 관련규정의 적용에 있어 해석상 혼란이 있었음(기존 행정해석 : 1999. 11. 11., 임금 68207-206 참조).

이에 대하여 상시근로자수가 5인 이상·미만을 반복하는 사업장에서의 계속근로연수 산정방법, 평균임금 산정시점, 퇴직금지급청구권 소멸시효 기산점 등 퇴직금 관련규정에 대한 해석기준을 마련하여 붙임과 같이 시달하니 이행에 만전을 기하기 바라며 아울러 본해석기준과 배치되는 종전의 해석은 이를 폐지하니 착오없기 바람.

1. 배경
퇴직금은 원칙적으로 그 지급청구권이 근로자가 퇴직한 날 발생하고, 그 금액은 퇴직한 날 이전 3개월간의 평균임금을 기준으로 산정하며, 지급청구권의 소멸시효 또한 퇴직한 날을 기준으로 기산함(근로기준법 제19조, 제34조 및 제36조 참조).

---

141) 1994. 9. 23., 근기 68207-14946.

그러나 근로기준법상의 퇴직금 관련규정이 "상시 5인 이상의 근로자를 사용하는 사업 또는 사업장(이하 '사업장'이라 함)"을 적용대상으로 하고 있어, 상시 근로자수가 5인 이상 또는 5인 미만을 반복하는 사업장의 경우 관련규정의 적용에 있어 해석상 혼선이 있었음. 또한 퇴직금 관련규정은 "1주간의 소정근로시간이 15시간 미만인 단시간 근로자"에는 적용이 배제되고 있어 이들 근로자에 있어서도 동일한 문제가 발생함.

이에 상시 근로자수 5인 이상 미만을 반복하는 사업장과 1주 소정근로시간이 15시간 이상·미만을 반복하는 단시간 근로자에 대한 퇴직금 관련규정의 해석기준을 제시함으로써 관련 업무처리에 있어 통일성을 기하고자 함.

2. 그 동안의 해석 및 문제점

1) 그 동안의 해석기준

● 퇴직금의 지급청구권은 근로자가 퇴직한 날 발생하나, 그 금액은 상시근로자수가 5인 미만이 된 날 이전 3개월간의 평균임금을 기준으로 하고, 지급청구권의 소멸시효는 다시 퇴직한 날을 기준으로 기산함.

● 퇴직금의 지급요건이 되는 계속근로연수의 경우 상시 근로자수 5인 이상이 되는 각각의 기간을 별개로 보아 그 중 근로연수가 1년 이상인 기간에 한하여 퇴직금지급청구권이 발생하는 것으로 봄.

즉 아래 사례를 통해 볼 경우 다음과 같은 기준에 의거 해석함.

- 지급청구권의 발생 : 근로자가 퇴직하는 시점 "G"
- 평균임금산정의 기준시점 : 상시근로자수 5인 이상에서 1년 이상 근로하고 5인 미만이 된 각 시점, 즉 "B, F"
- 지급청구권의 소멸시효 기산시점 : 근로자가 퇴직하는 시점 "G"
- 계속근로연수 : 상시근로자수 5인 이상이 되는 각각의 기간중 1년 이상인 기간, 즉 ①과 ⑤의 기간

〈사 례〉

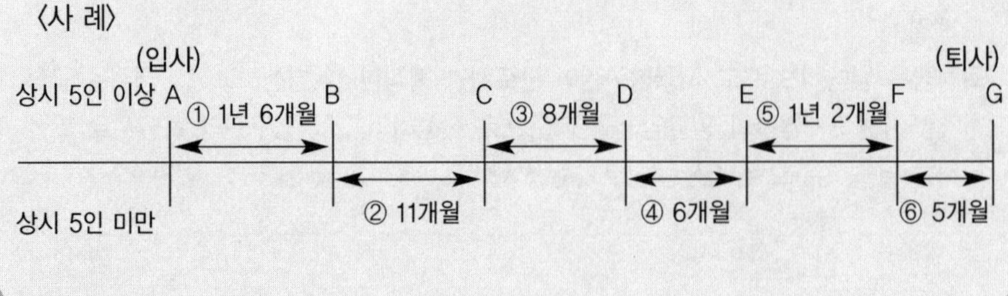

2) 그 동안의 해석의 문제점

평균임금의 산정시점과 관련하여 퇴직금의 지급청구권은 근로자가 퇴직한 경우에 발생하고(법 제36조), 퇴직금 산정을 위한 평균임금은 이를 산정하여야 할 사유가 발생한 날, 즉 퇴직한 날 이전 3개월간을 기준으로 하여야 한다(법 제19조)는 명문의 규정과 배치됨.

상시 근로자수가 5인 이상에서 5인 미만으로 된 시점을 "퇴직한 날"로 의제할 수 있는 근거규정이 없음. 계속근로연수와 관련해서는 일반적으로 근로계약을 체결한 날로부터 근로계약 관계가 종료될 때까지의 근로기간, 즉 재직기간을 말함. 따라서 계속근로연수는 전체 재직기간을 원칙으로 하되, 법령 등에 의해 적용이 배제될 수 있는 기간, 즉 근로자가 5인 미만인 경우 병역법에 의한 군복무기간 등을 제외한 기간으로 보는 것이 타당함. 또한 사용자는 상시근로자수가 5인 이상이 된 경우에는 그 기간의 길고 짧음에 관계없이 반드시 퇴직금제도를 설정해야 함.

3. 향후의 해석기준

● 향후 상시근로자수가 5인 이상 · 미만을 반복하는 사업장에 있어 퇴직금 규정관련 해석은 다음의 기준에 의함.

퇴직금의 지급청구권의 발생, 평균임금의 산정, 지급청구권의 소멸시효의 기산은 모두 근로자가 퇴직하는 날(즉 사례의 "G")을 기준으로 함.

계속근로연수는 전체 재직기간중에서 상시근로자수가 5인 미만인 기간, 기타 병역법에 의한 군복무기간 등을 제외한 기간(사례의 ①, ③, ⑤를 합산한 기간)으로 함.

● 이상의 해석기준은 1주 소정근로시간이 15시간 이상 · 미만을 반복하는 단시간근로자에 대하여도 적용함.

● 한편, 퇴직금제도의 설정은 상시근로자수 5인 이상의 사업주에만 적용(법 제34조)되므로 근로자가 상시근로자수 5인 미만인 경우에 퇴직하면, 사업주에 대해서는 퇴직금의 지급의무(법 제36조)만 부과할 수 있음.

(2001. 10. 26., 임금 68207-735)

1997년 개정된 근로기준법 제34조 제3항은 "사용자는 근로자의 요구가 있는 경우에는 제1항의 규정에 불구하고 근로자가 퇴직하기 전에 당해 근로자가 계속 근로한 기간에 대한 퇴직금을 미리 정산하여 지급할 수 있다. 이 경우 미리 정산하여 지급한 후의 퇴직금 정산을 위한 계속근로연수는 정산시점부터 새로이 기산한다." 라고 규정하고 있다. 이는 그 동안 해석에 맡겨왔던 퇴직금 정산제도를 법에 명시하여 근로자의 요구에 의한 중간정산을 인정한 것이다.

이 제도를 새 제정법에 도입한 목적은 그 동안 퇴직금을 일시금으로만 지급하게 함으로써 기업은 누진적인 퇴직금 증가가 부담이 되고 근로자로서는 생활안정자금이 필요한 때 이를 활용하기 어렵게 되는 문제점을 개선하기 위한 것이다. 다만 근로기준법에 규정된 퇴직금 정산제는 1997년 3월 1일 이후에 행해진 것에 대해서만 적용되고 소급되지는 않으므로 1997년 3월 1일 이전에 시행한 퇴직금 정산은 인정되지 않는다.

| 중간정산의 요건 |

사용자는 근로자의 요구가 있을 경우에 근로자가 퇴직하기 전에 당해 근로자가 계속근로한 기간에 대한 퇴직금을 근로기준법 제34조 제3항 규정에 따라 미리 정산할 수 있다. 취업규칙이나 단체협약에 중간정산제 실시를 위한 근거가 있다 하더라도 개별근로자의 구체적 요구가 있어야 중간정산이 가능하다. 퇴직금정산제도는 근로자가 요구할 때 사용자가 이를 들어주어야 하는 의무적인 제도가 아니며 근로자의 요구와 사용자의 승낙이 함께 필요한 "쌍방간 합의"를 요건으로 하고 있다.

즉 근로자의 요구 없이 사용자가 일방적으로 중간정산을 하는 것은 동 조 위반이며 반대로 근로자의 요구가 있더라도 지불능력 등을 이유로 사용자는 이러한 요구를 거절할 수 있다. 합의는 반드시 서면을 필요로 하지 않으나 앞으로 발생할 다툼에 대비하여 근로자의 요구를 서면으로 하는 것이 필요하다고 본다.

퇴직금 중간정산을 집단적 동의를 받아 시행할 수 있는지 및 중간정산을 한 직원만을 대상으로 퇴직금 지급률을 변경(누진제에서 단수제로)할 수 있는지 여부

● 당사는 현재 퇴직금 누진제로 되어 있는데 퇴직금 중간정산을 한 후 누진제를 폐지하고 법정퇴직금을 지급하는 것으로 변경하고자 노동조합과 협의중에 있다. 다만 노동조합이 근로자 과반수로 조직되지 않아 전 근로자의 50% 이상의 동의를 구하고 있다.

질의 1) 이 경우 전 근로자의 50% 이상의 동의를 받아 단체협약 개정 없이 퇴직금 중간정산제를 시행할 수 있는지
질의 2) 노동조합과 합의하여 단체협약 개정 없이 희망자에 한해 중간정산신청과 동의서를 받아 중간정산한 후 이후 근속기간은 법정퇴직금을 지급할 경우 퇴직금차등제도금지에 위반되는지
질의 3) 개별신청자에게 퇴직금 중간정산 이후 연봉제로 근로계약을 전환한 후 매년 법정퇴직금을 정산해 주는 것이 가능한지

[회시]
● 질의 1에 대하여
근로기준법 제34조 제3항의 규정에 의거 사용자는 근로자의 요구가 있는 경우에는 근로자가 퇴직하기 전에 당해 근로자가 계속근로한 기간에 대한 퇴직금을 미리 정산하여 지급할 수 있으며, 이 경우 미리 정산하여 지급한 후의 퇴직금 산정을 위한 계속근로연수는 정산시점부터 새로이 기산하도록 정하고 있다. 이러한 퇴직금 중간정산은 단체협약이나 취업규칙 등에 퇴직금 중간정산을 실시할 수 있는 근거나 기준을 정하고 있는 경우에도 개별 근로자의 구체적 요구가 있어야만 시행할 수 있는 것이다.

따라서 귀 질의내용과 같이 전 근로자의 50% 이상의 동의만으로는 퇴직금 중간정산의 요건을 적법하게 갖추었다고 볼 수는 없을 것이다.

● 질의 2에 대하여

같은 법 제34조 제2항의 규정에 의한 퇴직금 차등제도 금지의 입법취지는 하나의 사업장 내에서 직종·직위·직급별로 서로 다른 퇴직금제도를 두어 차별하는 것을 금지하고자 하는 것이다. 다만 단체협약의 적용을 받는 근로자와 동 단체협약의 적용을 받지 않는 근로자간의 퇴직금제도 차등, 각각 적용대상이 다른 단체협약간의 퇴직금제도 차등, 퇴직금지급규정을 근로자에게 불이익하게 변경하면서 근로자의 집단적 의사결정방식에 의한 동의를 받지 못한 경우 기존의 근로자에게는 기득권을 인정하고 퇴직금 지급규정 변경 이후에 신규 입사자는 변경된 퇴직금제도를 적용하는 경우의 차등 등은 퇴직금차등제도 설정금지에 반하지 않는 것으로 보고 있다.

한편, 누진제 퇴직금제도를 적용받고 있는 근로자들 중에 퇴직금 중간정산을 실시한 근로자에 대해서만 중간정산 이후 기간에 대하여 법정 퇴직금제도를 적용하는 것은 퇴직금 차등제도를 설정한 것으로 보아야 할 것이다.

또한, 단체협약의 적용을 받는 근로자의 경우 단체협약에서 정한 근로조건보다 낮은 내용의 근로조건을 정한 취업규칙 근로계약 등은 유리조건 우선의 원칙에 의하여 그 부분에 한해 효력이 부인되는 것이다.

● 질의 3에 대하여

연봉제 지급 등에 대해서는 노동관계법이 별도로 규정하고 있지 않으나, 연봉제 근로자에 대해서도 시간급제·월급제 등 다른 임금지급 형태의 근로자와 같이 근로기준법상의 퇴직금에 관한 규정 및 퇴직금차등제도 설정금지 원칙이 적용된다. 누진제 퇴직금제도를 적용받는 근로자가 퇴직금 중간정산을 한 경우 중간정산 이후의 기간에 대하여 법정 퇴직금제도를 적용하는 것은 퇴직금 차등제도 설정금지 원칙에 위배된다.

연봉액에 퇴직금을 미리 포함하여 지급하고자 할 때에는 1) 퇴직금을 중간정산 받고자 하는 근로자의 요구가 있고, 2) 연봉액에 포함될 퇴직금의 액수를 명확히 정해야 하며, 3) 근로자가 미리 지급 받은 퇴직금의 총액이 중간정산 단위기간에 대한 평균임금을 기초로 계산한 퇴직금액보다 미달하지 않아야 하는 등의 퇴직금 중간정산 절차 및 요건을 갖추어야 할 것이다.

(2002. 2. 20., 임금 68200-111)

| 중간정산의 방법 |

1. 중간정산의 단위기간

쌍방의 합의가 있는 한 중간정산의 단위기간에 대해서는 제한이 없다.[142] 예를 들어 10년 근속의 경우 5년, 3년, 2년 6개월, 1년 5개월 등 쌍방이 합의로 정한 기간이 단위기간이 된다.

2. 일부정산과 전액정산

근로자가 정산을 요구하는 시점에 발생한 퇴직금 전액의 정산을 요구할 수도 있으며 앞의 연도에 발생한 일부만의 정산을 요구할 수도 있다. 예를 들어 15년간 근로한 자가 입사초년부터 5년간만의 퇴직금의 정산을 요구하더라도 사용자가 이에 응하는 것은 법위반의 문제가 발생하지 않는다. 이때 퇴직금 누진제를 택하고 있는 경우 계속근로연수를 다시 기산할 지 아니면 계속근로연수를 그대로 두고 정산분만 미리 지급할 것인 지에 대해서는 노사가 합의할 사항이다.

3. 중간정산의 빈도와 사전약정

중간정산의 횟수에 대해서는 제한이 없다. 그러나 중간정산이 적법하게 이루어지려면 당해 건에 대해 일일이 근로자의 요구와 사용자의 동의가 있어야 한다. 따라서 채용시에 근로계약으로 퇴직금을 정기적·반복적으로 중간정산할 수 있도록 하는 계약을 체결하고 퇴직금을 중간정산하였다 하더라도, 근로계약과는 별도로 퇴직금 중간정산에 대해 근로자의 요구가 없었다면 적법하게 중간정산이 이루어진 것으로 보기 어렵다.

---

142) 1997. 3. 28., 임금 68220-179.

4. 운용방법

근로자의 요구에 따라 퇴직금 중간정산을 실시하는 경우에도 사업주가 임의적으로 근로자를 선별하여 실시하는 방법과 노사간에 협의를 통해 사전에 요건과 절차 등에 관한 기준을 마련하여 실시하는 방법이 있는데 퇴직금 중간정산제도의 정착을 위해서는 요건·절차, 다수근로자 신청시 우선순위 등 기준을 명확히 정해 두는 것이 노사간의 갈등을 예방할 수 있어 바람직하다.

5. 계속근로연수를 새로이 기산

① 계속근로연수를 새로이 기산

퇴직금 정산이 되면 미리 정산하여 지급한 후의 퇴직금 산정을 위한 계속근로연수는 정산시점부터 새로이 기산한다. 다만 퇴직금 정산 이후 계속근로연수가 1년 미만인 경우에도 그 근로자는 전체 계속근로연수가 1년 이상이 되므로 퇴직금 지급 대상이 되어 그 기간에 대하여는 1년간의 퇴직금에 비례하여 퇴직금을 지급하여야 한다.

② 퇴직금 누진제에 있어서 정산의 효과

퇴직금 중간정산 이후 퇴직금 산정방법에 대해 노사간 별도의 정함이 없는 경우 중간정산 이후 퇴직금 산정을 위한 계속근로연수가 정산시점부터 새로이 기산되는 것으로 하여 퇴직금을 산정한다. 따라서 공정한 퇴직금정산이 이루어지고, 정산 이후에 발생하는 다툼을 피하기 위해서 노사는 사전에 중간정산 이후 퇴직금 산정방법을 정하는 것이 필요하다.

③ 제도변경과 계속근로 단절

근로자의 퇴직금 정산의 의사표시는 명확해야 한다. 법정 퇴직금제도, 즉 퇴직금 단수제에서 퇴직금누진제로 바꾸거나 근로자의 동의를 받아 퇴직금누진제에서 퇴직금단수제로 바꾸는 경우에는 퇴직금차등제도로 보지 않는다. 그러나 이렇게 제도를 바꾸는 과정에서 퇴직금을 정산하기 위해서는 근로자의 요구 또는 동의가 필요하다.

④ 퇴직금 정산과 다른 근속기간

근로자의 자유의사에 기초하여 퇴직금 정산을 하였더라도 연차유급휴가 가산이나 승진, 승급, 호봉, 상여금 등 당해 근로자의 근로연수와 관계가 있는 다른 근로조건에 있어서의 계속근로연수는 단절되지 않는다.

퇴직금 지급 기준이 변경된 경우 중간정산시 평균임금 산정기준일

[질의]

● 공단은 퇴직금지급규정(취업규칙의 성격)을 1999. 12. 24. 노사합의로 개정하면서 개정사항은 2000. 1. 1.부터 시행하기로 하였다. 개정내용은 퇴직금제도를 종전 누진제(폐지일자 1999. 12. 31. 명시)에서 법정제로 전환한다는 것이다. 다만 개정된 퇴직금 지급규정에 퇴직금 산정기초인 평균임금 산정기준일에 대해서는 특별히 정한 바가 없었다. 따라서 공단은 2000. 1. 1. 이후 중간정산 신청자에 대해 신청당시 평균임금으로 산정 지급하여 왔다.

그러나 2000. 9. 4. 감사기관 감사결과 "채무확정기준일까지의 근무기간에 대하여 당시 기준급여를 적용하여 퇴직금 채무액을 확정하는 방안을 강구" 하라는 지시가 있자, 공단은 2000. 9. 30. 퇴직금 중간정산 미정산자에 대해 1999. 12. 31. 자를 평균임금산정기준일로 정했다.

공단은 2000년 10월 이후 중간정산 신청자에 대해 1999. 12. 31.까지의 근무기간은 1999. 12. 31. 기준 평균임금으로 산정된 누진제를 적용하고 2000년분에 대해서는 중간정산 신청시 평균임금으로 산정된 퇴직금을 지급하였다.

이러한 경우 2000년 10월 이후 퇴직금 중간정산 신청자에 대해 퇴직금 지급시 적용해야 할 평균임금 산정기준일을 어떻게 적용해야 하는지 여부

[회시]

● 근로기준법 제97조에 의거 퇴직금 지급 등 근로조건이 규정된 취업규칙을 근로자에게 불이익하게 변경하는 경우에는 당해 사업장에 근로자 과반수로 조직된 노동조합이 있는 경우에는 그 노동조합, 근로자의 과반수로 조직된 노동조합이 없는 경우에는 근로자의 과반수의 동의를 얻어야만 그 효력을 인정받을 수 있는 것으로서 귀 질의상의 퇴직금채무확정(2000. 9. 30.)이 이와 같이 적법하게 이루어진 것으로 볼 수 있는지 여부에 대해서는 구체적인 사실관계에 따라 판단하여야 할 것이다.

같은 법 제19조에 의한 평균임금은 이를 산정하여야 할 사유가 발생한 날 이전 3개월간에 그 근로자에 대하여 지급된 임금의 총액을 그 기간의 총일수로 나눈 금액을 말하는 것으로서 여기서 이를 산정하여야 할 사유가 발생한 날이라 함은 퇴직일 또는 같은 법 제34조 제3항의 퇴직금 중간정산의 경우에는 당사자간 별도 정함이 없었다면 근로자의 중간정산 요구일이 될 것이다.

따라서 노사간 적법한 절차를 거쳐 퇴직금 지급률을 누진제에서 단수제로 변경하면서 종전의 누진제 퇴직금에 대한 평균임금 산정기준일까지도 확정한 경우라면 근로자가 퇴직(중간정산 요구)할 때에는 종전의 규정에 의한 퇴직금(누진제 퇴직금 채권확정액)에 새로이 변경된 퇴직금 지급률에 의하여 계산된 퇴직금 실제 퇴직(중간정산 요구) 시점의 평균임금에 법정률을 승한 금액을 합산하여 지급하여야 할 것이다.

그러나 퇴직금 지급률이 단지 누진제에서 법정제로의 변경만 이루어지고 종전의 지급률에 의한 평균임금 산정기준일을 확정하지 않은 경우라면 이때의 퇴직금은 근로자가 실제 퇴직(중간정산 요구)한 시점의 평균임금에 종전의 누진율 및 새로이 변경된 지급률(법정제)을 각각 곱한 후 이를 합산 지급함이 타당하다고 사료된다.

(2001. 5. 2., 임금 68207-312)

6. 무효인 퇴직금 중간정산과 퇴직금 지급

근로자의 요구 없이 사용자가 일방적으로 퇴직금을 정산하는 경우 퇴직금 중간
정산이 무효라면 근로자는 최종 퇴직 당시에 지급 받을 수 있는 퇴직금액에서 중간
에 정산하여 지급한 금액을 뺀 나머지를 추가로 지급 받을 수 있다.[143) 이때 중간정
산하여 받은 금액에서 부당이득이 발생하므로 이에 대한 법정이자(연 5%) 상당액
만큼 공제해야 한다는 견해도 있을 수 있으나 대법원 판례는 이를 부정하고 있
다.[144)

7. 지급액의 공제

① 국민연금의 퇴직금 전환금

국민연금법 제75조 제6항에 의해 사용자가 부담한 퇴직금 전환금은 사용자가 지
급할 퇴직금 중 해당 금액을 미리 지급한 것으로 보고 있으므로 퇴직금 중간정산시
산정한 퇴직금에서 그 기간까지 사용자가 부담한 퇴직금 전환금을 공제하고 지급
한다.

② 기타 금품

임금·퇴직금은 근로자에게 직접 전액이 지급되어야 하므로 대부금 등의 금품을
사용자가 일방적으로 공제할 수 없다.

---

143) 1994. 1. 5., 임금 68207.
144) 1993. 1. 15., 대법원 92다37673 ; 1991. 12. 13., 대법원 91다6856

5   기업 내외의 인사이동과 계속근로

| 인사이동 |

기업 안에서 배치전환, 전근 등의 인사이동이 있다 하더라도 이는 기업과의 근로 관계가 단절된 것이 아니므로 퇴직금 계산에 있어 계속근로연수로 합산되는 것이 당연하다. 기업과 기업 사이에는 설사 기업의 소유자가 같은 사람이라 하더라도 그 기업들이 서로 다른 법인격을 갖는다면 어느 한 사업주가 근로자에 대해 전직명령을 내릴 수 없는 것이 원칙이다.

1. 기업 내 인사이동

기업 내 인사이동은 같은 기업 안에서 근로자의 직종, 직무내용, 직급, 근로장소 등을 긴 시간에 걸쳐 변경하는 행위이다. 여기에는 전근 · 배치전환 · 작업지원 · 파견 등이 있으며 특별한 사정이 없는 한 전 기간을 계속근로로 인정해야 한다. 문제가 되는 것은 다른 사업장에 파견명령을 내리거나 지원명령을 내리면서 퇴직금을 정산하는 경우가 있을 수 있는데 근로자의 자의가 아닌 회사의 경영방침 등에 의하여 실시하였다면 퇴직금의 중간정산의 사례와 같이 해석해야 할 것이다.

2. 기업 간 인사이동과 계속근로(전출, 전적 등)

고용형태의 다양화에 따라 기업 간 전출(轉出)이나 전적(轉籍)도 활발하게 이루어지고 있으나 이에 대한 노동법적인 해석은 부족한 형편이다. 이 경우에도 원래의 기업과 근로관계를 유지하고 있는 상태에서 상대 기업의 지휘 · 명령을 받거나 또는 원래의 기업과는 근로관계를 단절하고 상대 기업과 새로운 근로계약을 체결하는 등 여러 가지 형태를 예상할 수 있으나, 기업 간 인사이동은 기업 내 인사이동과 달리 원칙적으로는 근로관계가 단절된다고 보아야 할 것이다.

그러나 모기업 자회사 관계, 계열기업간 이동 등 특수한 관계가 존재한다든지 경영형편에 따라 회사관계, 계열기업 간 이동 등 특수한 관계가 존재한다든지 경영형편에 따라 사용자의 일방적인 지시에 의한 이동이었다면 계속근로로 인정해야 할 것이다.

3. 계열회사 간 전적

재벌기업그룹 산하의 계열회사는 각각 독립된 별개의 법인격을 가지고 있으므로 근로자가 그룹 계열회사 사이에 전적하여 근무하는 경우, 법률상으로는 종전에 근무하던 회사와의 근로관계가 종료되고 이적하여 근무하게 될 회사와 새로운 계약이 성립되는 것으로 해석된다(1996. 5. 10., 대법원 95다42270).

즉 판례에서는 "전적은 종전 기업과의 근로관계를 합의 해지하고, 이적하게 될 기업과 새로운 근로계약을 체결하는 것이므로 유효한 전적이 이루어진 경우에 있어서는 당사자 사이에 종전 기업과의 근로관계를 승계하기로 하는 특약이 있거나 이적하게 되는 기업의 취업규칙 등에 종전 기업에서의 근로기간을 통산하기로 하는 규정이 있는 등의 특별한 사정이 없는 한 당해 근로자의 종전 기업과의 근로관계는 단절되는 것이고, 이적하게 될 기업이 당해 근로자의 종전 기업과의 근로관계를 승계하는 것이 아니라 할 것이다."라고 하여 근로관계가 단절되는 것이 기본 원칙임을 밝히고 있다.

그러나 일반적인 사례에서는 그룹차원에서 계열회사 사이에 전·출입이 행해지는 경우 전적할 때마다 퇴직금을 정산하지 않고 최종적으로 퇴직하는 계열회사가 전체 근속연수를 통산하여 퇴직금을 지급하고 있는 경우도 많다. 즉 계열기업 간의 독립된 법인 사이의 이동에 대해서는 원칙적으로 계속근로를 인정할 수 없으나 계

열회사 사이의 관행·묵시적 합의, 취업규칙 등에 의하여 종전에 근무하던 회사의
근로관계를 승계하였다고 보아 전체를 계속근로로 인정하는 것도 가능하다.

4. 해외취업자의 계속근로

국내 근무와 해외 근무를 분리하기 위하여 해외에 나가면서 국내의 퇴직금을 정
리하거나, 해외에서 귀국하면서 해외 근무부분을 정산하는 사례가 건설회사를 중
심으로 빈번하게 있어 왔다. 이 경우에도 회사의 일방적인 형편에 의한 정산이었다
면 계속근로를 인정해야 한다.

| 조직변경과 계속근로 |

기업이 분할·합병 등에 의해 양도·양수되는 경우에는 기업 자체가 포괄승계
됨으로써 근로관계 역시 승계 되는 것이 원칙이다. 근로관계가 승계 되었다고 인정
되면 퇴직금 계산을 할 때 계속근로연수는 합산되며 이 경우 합병의 경우에는 종다
수 원칙에 따라 합병 후의 기간을 대상으로 많은 근로자가 적용 받는 퇴직금제도를
합병 후의 사업장의 퇴직금제도로 하더라도 법위반이 아니다.[145] 다만 근로관계가
일단 승계 되었더라도 근로자의 명확한 합의 및 선택이 있는 경우에는, 계속근로연
수의 단절 또는 퇴직금 중간정산이 인정될 수 있다. 반면에 근로관계 승계가 인정
되지 않으면 퇴직금 산정을 위한 계속근로연수 역시 단절된다.

---

145) 1993. 10. 12., 대법원 93다18365.

1. 회사의 합병

　회사의 합병은 2개 이상의 회사가 계약에 의하여 청산절차를 거치지 않고 상법 상의 특별규정에 따라 1개의 회사로 되는 것이 일반적 형태이며, 새로운 회사 또는 존속회사는 소멸회사의 권리·의무를 포괄적으로 승계하게 된다.

　그러므로 근로자들의 퇴직금채권 등 근로관계도 자동승계 되고 퇴직금계산을 위한 계속근로에 있어서도 전 기간을 통산하여 산정하게 된다. 그것은 신설합병이든 흡수합병이든 마찬가지로 해석해야 한다. 다만 근로자의 자의에 의하여 사직서를 제출하고 퇴직금을 정산한 뒤 합병회사에 입사하였다면 근로관계는 단절된 것으로 보아야 할 것이다.

고용승계와 퇴직금지급

합병 후의 회사의 퇴직금 지급방식에 관하여 합병으로 소멸한 회사의 퇴직금규정을 적용하는 노사관행이 성립하였다고 판단한 원심판결을 파기한 사례.
회사의 합병에 의하여 근로관계가 승계되어 종전취업규칙 등이 그대로 적용되더라도 합병 후 노동조합과의 사이에 단체협약의 체결 등을 통하여 합병 후 근로자들의 근로 관계내용을 단일화하기로 변경 조정하는 새로운 합의가 있으면 그 새로운 단체협약 등이 유효하게 적용된다. 근로기준법의 최저기준을 초과하는 수준의 퇴직금청구권은 그러한 퇴직금제도의 내용이 근로계약·단체협약·취업규칙 등에 규정되어 있는 경우 에만 인정되는 것인 바, 퇴직금규정이 초창기에 우선 일정한 근속기간까지에 대하여 만 지급률을 정하고 있었다면, 이를 초과하는 근속기간에 대한 퇴직금규정은 정해진 근속기간의 누진율을 그대로 적용하겠다는 취지로 볼 것이 아니라, 그 부분은 추후 검 토하기로 유보하여 아직 제정되지 않은 것으로 보아야 할 것이다.
소멸시효의 기산점인 "권리를 행사할 수 있을 때"라 함은 권리를 행사함에 있어서 이 행기 미도래, 정지조건 미성취 등 법률상의 장애가 없는 경우를 말하는 것인데, 근로 기준법 제36조 소정의 금품청산제도는 근로관계가 종료된 후 사용자로 하여금 14일

2. 기업의 분할, 사업의 분리 · 독립

사업의 특정부분을 떼어내서 독립시키는 것을 기업의 분할 또는 사업의 분리 · 독립이라고 한다. 이 경우에는 기업 자체의 사업이 폐지되지 않은 채 동일성을 유지하고 구회사나 구기업조직에 속했던 근로자가 분할에 따라 신설된 회사나 양수하는 회사에 계속근무하고 있다면 근로관계는 종전대로 승계 · 유지되므로 계속근로연수를 계산함에 있어서도 전 기간을 통산하여야 한다.

다만 근로자가 자의로 퇴직한 후 새로운 기업조직에 신규 입사절차를 거치는 등 근로관계가 실질적으로 중단되었다고 볼 수 있는 경우에는 퇴직금을 각각의 근로기간에 따라 전혀 별개로 산정해야 한다.

3. 부동산의 경매 · 자산매각 등

기업경영의 악화로 도산하여 회사 소유의 건물과 대지 등 회사 자산을 임의로 매각하거나 그 회사 소유의 부동산이 경매처분되었을 때, 그 매수인이나 경락인(競落人)이 같은 장소에서 위 도산한 회사와 같은 사업을 운영하기로 하여 재직중인 근로자를 채용한 경우는 영업의 포괄적인 양도와는 구별되므로 근로관계가 당연 승계 된다고 볼 수 없으므로 계속근로의 계산에서는 단절되는 것으로 해석된다.

4. 영업양도

    영업 또는 사업을 양도 · 양수한 경우에도 근로관계는 자동적으로 양수인에게 승계 된다는 것이 기본적인 해석이다. 즉 사업의 전부 또는 일부가 양도되었다 하더라도 사업의 동질성이 인정되는 한 근로관계는 당사자의 의사와 관계없이 양수인에게 이전되는 것이 원칙이다. 근로관계의 승계에 대한 판단기준은 종래의 사업조직과 동일성을 유지하고 포괄적으로 승계 되었다고 인정되는 부분이다. 그러므로 조직적 일체성을 유지하지 못한다면 그 한도 내에서 근로관계는 이전되지 않으므로 계속근로가 부정된다.

5. 조직변경과 퇴직금정산

    회사의 합병 · 분할 · 영업양도 등의 경우 근로자들이 조직변경 전후에 계속하여 근무를 하되, 일단 근로자들이 종전의 기업에서 퇴직하고 그 근무연수에 해당하는 퇴직금을 지급 받은 후 새로운 기업에 신규 입사형식을 취한 경우에는 앞에서 살펴본 퇴직금중간정산에 준하여 근로관계의 계속성 여부를 판단하면 될 것이다. 즉 근로자가 스스로 의사에 의하여 사직서를 제출하고 퇴직금을 지급 받은 다음 합병 · 분할 · 양수 기업에 입사하였다면 근로관계는 일단 단절된 것으로 보아 근로자가 조직변경 후 근무하다가 퇴직한 근속기간에 대해서만 계속근로를 산정할 수 있다.[146] 그러나 근로자 자의에 의한 것이 아니고 합병 · 분할 · 양도 이전 기업의 퇴직금을 지급하기 위한 방편이나 또는 경영방침에 의한 일방적인 결정에 따라 퇴직과 재입사의 형식을 거친 것에 불과하다면 계속근로관계는 단절되지 않는다. 이 경우에 근로자가 최종적으로 퇴직하면 그 기업은 합산한 계속근로연수에 상응하는 퇴직금에서 이미 지급한 퇴직금을 공제한 차액을 지급할 의무가 있다.[147]

---

146) 1991. 5. 28., 대법원 90다16801.
147) 1992. 7. 14., 대법원 91다40276.

 **고용승계와 중간퇴직**

합병에 의해 중간퇴직이 이루어졌다면 근로관계가 단절된 것으로서 퇴직금의 산정은 합병시부터이다. 합병계약 등에 의하여 피고회사가 원고들의 중간퇴직 이전 원고들과 소 외 회사 사이의 근로관계를 승계하였다 하더라도 원고들의 중간퇴직이 유효한 이상, 이로써 그 이전의 근로관계는 단절되었다 할 것이므로 원고들에 대한 퇴직금의 기초가 되는 근속기간은 원고들이 피고회사에 입사한 날, 즉 합병시부터 기산하여 이를 산정해야 할 것이다.

(1999. 12. 28., 대법원 97다40605-40612)

퇴직금액의 산정

사용자는 근로자에게 계속근로 1년에 대해 30일분의 평균임금을 지급하여야 하며, 평균임금계산은 근로기준법 제19조에 따라 산정한다.

퇴직금의 산정

퇴직금은 계속근로연수 1년에 대해 30일분의 평균임금을 곱하여 계산하게 된다. 이를 산식으로 나타내면 다음과 같다.

$$\text{퇴직금} = \text{계속근로연수} \times \frac{\text{재직일수}}{365\text{일}} \times 30\text{일분의 평균임금}$$

예를 들어 10년 6개월 15일간 근무한 근로자의 경우 법정퇴직금 산식을 정리하면 다음과 같다.

$$\text{법정퇴직금} = (10\text{년} + 6\text{개월}/12\text{개월} + 15\text{일}/365\text{일}) \times 1\text{일 평균임금} \times 30\text{일}$$

| 1년 미만 단수처리 |

근로기준법 제34조 제1항 단서는 "근로연수 1년 미만인 경우에는 퇴직금을 지급하지 않아도 되는 것으로 규정"하고 있다. 이때 "근로연수 1년 미만"이란 총근로기간이 1년 미만임을 의미한다. 따라서 전체적으로 1년 이상 근로한 경우 1년에 미치지 못하는 몇월·며칠에 대하여는 퇴직금을 비례하여 지급하여야 한다.[148]

---

148) 1987. 9. 22., 대법원 86 다카 1651 ; 1997. 5. 13., 노동부예규 328호.

근로기준법 제34조는 사용자가 퇴직하는 근로자에게 지급할 퇴직금의 하한선을 규정한 것으로 보아야 한다. 평균임금을 기준으로 하지 않았거나, 30일분 미만으로 책정하였거나, 평균임금에 포함되는 임금의 범위를 축소하여 규정하였거나, 근속연수기산일을 입사한 날이 아닌 다른 날로 정한 경우[149]라 하더라도 퇴직금누진율 등을 도입함으로써 법정 퇴직금을 상회한다면 근로기준법 제34조가 근로자에게 지급하여야 할 퇴직금의 하한선을 규정한 것이라는 점을 감안할 때 그러한 규정은 근로기준법 제34조 위반이라고 볼 수 없다. 다만 법정 퇴직금액을 상회하는 한 일부 임금을 평균임금에서 제외하는 계산방식을 인정한다 하더라도 다른 근로조건 보장에 있어 평균임금의 범위를 축소하는 것은 인정되지 않는다.

퇴직금액의 산정

평균임금을 산정함에 있어 퇴직 당해 월에 지급 받은 보수 전액을 산입해서는 안 된다. 원심과 같이 취업규칙에 퇴직시 당월 보수 전액을 지급한다는 규정이 있는 이상 퇴직일이 언제이든 퇴직 당해 월의 보수 전액을 퇴직 직전일로부터 최종 3개월간에 지급된 급여액에 산입하여 평균임금을 산정하여 이를 기초로 퇴직금을 산출하여야 한다면, 동일한 사업체에서 동일한 월급을 받고 동일한 근속기간 동안 근무한 근로자들이 같은 달에 퇴직하더라도 단지 그 퇴직일자가 다르다는 사정만으로 그 퇴직금에 심한 차이가 생기는 불균형이 나타나는 바, 이는 심히 불합리하고 근로자의 공통적인 의사에도 부합하지 않는 것으로서 취업규칙의 해석원리에도 어긋나는 것이다.

(2000. 2. 25., 대법원 98다18544)

---

149) 1992. 2. 28., 대법원 30828.

퇴직금의 산정, 택시기사의 개인수익금

택시운전기사의 사납금을 제외한 개인수입금은 퇴직금산정에 포함되지 않는다. 근무 형태가 통상적인 근로자들에 비하여 특이한 관계로 근무로 인한 운송수입금액에 있어 월별 근무일수와 근무시간 등에 따라 각자 상당한 차이를 보일 뿐만 아니라 피고 회사로서는 그날그날의 운송수입금액이 얼마인지 알기도 매우 어려운 점을 생각하여 원고들이 하루하루의 운송수입금 전액을 피고 회사에 그대로 입금하는 것이 아니라 그 중 사납금이라는 명목으로 일정액만을 피고 회사에 입금하고 나머지 금액 전부를 자신들의 개인수입으로 취득하도록 한 것이라 할 것이어서 원고들이 운행수입에서 사납금을 제외하고 가져가는 개인 수입은 그 자체에 이미 기본급 및 제 수당 · 상여금 · 퇴직금이 모두 포함되어 있는 특이한 형태의 임금이라 할 것이므로 단체협약에 따라 산출한 퇴직금 산정제도가 근로기준법 제28조 · 제19조 · 제20조의 각 규정에 반하여 무효라 할 수 없고, 단체협약에 따라 산출한 퇴직금과 원고들의 개인수입에 이미 포함된 퇴직금을 모두 더한 금액이 최저임금법에 의한 임금을 기초로 산정한 퇴직금보다 적다는 아무런 주장과 입증도 없으므로 개인 수입이 퇴직시에 별도로 퇴직금 산정의 기초가 되어야 함을 전제로 하는 원고들의 주장은 이유 없다.

(1996. 8. 21., 대구고법 95나727)

| 퇴직금차등제도의 금지 |

근로기준법 제34조 제2항은 퇴직금제도를 설정함에 있어서 하나의 사업 내에 차등제도를 두어서는 안 된다고 정하고 있다. 지위, 직종은 물론 공장 · 지점 등 작업 부서나 장소에 있어서의 차등도 금지된다고 할 것이다. 이 조항 시행당시에 단체협약 · 취업규칙이 이 조항에 위배될 때는 1980년 3월 31일까지 이 법에 적합하도록 변경하여 노동부장관에게 신고하지 않은 경우에는 당해 사업 내의 최다수 근로자에게 적용되는 퇴직금제도를 적용하는 것으로 본다.

퇴직금차등제도를 금지하고 있는 근로기준법 제34조 제2항 규정이 재산권 보장, 소급입법에 의한 재산권 박탈금지, 결제질서조항 등에 위배되므로 헌법위반이라는 일부 사용자의 의견에 대해 대법원은 이를 부정하고 있다.[150] 모든 근로자에게 동일하게 적용되는 퇴직금제도 내에서 "근속기간 차이에 따른 지급률이나 지급액 차이" 등은 근로기준법 제34조에서 말하는 차등제도가 아니다.

1. 차등이 되는 제도

① 직위 · 직종 · 직급

하나의 사업 내에서 직위별, 직종별로 누진율을 달리하거나 누진율을 같이 하되 일정직급 이상인 자에게는 일정연한을 더해주는 것과 같이 퇴직금 지급조건을 달리하는 것은 금지된다.

해외 기능공에 대한 퇴직금 차별

퇴직금 지급에 관하여 누진제를 적용하도록 규정한 국내 직원에 대한 취업규칙과 달리 해외 기능공에 대해서는 개별 근로계약에 의해 단수제를 적용한 경우, 퇴직금차등제도 금지규정에 위반된다.

1. 구근로기준법(1997. 3. 13. 법률 제5309호로 제정되기 전의 것) 제28조 제2항, 부칙(1980. 12. 31.) 제2항의 목적은 하나의 사업 내에서 직종 · 직위 · 업종별로 서로 다른 퇴직금제도를 두어 차별하는 것을 금지하고 하나의 퇴직금제도를 적용하게 하고자 함에 있으므로 여기에서 말하는 사업이란 특별한 사정이 없는 한 경영상의 일체를 이루는 기업체 그 자체를 의미한다.

2. 구근로기준법(1997. 3. 13. 법률 제5309호로 제정되기 전의 것) 제94조 소정의 취업규칙이란 복무규율과 임금 등 근로조건에 관한 준칙의 내용을 담고 있으면 그 명칭

---

150) 1990. 7. 10., 대법원 90카57.

을 불문하는 것이므로 개별 근로계약에서 복무규율과 근로조건에 관한 준칙의 내용을 담고 있으면 이 또한 취업규칙에 해당한다.

3. 회사가 국내 직원의 퇴직금 지급에 관하여 누진제를 적용하도록 규정한 취업규칙과 달리 해외 기능공에 대하여는 개별 근로계약서에 의해 단수제를 적용하도록 한 경우, 그 회사의 국내 사업과 해외에서의 사업은 구근로기준법(1997. 3. 13. 법률 제5309호로 제정되기 전의 것) 제28조 제2항 소정의 하나의 사업에 해당하고 위와 같은 근로계약서는 해외 기능공에 대해 실질적으로 취업규칙의 성질을 가지는 것이므로, 회사가 국내 직원과 해외 기능공에 대해 퇴직금 지급에 관하여 차별한 것은 하나의 사업 내에서 취업규칙에 의해 서로 다른 퇴직금제도를 설정한 경우에 해당한다.

4. 국내 직원과 해외 기능공에 대해 상이한 퇴직금제도를 둔 회사가 1981. 3. 31.까지 퇴직금차등제도를 금지한 구근로기준법(1997. 3. 13. 법률 제5309호로 제정되기 전의 것) 제29조 제2항에 적합하도록 이를 변경하여 노동청장에게 신고하지 않은 경우, 그 회사의 퇴직금제도는 같은 법 부칙(1980. 12. 31.) 제2항에 의하여 1981. 3. 31. 당시의 최다수 근로자에 대한 퇴직금제도인 해외 기능공에 대한 퇴직금제도를 적용하는 것으로 보아야 하는 바(다만 기존 국내 직원들의 채용 후 1981. 3. 31.까지의 근속기간에 대하여는 개정 전 퇴직금 규정을 적용하는 것이 더 유리하므로 이에 따라야 한다), 비록 그 회사가 1981. 4. 1. 국내 직원에 대해 누진제를 적용하도록 규정한 개정 전 퇴직금 규정을 단수제로 개정하면서 근로자 집단의 집단적 의사결정 방법에 의한 동의를 얻지 아니하였다고 하더라도 그 개정의 내용이 회사의 개정 여부와 관계없이 같은 법 제28조 제2항, 부칙(1980. 12. 31.) 제2항에 의하여 기존 국내 직원들에게 적용될 퇴직금 규정과 동일하므로 그들에 대한 퇴직금을 산정함에 있어서는 개정 퇴직금 규정이 적용되어야 한다.

(1997. 11. 28., 대법원 97다24511)

② 공장 · 지점 · 출장소

하나의 사업에 하나의 퇴직금제도가 있어야 한다. 따라서 하나의 사업에 포함되는 공장 · 지점 · 출장소 · 본사 사이에 퇴직금 지급조건을 달리할 수 없다.[151]

---

151) 1989. 2. 14., 근기 01254-2547.

③ 신규입사자

신규입사자와 기존 근로자 사이의 차별에 대하여는 대법원판례가 전원합의체 판결을 통해 종래의 태도를 변경하여 이를 인정하는 입장을 취하고 있다.

 **퇴직금 차등지급의 금지**

근로자의 입사시기에 따라 퇴직금 지급률을 달리하는 경우, 퇴직금 차등제도의 금지 위반에 해당하는지 여부
1. 구근로기준법(1980. 12. 31. 법률 제3349호로 개정되어 1997. 3. 13. 법률 제5309호로 제정되기 전의 것) 제28조 제2항은 퇴직금제도를 설정함에 있어서 하나의 사업 내에 차등제도를 두어서는 아니 된다고 규정하고 있는 바, 이는 하나의 사업 내에서 직종·직위·업종별로 서로 다른 퇴직금제도를 두어 차별하는 것을 금지하고 하나의 퇴직금제도를 적용하게 하고자 함에 그 입법 취지가 있으므로, 근로자의 입사일자에 따라 지급률에 차등이 있는 퇴직금제도를 설정하는 것도 금지된다.
2. 단체협약은 노동조합이 사용자 또는 사용자 단체와 근로조건, 기타 노사관계에서 발생하는 사항에 관하여 체결하는 협정으로서 노동조합이 사용자측과 기존의 임금·근로시간·퇴직금 등 근로조건을 결정하는 기준에 관하여 소급적으로 동의하거나 이를 승인하는 내용의 단체협약을 체결한 경우에 그 동의나 승인의 효력은 단체협약이 시행된 이후에 그 사업체에 종사하며 그 협약의 적용을 받게 될 노동조합원이나 근로자들에 대하여 생긴다고 할 것이므로, 취업규칙 중 퇴직금 지급률에 관한 규정의 변경이 근로자에게 불이익함에도 불구하고, 사용자가 근로자의 집단적 의사결정 방법에 의한 동의를 얻지 아니한 채 변경을 함으로써 기득 이익을 침해하게 되는 기존의 근로자에 대하여는 종전의 퇴직금 지급률이 적용되어야 하는 경우에도, 노동조합이 사용자측과의 사이에 변경된 퇴직금 지급률을 따르기로 하는 내용의 단체협약을 체결한 경우에는, 기득 이익을 침해하게 되는 기존의 근로자에 대하여 종전의 퇴직금 지급률이 적용되어야 함을 알았는지 여부에 관계없이 원칙적으로 그 협약의 적용을 받게 되는 기존의 근로자에 대하여도 변경된 퇴직금 지급률이 적용되어야 한다.
3. 노동조합의 대표자가 단체교섭의 결과에 따라 사용자와 단체협약의 내용을 합의한 후 다시 협약안의 가부에 관하여 조합원총회의 의결을 거쳐야만 한다는 것은 대표자

④ 근로자의 특성

임시직, 정년연장자[152] 등과 같이 근로자의 특성에 따라 서로 다른 퇴직금제도를 둘 수 없다.

임시직에 대한 퇴직금의 차등지급 금지의 사례

하나의 사업 내에 서로 다른 퇴직금제도를 설정하여 근로기준법 제34조 제2항 소정의 퇴직금 차등제도가 존재하는 경우에 해당한다고 한 사례.

농지개량조합에는 일반직 및 기능직 직원 이외에 농지개량조합예산편성지침에 따라 채용된 임시직 근로자들이 있는데, 농지개량조합은 일반직 및 기능직 직원에 대하여는 퇴직시 농지개량조합보수규정준칙에 정한 지급기준에 따라 퇴직금을 지급하면서도 임시직 근로자에 대하여는 농지개량조합보수규정준칙을 적용하지 않고 농지개량조합예산편성지침에 따라 매년 말에 1개월분의 보수만을 퇴직금으로 지급하는 경우, 농지개량조합에는 다수인 일반직 및 기능직 직원에게 적용되는 퇴직금제도와 소수인 임시직 근로자에게 적용되는 퇴직금제도가 존재하므로, 근로기준법 제34조 제2항의 퇴직금 차등제도 금지규정의 취지에 따라 임시직 근로자에 대하여도 농지개량조합보수규정준칙에 정한 지급기준에 따른 퇴직금을 지급해야 한다고 판단한 원심은 정당하다.

(2002. 4. 12., 대법원 2002다328)

---

152) 1987. 6. 10., 근기 01254-9416.

2. 차등이 되지 않는 제도

① 적법한 제도변경

* *불리한 변경과 기득권 보호* : 적법한 절차에 따라 누진제에서 단수제로 변경하는 등 불리하게 변경한 후 그 시행일 이전의 기간에 대하여는 기득권을 인정하고 시행일부터는 전 근로자에게 일률적으로 변경된 퇴직금제도를 적용하는 것은 차등제도로 볼 수 없다.[153] 이러한 경우 오히려 시행일 이전의 기간에 대하여는 기득권을 인정하여야 한다고 해석된다.[154] 근로자 과반수를 대표하는 노동조합이나 근로자 과반수의 동의를 받지 못해 신규입사자에게만 효력이 있는 경우에는 퇴직금 차등제도를 설정한 것으로 보지 않는다.[155]

퇴직금규정의 개정

퇴직금 규정이 근로자에게 유리하게 개정되었을 때 기존 근로자들에 대해서도 개정된 규정을 차등 없이 적용해야 한다. 기존 근로자들에 대해 법규적 효력을 갖는 퇴직금규정은 개정된 퇴직금규정이고 부칙 제2조는 기존 근로자들의 기득 이익을 보호하기 위한 경과규정으로서 개정 전후의 퇴직금규정을 비교해 전자를 적용하는 것이 유리한 경우만 제한적으로 적용해야 한다. 따라서 원고들의 퇴직금 산정시 부칙 제2조보다 상대적으로 유리한 개정 퇴직금규정을 적용해야 하므로 해당 금원 및 그에 대한 지연손해금을 추가로 지급해야 한다. 또 회사는 퇴직금 개정 이후 최근까지 기존 근로자에 대해 부칙 제2조를 적용한 퇴직금만을 지급하면서 근로기준법에 반하는 차등적 퇴직금제도를 운영해 왔고 이 같은 퇴직금제도 운영내용을 퇴직근로자들에게 안내함으로써 적법한 것처럼 홍보해왔다. 하지만 퇴직근로자 중 일부가 대법원에서 퇴직금제도의 부당성을 인정받음에 따라 회사는 대법원 판결일을 기준으로 3년 이내인 퇴직자만을 지급대상으로 했던 사실을 인정할 수 있는 바 유독 같은 조건하에 있는 원고들에 대해서만 소멸시효 기간이 경과했다는 이유로 퇴직금차액 지급의 거절을 인정하는 것은 부당하다.

(2001. 5. 24., 서울지법 2000가합47618)

* _유리한 변경과 미소급_ : 단체협약·취업규칙으로 퇴직금지급률을 단수제에서 누진제로 바꾸었다면 입사일자로부터 소급하여 적용한다고 규정하지 않은 이상 개정일 이후부터의 근속기간에 대하여 누진제를 적용하며, 개정일 이전 근속기간에 대하여는 단수제를 적용하여도 차등제도가 아니다.

② 회사 임원과의 차별

회사의 임원과 같이 근로기준법 적용대상이 아닌 자의 퇴직금제도와 근로자의 퇴직금제도의 차등을 두는 것은 가능하다.

③ 단체협약 적용대상에 따른 차별

단체협약 적용대상자와 비조직근로자와의 차별은 가능하다고 보는 판례가 있으나[156] 이 경우 노동조합 및 노동관계조정법 제35조의 일반적 구속력과 제36조의 지역적 구속력의 적용을 받음은 물론이다. 하나의 사업 또는 사업장에 조직대상이 다른 2개의 노동조합에서 단체협약이 서로 다르기 때문에 비롯되는 퇴직금제도의 차등은 인정된다.[157]

④ 기업합병과정에서의 차별

기업이 합병되어 근로관계가 승계 된 경우 합병의 효력은 과거에 소급하는 것이 아니므로 합병 당시 취업규칙 등에 피합병 회사에서의 근무기간에 해당하는 퇴직금의 계산에 있어서도 합병회사의 누진제 지급방식에 의하기로 특별히 정하였다고 볼 증거가 없다면, 계속근로기간이 합산되더라도 합병 전 근무기간에 대해서는 합병 전 회사의 법정 퇴직금제를 적용하고 합병 후 근무기간에 대해서는 합병 후 회

---

153) 1987. 5. 1., 근기 01254-7073.
154) 1990.11. 27., 대법원 89 다카 15939
155) 1990. 11. 27., 대법원 89다카15939.
156) 1987. 4. 28., 대법원 85다카2507.
157) 1994. 7. 23., 임금 68207-458.

사의 퇴직금누진제를 적용한다 하더라도 법 위반으로 볼 수는 없다.[158]

⑤ 다른 사업·사업장 사이의 차등

퇴직금 차등제도 설정금지의 원칙은 "하나의 사업·사업장 안의 근로자들 사이"
에 적용되므로 사업·사업장을 달리한 근로자들 사이의 차등은 근로기준법 제34조
위반이 아니다. 이는 근로기준법이 사업 또는 사업장단위로 적용된다는 점에서 당
연한 해석이다.

⑥ 명예퇴직자에 대한 퇴직가산금 지급

명예퇴직금은 정년 이전에 퇴직을 희망하는 사람에 대한 보상 내지 유인으로서
지급되는 금전으로서 임금이 아니므로(1998. 6. 28., 서울지법 인사합의42부), 명예퇴
직자 또는 정년 이전 자진퇴사자에게 퇴직가산금을 지급하는 것은 차등퇴직제도와
관계가 없는 것으로 해석된다.[159]

⑦ 전 근로자에게 공동으로 부과하는 조건이나 부관[160]

퇴직금제도를 누진제로 설정하면서 징계해고의 경우에는 누진율을 낮춘다거나
하는 것같이 누구에게나 적용되는 공통된 조건을 달았다면 그 사업장의 퇴직금제
도는 그 조건과 함께 하나의 퇴직금제도인 것으로 볼 수 있을 것이다. 따라서 조건
을 충족하지 못한 근로자에게 적용되는 지급률과 충족한 근로자에게 적용되는 지
급률이 다르다고 해서 퇴직금 차등제도를 금지하고 있는 근로기준법 제34조 위반
으로 볼 수 없다. 다만 이 경우 조건부여에 있어 합리성이 인정되어야 하고 조건을
충족하지 못한 결과 적용 받게 되는 퇴직금제도가 법정 퇴직금제도보다 불리하지
않아야 될 것이다.

---

158) 1992. 1. 21., 서울고판 91나42335.
159) 1987. 6. 10., 근기 01254-9416.
160) 1993. 11. 8., 근기 68207-2342.

퇴직금제도의 불이익변경

　퇴직금제도는 단체협약, 취업규칙, 근로계약 등에 의하여 설정된다. 그러므로 퇴직금제도를 변경하는 절차는 위의 설정내용을 변경함으로써 이루어져야 한다. 단체협약이나 근로계약을 변경하는 것은 변경절차에 근로자가 개입하고 변경할 내용에 대하여 노사 쌍방의 의사가 합치되어야만 변경이 가능하다는 점에서 별문제가 생기지 않는다.

　그러나 취업규칙에 의하여 설정된 퇴직금제도의 경우는 이와 사정이 크게 다르다. 취업규칙은 사용자에 의하여 일방적으로 그 변경될 내용이 정해지기 때문이다. 따라서 취업규칙에 의하여 설정된 퇴직금제도를 변경함에 있어서는 그로 인하여 근로자가 일방적으로 불이익을 당하지 않도록 적절한 규제가 이루어져야 할 필요성이 제기된다. 이러한 문제는 결국 취업규칙의 변경절차에 관한 근로기준법상의 규제를 통해 해결해야 한다.

　퇴직금변경의 불이익변경이라 함은 이미 작성된 퇴직금규정을 불리하게 변경하는 경우뿐 아니라, 취업규칙의 작성 이전에 벌써 근로자에게 적용하고 있는 근로조건의 내용을 근로자에게 불리하게 변경하는 경우도 포함된다(1989. 5. 9., 대법원 선고 88다카4277 판결).

　또한 불이익변경 여부는 이를 전체적으로 평가하여 판단하여야 할 것인 바 취업규칙상의 퇴직금지급률이 전반적으로 인하되어 그 자체가 불리하더라도 그 지급률의 인하와 함께 다른 요소가 유리하게 변경된 경우에는 그 대가관계나 연계성이 있는 제반 사정을 종합적으로 고려하여 과연 퇴직금에 관한 개정조항이 불리한 지를 따져야 한다.

| 근로자간 이불리에 따른 이익의 충돌 |

퇴직금규정의 변경이 근로자에게 전체적으로 유리한 지 불리한 지를 객관적으로 평가하기 어렵고 그 변경으로 말미암아 근로자 상호간의 이 · 불리(利不利)에 따른 이익이 충돌되는 경우에는, 그러한 변경은 근로자에게 불이익한 것으로 취급하여 근로자들 전체의 의사에 따라 결정하게 하는 것이 타당하다(1993. 5. 14., 대법원 선고 93다1893 판결 등).

회사가 보수규정에서 새로운 수당을 지급하도록 규정함과 동시에 퇴직금규정을 개정하여 새로 지급되는 그 수당을 퇴직금 산정의 기초임금에서 제외시킨 경우에는 퇴직금규정의 개정의 전후에 퇴직금 액수에 변동이 없으므로 기존의 근로자에게서 기득의 이익을 박탈하거나 불리하게 개정하는 것이라 볼 수 없다(1997. 8. 26., 대법원 선고 96다1726 판결).

단, 퇴직금규정을 근로자에게 불이익하게 변경하는 경우에도 그것이 사회통념상 합리성이 있는 변경에 해당하는 때에는 그 변경을 위하여 근로자 집단의 동의를 받지 않아도 되는 예외가 인정된다. 사회통념상 합리성이 있는지의 여부는 그 변경의 취지와 경위, 해당 사업체의 업무의 성질, 취업규칙 각 규정의 전체적인 체계 등 여러 가지 사정을 종합하여 판단하여야 한다(1988. 5. 10., 대법원 선고 87다카2853 판결 참조).

| 기업의 운영개선을 위한 퇴직금급여액 하향조정 |

예를 들어 국영기업체 등 정부투자기업들은 공무원과 마찬가지로 국민의 조세부담으로 그 급여 등이 지급되는 국민소유의 기업들인데, 그 운영에서는 매년 적자를 보게 되어 궁극적으로는 국민의 조세부담을 가중시키면서도 그 보수와 퇴직금은 일반공무원에 비하여 훨씬 많이 지출되는 불합리한 운영을 해왔다. 때문에 이를 시

정하고 국영기업체의 적자운영을 탈피하기 위하여 정부가 취한 방침에 따라 퇴직
금지급률을 하향조정하고 퇴직금 산정의 기초가 되는 임금의 범위를 제한하여 결
과적으로 퇴직금지급액을 인하하는 내용의 개정을 하였다고 하더라도 거기에 근로
자집단의 동의를 받지 않아도 될 만한 사회통념상의 합리성이 있다고는 할 수 없다
(1990. 3. 13., 대법원 선고 89다카24780 판결 ; 1994. 10. 14., 선고 94다25332 판결 등).

퇴직금의 지급방법과 위반의 효력

| 퇴직금의 지급시기 |

퇴직금지급청구권은 퇴직일이 되어야 발생한다. 따라서 퇴직금을 매년 정산하거나 중도에 지급을 요구할 근로자의 권리는 없는 것이 원칙이다. 사용자는 당사자간에 합의가 없는 한 근로기준법 제36조에 따라 퇴직사유 발생일로부터 14일 이내에 퇴직금을 지급하여야 한다. 당사자간 합의로 퇴직금액을 미리 예정한 경우 이는 미리 지급된 퇴직금상당액으로 볼 수 있는 바, 최종 퇴직시점의 평균임금과 근속기간을 기준으로 산정한 퇴직금에서 미리 지급된 퇴직금의 합계를 뺀 차액이 추가로 지급되어야 한다.[161]

| 퇴직 시점과 임금인상 |

퇴직 이전에 임금인상률이 결정되고 퇴직 이후에 개별근로자에 대한 소급인상금액이 산출되었다면 그 퇴직근로자에 대하여 소급인상 임금액을 지급해야 하고 인상된 임금으로 산정한 퇴직금을 지급해야 한다.[162]

그러나 퇴직일 이후에 근로시간, 임금, 퇴직금 등 근로조건을 정하는 기준이 정해지고 퇴직일 이전으로 소급하기로 하였다 하더라도 임금인상 결정 전에 퇴직한 자에 대해서는 특별한 정함이 없으면 인상된 조건이 적용되지 않으며 퇴직금 산정도 인상되기 전 임금과 계산방법을 기준으로 한다.[163]

| 임금지급방법 원용 |

퇴직금도 임금의 성격을 가지고 있어 균등처우, 위약예정의 금지, 전차금상쇄, 매월 1회 이상 정기불원칙을 제외한 임금지급방법에 대한 원칙, 임금채권의 압류제한, 소멸시효, 그 밖에 임금채권 우선변제 등이 적용된다.

| 위반의 효과 |

근로기준법 제34조에 위반하여 퇴직금제도를 설정하지 않았거나 퇴직금차등제도를 두고 있는 경우에는 같은 법 제113조의 규정에 따라 2년 이하의 징역 또는 1,000만 원 이하의 벌금에 처한다. 퇴직금을 지급하지 않은데 대하여는 같은 법 제112조의 규정에 따라 근로기준법 제36조의 금품청산 위반으로 3년 이하의 징역 또는 2,000만 원 이하의 벌금에 처한다.

---

161) 1994. 8. 1., 임금 68207-482.
162) 1988. 8. 31., 근기 01254-13307.
163) 1992. 7. 24., 대법원 91다34073.

| 현행 퇴직연금보험제도 |

1997년 3월 새로 제정된 근로기준법은 퇴직보험에 의한 퇴직연금 또는 퇴직일시금신탁을 설정할 수 있도록 퇴직금제도를 변경하였다. 즉 지급까지의 일시금과 함께 보험에 의한 연금제도와 퇴직일시금신탁의 실시가 가능해진 것이다. 지급까지는 퇴직금을 근로자의 퇴직시에 회사의 자금으로 일시금으로만 지급할 수 있게 강제되고 있어 기업에 부담이 되고, 근로자의 노후생계안정에도 미흡한 문제점이 있었다. 일부에서는 법개정 이전에도 퇴직적립보험이라는 사보험기관을 이용한 사외적립을 하고 있었으나 이것 역시 퇴직시에 일시금만으로 지급하는 형식이었다. 1997년 12월 최종적으로 개정된 근로기준법 제34조 제4항에서는 "사용자가 근로자를 피보험자 또는 수익자로 하여 대통령령이 정하는 퇴직연금 또는 퇴직일시금신탁(이하 "퇴직연금보험"이라 한다)에 가입하여 근로자의 퇴직시에 일시금 또는 연금으로 수령하게 하는 경우에는 같은 법 같은 조문 제1항의 규정에 의한 퇴직금제도를 설정한 것으로 본다."고 규정하고 있다. 다만 퇴직보험 등에 의한 일시금의 액은 제1항의 규정에 의한 퇴직금의 액수보다 적어서는 안 된다는 제약이 있다.

1. 퇴직보험이나 일시금 신탁에 가입

사용자는 근로자를 피보험자로 하는 퇴직보험 또는 근로자를 수탁자로 하는 퇴직일시금신탁에 가입하여야 한다(퇴직보험, 기타 대통령령이 정하는 제도). 따라서 보험회사 또는 금융기관 등이 보험사업자가 되고 사업주는 보험가입자가 된다. 퇴직금의 지급이 종전에는 사업주의 재산에 의해서만 담보되었던 것에 비해 보험제도화함으로서 안정적인 지불확보방안이 가능해졌다. 퇴직금에 관한 사항은 중요한 근로조건의 하나로서 퇴직보험의 도입시 그 내용을 취업규칙에 정해야 한다. 이 경우 근로자의 과반수로 조직된 노동조합이나 근로자 과반수의 의견을 들어야 하며 근로자에게 불이익하게 변경되는 경우에는 그 동의를 얻어야 한다.

즉 사업주와 근로자의 직접적인 지급방식에서 보험회사 등이 보험자로 등장하여 사업주는 퇴직보험 등에 가입하고 매월 보험료 등을 납입하면 근로자가 퇴직시 보험회사로부터 회사를 대신하여 일시금 또는 매월 일정액의 퇴직연금을 지급 받는 형식이 된다.

2. 퇴직일시금과 퇴직연금의 선택

사업주가 퇴직보험 등에 가입하여 보험료 등을 납입한 경우 근로자는 미리 설정된 퇴직보험 등의 약관에 따라 일시금 또는 연금을 선택할 수 있다. 목돈이 필요한 경우에는 일시금을 선호할 것이지만 장기적인 보장을 원하는 근로자는 연금형식을 택하게 될 것이다. 사용자는 퇴직연금 보험에 의한 일시금의 액수가 법 제34조 제1항의 규정에 의한 퇴직금의 액수보다 적을 경우에는 그 차액을 퇴직하는 근로자에게 지급하여야 한다.

또한 종전의 종업원퇴직보험은 이것을 담보로 기업에서 대출을 받는 등 활용하는 사례가 있었으나 새로운 퇴직보험제에서는 근로자의 이익을 위하여 다른 용도로 전용되거나 담보에 제공되는 일이 없어야 할 것이다. 아울러 근로기준법 제37조에 의한 임금채권 우선변제의 적용과 관련하여 만약 기업이 부도가 난 경우 보험회사에 지급해야 할 퇴직보험료는 최우선변제의 대상에 포함되어야 할 것이다. 그렇지 않은 경우 기업이 수 개월분의 퇴직보험료를 납입하지 못한 상태에서 보험회사가 최우선변제를 받을 수 없다면 보험회사는 상당한 손해를 감수해야 하고 보험재정이 부실해질 염려가 있기 때문이다.

3. 퇴직연금보험의 요건

근로기준법 시행령 제11조는 "대통령령이 정하는 퇴직보험 또는 퇴직일시금신탁"의 요건을 아래와 같이 명시하고 있다.

근로기준법 시행령 제11조【퇴직연금보험】

① 법 제34조 제4항에서 대통령령이 정하는 퇴직보험 또는 퇴직일시금신탁이라 함은 다음 각 호의 요건을 갖춘 보험 또는 신탁(이하 "퇴직보험 등"이라 한다)을 말한다.
1. 〈삭제〉
2. 퇴직하는 근로자가 퇴직보험 등을 취급하는 금융기관(이하 "보험사업자 등"이라 한다)에 대하여 직접 일시금 또는 연금(퇴직일시금신탁에 가입한 경우를 제외한다. 이하 같다)을 선택하여 청구할 수 있어야 한다. 다만 근로연수가 1년 미만인 근로자는 일시금 또는 연금을 청구할 수 없으며 그 일시금 또는 연금은 사용자에게 귀속되는 것이어야 한다.
3. 퇴직보험 등의 계약이 해지되는 경우에 환급금은 피보험자 또는 수익자(이하 "피보험자 등"이라 한다)인 근로자에게 지급되는 것이어야 한다. 다만 근로연수가 1년 미만인 피보험자 등인 근로자에 대한 해지환급금은 사용자에게 귀속되는 것이어야 한다.
4. 퇴직보험 등에 의한 일시금·연금 또는 해지환급금을 받을 피보험자 등인 근로자의 권리는 양도하거나 담보로 제공할 수 없다.
5. 보험사업자 등이 퇴직보험 등의 계약체결 전에 계약의 내용을 피보험자 등에게 주지시키고 계약체결 후에는 그 사실을 통지하여야 한다.
6. 보험사업자 등이 매년 보험료 또는 신탁부금 납부상황과 일시금 또는 연금의 수급예상액을 피보험자 등에게 통지하는 것이어야 한다.
② 제1항 제3호 본문의 규정에 의하여 해지환급금을 지급 받는 경우에는 법 제34조 제1항의 규정에 의하여 지급 받을 퇴직금 중 그 해당 금액을 미리 지급 받는 것으로 본다.
③ 사용자는 법 제34조 제4항의 규정에 의한 퇴직보험 등에 의한 일시금의 금액이 법 제34조 제1항의 규정에 의한 퇴직금의 금액보다 적은 경우에는 그 차액을 퇴직하는 근로자에게 지급하여야 한다.

| 퇴직연금제도의 도입 |

1. 퇴직연금제 도입

정부는 현행 퇴직금제도가 갖는 문제점을 해소·보완하기 위하여 그 개선대안으로 퇴직연금제도의 도입을 추진하고 있다. 향후 퇴직연금제도가 도입된다고 해도 퇴직금제도가 없어지는 것이 아니며, 퇴직금제도와 퇴직연금제도 중 하나를 노사가 합의하여 선택할 수 있다. 특히, 퇴직연금제 도입목적은 "근로자의 노후소득 보장" 성격이 강하며, 퇴직연금제는 퇴직금제도의 보완방안으로서 노동부가 주관이 되어 2004년 7월경에 도입할 예정이다.

2. 퇴직연금제도의 개요

① 개 념

사업주가 그 기업에 종사한 근로자에게 퇴직 후 정기적으로 경제적 급부를 제공하는 제도를 의미한다. 이는 사업주에 의해 운영되는 점에서 국가가 운영하는 국민연금과 구별되며, 연금기금의 관리는 민간 금융시장이 담당하는 제도이다. 한편, 근로자를 대상으로 사업주가 운영하는 연금제도로 개인이 자발적으로 노후에 대비하여 가입하는 개인연금과도 구별되는 제도이다.

선진국에서는 고령화사회에 대비하여 공적·기업·개인연금으로 3층형 노후 소득 보장체계를 구축하는 것이 일반적인 추세인 바 기업연금의 갹출, 기금운용, 연금수급의 각 단계마다 세제상 혜택을 부여하여 도입의 활성화를 도모하는 제도이다.

② 기 능

기업주 측면에서는 보험료를 사외에 적립하므로 퇴직금 부담을 평준화하고 자금의 계획적 관리가 가능하며, 근로자 측면에서는 수급권의 보장으로 인하여 안정된 노후 소득원의 확보가 가능하고 기업연금 수급시 연금과세 혜택이 주어지므로 실질소득이 증가될 수 있다는 장점이 있다.

③ 형 태

기업연금의 형태는 급여·갹출형태, 갹출금의 부담주체, 세제적격성, 수탁기관에 따라 다양하게 분류된다.

▶ 기업연금의 형태

구 분	형 태	내 용
급여·갹출 확정방법	확정급부형 (DB : defined benefit plan)	임금수준과 근속연수에 의해 계산된 일정한 급부공식에 따라 매월의 연금액을 일정액 또는 임금의 일정률로 미리 정하고 연금수리에 의해 역산하여 갹출금이 결정되는 제도
	확정갹출형 (DC : defined contribution plan)	매월의 갹출금을 기준급여의 일정률 등으로 정하고 퇴직자의 급부수준은 갹출금과 그 운용수익에 의해 실적 배분되는 제도
수탁기관	보 험 형	생명보험회사가 연금제도의 사무처리, 기금운용, 연금지급 등을 일괄하여 수행하는 제도
	신 탁 형	회사가 자사조직, 신탁은행, 투자신탁 등을 수탁기관으로 지정하여 기금을 운용. 특정기관은 기금운용 또는 사무처리만을 담당
부담주체	비갹출제도	전체 재원을 사용자가 부담하는 형태
	갹출제도	사용자, 근로자가 공동으로 재원을 부담하는 형태
세제 적격성	적격연금	일정한 법적 기준을 만족할 경우 연금재원의 갹출금, 연금자산의 운용수익, 연금급부에 세제 혜택을 부여
	비적격연금	적격기준을 만족하지 않는 연금제도를 총칭

3. 근로자퇴직급여보장법(안) 주요 내용

① 퇴직급여제도

** 퇴직금과 퇴직연금 관련 법령 일원화*

복지제도 성격이 강한 퇴직금제도 관련 조항을 근로기준법령에서 분리하여 새로이 도입되는 퇴직연금제도와 묶어 별도의 법률을 제정하여, 가칭 「근로자퇴직급여보장법」에 퇴직금, 퇴직연금, 개인퇴직계좌 등 근로자 퇴직급여제도를 종합적으로 규정할 예정이다.

** 퇴직급여제도의 설정과 변경*

모든 사업장은 퇴직금 · 확정급여형 퇴직연금 · 확정기여형 · 퇴직연금 중 하나 이상의 퇴직급여제도를 설정하도록 하고, 관리능력이 취약한 30인 미만 사업장은 개인퇴직계좌 가입으로 대체 가능하도록 할 예정이다.

▶ 확정급부형 및 확정갹출형 비교

구 분		확정급부형(DB형)	확정갹출형(DC형)
장 · 단 점	장 점	연금급여의 확정	지급보장성의 확보, 이동성 · 통산성 유리, 수익률 가능성
	단 점	실질 보전가치의 불확실성, 건전성 규제 및 감독의 비용 이동성 및 통산성의 미흡	선택과 운영의 리스크
갹 출 금		변동 가능	확 정
급 부		확정(급여의 일정비율)	운영실적에 따름
위험부담		물가, 이자율변동 회사부담	물가, 이자율변동 종업원부담
기업부담		축소 가능	축소 불가능
통산제도		복 잡	쉬 움
연금수리		복 잡	없 음
선 호 도		장기근속자에 유리	단기근속자(젊은층)가 선호

퇴직급여제도를 설정·변경하는 경우 현행 취업규칙 요건과 같이 근로자대표의 의견을 들어야 하며 불이익하게 변경하고자 하는 경우에는 그 동의를 얻도록 한다. 다만 기존의 퇴직금제 적용 사업장에서 퇴직연금제도(30인 미만은 개인퇴직계좌)로 변경하는 경우에는 근로자 대표의 동의를 얻도록 하였다.

② 퇴직연금 형태별 세부내용

〉〉 확정급여형 퇴직연금

* 퇴직보험의 보완

현행 퇴직보험을 보완하는 방식이다. 퇴직연금규약의 작성을 공식화하여 현재 퇴직보험 가입 과정에서 이루어지고 있는 노사협의 내지 근로자 대표의 동의 등 제도설정 절차를 제도화하고, 적립금 수준도 사업장 실정에 맞추어 노사 자율로 설정하도록 제도화하였다. 한편, 급여규정에 연금지급을 명시하여 세제상 혜택 부여 근거를 강화하였다. 동 제도 도입시 경과기간을 두고 현재의 퇴직보험은 폐지한다.

* 사외적립금의 적립수준 설정

확정급여형은 최종적으로 사업주가 급여의 책임을 지므로 적립금 수준은 사업장 실정에 맞추어 노사가 협의 책정한다.

* 자산관리계약 : 보험계약 및 신탁계약(현행 퇴직보험과 동일)

※ 확정급여형을 운영할 수 있는 금융기관은 현행 퇴직보험과 동일한 은행, 보험사, 투신사 등이다.

* 급여수준 및 지급방법

급여수준은 일시금 수령기준으로 현행 퇴직금과 동일하되 연금의 경우 일시금을 규약이 정하는 바에 따라 분할 지급한다(가입기간 10년 이상, 55세 이상인 자는 연금지급 원칙).

*** *사용자 부담***

사용자의 부담수준은 현행 퇴직금의 사용자 부담이 근속연수 1년당 30일(약 1개월분)의 임금(평균임금)이므로 근로자별 "연간 임금총액의 1/12 (8.33%)"로 설정한다.

*** *퇴직연금사업자(금융기관)***

적립금의 안정적 운영을 위해 일정한 재무건전성 기준을 설정(대통령령)하고, 적립금의 관리 계약 형태를 보험계약 및 신탁계약(현행 퇴직보험과 동일)으로 한다.

*** *적립금 운용***

확정각출형은 근로자 스스로 적립금을 운용하므로 투자 위험과 기회에 직접 노출된다. 따라서 적립금 운용방법에 원금보장 상품 제시 의무화, 주식 투자 한도 설정 등 보완장치를 강구한다.

*** *급여수준 및 수급자격***

근로자별로 적립금의 운용결과에 따라 달라질 수 있으며, 연금 지급방법은 확정급여형과 동일하다.

③ 적용대상 확대

4인 이하 사업장 근로자 및 1개월 이상 1년 미만 근속 근로자에 대하여 적용 확대하고, 1개월 미만 근속자, 4주간을 평균하여 1주간의 소정근로시간이 15시간 미만인 근로자는 현행과 같이 적용을 제외한다. 이는 비정규직의 대부분을 차지하고 있는 4인 이하 사업장 및 1년 미만 단기근속 근로자에 대한 법정 복지격차를 해소하기 위함이다.

※ 퇴직금 적용대상 : 2002년 경활부가조사상 임금근로자의 47.2%(5,888천 명)

다만 4인 이하 사업장의 적용확대시 영세사업주의 부담이 급격히 증가하지 않도록 하기 위하여 2년 6개월(2007년 1월 시행)의 유예기간을 두고 사업주의 부담률은 국민연금의 예를 참조하여 5인 이상 사업장의 1/2에서 시작, 13년에 조정 완료한다.

※ 4인 이하 사업장 적용확대에 따른 기업체별 연간 부담 추정액 : 768,000 원(월 64,000 원)

▶ 사용자 부담 조정일정

구 분	2007~2008년	2009~2010년	2011~2012년	2013년 이후
사용자 부담 (임금총액의)	1/24	1/20	1/16	1/12

④ 직장이동시 통산장치

IRA(Indivisual Retirement Accounts)는 직장이동성 및 단기 근속자 증가, 중간정산제 및 연봉제의 확산 등으로 퇴직일시금이 수령·소진되는 문제점을 보완하기 위하여 일시금이 은퇴시까지 계속 적립될 수 있도록 하는 장치이다.

동 계좌에 일시금을 적립하는 경우 연금을 수급할 때까지 과세를 이연시키고, 수급권 보장 등 안전장치를 마련할 계획이다.

개인퇴직계좌의 가입

퇴직급여(퇴직금 또는 퇴직연금일시금)의 일시금을 수령한 자 등은 개인퇴직계좌에 가입할 수 있다. 이는 사업주의 관리비용 부담 완화를 위하여 개인퇴직계좌 가입시 퇴직급여제도를 설정한 것으로 간주하는 것이다(30인 이하 사업장).

개인퇴직계좌는 연금제도간 통산장치의 역할을 하여 퇴직급여 재원이 노후소득 보장 역할을 할 수 있도록 하는 등 퇴직연금제도 운영에 있어서 필수적인 장치이다.

개인퇴직계좌의 운영

개인퇴직계좌에 가입하는 방법(보험계약 또는 신탁계약), 취급 금융기관, 적립금의 운용방법 등에 있어서 확정기여형과 동일하다. 다만 개인퇴직계좌는 근로자가 퇴직급여의 일시금을 적립하는 것이기 때문에 부담금의 부담 및 납부만 다르다.

* *급여수준 및 급여수급 자격*

가입자별로 적립금의 운용결과에 따라 다르며, 55세 이후에 연금수급이 가능하다.

⑤ 제도의 운영 관리 · 감독

근로자의 수급권 보호를 위한 교육 · 정보제공 및 기금의 건전성 유지를 위한 제도 운영에 대한 관리 · 감독이 중요하다.

* *사용자*

사용자는 부담금의 수준 및 납부시기 등에 대하여 근로자에게 교육을 실시하여야 한다. 동 교육은 퇴직연금사업자에게 위탁 가능하다.

퇴직연금의 적정한 운용을 저해하는 행위, 즉 적립금의 운용에 관하여 특정한 방법을 지시하거나 그 밖에 적립금의 관리 및 운용의 적정성을 해치는 행위, 계약에 의해서 발생된 권리를 양도하거나 담보에 제공하는 행위 등은 금지한다.

노동부장관은 필요한 경우 보고의 징구, 현장조사를 실시할 수 있으며 사용자의 퇴직연금제도 설정 · 운영이 법령, 규약에 위반된다고 인정될 때 시정 · 개선의 명령을 할 수 있도록 하였다.

* *퇴직연금 취급 금융기관*

적립금의 관리 · 운용의 적정성을 담보하며, 사무관리업무에 있어서 과당경쟁 등을 방지하기 위한 행위가 금지된다. 또한 퇴직연금제도의 운영상황을 파악하고, 제도개선 등에 참고하기 위하여 매년 퇴직연금 운영 실적을 제출하도록 하고, 노동부장관의 시정명령에 응하지 않을 경우 당해 퇴직연금의 운영정지 또는 다른 금융기관으로 계약이전을 명할 수 있다.

10 건설근로자의 **퇴직금**제도

| 제도의 의의 |

건설근로자도 퇴직금 규정의 적용을 받는 것은 당연하다. 그러나 사업장을 자주 옮기거나 계속근로를 하더라도 계속근로 여부를 판단하기 어려워 법정 퇴직금제도의 적용이 어려운 때가 많아 만들어진 제도가 바로 건설근로자퇴직공제제도이다.

이 제도는 건설일용근로자가 건설근로자퇴직공제제도에 가입한 공사장에서 일한 경우 1일 1매(2,100원)의 퇴직공제증지를 건설근로자복지수첩에 붙여 252매 이상이 되면 건설업을 퇴직한 때에 증지 수에 상응하는 퇴직공제금에 이자를 더해 일시금으로 지급 받는 제도이다.

| 제도의 현황 |

퇴직공제제도는 현재 의무가입 공사 위주로 운영되고 있는데, 그 동안 의무가입 대상은 건설산업기본법에 의하여 50억 원 이상 공공발주공사, 500호 이상 공동주택공사에 한정되어 있었다.

임의가입대상인 민영공사에는 고용보험에서 공제부금의 1/3을 지원하고 있다. 2003년 5월 말까지 약 419천 명의 근로자가 복지수첩을 발급 받았고(전체 건설일용근로자·임시근로자 976명 중 42.9%), 퇴직공제부금 수납액은 1,358억 원이며, 12,060명의 근로자에게 121억 원의 퇴직공제금이 지급되었다.

▶ 건설근로자 퇴직공제제도 운영 현황

(단위 : 명, 100만 원)

		계	1998	1999	2000	2001	2002	2003. 5.
공제부금 수납액		135,770	95	6,868	25,320	38,937	44,749	19,802
퇴직공제	인 원	12,060	–	3	638	3836	5046	2537
금지급	지급액	12,158	–	2	512	3,599	5,268	2,777

| 제정 · 개정 주요 내용 |

건설근로자퇴직공제제도는 1996년 12월 31일 「건설근로자의고용개선등에관한법률」(법률 제5249호)이 제정되어 1998년 1월 1일부터 시행되어 왔으며, 2002년 12월 31일 법의 주요 내용이 개정된 이래 시행령 개정까지 이루어진 바 있다.

〈건설근로자의고용개선등에관한법률 개정 주요 내용〉

- 의무가입 대상공사 확대근거 마련(전기공사 등)
- 의무가입 불이행 사업주 제재규정(200만 원 이하 과태료) 신설
- 퇴직공제금 인출요건 완화(60세에 달한 경우도 허용)
- 사업주 지도 감독 규정 신설 · 강화
- 공제회 명칭변경(건설근로자퇴직공제회 → 건설근로자공제회), 복지사업 근거 마련
- 공제회에 대한 노동부장관의 지도 감독 근거 신설

▶ 건설근로자의고용개선등에관한법률시행령 주요 개정 내용

	현 행	개 정
의무가입 대상공사	건설산업기본법에 의한 50억 원 이상 공공발주공사, 500호 이상 공동주택공사	전기공사 · 정보통신공사 · 소방시설공사 · 문화재수리공사로서 50억 원 이상 공공건설공사도 확대 실시 ※ 2004년 1월부터 10억 원 이상 모든 공공건설공사, 300호 이상 공동주택공사로 확대
하수급인 사업주인정기준	없음	하도급공사금액 10억 원 이상일 것
임의가입공사 가입기준	없음	건설 관련 법률에 의하여 등록된 사업주
지방노동관서 지도 감독	없음	지도 감독 방법 및 과태료 부과기준 신설

| 제도의 전망 |

이러한 법 · 시행령 개정에 의해 2004년부터는 10억 원 이상 모든 공공건설공사에 의무 적용됨으로써 전체 건설공사의 51%까지 가입이 확대될 전망이어서 건설일용근로자의 퇴직공제 수혜범위가 크게 확대될 전망이다.

| 건설근로자 공제회 설립 |

대통령령이 정하는 건설업 관련 공제조합 및 사업자단체 중 일정 기준에 해당하는 사람은 건설근로자를 피공제자로 해 퇴직공제금을 지급하는 건설근로자퇴직공제사업을 공동으로 실시하여야 하며 노동부장관의 인가를 받아 민법 중 재단법인

에 관한 규정이 준용되는 법인 형태의 "건설근로자 공제회(이하 "공제회"라고 한다)"를 설립하여야 한다.

공제회는 공제수첩·퇴직공제증지 발행, 퇴직공제금 관리 등을 담당한다.

| 공제계약의 체결과 사업주의 의무 |

1. 공제계약

사업주는 공제회와 사업의 전부 또는 사업장별로 "건설근로자 퇴직공제계약(이하 "공제계약"이라고 한다)"을 체결할 수 있으며 하수급인이 사용하는 건설근로자를 피공제자로 하여 계약을 체결할 수 있다.

2. 제외가능 근로자 및 자격미달 사업주

사업주는 근로시간이 노동부령에 정하는 기준에 미만인 사람이나 고용형태·고용기간 및 직종 등을 감안하여 대통령령에 정한 사람에 대해서는 공제계약의 피공제자에서 제외할 수 있으며 공제제도에 동의하지 않는 건설근로자를 대상으로 공제계약을 체결할 수 없다.

공제회는 공제부금체납, 건설업 폐지 등의 이유로 공제계약을 해지한 지 6개월이 경과되지 않은 사업주나 임금체불 또는 공제계약상 의무이행 확보가 곤란하다고 인정되는 등 대통령령이 정하는 사업주와 공제계약을 체결할 수 있다.

3. 건설근로자 복지수첩

　공제회는 사업주에게 건설근로자 복지수첩을 발급, 교부하여야 한다. 수첩의 기재사항 등은 노동부령으로 정하는데, 퇴직공제금 지급의 근거가 된다.

4. 공제부금

　공제계약 사업주는 피공제자, 즉 건설근로자가 임금을 지급 받을 때마다 그 근로일수에 해당하는 공제부금을 공제회에 납부하여야 한다. 공제부금의 금액 및 납부 등에 관한 사항은 대통령령으로 정한다.

| 퇴직공제금의 지급 |

　공제금은 공제금의 납부일수가 12개월 이상인 피공제자가 건설업에서 퇴직한 때나 사망한 때에 공제부금의 납부월수를 감안하여 대통령령이 정하는 기준에 따라 피공제자 또는 유족에게 퇴직공제금을 지급하여야 한다. 공제부금의 납부월수는 공제계약 사업주에 고용되어 근로한 일수를 기준으로 하여 계산하되 2 이상의 공제 사업주에게 고용되어 근로한 경우에는 이를 합산한다. 퇴직공제금 신청자는 노동부령이 정하는 서류를 공제회에 제출해야 하며, 허위·부정으로 퇴직공제금을 지급 받은 자에 대해서는 공제금의 반환은 물론 1년 이하의 징역 또는 300만 원 이하의 벌금에 처해질 수 있다.

| 법정퇴직금과의 관계 |

근로기준법 제34조 제1항의 규정에 의해 피공제자에게 퇴직금을 지급할 의무가 있는 공제계약 사업주는 그 퇴직금 중 이미 납부한 공제부금의 납부 월수에 따라 대통령령이 정하는 기준에 의해서 산정한 금액을 미리 퇴직금으로 지급한 것으로 본다.

| 공제계약의 해지 |

공제회는 사업주가 노동부령이 정하는 기준 이상으로 공제부금을 체납한 경우나 건설업을 폐지한 경우에는 공제계약을 해지하여야 한다. 공제계약 사업주는 피공제자의 3/4 이상의 동의를 얻거나 공제부금을 계속 납부하는 것이 곤란한 경우로서 노동부령이 정하는 사유에 해당하면 공제계약을 해지할 수 있다.

제 8 장 임금채권보장제도

임금채권 소멸시효

근로기준법은 임금채권의 소멸시효에 대해 따로 규정하고 있다. 근로자의 임금채권의 보호를 위한 것으로 임금채권의 시효를 3년으로 하였다. 따라서 임금채권은 3년간 행사하지 않으면 시효로 인하여 소멸한다.

> 근로기준법 제48조 【임금의 시효】
>
> 이 법 규정에 의한 임금채권은 3년간 행사하지 아니한 때에는 시효로 인하여 소멸한다.

임금채권의 소멸시효기간은 근로기준법이 개정되어(1974. 12. 24.) 2년에서 3년으로 길어진 것으로 민법의 급료채권 소멸시효기간(민법 제163조의2)과 동일하다.

| 임금채권의 범위 |

임금채권의 임금범위에는 근로기준법 제18조에 해당하는 모든 임금이 포함된다. 퇴직금지급청구권, 금품청산지급청구권, 저축금반환청구권, 휴업수당청구권, 연월차 유급휴가에 의한 임금지급청구권, 가산임금청구권, 도급제의 보장급여 청구권, 귀향여비 청구권 등은 물론 임금의 성질을 가지고 있는 식비·월동수당·상여금에 대한 청구권도 임금채권에 포함되는 것이다. 해고예고수당에 대하여는 "해고의 의사표시를 할 때에 지급하지 않으면 해고의 효력이 생기지 않으므로 시효에 관한 문

제는 발생하지 않는다."라는 견해가 있으나 해고의 의사표시와 함께 사용자의 예고
수당지급의무가 발생하며, 해고의 유·무효와 임금채권의 지급의무와는 관계가 없
으므로 근로자는 해고된 이상 이를 청구할 권리가 발생한다고 해석된다.

근로기준법 제18조의 임금에 해당되지 않는 "근로관계로 인한 채권"은 민법상
일반채권의 소멸시효 규정이 적용된다.

논란의 여지가 있는 사항은 임금소급인상 이전 퇴직근로자의 임금청구권인데,
이에 대하여는 "근로자의 임금을 인상하기로 결정하기 이전에 퇴직한 근로자에게
는 당사자간에 특약이 없는 이상 동 단체협약의 효력이 미치지 못할 것이므로 소급
인상된 임금을 청구할 수 없다(법무 811-14948)."고 하여 임금인상 결정 전에 퇴직
한 근로자는 그 퇴직할 당시에 있었던 임금기준에 의한 근로계약관계는 퇴직과 동
시에 종료되었다고 보아 소급적용의 혜택을 받을 수 없다고 하고 있다.

| 시효기산일 |

소멸시효기간은 그 채권을 행사할 수 있는 날로부터 진행되며(민법 제60조), 임금
의 종료별로 기산일을 예시하면 다음과 같다.

구 분	기 산 일
임 금	임금 정기지급일
상 여 금	그 상여금에 관한 권리가 발생한 때 (1980. 5. 13., 대법원 79다2322)
월차유급휴가근로수당	월차유급휴가근로수당 청구권이 발생한 날
연차유급휴가근로수	연차유급휴가근로수당 청구권이 발생한 날 (1980. 5. 3., 대법원 79다2322)
퇴 직 금	퇴직한 날

| 시효중단 |

소멸시효 중단에 대하여는 근로기준법에 규정이 없으므로 민법 제168조, 제177조를 준용하여야 할 것이다. 민법 제168조는 소멸시효 중단사유로 재판상 청구, 압류 또는 가압류·가처분, 승인을 들고 있는데 단순한 문의만으로는 시효가 중단되지 않는다(1981. 12. 24., 근기 1455-37097 ; 1964. 7. 7., 법무법 810-9476). 화해, 최고 등에 대해서는 각각 민법 제173조, 민법 제174조에 규정되어 있다.

| 근로자가 아닌 자의 급료에 대한 소멸시효 |

근로자가 아닌 이사 등 임원에 대한 퇴직금은 근로기준법 소정의 퇴직금이 아니라 재직중의 직무집행에 대한 보수의 일종으로서 일반채권의 시효규정이 적용되므로(1988. 6. 14., 대법원 87다카2268) 민법 제162조 제1항의 규정에 따라 그 소멸시효는 10년이다.

| 위반의 효과 |

3년간의 시효에 의하여 임금채권의 청구권은 소멸한다. 그러나 근로자의 청구와는 관계없이 지급의무를 근로기준법에 의하여 규정하고 있는 이상 그 청구권과는 관계없이 벌칙규정은 그대로 적용된다(1948. 3. 17., 일본노동성 기발 제464조).

2 임금채권 우선변제제도

　　임금은 근로자의 생활보호에 매우 중요한 의미를 갖고 있음에도 불구하고 근로자가 임금채권 확보를 위해 사용자의 재산에 저당권, 질권 등의 약정담보물건을 설정하는 경우는 현실적으로 거의 없다. 결국 채권자 평등이라는 민법의 일반원칙을 따르게 되면 사용자가 도산하여 지불능력을 상실할 경우 임금채권의 추심이 사실상 불가능하게 된다. 근로기준법은 이러한 취지에서 임금채권과 기타 근로관계로 인한 채권이 다른 채권, 조세·공과금 등보다 우선해서 변제되어야 함을 규정하고 있다. 특히 최종 3개월분의 임금, 퇴직금, 재해보상금에 대해서는 최우선적으로 변제되어야 함을 명시하고 있다. 이 제도는 지난 1980년 말에 도입된 이후 우선변제되는 임금채권의 범위가 지속적으로 확대되는 등 짧은 기간 동안 상당한 변화를 겪어왔다.

근로기준법 제37조 【임금채권 우선변제】

① 임금·퇴직금·재해보상금, 기타 근로관계로 인한 채권은 사용자의 총재산에 대하여 질권 또는 저당권에 의하여 담보된 채권을 제외하고는 조세·공과금 및 다른 채권에 우선하여 변제되어야 한다. 다만 질권 또는 저당권에 우선하는 조세·공과금에 대하여는 그러하지 아니하다.

② 제1항의 규정에 불구하고 다음 각 호의 1에 해당하는 채권은 사용자의 총재산에 대해서 질권 또는 저당권에 의하여 담보된 채권, 조세·공과금 및 다른 채권에 우선하여 변제되어야 한다.

　1. 최종 3개월분의 임금
　2. 최종 3년분의 퇴직금
　3. 재해보상금

▶ 임금채권 우선변제 범위의 변천

법 개 정 일	내　　　　　　　　　　　　용
1980. 12. 31.	질권·저당권, 조세·공과금, 기타 이에 준하는 채권, 임금과 기타 근로관계로 인한 채권 → 질권·저당권에 우선하는 조세·공과금, 질권·저당권, 임금·퇴직금·재해보상금, 기타 근로관계로 인한 채권, 조세·공과금, 기타 채권
1987. 11. 28.	최종 3개월분의 임금을 질권·저당권에 의하여 담보된 채권보다 우선하여 변제하도록 함 (최우선변제 신설)
1989. 3. 29.	최우선변제대상에 퇴직금·재해보상금을 포함시킴
1997. 12. 24.	변제되는 퇴직금의 범위를 법정퇴직금의 한도에서 최종 3년간으로 축소

| 우선변제권의 성격 및 변제확보방법 |

1. 우선변제권의 행사범위

기존 판례의 입장에서 임금채권 최우선변제가 갖는 의미는 채무자의 재산에 대해 강제집행하였을 때 환가금에서 우선하여 변제받을 수 있음에 그친다는 것이었다(1988. 6. 14., 대법원 87다카3222 ; 1989. 5. 23., 대법원 88다카15734). 그러나 새로운 판례는 "최우선변제는 결정담보물권에 해당하는 것으로서 사용자 소유의 부동산에 설정된 근저당권의 실행으로 진행되는 임의경매절차에서도 그 권리를 주장할 수 있으며 강제경매의 경우나 강제경매신청을 하여 임의경매절차에 기록첨부가 된 경우에 한하는 것은 아니다."라고 하여 우선변제를 받을 수 있는 경우를 확대하고 있다(1990. 7. 10., 대법원 89다카13155).

2. 변제확보방법

임금채권자인 근로자는 국가의 공신력을 이용하여 임금채권을 회수하는 방법으로 임금을 지급 받게 된다. 구체적으로는 민사절차를 통해 사용자의 재산에 대하여 강제집행을 신청한 후 사용자의 재산을 압류하여 환가처분하고 배당, 지급 받는 순서를 밟게 된다. 다른 채권자가 이러한 민사소송절차를 거치는 경우에는 소송참가를 통해 변제를 받을 수 있다.

그러나 현실적으로는 근로자가 주도하여 이러한 민사절차를 거치는 것이 어려울 때가 많다. 따라서 민사소송법은 이러한 상황을 감안, 근로자가 사전에 민사절차에 참가하지 않았더라도 사용자의 재산에 대한 환가가 이루어진 뒤 바로 배당을 요구할 수 있는 근거를 마련해 놓고 있다.

| 임금채권과 다른 채권의 우선순위 |

근로기준법 제37조의 규정에 의한 최우선변제 및 우선변제조항과 관련 법령을 종합적으로 고려하여 임금채권과 다른 채권의 우선순위를 정리하면 다음과 같다.

1순위 : 근로자의 최종 3개월분 임금과 최종 3년간의 법정퇴직금 및 재해보상금
　　　　　(최우선변제)
2순위 : 질권·저당권에 우선하는 조세·공과금[164]
3순위 : 질권 또는 저당권에 의하여 담보된 채권
4순위 : 임금, 기타 근로관계로 인한 채권(우선변제)

---

164) 국세기본법 제35조 및 동 법 시행령 제18조.

5순위 : 조세·공과금[165]

6순위 : 기타 채권

| 우선변제 금품의 범위 |

1. 최종 3개월분의 임금

우선변제의 대상이 되는 임금은 근로기준법 제18조에 규정된 "임금" 가운데 지급 받지 못한 임금을 의미한다. "최종 3개월분의 임금"이란 사용자의 재산을 청산하기 위한 원인이 된 사실이 발생한 때를 기준으로 소급해서 3개월간 지급 받지 못한 정기임금으로 해석한다(1994. 2. 26., 근기 68220-140). 즉 사유발생일 전 3개월간의 근로에 대한 대가가 아니라 그 기간중 지급일이 도래하였음에도 지급되지 않은 임금이다.

2. 퇴직금

우선변제되는 퇴직금은 사용자와의 근로관계가 끝난 날을 기준으로 산정된 퇴직금으로서 근로기준법 제34조에 규정된 법정퇴직금뿐만 아니라 취업규칙 등의 규정에 따라 법정 이상으로 약정된 누진율에 의한 퇴직금도 포함된다.

최우선변제의 대상이 되는 퇴직금의 범위는 최종 3년분의 법정퇴직금이다. 헌법재판소의 결정내용을 보면 근로기준법에 의해 최우선변제되는 퇴직금의 범위가 확정되지 않음으로써 사실상 질권이나 저당권의 담보가치를 정확히 측정할 수 없고, 따라서 이는 사법상의 신용거래 질서인 담보물권제도의 본질적인 내용을 침해할

---

165) 국가, 공공단체에 의해 국민 등에게 부과되는 공적부담(부역·현품·공공조합의 조합비·도로사용료·하천사용료 등)을 총칭한다.

소지가 있다는 점과 헌법상의 과잉금지의 원칙에도 위반된다는 점을 헌법불합치 결정의 주요 근거로 제시하고 있다.

이러한 법개정으로 제도 시행 이후 새로 입사한 근로자들은 3년치(90일분)에 해당하는 퇴직금만을 최우선적으로 변제 받을 수 있도록 조정되었다. 그러나 기존 근로자에 대해서는 기득권 보장이라는 차원에서 법 시행 이전의 퇴직금은 보장할 수 있도록 경과조치를 두고 있다. 즉 법 시행 이전에 채용된 근로자로서 법 시행 이후 퇴직하는 근로자의 경우 1989년 3월 29일 이후부터 법 시행 이전까지의 계속근로연수에 대한 퇴직금에 법 시행 이후의 계속근로연수에 대하여 발생하는 최종 3년간의 퇴직금을 합산한 금액을 우선변제의 대상으로 하도록 한 것이다. 다만 보장되는 퇴직금의 범위는 최대 8년 5개월분(250일분)을 넘지 못한다.

또한 동 법 제3항을 신설, 우선변제의 대상이 되는 퇴직금이 법정퇴직금을 넘지 못하도록 하였다. 즉 과거 취업규칙 등의 규정에 따라 법정 이상으로 약정된 누진율에 의한 퇴직금까지 모두 포함되는 것으로 해석하여 왔던 부분을 법정퇴직금 부분에 대하여만 우선변제의 대상이 됨을 명시하고 있는 것이다.

3. 재해보상금

여기에서 말하는 재해보상금이란 사용자의 재산을 청산해야 할 당시에 입은 업무상 재해에 대한 각종 보상을 의미한다. 재해보상금에 대한 우선변제를 해야 할 때 근로자가 요양을 계속하고 있는 경우 그 시점에서 통상적으로 예견될 수 있는 기간 또는 상태를 기준으로 앞으로 발생할 요양비, 휴업보상 등도 최우선변제의 대상이 된다. 다만 근로기준법 제87조(일시보상)를 유추 해석할 때 2년간의 요양기간 동안의 보상과 일시보상액의 합계가 그 한도가 될 것이다.

4. 기타 수당 및 근로관계로 인한 채권

이는 근로자와 사용자 사이에 채권·채무관계의 성격을 갖는 금전적 청구권을 포함하는 것으로 임금의 성격을 갖는 휴업수당(1993. 2. 15., 임금 68207-81)은 물론 보증금 청구권, 적립금 청구권, 저축금 청구권, 예치 또는 보관한 금품의 반환청구권, 해고예고수당 등을 모두 포함하는 개념이다. 아울러 3개월 이내의 약속어음 교환은 금품청산 기일을 연장하기로 합의한 것에 불과한 것으로 보아 우선변제의 대상이 된다(1982. 12. 10., 근기 1455-75).

| 사용자 재산의 범위 |

여기에서 채무변제를 위해 재산을 처분해야 하는 "사용자"라 함은 근로기준법 제15조에 의한 광의의 사용자(근로자에 대응되는 개념으로서의 사용자)가 아닌 사업주로 이해해야 한다. 따라서 개인인 경우에는 사업주, 법인인 경우에는 법인 그 자체의 재산총액과 제3자에 대한 채권을 의미하는 것이다. 예컨대 사업경영담당자인 대표이사의 개인재산은 포함되지 않는다. 다만 합자회사·합명회사 등의 무한책임사원, 개인회사의 사업주에 대하여는 사장의 개인재산 모두가 사용자의 총재산이 된다. 아울러 명칭만 법인으로 하고 있고 실제에 있어서는 관련법의 요건을 갖추지 못하고 있는 경우에도 이에 준하여 해석한다.

| 법 시행일과 소급적용 여부 |

근로기준법 제37조의 규정에 의하여 인정되는 우선변제는 동 조 시행 이후 발생된 부분에 한하며 관련법 시행 이전의 질권·저당권에 우선한다고 볼 수는 없을 것이다(1990. 7. 10., 대법원 89다카13155).

임금채권보장제도

임금 및 퇴직금은 근로자와 그 가족이 기본적인 생활을 유지할 수 있게 해주는 유일한 생계수단이다. 따라서 기업의 도산 등으로 인하여 근로자가 임금 및 퇴직금을 지급 받지 못할 경우 근로자와 그 가족의 생계 또한 위협받게 된다. 임금채권보장법은 근로자가 기업의 도산 등으로 인하여 임금 및 퇴직금을 지급 받지 못한 경우 일정 범위의 임금채권에 대해 지급을 보장해 줌으로써 근로자와 그 가족의 기본적인 생계를 유지할 수 있도록 하는데 그 목적이 있다. 기업의 부도와 구조조정으로 인하여 중소기업과 한계기업의 도산이 급증하고 있는 상황에서 체당금의 사업재원은 사업주부담금(임금총액의 2/1000) 범위 내에서 부담금 비율 결정, 현재 0.3/1000으로 임금채권보장기금을 조성하여 충당하고, 지급된 체당금은 근로복지공단에서 사업주에게 구상권을 행사하여 변제금으로 회수한다. 1998. 7. ~ 2003. 5. 말까지 이러한 제도의 지원을 받은 근로자들은 80, 782명, 2,689억 원에 이르고 있다.

▶ 체당금 지급 현황

(단위 : 100만 원, %)

	계	1998	1999	2000	2001	2002	2003. 5.
기업수	2428	100	360	363	659	600	346
근로자수	80,782	4639	12,588	14,254	21,554	17,870	9877
체당금액	268,910	16,122	38,814	45,847	70,421	62,947	34,760

자료) 노동부 내부 자료

이번 임금채권보장법 시행령 개정의 주요 골자는 ① 도산 등 사실인정(이하 "도산인정") 요건완화 및 명료화, ② 도산인정 신청기한 인정, ③ 체당금 지급대상 퇴직기간 확대, ④ 사업주의 사업계속기간요건 단축, ⑤ 체당금 지급상한액 결정방식 변경 등이다. 다음은 체당금 제도의 주요 내용을 소개한 것이다.

▶ 임금채권보장법 시행령 주요 개정 내용

	개 정 전	현 행
도산인정요건완화	사업이 정지중일 것 사업재개 가능성이 없을 것 임금지급 능력이 없을 것	사업폐지 또는 폐지과정일 것 〈삭제〉 임금지급 능력이 없을 것
도산인정신청기한	근로자 퇴직 후 6개월 이내	근로자 퇴직 후 1년 이내
근로자의 퇴직대상기간	도산인정 신청일 6개월 전부터 2년 이내	도산인정 신청일 1년 전부터 3년 이내
체당금 지급상한액 결정방식	시행령에 법정화	물가수준 · 기금재정사정을 감안하여 노동부장관이 결정 · 고시
사업주의 사업계속 기간요건	1년	6개월 이내

| 체당금 지급사유 |

임금채권보장법은 사업주의 파산 등 대통령령이 정하는 사유로 인하여 퇴직한 근로자가 임금 및 퇴직금을 지급 받지 못할 경우 노동부장관이 사업주를 대신하여 미지급 임금 및 퇴직금을 지급하도록 하고 있다. 이때 노동부장관이 사업주를 대신하여 지급하는 임금 및 퇴직금을 "체당금(替當金)"이라 하는데, 그 지급사유는 다음과 같다.

1. 재판상 도산의 경우

사업주가 다음에 해당하는 경우 체당금 지급사유가 발생한다.

① 파산법에 의한 파산선고를 받은 경우
② 화의법에 의한 화의개시의 결정이 이루어진 경우
③ 회사정리법에 의한 정리절차 개시 결정을 받은 경우

2. 사실상 도산인 경우

재판상 도산의 경우가 아니더라도 중소기업 규모의 사업을 하는 사업주(인정대상 사업주)[166]가 경영악화로 인하여 ① 사업 폐지 또는 폐지과정일 것, ② 임금지급 능력이 없을 것 등의 사정으로 사실상 도산 판정인 사실인정을 받은 경우에도 지급사유가 발생한 것으로 본다. 사실상 도산 판정인 사실인정 여부는 당해 사업에서 퇴직한 근로자의 퇴직 후 1년 이내에 지방노동관서에 신청하였을 경우 결정하게 된다.

---

166) ①소매업 및 서비스업의 경우에는 상시근로자 50인 이하, ②도매업의 경우에는 상시근로자 100인 이하, ③건설업 및 운송업의 경우에는 상시근로자 200인 이하, ④기타 일반산업은 자산총액이 700억 원 이하이고 상시근로자 수가 300인 이하인 사업을 경영하는 사업주를 말한다.

| 체당금 지급요건 |

1. 사업주에 관한 요건

사업주가 체당금의 지급대상이 되기 위해서는 다음의 요건을 갖추고 있어야 한다.
① 산재보험의 당연 적용사업에 해당하는 사업의 사업주일 것
② 6개월 이상의 기간 동안 당해 사업을 행하고 있을 것
③ 체당금 지급사유인 파산선고 등을 받았거나 사실인정을 받을 것

2. 근로자에 관한 요건

근로자가 체당금을 지급 받을 수 있기 위해서는 퇴직 당시의 사업주가 상기의 요
건을 갖추고 있어야 하며, 근로자는 파산선고 등이나 사실인정을 신청한 날을 기준
으로 1년 전부터 3년 이내에 당해 사업에서 퇴직하였어야 한다.

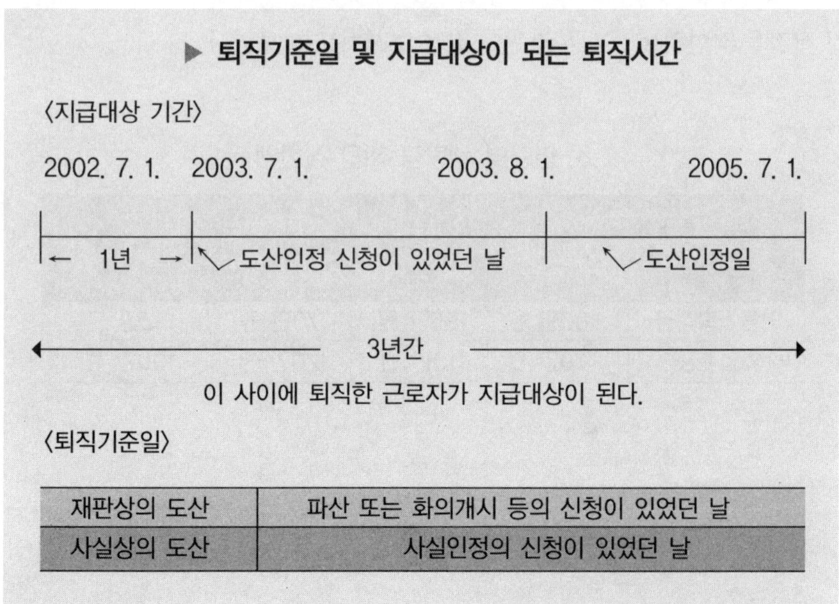

재판상의 도산	파산 또는 화의개시 등의 신청이 있었던 날
사실상의 도산	사실인정의 신청이 있었던 날

| 임금채권의 지급보장 범위(체당금 지급액) |

1. 일반기준

파산선고 등 체당금 지급사유가 발생한 사업장에서 퇴직한 근로자가 기금을 통하여 지급을 보장받을 수 있는 임금채권의 범위는 "최종 3개월분의 임금 및 최종 3년간의 퇴직금"이다.

2. 연령에 따른 상한액

지급이 보장되는 임금채권에 대해서도 개별근로자의 임금수준을 그대로 보장해 주는 것이 아니라 임금채권보장사업의 취지에 맞게 기본적인 생계유지를 위한 범위 내에서만 인정된다. 즉 연령에 따른 상한액을 다음과 같이 "해당 임금의 각 1개월분 및 해당 퇴직금의 산정기초인 평균임금의 30일분(월정 상한액)"으로 정하여 체당금의 지급을 제한하고 있다. 과거에는 시행령에 법정하였으나 물가수준, 기금 재정 사정을 감안하여 노동부장관이 결정 고시하도록 하였다.

▶ 연령별 체당금 지급 상한액

	30세 미만	30세 이상 40세 미만	40세 이상 50세 미만	50세 이상
임금·퇴직금	100만 원	155만 원	170만 원	145만 원
휴업수당	70만 원	110만 원	120만 원	100만 원

| 체당금의 청구와 지급절차 |

1. 지급요건 확인

　체당금을 지급 받고자 하는 근로자는 퇴직할 당시의 사업장의 소재지를 관할하는 지방노동관서의 장에게 필히 지급요건의 충족 여부에 대하여 확인을 받아야 한다. 지방노동관서에서의 확인사항은 ① 파산선고 등 사실인정을 받은 날, ② 파산선고 등 사실인정을 신청한 날, ③ 1년 이상 당해 사업을 행한 사실, ④ 퇴직일 및 퇴직당시의 연령, ⑤ 최종 3개월분의 임금 및 최종 3년간의 퇴직금 중 미지급액, ⑥ 지급 받아야 할 체당금 등이다.

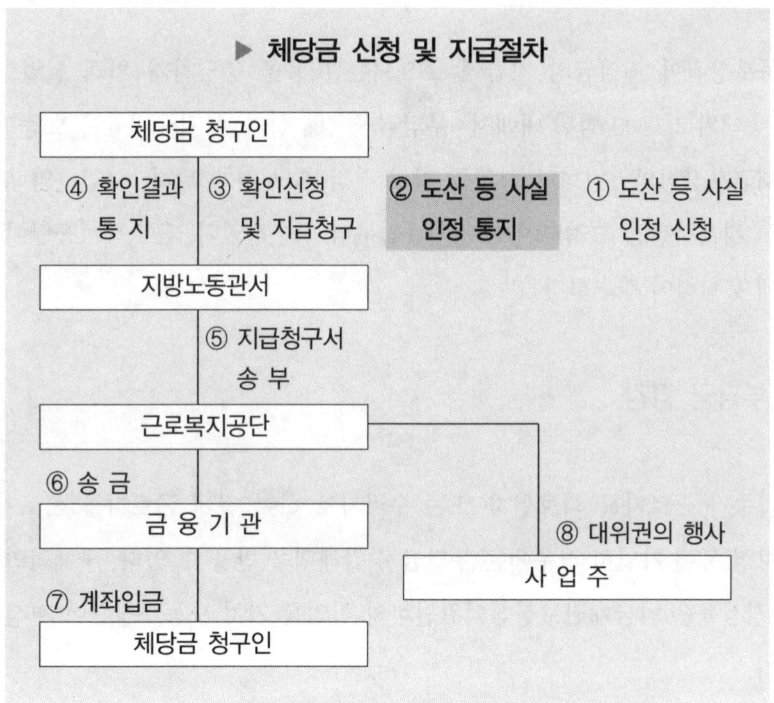

2. 지급청구

체당금을 지급 받고자 하는 근로자는 파산선고, 화의개시의 결정 등 체당금 지급
사유 발생일로부터 1년 이내에 지방노동관서에 지급청구서를 제출하여야 한다. 퇴
직근로자가 체당금을 지급 받을 수 있기 위해서는 지급요건들의 충족 여부에 대해
지방노동관서장의 확인을 받아야 한다.

| 사업주 부담금 |

1. 결정기준

노동부장관이 체당금의 지급에 소요되는 비용을 충당하기 위해 사업주로부터
"임금총액의 2/1000 범위 내에서" 부담금을 징수한다. 부담금비율은 노동부장관이
임금채권보장심의위원회의 심의를 거쳐 결정, 고시하게 된다. 사업주의 부담금은
최근의 경제사정을 고려하여 1999년 1월부터 징수하였다. 근로복지공단이 산재보
험료에 통합하여 징수한다.

2. 부담금 경감

사업주가 근로자를 피보험자 또는 수익자로 하여 전체 근로자를 근로기준법상
퇴직보험 등에 가입한 경우에는 부담금 경감혜택을 받을 수 있다. 구체적인 경감기
준과 경감률은 임금채권보장심의위원회의 심의를 거쳐 노동부장관이 결정하여 고
시한다.

| 대위권 행사 및 부정수급자 처벌 |

1. 사업주에 대한 대위권

기금에서 사업주를 대신하여 체당금을 지급한 경우에는 그 범위 안에서 사업주에 대한 근로자의 임금 및 퇴직금청구권을 대위하여 행사하게 된다. 따라서 사업주가 변제능력이 있는 경우에는 대위권(代位權) 행사를 통해 변제를 하게 된다.

2. 부정수급자에 대한 처벌 및 반환 요구

허위, 기타 부정한 방법으로 체당금을 지급 받은 자와 지급 받을 수 있도록 한 자는 3년 이하의 징역 및 2,000만 원 이하의 벌금에 처하게 된다. 또한 근로자가 이미 지급 받은 체당금은 부정이득으로 이는 노동부장관의 반환 요구에 의하여 징수할 수 있다.

| 민사소송법상 압류의 제한 |

민사소송법은 임금채권이 제3자에 의하여 압류 당했을 때, 압류로부터 근로자의 생활을 보호한다. 민사소송법 제579조는 다음과 같은 경우 압류를 금하고 있다.

- 공무원, 사립학교교원과 종교의 직에 있는 자의 직무상 수입의 1/2을 초과하지 않는 액 또는 그 유족의 부조료
- 근로자의 노무로 인하여 받은 보수의 1/2을 초과하지 않는 액 또는 그 유족의 부조료

연금, 봉급, 상여금, 퇴직금, 퇴직연금, 기타 유사한 급료의 성질을 가지는 급여 채권에 대하여는 1/2을 초과하여 압류할 수 없으므로 압류가 금지된 범위 안에서도 제3자는 자기의 채권에 관하여 근로자의 임금을 압류할 수가 없는 것이다.

임금의 압류가 허용되고 있는 범위 안의 임금에 관해서는 채권자는 법원의 전부명령을 받아 임금지불자인 사용자에게 직접 지불을 청구할 수 있다. 이 경우 사용자가 채권자에게 임금을 지불하는 것은 임금직접불의 원칙에 위반되지 않는다.

| 건설업 노임에 대한 압류의 제한 |[167]

건설산업기본법은 건설공사의 도급금액 중 노임상당액에 대하여는 이를 압류할
수 없도록 규정하고 있다.

압류가 금지되는 노임에 해당하는 금액은 당해 건설공사의 도급금액 중 설명서
에 기재된 노임을 합산하여 산정한다(구건설업법 시행령 제52조).

1. 건설업 노임에 대한 법원의 압류와 노임상당액 확보방법

건설산업기본법 제88조는 "수급인이 도급 받은 건설공사의 도급액 중 당해 공사
의 근로자에게 지급할 노임에 상당하는 금액에 대하여는 이를 압류할 수 없다."고
규정하고 있는데, 이는 최소한의 근로자 생존권을 보장하고자 하는 사회보장적 요
구에서 비롯된 것으로 이를 압류하는 것은 강행법규에 위반이 되어 무효이다(1987.
3. 24., 대법원 86다카1588). 그러나 행정해석은 현실적으로 법원의 압류가 있을 때에
는 이의신청의 방법을 취해야 한다는 견해를 보이고 있다(1983. 7. 20., 근기 1451-
18454). 즉 건설공사가 기성금 중 임금상당액에 대한 압류효력은 무효인 것이나 법
원의 결정에 의한 가압류 표시를 무효화할 경우 형법상 범죄가 성립되므로 즉시 가

---

167) 하갑래 : 「근로기준법」. pp. 506~509, 중앙경제사, 1997.

압류 결정에 대한 이의신청을 하고 바로 근로자 대표로 하여금 임금채권에 대한 채무명의(어음에 의한 공증, 독촉절차, 민사소송 등에 의한 방법)를 획득하게 한 후 강제집행절차를 취해야 하며 이 경우의 가압류 채권은 일반채권으로 되어 근로자 임금채권보다 후순위가 된다는 것이다.

2. 기타의 임금채권 보호내용

수급인이 도급공사에 대한 준공금 또는 기성금을 받은 때에는 준공금의 경우에는 하도급 대금을, 기성금의 경우에는 하수급인이 시공한 분에 상당한 금액을 그 지급 받은 날로부터 15일 이내에 하수급인에게 현금으로 지급하여야 하며(건설산업기본법 제34조), 건설공사 발주자는 도급계약서 또는 하도급계약서에 노임을 산정하여 명시하여야 한다(구건설산업법 시행령 제5조).

▎회사정리법에 있어서의 임금채권의 보호 ▎[168]

막대한 사회적 가치를 가지는 주식회사가 파탄에 빠졌을 경우에 곧바로 이를 해체한다는 것은 주주나 근로자에게 불리할 뿐만 아니라 회사채권자에 대하여도 반드시 유리하다고는 할 수 없다.

또한 사회적으로도 커다란 손실을 가져오게 될 우려가 많다. 그리하여 파탄에 직면한 주식회사의 재건의 가능 유무를 판단하여 그 가능성이 있다면 가급적 회사의 영업을 유지·재건시키는 방향으로 이끌어 나가는 것이 보다 바람직하다. 바로 이와 같은 견지에서 병리적 상태에 빠진 주식회사의 치료를 위하여 제정된 법이 "회사정리법"이다.

---

168) 이철수 : 『임금에 관한 법리』. pp. 102~104, 한국노동연구원, 1993.

회사정리법은 제1조에서 재정적 궁핍으로 파탄에 직면하였으나 갱생의 가망이 있는 주식회사에 관하여 주주, 기타의 이해관계인의 이해를 조정하며 그 사업의 정리재건을 도모함을 목적으로 한다고 규정하고 있다.

1. 회사정리법에 의한 정리절차와 임금채권

회사정리법에 의한 정리절차란 절차 개시 전의 원인으로 생긴 정리회사에 대한 채권을 정리채권으로 하여 우선 그 채권의 개별적 행사를 금지하고 경영을 계속하여 수익을 올리면서 한편으로는 정리채권에 대해서 감면 또는 기한의 유예를 해주고 사채 또는 주식의 발행 혹은 자본감축을 행하는 등 권리변경을 내용으로 하는 정리계획을 수립하되 정리계획상 인정되지 않는 권리는 원칙적으로 권리를 잃어 부담이 가벼워진 회사 재산에 의한 경영을 가능하게 하는 절차이다. 그러나 회사정리법은 원칙적으로 정리절차 개시 후의 원인에 기하여 생긴 것으로서 회사정리절차의 수행을 위하여 필요한 것을 비롯한 몇 가지 채권은 이를 공익채권으로 보호하고 있는 바 근로자의 존재는 회사의 사업경영을 위하여 불가결한 것이므로 개정법은 근로자보호라는 사회정책적인 견지에서 근로자의 급료는 그 발생시기에 관계없이 모두 공익채권이 되는 것으로 하고 있다(회사정리법 제208조 제10항).

그리고 퇴직금에 관하여 개정 전의 법은 근로자가 정리절차 개시 전에 퇴직하는 경우에는 정리채권으로 되어 이를 신고한 후 정리계획에 따라 변제하는 것으로 규제하였으나 개정법은 모두 공익채권으로 되는 것으로 규정하고 있다(회사정리법 제208조 제10항).

그런데 회사정리법이 이렇게 임금채권을 보호하는 것은 근로자를 위한 사회정책적 배려라는 측면 외에 오히려 영업의 계속을 위하여는 근로자의 협력은 회사정리법상의 "갱생의 가망"에 큰 영향을 주므로 근로자의 협조를 받을 필요가 있고 그러한 근로자를 확보하기 위하여 보호하고 있는 점도 있다.

2. 공익채권의 효력

① 공익채권의 변제

공익채권은 정리절차에 의하지 아니하고 수시로 변제 받는다(회사정리법 제209조 제1항). 그리하여 공익채권자는 관리인에 대하여 그 지급을 청구하고, 이를 지급하지 않는 경우에는 소의 제기·강제집행 등의 절차를 취할 수도 있다. 그러나 수시변제라고 하여 기한이 있는 공익채권이 그 기한의 제한을 받지 않는 것은 물론 아니다. 관리인에 의한 공익채권의 변제가 무계획하다고 인정되거나 이를 통제할 필요가 있는 경우에는 법원은 그 허가를 받아 변제하도록 할 수 있다.

② 공익채권의 변제순위

공익채권은 정리채권이나 정리담보권에 우선하여 변제된다(회사정리법 제209조 제2항). 따라서 임금채권은 정리채권에 우선한다.

③ 파산절차로 이행시 공익채권의 변제순위

정리절차가 파산절차로 이행한 때에는 공익채권은 파산법상의 재단채권으로 되고(회사정리법 제25조, 제26조), 화의절차로 이행한 때에는 화의를 위해 생긴 채권 또는 화의절차의 비용으로 간주되어(회사정리법 제28조 제2항) 다른 채권에 우선한다.

④ 회사 재산이 부족할 때 변제방법

회사 재산이 공익채권의 총액을 변제하기에 부족한 것이 명백한 때에는 공익채권은 법령에 정하는 우선권에 불구하고 아직 변제하지 아니한 채권액의 비율에 따라 변제한다(회사정리법 제210조).

3. 금융기관의 대차채권에 대한 적용 여부

정리절차 신청부터 개시결정 사이의 기간에 임금지급을 위하여 회사가 금융기관 등으로부터 금전을 대차(貸借)한 경우 이 금융기관의 금전채권에 대하여 임금과 같은 우선권을 부여할 수 있는가의 문제가 있다. 회사정리에 있어서는 정리개시 결정이 나기까지 우수한 종업원들이 회사를 떠나지 않도록 할 필요가 있기 때문에 임금의 체불을 회피하지 않으면 안 되므로 지불임금을 금융기관에서 대차 받는 경우도 임금과 마찬가지의 우선권을 주어야 한다. 이와 같은 요지, 즉 "일단 체불된 임금을 금융기관이 대신 지급한 경우 그 대지급 채권도 임금채권으로 간주되어 국세에 우선한다(1982. 10. 7., 근기 1455-27695)."는 행정해석을 참고할 수 있다.

4. 파산법과의 균형문제

회사정리가 실패로 끝나 파산으로 이행한 경우(회사정리법 제23조)에는 임금·퇴직금 등 정리절차상 공익채권은 그대로 재단채권이 된다(회사정리법 제24조, 제25조, 제26조). 그런데 처음부터 파산한 경우에는 회사나 근로자의 사정이 앞의 경우보다 훨씬 어려운데도 임금 등이 우선적 파산채권에 불과하여 전자의 경우와 비교하여 근로자는 불이익을 당하게 된다.

| 파산법과 임금채권보호 |

파산법 제32조는 "파산재단에 속하는 재산에 대하여 일반우선권이 있는 파산채권은 다른 채권에 우선한다."고 규정하고 있다. 따라서 근로기준법 제37조의 규정에 의하여 우선권이 인정되는 임금채권은 파산의 경우에도 다른 채권에 비하여 우선하여 변제되게 된다.

1. 회사정리법과의 차이

그러나 이는 배당의 면에서 우선한다는 것에 불과하고, 그 권리자는 파산선고와 동시에 그 권리의 개별적 행사가 금지되고 파산절차에 참가하여 신고, 조사, 확정의 절차를 거쳐 배당을 받게 되는 것으로 그로 인한 시간적·절차적 부담은 적지 않다. 이 점에서 회사정리법에 의한 임금채권의 보호보다는 보호의 정도가 훨씬 약하다고 할 수 있다.

2. 변제의 시기

다만 파산선고 후 근로계약이 종료할 때까지 사이의 근로로 인하여 발생한 임금은 재단채권이 되므로(파산법 제38조 제8호) 파산절차에 의하지 아니하고 수시로 변제 받게 된다(파산법 제40조).

3. 부인권의 대상 여부

임금채권을 변제하기 위해 부동산, 기계류, 채권, 상품 등의 양도행위와 담보설정행위 또는 자산매각행위가 다른 채권자를 해하여 부인권(否認權)의 대상(파산법 제64조 제1호)으로 되는지 여부가 문제될 수 있으나, 그것이 임금채권액과 합리적인 균형에 있고 부당하게 저액이 아닌 한 부인권의 대상인 사해행위로 되지 않는다.

　기업도산시 대개의 경우에는 복잡하며 시간이 많이 소요되는 법정 절차를 피하기 위해 사적인 정리수단에 의해 처리되는 경우가 많다. 이 사적정리에 있어서는 채권자간의 관계에 있어서 민법상의 담보물권에 관한 제 규정을 제외하고는 특별한 규정이 없으므로 발빠른 자, 강한 자가 이기는 상황이 나타나게 된다. 그리하여 근로자는 임금·퇴직금 등의 채권을 받기 위해서는 신속하게 직장을 점거하여 제작중인 물건을 확보하여 매각하거나 아니면 다른 채권자(특히 저당권자)에게 양보할 수밖에 없다. 다른 방법으로는 당해 기업체를 "자주경영"하여 기업의 재건을 도모하는 경우도 있을 수 있다.

　이때 공장검거는 근로자가 가지는 우선특권과 유치권을 확보하기 위해서도 실제상 필요한 수단이 된다.

　이러한 노동조합의 자주경영이 적법하기 위해서는 사용자의 명시적·묵시적 승인이 있으면 된다.

　그러므로 근로자는 도산의 직전·직후에 기존의 노동조합 또는 급거 결성된 노동조합을 통해서 사용자와 파산관리인에 대하여 공장점거나 자주경영을 승인하도록 하는 협정의 체결을 요구할 수 있다. 이때 사용자와 노동조합간에 의견의 일치를 보아 이러한 자주경영에 관한 단체협약 등의 협정이 유효하게 체결된 경우에는 그 단체협약이 강박을 이유로 취소되거나 부인권의 행사에 의해 부인되지 않는 한 그 단체협약에 따라서 이루어지는 자주경영은 적법하다고 해석된다. 그리고 이는 자주경영이 노동조합에 의한 사용자의 생산수단 점유를 동반하는 경우에 있어서도 타당하다.

| 민법상 유치권과 임금채권의 확보 |

1. 유치권의 의의

기업의 도산으로 인한 임금체불과 이에 대한 임금확보를 위하여 근로자가 사용자가 제공한 재료를 가공하여 제품으로 만들어 보관하고 있는 경우 근로자가 그의 임금채권을 확보하기 위하여 그 제품에 관해 유치권을 주장할 수 있는가가 문제된다.

이 경우 임금채권을 물건에 관하여 생긴 채권이라고 보고 또 근로자가 그 물건에 대한 독립의 점유자는 아니지만 유치권 성립의 요건으로서의 점유자를 점유한 "독립한 점유자"일 필요는 없다거나 물건을 사실상 지배하는 자이면 족한 것으로 해석하여 긍정하여야 할 것이다.

이렇게 유치권을 주장할 수 있다고 긍정적으로 해석하게 되면 도산시 사용자의 제품반출을 저지할 수 있는 법률상의 근거를 부여할 수 있기 때문에 쟁의권에 의한 직장점거 및 피케팅의 경우보다 훨씬 강력하고 정당한 피케팅 · 직장점거를 행할 수 있으며, 임금채권 확보를 위한 강력한 수단이 될 수 있을 것이다. 생산계속투쟁, 사적정리에서 특히 그 효과를 발휘할 것이다.

2. 유치권의 한계

유치권을 인정한다고 해도 한계는 존재한다. 근로자는 선량한 관리자의 주의로 제품을 보관하여야 하며(민법 제324조 제1항), 이에 태만하여 제품을 훼손 · 손상 · 분실한 경우에는 사용자에 대하여 손해배상의무를 부담하게 될 것이다. 근로자는 사용자의 승낙 없이 제품의 사용, 대여, 담보제공을 하지 못하며(민법 제324조 제2항) 근로자가 위의 주의의무를 태만히 하거나 무단 사용한 경우 사용자는 유치권의 소멸을 청구할 수 있으므로(민법 제324조 제3항) 사용자의 근로자 측에 대한 의사표시로서의 유치권은 소멸하게 된다.

　이러한 법률상의 제약 외에도 현실적으로 도산상태에 있는 기업에 임금채권의 전액변제를 받기에 충분한 제품이 남아 있는가 하는 문제가 있다. 특히 완성품이 아닌 반제품밖에 없는 경우 유치권을 행사하여도 거의 무가치한 것이면 사용자에 대한 압력이 되지 못할 것이다. 또 완성품이 남아 있다고 해도 그것이 시장성이 없어 도산한 경우도 있을 수 있으며 그러한 경우도 사용자에 대한 압력수단이 되지 못함은 당연하다.

│ 임금채권자의 경매청구권 인정 여부 │

　임금채권은 조세·공과금 및 다른 채권에 우선하여 변제되어야 한다. 그런데 근로자는 사용자의 총재산에 대한 경매청구권도 가지고 있는가 하는 것이 문제된다. 경제적·사회적 약자인 근로자의 기본적 생활을 보장하기 위하여 법정 담보권으로서 임금채권의 우선변제권에 관한 민법 제322조를 유추 적용하여 근로자에게 사용자에 대한 경매청구권도 있다고 해석하여야 할 것이다.

제 2 편 쟁점실무

제 9 장 연봉제와 법률문제

1 연봉제 도입 및 운영 현황 [169]

| 연봉제 도입 현황 |

1996년 이후 연봉제의 증가 추세가 뚜렷하다. 최근 노동부에 의하면 연봉제 도입 비율은 37.5%로 2002년도의 32.3%보다 5.2% 증가된 것으로 조사되었다.

업종별로는 통신업(71.4%)·금융 및 보험업(57.5%)의 도입 비율이 높은 반면 운수 창고업(11.8%)·교육서비스업(16.8%)은 낮으며, 유형별로는 공공부문이 77.0%로 민간부문 36.3%보다 2배 이상 높은 수준이고, 고용규모가 클수록 연봉제 도입 비율이 높은 것으로 나타났다(5000인 이상 대규모사업장이 82.4%, 100~299인 사업장은 32.2%).

(단위 : 개소, %)

구 분	'96. 11.	'97. 10.	'99. 1.	'00. 1.	'01. 1.	'02. 1.	'03. 1.
연봉제 도입업체 (도입비율)	94 (1.6)	205 (3.6)	649 (15.1)	932 (23.0)	1275 (27.1)	1612 (32.3)	1712 (37.5)
조사업체수	5830	5754	4303	4052	4698	4998	4570

주 : 1996~1997년은 임금교섭 타결현황 조사와 병행하여 1999년부터 별도의 설문조사 실시

---

169) 노동부 : 「연봉제·성과배분제 실태 조사 결과」. 2003. 3 ; 2003년 1월 10일 ~ 1월 23일(2주간) 노동부가 100인 이상 사업장 5751개소(4570개소 수거)에 실시한 통계자료.

| 연봉제 실시 현황 |

1. 실시 이유

기업들이 연봉제를 실시하는 이유는 생산성 향상(47.3%)이 주된 이유이며, 우수
인력 채용 및 임금 관리가 쉽다는 점이 부차적인 이유로 지적되었다.

생산성 향 상	인력·임금 관리용이	우수인력 채 용	기 타	무응답
47.3%	19.2%	21.2%	6.7%	6.7%

2. 연봉제 적용대상 및 인원비중

연봉제 적용대상은 관리사무직이 56.6%로 가장 높고, 그 다음으로 전문직
(41.8%), 영업직(41.6%)이었다. 연봉제가 적용되는 인원비중은 전체 인원의 50% 이
상 적용하고 있는 사업장이 38.2%를 차지하고 있다.

한편 생산직을 제외할 경우 50% 이상 연봉제를 실시하는 사업장은 53.0%로 나
타나 매우 높은 비율을 나타냈다.

구 분	10% 미만	10~30% 미만	30~50% 미만	50~70% 미만	70% 이상
전체인원대비	16.7	27.0	14.4	9.1	29.1
생산직제외시	11.0	15.1	8.8	6.4	46.6

3. 연봉제 도입유형

연봉제 도입형태는 혼합형이 45.4%로 가장 많고, 미국식 순수성과급 형태 (13.2%)는 상대적으로 적은 것으로 조사되었다.

성과가급	혼 합 형	순수성과급	연 수 형	무 응 답
14.8%	45.4%	13.2%	20.6%	6.0%

▶ 연봉제 유형

구　　분	기 본 급(기본연봉)	업 적 급(보너스)
성과가급 (Merit Bonus)	직급·직능별 동일인상률 적용	비누적방식으로 개인별 지급
혼 합 형	현재의 기본급을 기준으로 업적에 따라 개인별 인상률 적용	비누적방식으로 개인별 지급
순수성과급 (Merit Pay)	기본급·업적급 구분 없이 전체에 대하여 개인별 인상률 적용	
연 수 형	성과에 따른 개인별 차등없이 기존의 기본급, 수당, 상여금을 통합하여 단순화시킨 형태	

주) 비누적방식 : 전년도의 지급액을 기준으로 하지 않고 업적에 따라 지급액의 전액이 변동될 수 있는 형태

한편 연봉총액 중 업적연봉(변동급)의 비중을 보면 30% 미만 적용 사업장이 78.4%로 대부분을 차지하고 있으며, 50% 이상 적용 사업장은 5.3%에 불과했다.

구　분	10% 미만	10~30% 미만	30~50% 미만	50% 이상	무 응 답
변동급비중	43.6	34.8	10.4	5.3	94.1

4. 연봉산정을 위한 평가

평가방식은 주로 절대평가와 상대평가를 혼용(58%)하여 평가하며, 평가기준은 업적평가를 주로 하고, 능력평가를 참고로 하는 사업장이 43.9%로 가장 많은 것으로 조사되었다.

평가대상인 업적은 주로 개인업적과 집단업적을 함께 고려하고 있으며, 평가방법은 취업규칙 등으로 정해져 있는 경우는 43.4%이고, 규정화되지 않은 경우는 28.0%로 나타났다

구　　　　　　분	비　율(%)
사업주가 취업규칙으로 정함	23.8
노사협의를 거쳐 취업규칙으로 정함	19.6
노조와 단체교섭을 거쳐 합의	3.7
특별히 규정화되어 있지 않음	28.0
무　　　　응　　　　답	24.9

한편 연봉총액 운영방식은 전 근로자에 대한 업적평가 결과에 따라 총액이 늘어날 수 있는 플러스섬방식이 60.5%로 많고, 제로섬방식은 33.2%로 나타났다.

직급별 업적평가에 의한 최상위자와 최하위자 간의 차등폭은 20% 미만이 대다수를 차지했다.

구　분	10% 미만	10~20% 미만	20~40% 미만	40% 이상	무 응 답
이사급 이상	32.8	23.9	11.7	5.1	26.5
부장 · 과장급	34.8	31.5	13.6	4.9	15.2
대리급 이하	33.1	26.3	10.0	3.4	27.2

5. 연봉제 실시의 효과 및 애로점

　　연봉제의 긍정적인 효과로서 "임금관리 효율성"과 "직원의 태도변화"를 높이 평가한 반면, 인건비 절감효과는 거의 없는 것으로 나타났다.

　　연봉제 실시에 따른 문제점에 대하여는 "평가에 대한 불신"이 47.4%로 가장 높으며, 연봉제를 실시하면서 가장 큰 애로점 역시 인사고과제도(37.1%)인 것으로 나타났다.

직원간 과도한 경쟁	단기실적에 치중	평가에 대한 불신	고용불안 확산	무 응 답
5.7%	21.0%	47.4%	7.4%	18.5%

| 향후계획 |

　　적용대상 확대 여부에 대해서는 현행 유지가 60.7%로 가장 높고, 확대할 계획은 30.4%, 축소할 계획은 0.6%로 나타나 연봉제는 더욱 확대될 것으로 전망된다.

확대할 계획	현재대로 유지할 것	축소할 계획	무 응 답
30.4%	60.7%	0.6%	8.3%

| 노사 대등 결정의 원칙과 근로계약요소의 변화 |

연봉제의 도입은 우선 기존의 연공제적 근로계약관계에 상당한 변화를 가져오게 된다. 근로기준법 제17조는 근로계약에 대하여 "근로자가 사용자에게 근로를 제공하고 사용자는 이에 대하여 임금을 지급함을 목적으로 체결된 계약"이라고 정의, 근로의 제공과 임금의 지급이 근로계약의 2대 요소임을 명시하고 있는 바 연봉제 도입은 근로자의 연공적인 요소로 근로의 대가를 결정하는 방식에서 직무에 대한 성과라는 요소를 중심으로 임금액을 결정하는 획기적인 변화를 가져오게 된다.

구체적으로는 임금결정방식, 임금지급시기, 임금구성내역, 베이스업 내지 승급구조 등 핵심적 근로조건이 변화되므로 노사 대등 결정원칙에 따라 근로계약 당사자간에 규범을 변경하여야 하며 이는 일반적으로 취업규칙 및 단체협약의 변경문제를 야기하여 도입절차상 법적 문제가 발생할 수 있다.

| 균등대우 의무와 사용자의 공정평가 의무 |

한편, 연공급하에서는 근속과 학력이라는 객관적 요소에 의하여 임금이 결정되었으나 사용자의 평가가 근로자의 임금액에 연동되므로 평가문제는 더 이상 사용자 고유의 인사권 영역이 아니라 근로조건 중에서도 핵심사항인 임금이라는 근로조건결정과정의 기준으로서 다루어지게 되며 평가에 의한 임금격차의 합리성에 대하여 입증할 수 있어야 하는 엄격한 의무를 부여받게 된다. 합리성의 내용은 "동일가치노동에 대한 동일임금" 원칙이 적용되어야 할 것인 바, 노동수행에서 요구되는 기술, 노력, 책임, 작업조건, 기타의 기준에 대한 합리적인 평가기준을 명백히 하고 직무평가 실시에 있어서는 직무범위와 기준, 보수산정의 기준, 직무평가항목, 평가 방법 등에 대하여 근거를 제시할 수 있어야 하는 등 사용자의 공정평가 의무가 전면에 등장하게 된다.

| 근로계약의 중요성 증대와 교섭구조의 변화 |

또한 임금의 주요 사항이 사용자와 근로자간의 개별적 교섭에 의해 결정되고 차별화하면서 필연적으로 임금의 집단적·획일적 성격이 사라지게 되고 그 동안의 집단적 규범보다는 개별적 근로관계의 규범이 주요한 근로조건을 규율하게 되어 근로계약의 중요성이 증대되고 보다 정교한 규범화작업이 가속화될 것으로 보인다. 그 동안 노동조합이 있는 경우 노사간 힘의 균형에 의해 집단적으로 임금이 결정되거나 연공적 기준에 의해 획일적으로 취업규칙상의 호봉표에 규정된 임금액을 적용 받아왔던 교섭관행 및 규율형태에 상당한 변화를 가져오게 될 것이다.

| 적용대상자 선정 |

　미국의 경우 근로자 중에서도 전문기술직이나 고위직은 노동법 적용이 되지 않는 집단으로서 소위 연봉계약에 의한 연봉제의 도입이 가능하다고 한다.

▶ 미국의 직무와 임금 지급 관행

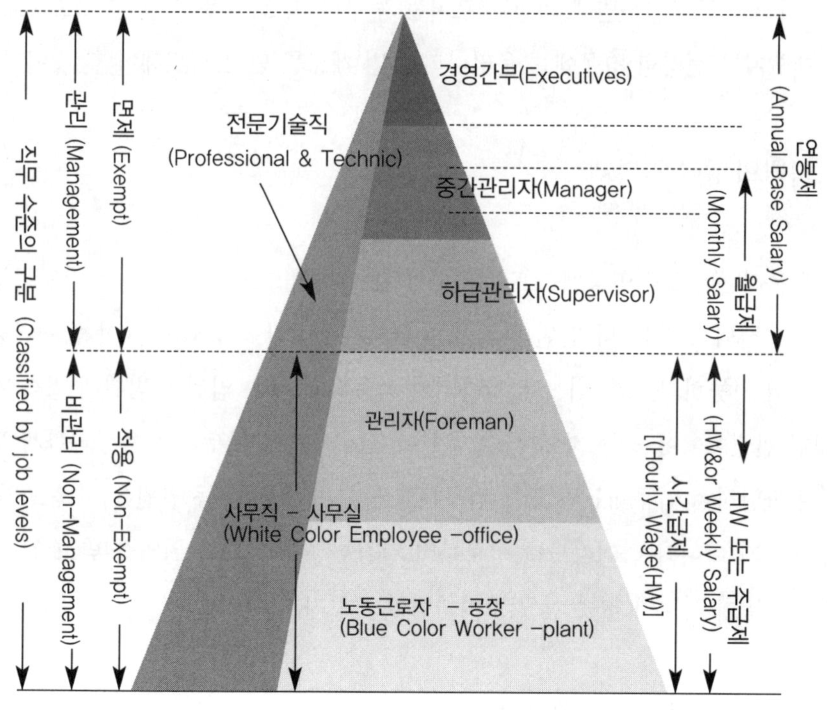

구 분	면 제	적 용
O/T 수당	O/T 수당 미적용	O/T 수당 적용
임금체계	직무급	직무급
임금지급형태	월급제	시간급제
연봉지급대상	– 하급관리자(Supervisor) 일부 – 중간관리자(Manager) 일부 – 전문직 일부 – 경영간부 전원	
연봉삭감	강등에 의한 삭감 발생	
연봉결정권자	담당부장	

우리나라는 근로기준법에 의한 근로자는 누구나 법 적용을 피할 수 없으므로 연봉제 대상자를 선정할 경우에는 우리나라의 법 제도를 먼저 검토해야 할 것이다.

1. 임원의 순수연봉제

현재 우리나라에서 연봉제를 도입하고 있는 실태를 고려하면 대부분 임원급부터 도입이 실시되고 있는 바 임원의 경우는 근로기준법이 적용되지 않아 순수연봉제의 도입이 가능하다. 그러나 근로기준법이 적용되지 않는 임원의 범위에 법적 기준에 의한 판단이어야 하는 바 회사의 임원이 근로자인지 여부는 사용종속관계에 기초하여 판단하여 업무대표권 또는 업무대표권을 가진 이사 등 임원은 비록 그가 회사의 주주가 아니라 하더라도 회사로부터 일정한 사무처리의 위임을 받고 있는 것이므로 특별한 사정이 없는 한 근로기준법상 근로자가 아니다.

① 명칭만 임원인 경우의 연봉제 도입범위

상무이사 등의 직함을 가지고 있다고 하더라도 인사 · 노무관리 등 회사경영에 일반적인 책임을 가지고 있지 않으며 기술자로 일하는 등 사용종속관계 아래서 근로를 제공하고 있다면 근로기준법상 근로자로 해석된다. 즉 이사 등 임원에 대하여 명칭으로 판단하는 것이 아니라 업무집행권 또는 업무대표권이 있는 지가 그 판단 기준이 되는 것인 바 상법의 적용을 받지 않는 회사, 민법상 법인이 아닌 조직 등에서 이사의 명칭을 사용하는 자나 무한책임사원이 아닌 자 등의 경우에는 업무대표권, 업무집행권의 존재 여부를 살펴 근로자 여부를 판단하여야 한다.

② 이사보·이사대우의 연봉제 도입범위

이사보·이사대우 등은 계약관계, 실질근무관계에 있어 상법이나 민법에 규정된 이사와 그 지위가 다르므로 위임관계로 볼 수 없으나 권한·책임과 의무, 담당업무, 출퇴근을 비롯한 근로형태, 보수 및 기타 처우 등에 있어 위임관계에 있는 이사에 상당하는 대우를 받는다면 근로기준법의 적용을 배제할 수 있다.

③ 팀제하에서 차장·과장 등의 관리직 포함 여부

연봉제 도입과 동시에 조직을 팀제로 개편하고 직급과 임금을 분리하는 등의 변화가 수반되면서 직책명만으로는 관리업무수행 여부를 판단하기 어려운 경우를 자주 볼 수 있어 일률적으로 판단하는 것은 어렵다고 할 것이다.

관리자에 대한 근로시간제도 특례의 취지가 관리직무의 특성을 고려한 것이므로 비록 명칭이 과장·차장이라고 하더라도 실질적으로 팀장의 지시에 의하여 업무를 수행하는 근로자라면 동 시행령의 관리자로 보기 어렵다. 따라서 동 특례제도의 적용도 어렵다고 본다.

2. 특수업종 · 관리감독근로자

근로기준법 제61조 및 근로기준법 시행령 제30조에 의하면 농림수산업 등 일부 특수산업 근로자, 관리자, 감독자, 기밀취급자에 대하여는 초과근로 및 휴일근로에 대한 별도의 보상을 하지 않아도 되므로 연봉제 도입을 우선적으로 고려해볼 수 있다. 즉 기업체의 과장 이상 관리직, 공장장 등 생산라인의 감독자나 비서실, 기획실 등에서 근무하는 근로자에 대하여는 노동부장관의 승인을 받아 근로시간 및 휴일 관련 법적 규제를 제외 받을 수 있으므로 시간관리의 부담을 일부 줄일 수 있다. 이 때 근로기준법 제4장과 제5장에 규정되어 있지 않은 휴일, 야간근로, 연차휴가, 생리휴가 및 산전·후 휴가의 적용도 면제되는 것은 아니므로 주의해야 할 것이다. 다만 월차유급휴가에 대하여는 학설은 일반적으로 적용제외에 포함된다는데 대하여 판례[170] 및 행정해석[171]은 이를 반대하고 있으므로 실무적으로는 월차휴가를 부여하여야 할 것으로 생각된다.

3. 재량근로자(근로기준법 제56조 및 근로기준법 시행령 제26조)

개정된 근로기준법 제56조 및 동 법 시행령 제26조에 규정된 사업장 외 상시근무 근로자(주로 영업직), 연구직, 정보처리 관련 업무 담당자, 방송사 PD 등 전문직에 대하여는 그 업무특성의 실태를 감안하여 노사간 합의에 의하여 초과근로수당을 고정급화하는 경우 시간관리에 따른 부담이 다소 덜어지므로 연봉제 도입이 비교적 쉽다.

기술직이나 영업직 등의 일반 근로자에게 연봉제를 실시하는 경우에는 원칙적으로 시간외 휴일근로의 관리를 하여 할증임금을 지불할 필요가 있다. 간주시간제도에는 사업장 외 근로와 재량근로제에 대한 간주는 업무의 성질상 그 수행방법을 대폭으로 근로자의 재량에 위임할 필요가 있기 때문에 그 임무를 수행하는 수단과 시간배분의 결정 등에 관하여는 구체적으로 지시하기가 곤란한 것으로서 명령 또는 예규로 정하는 업무에 대하여 최초부터 노사협정에서 정한 시간수만큼 근로한 것으로 간주하는 제도를 활용하는 것이다.

한편 연봉제도입시 MBO(목표관리제도)를 함께 도입하는 경우 이러한 근로자를 재량근로자로 볼 수 있는지의 문제가 생길 수 있다. 즉 근로자가 스스로 목표를 세우고 이를 상사와 조정한 뒤 지속적으로 스스로의 재량에 의하여 성과를 내고 이를 평가하는 제도가 제대로 작동될 경우 당해 근로자는 근로제공에 있어 상당한 재량권을 갖게 되기 때문이다. 생각하건대 동 제도가 원활히 활용되고 있는 경우 동 근

---

170) 1966. 6. 7., 대법원 66다592
171) 행정해석 1989. 7. 12., 근기 01254-10415.

로자에 대한 근로시간관리는 불필요한 관리의 부담을 줄 수 있으므로 재량근로로 볼 수 있으나 이에 대한 법적 근거가 미비하므로 전문직에 준해 처리할 수 있으리라 생각된다.

4. 일반 근로자와 포괄역산제의 활용을 통한 연봉제 도입

상기의 근로자 이외에 통상의 근로자는 시간외 · 야간 · 휴일 근로에 대한 할증임금제도가 예외 없이 적용되어야 하므로 연봉 외에 각종 법정 수당을 별도로 운영해야 하는 번거로움이 따른다. 이때 연봉 계약시 이미 법정 수당이 연봉액에 포함되어 있는 것으로 계약을 체결하는 것이 가능할 경우 연봉제의 도입이 보다 용이할 수 있는 바 판례에 의하면 근로자에게 불이익이 없고 제반사정에 비추어 정당성이 있다고 인정될 경우 이를 무효라 할 수 없다고 하여 포괄역산제도를 인정하고 있다. 그러나 개개 근로자가 실제로 계산한 근로시간에 따라 산정된 금액이 객관적으로 인정되고 이 금액의 합계가 이미 지급된 일정액의 합계액보다 많다면 근로자는 그 차액의 지급을 요구할 수 있으므로 이의 분쟁이 생기지 않도록 포괄역산의 내용을 분명히 명시하는 것이 필요하고 실제 차액발생시 동 금액을 지급해야 한다. 플렉스 타임제(flexible time)를 채용하는 경우에도 정산 기간별로 시간외 근로수를 산정하여 할증임금을 지불하여야 한다.

근로기준법은 근로자와 사용자간의 근로계약관계에 개입하는 법으로 기존의 연공제적 임금체계에서 성과주의 임금체계로 변화하게 되는 것은 근로계약의 본질적인 요소가 변화하게 되어 근로계약상의 일대변화를 초래하게 된다. 근로의 제공과 임금의 지급이 근로계약의 2대 요소인 근로계약 관계에서 근로의 대가의 결정방법을 근로의 양에서 질 단위로 전환함으로써 기존의 시간대비 임률제에서 성과단위 임률제로 변화하게 되는 것이다.

1. 근로계약서의 작성

사용자는 근로계약의 체결에 있어서 임금에 대한 사항을 명시할 의무를 지며 이 의무는 통상 채용에 있어 취업규칙의 제시를 통해 이행된다. 그러나 연봉제 근로계약의 경우는 전년도 성과에 기초하여 개별적으로 차년도 총액 임금액을 개별적으로 결정하므로 근로계약의 중요성이 증가하게 된다. 연봉제의 기준법 운용 및 평가방법에 대한 일반적 · 공동적인 사항은 임금규정 등 취업규칙으로 대체될 수 있으나 개별적인 연봉액이 결정되는 사항에 대해서는 빠짐없이 근로계약서의 서면화를 통해 명시하여야 한다.

연봉액 및 그 대상이 되는 기간, 소정근로일수, 근로시간, 연봉의 지급방법 및 지급기일, 상여금 및 제 수당의 취급, 시간외 근로 등의 할증임금이 연봉액에 포함되는지 여부, 지각 · 조퇴 · 결근 등의 취급방법, 퇴직금 관련사항, 국민연금 · 의료보험 · 고용보험 · 퇴직금의 산정방법 및 중도퇴직할 때의 취급방법 등이 명시해야 할 사항이다. 임금액에 영향을 주는 구체적인 평가기준도 취업규칙사항에서 포괄되지 않는 경우 반드시 근로계약서상에 명시되어야 할 것이다.

① 연봉제는 1년 단위 근로계약인가?

연봉제를 도입하는 경우 대상 직원들이 "1년 후에는 해고되는 것이 아닌가?"라는 불안감을 호소하는 경우가 많다.

현재 우리나라에서 실시되고 있으며 이 책에서 논의하는 연봉제는 성과주의 임금제도의 한 형태로서 성과평가와 임금액 결정의 단위를 연 단위로 하는 것이지 1년 이후 당연히 근로계약의 종료시기가 도래하는 단기근로계약과는 다르다고 해야 할 것이다.

② 연봉계약 갱신시 회사 안에 불복하는 근로자에 대한 징계가능 여부

연공급과는 달리 연봉제의 경우 평가지표에 대한 피평가자 및 평가자 사이에 마찰이 생길 가능성이 있다. 물론 객관적인 평가지표나 근로자와의 수시 접촉을 통해 마찰을 해소해야 할 것이나, 이러한 일련의 과정을 거쳤음에도 불구하고 연봉액을 결정할 때 갈등이 심화될 개연성이 높은 바 많은 회사에서는 이에 대한 이의제기절차를 마련하고 이러한 문제에 대한 해결을 모색하고 있다.

만약 연봉제를 적법하게 도입, 실시하고 있는 연봉계약상에 중대한 하자가 없음에도 불구하고(이의제기절차를 통해 확정된 경우 등) 계속 이에 불응한다면 회사는 원칙적으로 인사권 불응에 상당하는 징계도 가능하다 할 것이다.

③ 회사의 연봉계약 갱신 거부의 요건

연봉계약 갱신시 회사가 근로계약 갱신을 거부할 수 있는지 여부가 문제될 수 있다. 연봉계약이라 하더라도 민법의 고용계약과는 달리 노동법상 각종 보호의 대상이 되는 근로계약이므로 이와 관련한 각종 규제를 고려하여야 한다. 그러므로 근로자가 연봉계약을 해지하는 것은 문제가 되지 않으나 회사가 갱신을 거부하는 것은 근로기준법상 해고에 해당하므로 해고의 정당성을 만족시킬 수 있는 이유가 있어야 할 것이다.

④ 연봉계약이 지연될 경우 타결시점에서 갱신된 연봉액을
   계약기간 초부터 소급 적용하여야 하는지 여부

호봉표에 따라 자동적으로 임금액이 결정되는 연공급의 경우 개별협상의 지연과 같은 문제는 발생하지 않았으나 연봉계약의 경우 연봉계약 갱신시 임금결정이 부득이하게 지연될 수 있다.

그러나 사업주는 근로계약의 체결시 임금의 구성항목·계산방법 및 지불방법 등 주요 근로조건을 명시할 의무가 있으므로 우선 연봉갱신과 관련한 구체적 규정을 마련하여 근로자에게 불이익이 발생하지 않도록 배려할 의무를 진다고 판단되므로 이에 만전을 기해야 할 것이다(위반시 500만 원 이하의 벌금).

더구나 연봉계약이 1개월을 초과하여 임금을 지급예정일에 지급하지 못하는 경우 근로기준법상 매월 정기불 원칙에 위배될 수 있고, 연봉갱신기간을 경과하고도 상대적으로 저임에 해당하는 전년도의 연봉액을 기준으로 수개월을 지급하는 경우 특별한 약정이 없는 한 전액불 원칙에 위배될 가능성이 있으므로(연봉액 동결이나 감액의 경우는 제외) 임금계산기간이 명백한 경우 소급 적용하는 것이 타당할 것이라 사료된다.

⑤ 개별동의에 의한 연봉제 도입

비노조 사업장의 경우 취업규칙에 반하지 않는 한 연봉계약에 의한 연봉제 도입이 가능하다. 한편 노동조합이 있는 경우 단체협상 변경을 거쳐야 연봉제 도입이 가능하다고 하겠으나 최근 이를 부인하는 하급심 판례가 있어 논란이 되고 있다.

개별동의에 의한 연봉제의 부당노동행위 해당 여부

노조와 별도의 협의가 없었더라도 개별근로자의 동의하에 임금체계를 연봉제로 변경했다면 부당노동행위가 아니다.

참가인 회사는 1998년부터 계속된 만성적인 경영적자와 각종 부채로 인하여 재정상태가 악화되었고, 이를 개선하기 위하여 각종 회사자산을 매각하는 등 여러 가지 조치를 취하였으나 여전히 호전되지 아니하자, 연봉제 대상 운전기사들에게 수차례에 걸쳐 회사의 어려운 경영여건을 설명하면서 회사가 살아남기 위해서는 인건비 절감을 위한 연봉제를 실시할 수밖에 없음을 충분히 설명하고 그들로부터 동의를 얻은 후 임금체계를 시급제에서 연봉제로 전환한 것이므로, 참가인 회사가 연봉제를 도입한 것에 원고 조합을 지배하거나 원고 조합의 조직 · 운영에 개입할 의도나 목적이 있었다고 할 수 없을 뿐만 아니라, 참가인 회사가 원고 조합과의 별도의 협의 없이 연봉제를 실시하였다고 하여 원고 조합을 지배하거나 원고 조합의 운영에 개입할 의사가 있었다고 할 수도 없다. 그리고 원고 조합으로서도 참가인 회사가 연봉제를 도입할 것을 알았으므로 사전에 참가인 회사에게 단체교섭을 요구하였어야 할 것인데, 이를 인정할 자료가 없으므로 참가인 회사가 정당한 이유 없이 단체교섭을 거부하거나 해태하였다고 볼 수도 없다.

(2003. 1. 7., 서울행법 2002구합32001)

2. 취업규칙의 작성

10인 이상 근로자가 있는 사업장에서 연봉제를 도입할 경우 취업규칙의 기재의무가 발생한다. 연봉제를 도입하는 경우 취업규칙의 의무기재사항에 정하는 바대로 연봉의 결정 · 계산 · 지급방법, 임금의 산정기간 · 지급시기 및 승급에 관한 사항, 연봉 외 법정 수당 · 각종 수당의 계산 · 지급방법, 퇴직금의 처리, 상여금 및 최저연봉액에 관한 사항 등을 자세히 기재해야 한다.

하나의 사업장에서 대상별로 연봉제의 내용을 달리 적용하는 경우는 그 대상별로 법정 수당의 처리, 선정기초임금제도의 계산방법, 퇴직금 관련 사항 및 근태에 따른 임금처리방법 등에 대한 구체적인 사항을 대상별로 별도로 작성하여야 할 것이며, 일부에게만 단계적으로 동 제도를 도입하는 경우 별도로 취업규칙을 만들고 반드시 대상범위를 명시하여 중복규정이 되지 않도록 유의하여야 할 것이다.

① 복수 취업규칙 작성의 가능 여부

이제까지 법적 규제, 노사관계 및 조직문화 등의 영향으로 사업장 내 근로조건이 획일적으로 적용되어 왔으며, 이는 취업규칙이라는 제도가 상당한 기여를 해왔다고 할 수 있다. 근로기준법은 차등대우를 금지하고 있으나 성별, 종교, 인종 등 업무와 무관한 "비합리적 차별"을 금지하는 것이지 "합리적 차별"까지 금지하는 것은 아니므로 인사관리상의 합리적 필요가 있는 한 하나의 사업 또는 사업장 내에 다양한 임금제도를 도입할 수 있다. 즉 노동의 유연성을 추구할 수 있는 근로형태(단기계약근로자), 직종별 차이를 두는 제도 등 법적 기준에 미달하지 않는 한도 내에서 합리성을 갖춘 다양한 임금제도가 존재함에 따라서 취업규칙도 다양화될 수 있다. 법은 하나의 사업장에 하나의 취업규칙만을 운영해야 한다고 특별히 규정한 바 없기 때문이다.[172] 다만 퇴직금제도는 복수의 제도를 설정할 수 없다.

② 취업규칙에 부수된 임금규정의 취업규칙 포함 여부

근로기준법상 취업규칙이란 사용자가 근로자의 복무규율과 임금 등 당해 사업장 근로자 전체에 적용될 근로조건에 관한 준칙을 규정한 것으로 그 명칭에 구애받는 것이 아니므로[173] 근로조건의 가장 주요한 부분에 대한 규정인 임금규정은 당연히 취업규칙에 포함된다. 따라서 취업규칙의 작성·신고 및 변경시 의견청취 및 근로자의 동의 절차를 모두 지켜야 한다.

---

172) 1991. 6. 21., 근기 01254-8835.
173) 1994. 5. 10., 대법원 93다30181.

3. 취업규칙의 변경(불이익 변경)

현재의 연봉제 도입은 기존의 연공급 임금제도를 변경하여 실시하기 때문에 제도의 이행과 관련하여 반드시 취업규칙의 변경문제를 수반하게 된다. 취업규칙은 근로조건을 통일적·획일적·공통적으로 규정하는 경영규범 또는 사회규범이다. 따라서 당사자 사이에 근로조건의 이행 여부와 관련하여 논란이 있을 경우 취업규칙에 어떻게 규정되어 있느냐를 기준으로 판단하게 되며 노동조합이 조직되어 있지 않은 사업장의 경우 취업규칙은 법령 이외에 근로관계를 규율하는 유일한 규범이 된다. 현재 노조조직률이 12% 미만에 불과하다는 점을 고려할 때 취업규칙이 대부분 사업장의 근로관계를 규율하고 있는 것이 현실이다.

취업규칙을 변경함에 있어 사용자는 당해 사업장에 근로자의 과반수로 조직된 노동조합이 있는 경우 그 조합, 없는 경우에는 근로자의 과반수를 대표하는 자로부터 의견을 청취하거나 동의를 얻어야 한다. 이때 불이익 변경 여부에 따라 의견청취나 동의의 방식이 달라진다. 일반적 변경인 경우 근로자의 의견청취만으로 가능하므로 별다른 문제가 없겠으나 불이익 변경인 경우 근로자 집단의 동의를 받아야 하므로 이와 관련하여 다양한 쟁점이 도출된다.

각종 수당의 통폐합, 호봉제[174] 또는 자동승급제 폐지, 제로섬(zero sum) 방식(또는 plus sum 방식) 도입, 임금감액 가능성 예정, 개인별·팀별 상대평가에 의한 차등임금지급 등을 내용으로 하는 연봉제는 근로관계의 추상적 변화와 더불어 임금제도상의 구체적 변화에 따른 불이익 변경사유에 귀결될 가능성이 매우 높으므로 필수적으로 근로자의 동의가 요구되는 제도변화라고 생각된다.

불이익 변경과 관련하여 근로자가 불리하다고 생각하여 과반수가 반대한 경우에는 불이익 변경이라는 입장(주관적 기준), 사회통념상의 합리성이 있는 지에 따라 판단하여야 한다는 입장(객관적 기준) 중 학설과 판례는 그 변경의 취지와 경위, 해당 업무의 성질, 취업규칙 각 규정의 전체적인 체제 등 제반사정을 종합하여 판단

---

174) 1994. 2. 8., 근기 68207-273, "학력호봉인정제도를 규정한 보수규정의 일방삭제는 법 위반."

할 것을 전제로 객관적 기준설을 취하고 있다. 물론 이의 입증책임은 불이익 변경을 주장하는 자에게 있다.[175]

만약 객관적으로 불이익 변경임에도 불구하고 근로자집단의 동의를 받지 않은 경우 변경된 부분은 기존의 전체 근로자에게 효력이 없다. 다만 일방적으로 변경한 취업규칙도 신규입사자에 대하여는 효력이 있으며 일단 유효하게 변경된 취업규칙의 경우는 전체 근로자에게 동등하게 적용[176]되므로 반대한 개별근로자에게도 효력이 있다.[177]

취업규칙과 같은 내용의 단체협약 규정이 있는 경우 불이익 변경한 취업규칙의 내용은 단체협약에 반하는 내용으로서 무효가 되기 때문에 기존 조합원은 물론 신규조합원에 대하여도 적용할 수가 없다. 단, 일반적 구속력이 미치는 단체협약의 경우는 취급을 달리해야 할 것이다.

① 전 직원 서명에 의한 근로자 과반수 동의의 적법 여부

근로자 과반수의 동의 방법에 대해서는 근로기준법이 따로 정하고 있지 않으나 판례[178]는 집단적 의사결정방식 또는 회의방식에 의한 과반수 동의 및 기구별 단위 부서별로 사용자의 개입이나 간섭이 배제된 상태에서 근로자 상호간의 의견을 교환하여 찬반 의견을 집약한 후 이를 전체적으로 취합하는 방식도 허용하고 있다[179]. 취업규칙 변경내용을 사내전자우편으로 공지하거나, 설명회를 개최하고, 변경내용 등을 공람케 하는 등 변경내용을 통해 충분히 알리고 서명을 받는 방식으로 동의 받은 경우 사용자 측의 개입이나 간섭이 배제되었다는 것이 입증될 수 있는 조치를 취하는 경우에만 이의 효력을 인정할 수 있을 것이다.

---

175) 1978. 4. 6., 서울고판 77나2947.
176) 1987. 5. 10., 대법원 87다카2853.
177) 1991. 12. 13., 근기 01254-18016.
178) 1977. 9. 28., 대법원 77다681 ; 1992. 11. 10., 대법원 92다30566 등 다수.
179) 1993. 8. 24., 93다17898.

② 설문조사를 통한 과반수 찬성의 동의 여부

연봉제 도입을 위해 회사가 근로자들에게 설문조사를 통해 과반수 이상의 찬성을 얻은 경우 이를 근로자의 동의로 볼 수 있는가의 문제가 생길 수 있다. 근로기준법은 동의를 받는 방식에 대해 따로 정하고 있지 않으나 판례에 의하면 근로자들의 집단적 결정방식 또는 회의방식에 의한 과반수 동의방식을 요구하고 있어 엄격한 해석이 요구된다. 구체적인 연봉제의 내용을 충분히 숙지하지 못하고 그 내용이 확정되지 않은 상태에서 회사 주도로 진행된 다수설문항목 중 연봉제 도입에 대한 찬성비중이 50%를 넘은 것만으로 집단적 동의를 얻었다고 보기는 어렵다고 판단되므로 연봉제를 도입하기 위해서는 연봉제의 명확한 내용, 즉 근로조건의 명시의무에 해당하는 구체적인 내용을 제공하고 이에 대하여 근로자 과반수가 동의했을 때 효력이 있다고 할 것이다.

③ 변경 후 추인의 효력 여부

변경 후 근로자가 사후 추인하더라도 효력이 있다는 것이 판례[180]의 태도이다. 단, 근로자의 동의가 없는 취업규칙의 불이익 변경 후에 구성한 노동조합 및 근로자가 명시적 반대[181]나 이의를 제기하지 않았다 하여 추인이나 묵시적 동의로 보지는 않는다.[182] 노동조합의 사후 추인시 개정 당시의 근로자들이 노동조합에 1명도 가입하지 않은 조합이라 해도 마찬가지다.

④ 노사협의회 근로자의원의 동의의 적법 여부

직접·비밀·무기명 투표로 선출된 노사협의회 근로자의원이 근로자대표로 취업규칙의 변경에 대하여 동의한 경우 이는 적법한 것인지 문제될 수 있다.

비록 적법한 절차에 의해 노사협의회의 근로자대표로 선출되었다 하더라도 노사

---

180) 1995. 4. 21., 대법원 93다8870.
181) 1994. 8. 26., 대법원 93다58714.
182) 1995. 7. 11., 대법원 93다26168.

협의회와 노동조합은 그 취지와 역할이 상이하므로 노사협의회 대표라는 것만으로 동의주체로 볼 수는 없다. 다만 회사의 지배나 개입 없이 자율적으로 임금제도변경 이라는 사안에 대한 동의주체로서 추인하거나, 노사협의회 주도하에 각 부분에서 집단적 회의와 참여절차를 거쳐 근로자들의 의견을 취합하는 등의 과정이 있는 경우 적법한 동의주체로 인정할 수 있을 것이다.

⑤ 극소수에게만 불이익한 연봉제의 불이익 변경 여부

불이익 변경 여부는 사회통념상 합리성이 있는지에 따라 판단해야 된다고 하여 객관적 기준의 입장을 취하고 있는 바 객관적 기준을 취함에 있어 취업규칙의 변경 이 사회통념상 합리성 및 불이익 변경인가의 여부는 그 변경의 취지와 경위, 해당 업무의 성질, 취업규정의 전체적인 체제 등 종합적인 사정을 판단하여야 한다(1989. 5. 9., 대법원 88다카4277). 임금의 감액가능성, 제로섬 방식 도입, 정기승급수준을 밑도는 인상률이 적용되는 하위고과자가 생기게 되는 임금제도를 도입하게 되는 경우 불이익 변경에 해당된다고 할 것이다. 특히 연봉제 도입에 따라 회사에서는 전체 근로자에 대한 임금총액을 그대로 유지하거나(zero sum) 더욱 확대하는 경우 (plus sum)에도 상대평가제도를 시행하는 연봉제의 특성상 다수 근로자가 원래의 연공급보다 상향된 근로조건을 적용 받더라도 극소수 근로자는 부분적으로 승급폭 축소, 임금삭감 등의 조치를 받게 되는데 이런 경우 다수 근로자의 조건이 유리해 지는 경우도 불이익 변경인지 여부가 문제될 수 있다.

전 근로자가 불리한 것이 아니라 상대평가에 따른 하위자만이 불리한 경우에도 개별적 판단기준을 활용하여 적용대상 근로자 중 한 사람에게라도 불이익하다고 판단된다면 불이익한 변경에 준하여 해석(1993. 12. 28., 대법원 92다50416)되므로 이 에 따른 적법한 변경절차를 밟아야 할 것으로 보인다.

⑥ 부분적으로 불이익한 경우 불이익 변경 여부

불이익 변경 여부를 판단함에 있어 복수의 유사한 근로조건간에 근로조건의 저하와 개선이 섞여 있을 때에는 각 근로조건의 성격 등을 고려하여 종합적으로 고려하여 불이익한 지를 따져야 하는 바[183], 전체적으로는 유리한데 일부분만 불리한 경우는 반드시 불이익 변경이라 주장할 수 없을 것이다. 그러므로 취업규칙의 개정이 무효의 변경으로 되는 경우에 그 유·불리한 항목에 따라 각각 유·무효로 되는 것이 아니고 대가성이나 연계관계에 있는 항목 모두가 무효가 되는 것으로 보아야한다.[184]

⑦ 불이익 변경 대상 집단이 포함되지 않은 노동조합 동의의 효력

근로자집단 중 일부에 대한 불이익이 예상되는 취업규칙의 변경에 있어서 그 집단(예를 들어 사무·관리직)의 근로자가 단 1명도 가입하고 있지 않은 노동조합이 동의의 주체가 되는 것이 정당한가가 문제될 수 있다. 제도의 원활한 시행에 걸림돌이 되는 것은 별문제로 하고 불이익 변경과 관련된 적법성 여부에는 문제가 되지 않는다.

4. 단체협약과의 관계

당해 근로자가 단체협약의 적용을 받으면 임금에 관한 협약사항은 규범적인 효력으로 각자의 근로계약의 내용이 된다. 그리고 단체협약의 효력은 취업규칙에 우선하고 취업규칙은 단체협약에 반해서는 안 된다. 따라서 노동조합이 존재하는 기업에서는 단체협약을 체결함으로써 연봉제를 도입하게 된다.

단체협약의 근로조건에 관한 사항은 개별계약이나 취업규칙에 우선하여 적용되는 효력을 가지기 때문에 개별근로자가 사용자와 자유로이 임금에 관한 합의를 했

---

183) 1992. 2. 28., 대법원 91다30328.
184) 1995. 3. 10., 대법원 94다18072.

어도 협약상의 임금내용보다 불리하다면 협약임금이 적용되어야 한다. 따라서 연봉제 사원이 비노조원이나 노조가입대상이 아니라면 협약임금과의 충돌에 따른 법리적 문제가 없지만 노조원인 경우에는 적어도 단체협약상의 임금인상률의 구속을 받게 되므로 단체협약이 있는 경우 이와의 조정이 핵심현안이 될 수 있다.

① 연봉제하에서의 임금교섭 존속 여부

연봉제의 경우에 기준인상률을 정하여 이를 기준으로 성과에 따라 가감하여 개별임금이 결정될 수 있는 바 이때 기준인상률의 교섭, 즉 베이스 업(base-up)은 노동조합의 교섭을 통해 단체협약을 정할 수 있어 연봉제하에서도 임금교섭은 가능하다. 따라서 연봉제 도입시 협약인상률 및 연봉계약에 의한 조정의 범위 등을 따로 정하는 등의 다양한 제도를 노동조합이 요구할 수 있다.

예를 들면, 물가상승률 및 실업률 등을 정하여 적정 평균인상률은 노사가 합의하고 이를 기준으로 고과성적에 따른 개인별 임금차등이 생길 수 있다. 여기서 노동조합이 평균인상률을 높게 타결할 경우 그 기준이 높아지므로 연봉제하에서도 전체 임금수준에 대한 교섭은 가능한 것이다.

② 일반적 구속력이 미치는 사업장의 경우

단체협약은 협약 당사자만을 구속하므로 원칙적으로 비조합원에 대한 임금제도 변경은 당해 근로자의 동의만으로 가능하다. 그러나 노동조합 및 노동관계조정법 제36조에 의해 과반수 이상의 조직사업장에서 근로조건의 일반적 구속력이 미치고 있는 사업장에서 연봉제 도입대상 근로자가 동종 근로자에 해당하는 경우, 예를 들어 사무관리직을 가입대상으로 하되 대리직급까지만 조합원이 되도록 하고 있는 경우 과장부터의 연봉제 도입은 가능한 지 여부가 문제될 수 있다.

이때 비조합원에게만 연봉제를 도입하도록 취업규칙을 변경시키는 경우 다시 원래의 단체협약이 취업규칙을 구속하게 된다. 따라서 동종 비조합원에 대하여 연봉제를 도입하더라도 결국 노동조합의 동의가 필요하다는 주장도 있다.

③ 소수 조합과 체결한 단체협약이 있는 경우
   적법한 절차를 거쳐 도입한 연봉제의 효력범위

전체 근로자의 과반수에 미달하는 소수 노동조합과 체결한 단체협약이 있는 경우, 기존 임금제도를 변경한 취업규칙의 효력범위가 어디까지 미치는지 문제될 수 있다. 우선 변경된 취업규칙의 유·불리를 따져 유리한 경우는 "유리조건 우선의 원칙"에 의해 당해 단체협약에도 불구하고 취업규칙이 조합원들에게도 적용되며, 불리한 경우 기존의 취업규칙 내의 해당 규정은 적용되지 않는 것으로 이해된다. 그러나 연봉제의 경우 일부 유리하나 일부 불리한 부분이 혼재하는 경우 동 제도는 전체적으로 유기적 연관을 갖고 있는 바 종합적으로 보아 유·불리를 판단하여 전면 적용 또는 전면 비적용이 되어야 하며 유리한 부분만을 떼어서 적용하는 것은 적절하지 않다.

연봉제 규정의 신설

취업규칙에 연봉제 급여규정을 신설함에 있어 조합과 사전협의 절차를 거치지 않은 것은 부당노동행위이다.

사직서를 제출하고 연봉제 근로계약을 체결한 42명의 노조원들이 명시적인 조합탈퇴의 의사표시 등이 없는 한 여전히 조합원에 해당하므로 회사로서는 이들 조합원을 적용대상으로 하는 연봉제 급여규정을 신설함에 있어서는 위 단체협약 규정에 따라 조합과 사전협의 절차를 거쳤어야 할 것이다. 그런데 참가인 회사가 이를 이행하지 않음으로써 원고는 조합원의 근로조건과 관계 있는 취업규칙인 연봉제 급여규정의 작성에 관하여 조합원의 의사를 대변할 수 있는 기회 자체가 박탈되었다 할 것이고, 이는 법 제81조 제4호 소정의 노동조합의 조직, 운영에 대한 지배·개입행위로서의 부당노동행위가 성립한다고 판단된다.

(2002. 7. 23., 서울행법 2001구51974)

연봉제 운영 실무

적법한 절차를 거쳐 막상 연봉제를 도입하더라도 기존의 연공적 고용관행을 예정하고 있는 근로기준법상 제 조항에 맞도록 제도를 운영하기가 여간 곤란한 것이 아니다. 다음에서는 간략하게 제도운영상의 어려운 점을 예시하고 이에 따른 운영방안을 살펴본다.

1. 평균임금 · 통상임금 제도의 운영

근로기준법은 임금을 통상임금과 평균임금의 두 가지로 나누고 연장근로, 야간근로, 휴일근로에 대한 가산임금 등 각종 법정 수당과 보상금을 산정함에 있어 두 가지 임금 중 한 가지를 적용하도록 하고 있다.

평균임금이란 실제로 제공된 근로에 대해 실제로 지급 받은 임금을 의미하며 일급개념으로 산출되는 바, 제19조 제1항은 "이를 산정하여야 할 사유가 발생한 날 이전 3개월간에 그 근로자에게 지급된 임금의 총액을 그 기간의 총일수로 제한 금액"으로 정의하고 퇴직금(법 제34조), 휴업수당(법 제45조), 연차유급휴가수당(법 제59조), 재해보상금(법 제81~87조) 및 감급액의 제한(법 제98조)의 산정기초임금으로 하고 있다.

통상임금이란 근로기준법 시행령 제6조에 의하면 "근로자에게 정기적 · 일률적 소정근로 또는 총근로에 대하여 지급하기로 정해진 시간금액, 주급금액, 월급금액 또는 도급금액"이라고 정의하고 있는 바 시간급이 원칙이고 이는 해고예고수당(법 제32조), 휴업수당(법 제45조), 연장 · 야간 · 휴일가산수당(법 제55조), 연차휴가수당(법 제59조), 연장휴일근로에 대한 임금 등의 산정기초임금이다.

연봉제는 각종 임금항목을 모두 합하여 연간 임금총액을 정하게 되므로 현재 우리 기업에서 일반화되어 있는 임금체계상의 각종 항목, 즉 기본급 · 수당 · 정기상 여금 등의 구별이 연봉제하에서는 존재하지 않는다는 것이 기본적인 특징이 되어 제도변경 전에는 통상임금에 산입되지 않았던 비정기적 · 비일률적 각종 수당들도 평균임금 산정시에만 산입되던 항목들이 모두 통상 임금화되고 사회보험의 기초가 되는 표준기초월액 등이 증가되어 복잡한 임금구성항목을 개선하여 관리비용을 줄 이고자 했던 제도 도입취지를 상실할 우려가 있다.

① 당사자간의 산정기초임금기준 합의

일정수당을 통상임금에서 제외시키거나 통상임금이 아닌 다른 기준의 임금을 법 정 수당 등의 지급기준으로 하기로 당사자가 합의한 후 지급률, 지급일수 등을 법 정 기준보다 높게 함으로써 궁극적으로 근로자에게 불이익하지 않다면 이를 당연 히 위법한 것으로 볼 수는 없으며 판례[185]도 이를 인정하고 있으므로 활용할 수 있 을 것이다. 즉 연봉의 산출근거로서 그 대상기간, 소정의 근로일수 및 근로시간 연 봉의 지급일 등에 대해서 근로계약, 취업규칙 등에 명시적인 약정을 해두어 당사자 가 합의하여 적정하게 산정기초임금을 정할 수 있다. 다만 실제 산정사유 등이 발 생하여 산정한 금액이 법정 계산방법에 의한 기준에 미달한 경우 그 차액분은 보상 할 의무가 생길 것이므로 이에 대한 실무차원에서의 근본적 해결은 어려울 것으로 보인다.

② 임금구성항목 유지 및 지급횟수 조정 등

운영 기술적으로는 기존의 월급제하에서의 임금지급 횟수를 그대로 유지하는 등 의 방법으로 연간 임금지급 횟수를 16회 등으로 조정하거나, 기존의 임금구성 항목 을 유지하여 현행의 산정기초임금제도 기준대로 산정할 수 있도록 하면서 총액수 준으로 관리를 하고 근로자에게 불이익이 없도록 하는 경우 관리비용 증대문제를

---

185) 1987. 2. 10., 대법원 85다카187.

극복할 수 있을 것으로 보인다. 그러나 이러한 방법으로 운영하는 것은 또 다른 관리비용의 증대를 가져올 수 있다는 난점이 있다.

2. 임금의 지불원칙과 연봉제

동 법 제42조는 임금의 지불에 관하여는 통화, 직접, 전액의 지불과 매월 1회 이상 정기불의 원칙을 정하고 있다. 이 가운데 연단위로 총액임금을 정하여 운영하는 연봉제의 경우 매월 일정기일 지급원칙의 위반 여부가 문제될 수 있다. 동 제도의 취지가 근로자의 생활안정을 확보하기 위한 것으로 이해되는 바 1년간의 근로에 대하여 지급 말기에 한꺼번에 지급하거나 1개월 이상의 기간을 정기일로 하여 임금을 지급하는 것은 허용되지 않으므로 적어도 연 12회 이상을 균등하게 나누어 지급하여야 할 것이다. 대부분의 연봉제 실시기업에서 12회 이상 탄력적으로 지급되고 있으며 법 규제가 없는 미국의 경우에도 이러한 관행은 지켜지고 있으므로 동 조와 관련해서는 별다른 문제가 없을 것으로 보인다.

① 임금채권의 소멸시효의 판단

이렇게 12회 이상 정기적으로 연봉을 균등하게 나누어 지급하는 경우 임금의 소멸시효 및 기산시점을 언제로 볼 것인가가 문제될 수 있다. 소멸시효기간은 그 채권을 행사할 수 있는 날로부터 진행하는 바 합의한 정기지급일로부터 기산일을 산정하면 될 것이다. 이때 형식적으로 상여금 지급시기에 지급되는 임금이라 하더라도 이는 정기임금으로 보아야 할 것이므로 임금과 동일한 기준으로 지급일을 기산하면 된다.

② 연초에 연봉액을 전액 지급하는 경우

이때 연단위로 정해진 연봉액을 연초에 전액 지급하는 경우에 동 조 위반으로 볼 수 있는지가 문제될 수 있다. 전년도 실적에 따른 평가에 의해 차년도 총액이 결정되었다 해도 근로의 대가인 임금의 특성상 당연히 근로의 제공이 있은 후 이에 대한 대가를 요구할 수 있는 것이므로 근로의 제공이 되지 않은 상태에서 전액을 미리 받는 것은 전차금의 성격을 갖게 될 우려가 있다. 또한 근로자의 생활안정 차원에서도 적절하지 않고 특히 중도에 퇴직한 경우 미리 지급한 임금을 회수해야 하는 등의 문제가 발생할 수 있으므로 매월 1회 이상의 지급원칙을 준수하는 것이 무난할 것으로 본다. 하지만 동 조가 임금체불 방지에 주요 취지가 있음에 비추어 볼 때 이를 법 위반으로 보기는 어렵다.

3. 결근·지각 등 근태에 따른 임금공제

근로자가 지각·조퇴를 하거나 결근하는 경우 등 근로 제공이 없는 시간에 대응하여 연봉액을 공제할 수 있는가가 문제될 수 있다. 임금은 근로의 제공에 대한 대가이므로 원칙적으로 근로 제공이 없는 경우 임금을 지급할 의무가 발생하지는 않는다고 하겠으나 연봉제는 시간에 대응하는 임금제도가 아니므로 근로시간에 대응하여 당연히 비례적으로 임금을 삭감하는 것은 불합리하다.

특히 근로자가 원래에 목표했던 성과를 달성한 경우 근태관리상의 문제를 들어 일방적으로 임금을 공제하는 것은 문제가 될 수 있다. 다만 당사자간의 연봉계약 및 이를 통일적으로 규정한 취업규칙 등에서 연봉근로자의 결근일수 또는 결근시간을 연봉액에서 공제하도록 명시한 경우는 당연히 이를 따라야 할 것이다.

이러한 사항은 개별연봉계약에 의한 당사자 약정과 취업규칙 등의 연봉제의 관련 규정에 분명히 명시하여 그 공제기준과 범위 등을 분명히 정해야 논란이 없을 것으로 보인다.

4. 전보조치로 인한 연봉액 감소

최근 판례는 전보조치로 인한 연봉액 감소를 긍정한 사례가 있다.

전보조치로 인한 연봉액의 감소

비연고지에서 근무하는 불이익이 있다고 할 수 없고 전보조치로 인한 급여 감소는 연봉제의 특성상 업무의 난이도를 반영한 합리적인 차이로 전보조치를 부당하다고 볼 수 없다.

근로자에 대한 전보나 전직은 원칙적으로 인사권자인 사용자의 권한에 속하므로 업무상 필요한 범위 내에서는 사용자는 상당한 재량을 가지며 그것이 근로기준법 등에 권리남용에 해당되는 등의 특별한 사정이 없는 한 유효하다 할 것이다. 따라서 참가인이 1, 2급 간부급 근로자의 보직을 정하는 방법과 절차·대상을 규정한 보직관리 기준은 사용자에게 재량권이 있는 인사권을 행사하기 위해서 지침을 규정한 것에 지나지 않아 이를 개정함에 있어서 적용대상이 되는 근로자의 동의를 얻어야 하는 것은 아니다. 다만 위 보직관리기준에 따라 구체적으로 시행한 전보처분이 합리성을 잃어서 근로자가 통상 감수하여야 할 정도를 현저히 벗어나게 된 것이라면 정당한 인사권의 범위를 벗어난 권리남용에 해당한다고 할 것인 바, 권리남용에 해당하는지 여부는 전보처분 등의 업무상의 필요성과 전보 등에 따른 근로자의 생활상의 불이익을 비교·교량하여 결정되어야 할 것이고, 업무상의 필요에 의한 전보 등에 따른 생활상의 불이익이 근로자가 통상 감수하여야 할 정도를 현저하게 벗어난 것이 아니라면 이는 정당한 인사권의 범위 내에 속하는 것으로서 권리남용에 해당하지 아니한다.

그러므로 살피건대, 참가인은 IMF 구제금융 관리체제라는 국가적 경제위기를 맞이하여 정부의 강력한 공기업 경영혁신방침에 따라 경영합리화를 위한 조직 축소 및 재·개편으로 발생한 1000여 명의 유휴인력의 적절한 재배치가 요구되었던 점, 참가인 직원들의 1인당 매출액이 다른 동종 기업의 경우보다 상당히 뒤떨어진 점, 또한 참가인이 장기간 독과점체제로 운영되어 경쟁을 통한 기업발전의 개념과는 동떨어진 공기업 특유의 비효율성과 정체성을 극복하고 조직의 활성화와 역동성을 도모하기 위하여 장기간 동일 직급으로 근무하면서 근무성적이 상대적으로 부진하고 또한 현장의 실무

감각을 잃어버린 간부직원들로 하여금 재충전의 기회를 부여하고 현장에서 일정한 업무를 실무자와 함께 진행하면서 소속 실무자에게 요구되는 경험을 제공하며, 본인도 실무 감각을 회복하는 계기로 삼아 다시금 보직을 부여받는데 필요한 능력을 쌓아가게 할 필요가 있었던 점, 실제 참가인의 간부직원들 중 일부는 일정한 기간 전문위원으로 근무하다가 심사를 거쳐 다시 현업으로 복귀한 점, 참가인이 이러한 조치의 일환으로 16년간 동일한 직급인 2급에 머문 채 최근 업무고과도 부진한 원고를 전문위원으로 발령하여 전북본부로 전보하고 전북본부 산하 전주전화국 전산과에서 전보 소통요원으로 근무하게 하다가 2001. 7. 18. 북전주전화국 선로기술과로 재전보하여 지하매설물인 통신케이블 유지 보수업무를 담당시킨 것은 그 업무상 필요성에 비추어 사용자가 행사할 수 있는 정당한 인사권의 범위 내에 속한다고 봄이 상당하다.

또한 원고가 위 전보조치로 말미암아 비연고지에서 근무하게 되었고, 연봉이 낮아지는 불이익을 입은 것은 사실이나, 원고가 전출희망지로 전북지역을 선택하였고, 이 사건 전보조치 이전의 근무지인 청양 역시 원고의 생활근거지인 대전광역시에서 약 76km 떨어져 있고, 전보발령을 받은 전주는 그보다 약간 먼 87km 정도 떨어져 있다는 점을 비교할 때 이 사건 전보조치로 비연고지로 근무하는 불이익이 있다고 할 수 없고, 이 사건 전보조치로 인하여 급여가 낮아지게 된 것은 연봉제 자체의 특성상 일반 전화국장에서 전문위원으로 낮아진 직무의 난이도를 반영한 합리적인 차이라고 할 것이므로 근로자가 통상 감수하여야 할 정도를 현저하게 벗어난 것이 아니라고 할 것이다.

(2002. 5. 21., 서울행법 2001구46187)

5. 성과평가와 임금삭감 및 감급의 제재와의 관계

연봉제의 경우 전년도의 실적이 일정수준 이하인 경우 정해진 기준에 의하여 다음 연도 총액임금액을 삭감하여 정해질 수 있는 바 근로기준법 제30조의 감봉금지 규정과 제98조의 감급의 제재와의 관계에서 법적 정당성이 문제될 수 있다. 근로계약, 취업규칙 및 단체협약에 정한 기준에 의하여 근로자의 성과를 공정하게 평가하여 시행된 경우 동 삭감조치는 근로의 제공에 따른 정당한 대가로 보아야 하며 정당한 이유 있는 감액으로 당연히 감급의 제재에서의 삭감범위에 구속되지도 않을 것이다.

6. 퇴직금제도의 운영과 중간정산제의 활용

현행 근로기준법은 퇴직금이 근로자의 퇴직 후의 생활보장과 그 동안 미지급된 임금에 대한 후불지급 임금으로서의 성질을 갖는다는 점[186]을 고려하여 평균임금을 그 산정기초로 함으로써 현재의 실질임금을 보장하도록 하고 있다.

특히 연공서열형 임금체계하에서 임금은 근속연수에 따라 상승하는 것이 일반적이므로 퇴직금도 그만큼 인상하는 효과를 갖게 된다. 그런데 연봉제의 특징은 개인의 실적과 공헌도에 따라 연봉액이 매년 또는 일정기간 동안 변동될 수밖에 없기때문에 연공서열형과 달리 임금이 감액될 가능성도 배제할 수 없다. 따라서 평균임금에 의하도록 하는 퇴직금 본래의 취지와 부합하지 않게 될 가능성이 크다. 정책적으로 동 법 시행령 제4조에 의한 특별한 경우의 평균임금을 정하는 방법도 고려해 볼 수 있다고 이해된다.

연봉제의 경우 일정시간 후 승급곡선의 하향성장이 예상되고 연도별 실적에 따라 평균임금의 안정성이 없게 되었으며 헌법재판소의 판결에 따라 임금채권의 우선변제 제도가 근로자에게 크게 불리해지면서 근로자의 보호측면에서도 본래의 퇴직금제도의 취지를 그대로 살리기 어려워졌다. 기업 입장에서는 퇴직금의 누적에 따른 인건비 증가의 부담과 동시에 퇴직시 비로소 발생하는 퇴직금으로 인해 연 단위의 인건비총액을 연봉으로 계산하여 관리를 간소화하려는 연봉제의 취지를 살리는데 가장 큰 걸림돌이 되고 있다는 지적이다.

이 경우 1년 단위의 총액임금에 계상할 수 있도록 퇴직금 중간정산제가 합법화

---

186) 1975. 7. 22., 대법원 74다1840. "사용자가 근로자에게 지급하는 퇴직금은 근로자의 근로제공에 대한 미지급 임금이 축적된 것이 재원이 된 것으로서 본질적으로 후불적 임금의 성질을 가진 것이라 할 것이므로 근로자의 귀책사유에 의해 사용자에게 손해를 보게 한 책임과 사용자의 퇴직금지급의무는 다르므로 징계해고 등 어떠한 경우라도 그 지급을 제한하거나 손해배상액을 빼고 지급할 수 없다."

되어 용이한 도입이 가능해졌으며 사용자와 근로자의 이익이 맞물리는 점을 고려
하여 동 제도의 적극적인 활용을 고려해볼 수 있다. 퇴직금 중간정산제는 실무상으
로 퇴직금을 포함하여 연봉계약을 체결하는 방법으로 실현될 것인 바 이때 퇴직금
의 계산방법 등에 대한 구체적인 명시가 있어야 할 것이다.

① 연봉제와 비연봉제가 함께 실시되고 있는 사업장의 경우 퇴직금 차등제도 설정의 효력 여부

적법한 절차를 거쳐 연봉제가 도입되어 하나의 사업 내에 복수의 임금제도가 존
재할 수는 있으나 연봉제 근로자는 단수제, 비연봉제 근로자는 누진제 등 퇴직금제
도의 차등이 있는 것은 근로기준법상 퇴직금차등금지조항에 위반하여 무효이므로
퇴직금제도는 단일하게 설정되도록 주의하여야 한다. 최근에 외국인 조종사의 퇴
직금 소송[187]에서 법원은 하나의 사업장 내에 차등제도를 설정한 것을 이유로 원고
승소판결을 내린 바 있다.

② 매월 지급하는 연봉액에 퇴직금 명목의 금품을 포함하여 지급하는 경우 적법 여부

기존의 판례는 퇴직금이란 퇴직금이라는 근로관계의 종료를 요건으로 비로소 발
생하는 것으로 근로계약이 종속하는 한 퇴직금 지급의무는 발생할 여지가 없는 것
이라 하는 보수적 입장을 견지하고 있으나(1998. 3. 24., 대법원 96다24699) 기존의 행
정해석(1994. 8. 1., 임금 68207-482)과 최근 행정해석(2003. 4. 23., 임금 68207-302)은
월 단위로 지급되는 연봉액에 퇴직금을 포함하여 지급하는 것을 긍정한 바 있다.
한 편 최근에는 매월 지급 받는 임금 속에 퇴직금 명목으로 일정 금원을 지급하기
로 하고 이를 지급한 경우 중간정산 효력을 부인한 판례(2002. 7. 12., 대법원 2002도
2211)가 나와 주목된다.

---

187) 1998. 3. 27., 대법원 97다49725 ; 1997. 7. 25.,대법원 96다22174.

"연봉액에 퇴직금을 포함하여 매월 분할하여 지급하거나 계약기간이 경과한 시점에서 정산 지급할 것을 내용으로 하는 근로계약을 체결할 경우에도 퇴직금이 근로기준법 제34조 제3항에 규정한 적법한 중간정산으로 볼 수 있기 위해서는 연봉액에 포함된 퇴직금의 액수가 명확하여야 하며, 근로계약에 의해 매월 또는 계약기간 1년이 경과한 시점에서 산정한 평균임금을 기초로 한 퇴직금의 액수에 미달하지 않아야 할 것"이라고 하고 "연봉 5,000만 원, 퇴직금 400만 원, 도합 5,400만 원으로 하고 연봉에는 월급여·상여금·연월차수당 등 제반수당이 포함된 것인데, 이를 1년에 12회로 나누어 매월 10일에 지급하고 퇴직금은 연 12회로 분할하여 월급여와 함께 선지급하는 것이 적법한 지에 대한 질의에 근로자의 자유의사에 기하여 1년간의 퇴직금액을 약정하고 이를 12회로 분할하여 매월 임금지급시 지급하기로 체결된 근로계약에 따라 동 금액이 지급되었다면 이를 미리 지급한 퇴직금 상당액으로 볼 수 있을 것"이다.

(1994. 8. 1., 임금68207-482)

퇴직금 명목으로 사전약정의 효력

사용자가 근로자와 매월 지급 받는 임금 속에 퇴직금이란 명목으로 일정한 금원을 지급하기로 약정하고 사용자가 이를 지급한 경우, 근로기준법 제34조 제1항에서 정하는 퇴직금 지급으로서의 효력이 있는지 여부(소극)

[요지]

근로기준법 제34조 제1항은 사용자에 대하여 퇴직하는 근로자에게 퇴직금을 지급할 수 있는 제도를 마련할 것을 규정하고 있고, 퇴직금이란 퇴직이라는 근로관계의 종료를 요건으로 하여 비로소 발생하는 것으로 근로계약이 존속하는 동안에는 원칙으로 퇴직금 지급의무는 발생할 여지가 없는 것이므로, 사용자와 근로자들 사이에 매월 지급 받는 임금 속에 퇴직금이란 명목으로 일정한 금원을 지급하기로 약정하고 사용자가 이를 지급하였다고 해도 그것은 근로기준법 제34조 제1항에서 정하는 퇴직금 지급으로서의 효력은 없다.

(2002. 7. 12., 대법원 2002도2211)

그러나 노동부는 질의 회시를 통해 매월 단위로 퇴직금을 지급하는 경우에도 근로기준법상 중간정산요건만 해당하면 중간정산 퇴직금에 해당한다는 견해를 표명하고 있다.

월 단위 중간정산 가능 여부

매월 단위로 퇴직금을 지급하는 경우에도 근로기준법에 의한 중간정산 요건만 해당하면 중간정산 퇴직금에 해당한다.

(2003. 4. 23., 임금 68207-302)

③ 매월 중간정산 형태로 지급하는 퇴직금의 가지급금 해당 여부

국세청은 유권해석을 통해 매월 지급하는 퇴직금은 실질적인 퇴직금의 선급 성격이므로 가지급금으로 보아 인정이자를 계산하도록 하였다(2003. 9. 9., 서이 4612-11627).

매월 중간정산 형태로 지급하는 퇴직금의 가지급금 해당 여부

[질의]
연봉제를 실시하는 법인이 매월 근로기준법에 의한 중간정산 요건을 충족하여 지급하는 퇴직금이 법인세법기본통칙 26-44…5 【연봉액에 포함된 퇴직금의 처리】에서와 같이 이를 가지급금으로 보아 인정이자를 계산해야 하는지 여부
갑설 : 법인세법시행령 제44조 제2항 제3호의 규정에 근로기준법에 의한 중간정산은 현실적인 퇴직으로 보아 법인의 손금에 산입하도록 하고 있고, 퇴직금 중간정산이라는 것이 퇴직금누진제보다 금전적(총액기준)으로 불리함을 감수하고 근로자와 합의로

④ 연봉계약시 부제소 합의와 효력

우리나라 퇴직금제도는 사용자의 은혜적 고려에 의하여 마련된 것이 아니라 근로자가 받을 퇴직금도 임금의 성질을 가진 것[188]이므로 퇴직금청구권을 사전에 포기하는 것은 강행법규인 근로기준법에 위반되어 허용되지 않으므로 부제소(不提訴) 합의도 효력이 없다.

6. 최저 임금액의 보장 및 최저 근로기준의 보장

연봉제는 주로 고임금 근로자를 대상으로 도입되고 있으므로 일반적으로 최저임금을 밑도는 경우가 발생하기는 현실적으로 어려울 것으로 보이나 연봉제 근로자의 경우에도 최저임금법 및 근로기준법상 기준 이하의 근로조건금지 원칙이 적용됨을 유의하여야 할 것이다.

---

188) 1979. 9. 28., 대법원 75다1768.

제 10 장 성과배분제와 법률문제

성과배분제 도입 및 운영 현황 [189]

| 성과배분제 도입 현황 |

1. 실시규모

노동부 조사에 의하면 최근 들어 기업들이 해를 거듭할수록 성과배분제를 도입하는 사례가 많아지는 것으로 나타났다.

(단위 : 개소, %)

구 분	'96. 11.	'97. 10.	'99. 1.	'00. 1.	'01. 1.	'02. 1.	'03. 1.
성과배분제 도입업체 (도입비율)	334 (5.7)	405 (7.0)	689 (16.0)	833 (20.6)	1025 (21.8)	1172 (23.4)	1256 (27.5)
조사업체수	5830	5754	4303	4052	4698	4998	4750

참고) 1996~1997년은 임금교섭 타결현황 조사와 병행하여 조사, 1999년부터 별도의 설문조사 실시

2. 업종별 도입 실태

업종별로는 통신업이 52.4%로 가장 높고, 교육서비스업은 11.6%로 가장 낮으며, 공공부문이 45.9%로 민간부문 26.9%보다 19.0% 높고, 기업 규모가 클수록 성과배분제 실시비율이 높은 것으로 조사되었다(100~299인 사업장이 24.1%, 5000인 이상 사업장은 61.8%).

---

189) 노동부 : 「연봉제 · 성과배분제 실태 조사 결과」. 2003. 3. ; 2003년 1월 10일 ~ 1월 23일(2주간) 노동부가 100인 이상 사업장 5751개소(4570개소 수거)에 실시한 통계자료.

3. 실시이유

성과배분제를 실시하는 이유는 무엇보다도 생산성 향상이 84.3%로 가장 높고, 노사관계 개선(6.8%)을 위한 목적도 있는 것으로 조사되었다

(단위 : %)

생산성 향상	경영위기 극복	노사관계 개선	우수인력 확보	무 응 답
84.3	2.4	6.8	2.5	4.0

| 성과배분제 운영 현황 |

1. 성과배분제 적용단위 및 적용대상

성과배분제의 적용단위는 회사 전체가 가장 많고, 적용대상 직종은 직종별로 다소 차이가 있으나 직종 구분 없이 폭 넓게 적용되고 있는 것으로 조사되었다.

(단위 : %)

회사 전체	사업부	부서단위	무응답
54.0	15.0	19.4	11.6

구 분	관리사무직	영업직	전문직	생산직	기타직
대상직종	70.0	65.2	11.6	57.2	21.7

성과배분제 적용대상 인원비중은 전체 근로자의 50% 이상을 적용하는 경우가 82.5%로 가장 많았다.

2. 성과목표 및 성과배분기준

기업의 성과목표는 회사에서 일방적으로 결정(21.7%)하기보다는 노사간 협의
(61.3%)를 거쳐 결정하는 경우가 대부분이며, 성과배분기준은 이익(73.2%), 매출
액(56.4%)을 주된 기준으로 사용하는 것으로 나타났다.

(단위 : %)

회사에서 일방적으로 결정	노사협의회를 거쳐 회사가 결정	노사간 협의로 결정	무 응 답
21.7	30.8	30.5	17.0

구 분	매출액	이 익	부가가치 (생산성)	비용절감	품질관리
성과기준 (복수응답)	56.4	73.2	38.6	26.6	16.4

성과배분제의 지급방식은 현재의 임금수준에 비례하여 지급하는 경우가 36.7%
로 가장 많고, 그 다음은 개인별 업무성과에 따라 차등 지급하는 경우가 26.4%순
으로 조사되었다.

3. 성과배분 지급형태 및 지급수준

성과배분 지급형태는 주로 특별상여금 또는 수당으로 지급(93.3%)하며, 주식 또
는 사내근로복지기금을 활용하는 경우도 5.6% 있는 것으로 나타났다. 지급시기는
연 1회가 50.8%, 매월 지급은 13.1%로 조사되었다.

(단위 : %)

특별상여금 또는 수당	주 식	사내근로복지기금	주식매입선택권 (스톡옵션)
93.3	3.3	2.3	1.9

매 월	분기별	반기별	연 1회	부정기	무응답
13.1	5.6	14.7	50.8	12.4	3.4

2002년에 실제 지급된 1인당 연간 성과배분액을 월 통상임금과 비교하면 200% 이상 지급한 경우가 12.4%, 10% 미만 지급한 경우는 14.4%이며, 성과배분제의 실행평가 및 제도개선은 주로 노사협의회 방식으로 논의되는 것으로 조사되었다.

(단위 : %)

10% 미만	10~30%	30~50%	50~100%	100~150%	150~200%	200% 이상	무응답
14.4	17.0	10.4	15.5	14.8	7.0	12.4	8.5

별도의 협의 방식이 없음	노사협의회에서 논 의	성과배분제 운영을 위한 협의체를 구성	노사간 단체 교섭시 협의	무 응 답
21.7	42.7	7.4	14.4	14.4

4. 성과배분제 실시의 효과 및 애로점

성과배분제의 실시 효과로는 생산성 향상(60.1%)을 가장 높게 평가한 반면, 인건비 절감효과는 크지 않은(5.8%) 것으로 나타났다.

(단위 : %)

효 과	생산성 향상	경영위기 극복	협력적 노사관계 형성	인건비 절감
매우작다	0.8	2.0	1.8	8.6
작 다	2.9	7.7	5.8	29.8
보 통	26.1	42.7	37.8	43.1
크 다	52.1	32.6	37.3	4.9
매우크다	8.0	2.5	6.4	0.9
무 응 답	10.1	12.5	10.9	12.7

성과배분제를 실시하면서 애로점은 성과배분의 기준 마련(52.1%)이었고, 성과상
여금의 고정급화 우려도 24.4%로 나타났다.

(단위 : %)

성과배분 기준마련	근로자간 위화감 조성	근로자 · 노조의 비 협 조	관리비용 과다	성과상여금의 고정급화 우려	무 응 답
52.1	10.6	2.5	1.9	24.4	8.5

| 향후계획 |

적용대상 확대 여부에 대해서는 현재대로 유지(59.6%)가 다수이며, 확대계획은
26.0%, 축소계획은 1.9%로 나타나 지속적으로 성과배분제가 확산될 것으로 예상
된다.

성과배분제의 의의와 운용 방안

| 성과배분제의 의의 |

　성과배분제도는 조직 전체 또는 사업부 단위로 성과급을 구성원들에게 집단적으로 지급하는 방법을 말한다. 우리나라의 성과배분제는 성과와 임금을 연계시키고자 하는 기업의 정책과 국가의 후원에 따라 점차 확산될 것으로 전망된다.

| 성과배분제의 유형 |

▶ 성과급의 개념

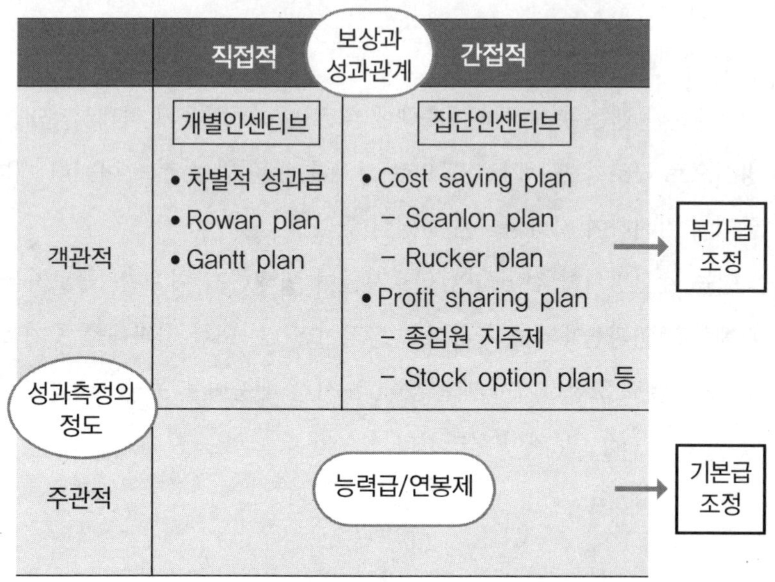

성과배분제도에서 성과는 주로 이익, 생산량, 매출액 등이 복합적으로 사용되며 기업에 따라서는 품질향상이나 소비자 만족도, 납기수준 실적, 산업안전 등 다양한 지표가 활용되고 있다. 이 가운데 이익이 가장 큰 비중을 차지하고 있다. 성과배분 제도 가운데 가장 널리 알려진 유형과 우리나라에서 활용 가능한 제도를 소개한다.

1. 주요 유형

구 분	스캔론 플랜	럭커 플랜	임프로세어
기본 철학	참가형 경영	효율적 경영	효율적 경영
근로자 참가구조	생산위원회/ 조정위원회	조정위원회	생산성 향상팀
집단보너스 공 식	노동비용/ 생산성	노동비용/부가가치	실제생산시간/ 표준생산시간
배분 주기	월별 또는 분기별	월별 또는 분기별	주별 또는 격주별
배분 비율	75 : 25	50 : 50	50 : 50

자료) 김동원 : 「종업원 참가제도의 이론과 실제」, 한국노동연구원, 서울, 1996, p. 59.

① 스캔론 플랜

스캔론 플랜은 총생산의 매출액에 따르는 노무비율에 의해서 분배율이 결정되는 방식으로 근로자 모두가 정액으로 성과를 배분 받는 것이 아니라 개별근로자의 임금액에 비례하여 지급된다는 특징이 있다.

이는 계산방식이 간편하여 근로자들이 이해하기 쉬우며, 근로자들의 노력과 성과배분간 인과관계가 명확하다는 장점이 있다. 또한 성과배분 주기를 월간에서 격월, 분기별로 조정하거나 배분공식, 노사간 배분비율 등을 조정함으로써 기업환경에 맞도록 수정 · 보완이 편리하다.

② 럭커 플랜

럭커 플랜은 스캔론 플랜의 배분방식을 개선한 것이다. 즉 스캔론 플랜은 총생산 또는 총매출을 기준으로 성과배분이 이루어짐으로써 경기의 변동 등에 민감한 근로자들의 노력을 반영하지 못하는 단점이 있다. 이에 경기변동에 상대적으로 덜 민감한 공식을 채택하게 되었다. 즉 노동비용을 부가가치로 나누어 계산하는 것이다.

③ 임프로세어

임프로세어는 산업공학의 원칙을 성과배분의 계산방식에 적용한 것이다. 따라서 계산방식이 다른 유형에 비해 다소 복잡하고 근로자들이 이해하기 쉽지 않은 단점이 있다.

이 방식은 기준시간의 노동시간과 생산량으로 기본생산성 비율을 계산하여 이를 실제시간에 적용하여 절감된 노동비용을 구하는 것이다. 따라서 조직효과나 효율성을 보다 직접적으로 측정할 수 있다.

| 성과배분제에 대한 세제지원 내용 |

1. 기업에 대한 지원

법인의 경우 법인이익을 성과배분상여금(현금), 우리사주조합을 통한 주식배분, 주식매입선택권(스톡옵션) 지급, 사내근로복지기금에의 기부 등과 같이 지급하는 경우에는 손금산입(損金算入)하여 법인세 면제(법인세법 시행령 제20조, 조세특례제한법 제15조 및 제73조)의 혜택을 받을 수 있다.

이 중 성과배분상여금의 경우 성과산정지표 및 목표, 성과의 측정 및 배분방법 등에 대하여 사전에 서면으로 약정하고 이에 따라 그 근로자에게 지급하여야 하는 요건을 충족해야 한다(법인세법 시행령 제20조 제1항 제4호).

2. 근로자에 대한 지원

근로자가 받은 성과배분에 대해서는 근로소득으로 보아 소득세를 부과한다. 다만 ① 우리 사주의 취득가액과 시가와의 차액, ② 주식매입선택권(스톡옵션)을 행사함으로써 얻은 이익(행사가격과 시가와의 차액)에 대해서는 소득세를 부과하지 않는다.

| 성과배분제의 효과 |

성과배분제는 개인별 성과측정이 어려운 생산직 근로자에 대한 인센티브로서 근로자의 동기유발을 통한 생산성과 품질 향상을 도모하고, 참여 협력적 노사관계를 증진하며 기업의 핵심역량 제고에 기여할 수 있다. 이 밖에도 성과배분제를 도입함으로써 기업경영에 관한 각종 정보의 투명한 공개와 공유 활동을 활성화하게 되고 작업방식의 개선과 같은 의사결정에 있어서 근로자들의 참여가 강화될 수 있다.

또한 경영의 유연성을 제공함으로써 기업경영이 어려운 상황에서도 능동적으로 대처함으로써 경영위기를 극복하고, 신뢰적 노사관계를 구축함으로써 근로자들의 능력개발 및 고용안정에 기여할 수 있다.

* 우리나라의 '우리사주제도'의 활용

종전의 우리사주제도는 근로자들이 유상증자발행 물량의 일정 비율(20%)을 우선적으로 청약(우선배정)할 수 있는 제도였다. 이는 궁극적으로 근로자 부담으로 자기회사주식(자사주)을 매입하는 것으로서 주가하락에 따른 재산손실, 강제배당, 장기보유 미흡 등 문제점이 적지 않았다.

그런데 이러한 문제점 해소를 위하여 근로자복지기본법 제정(2001. 8. 14.)으로 2002년 1월부터 신우리사주제도가 도입되었는 바 사업주가 성과급, 임금보전, 복지증진, 재산형성, 격려금 등의 형태로 근로자에게 무상으로 자사주나 자사주 매입대금을 지원할 수 있도록 하여 이의 촉진이 가능하도록 하였다.

우리사주조합에 대한 출연은 사업주의 경우 전액 손비처리 되고 대주주 등의 경우 소득금액의 10% 내에서 소득공제 되며 근로자가 자사주 매입에 사용한 자금은 연간 240만 원까지 소득 공제된다. 임금인상은 적정한 수준에서 조정하고 이의 보완책으로서 자사주를 지원함으로써 임금교섭의 유연성과 다양성을 확보할 수 있고, 기업은 성과급 또는 임금보전 형태로 자사주나 자사주 매입대금을 지원할 경우 현금지급에 비해 다음과 같이 유리한 효과가 있다.

① 현금과 달리 자사주를 지원할 경우 주인의식 고취 등을 통한 기업발전, 생산성제고 등 후방효과가 지속된다.

② 자사주는 일정기간 후에 배정(3년 후 7년 사이)되므로 장기근속을 유도할 수 있다.

③ 현금 대신 기업에서 보유중인 자사주를 지원할 수 있으므로 기업의 자금운용 폭이 넓어진다.

④ 우리사주조합에 자금을 출연할 경우 자사주 매입에 따른 주가관리, 우호지분 확보 등이 가능하다.

⑤ 기업은 손비처리, 근로자는 저율분리과세(9%) 등 세제혜택을 받는다.

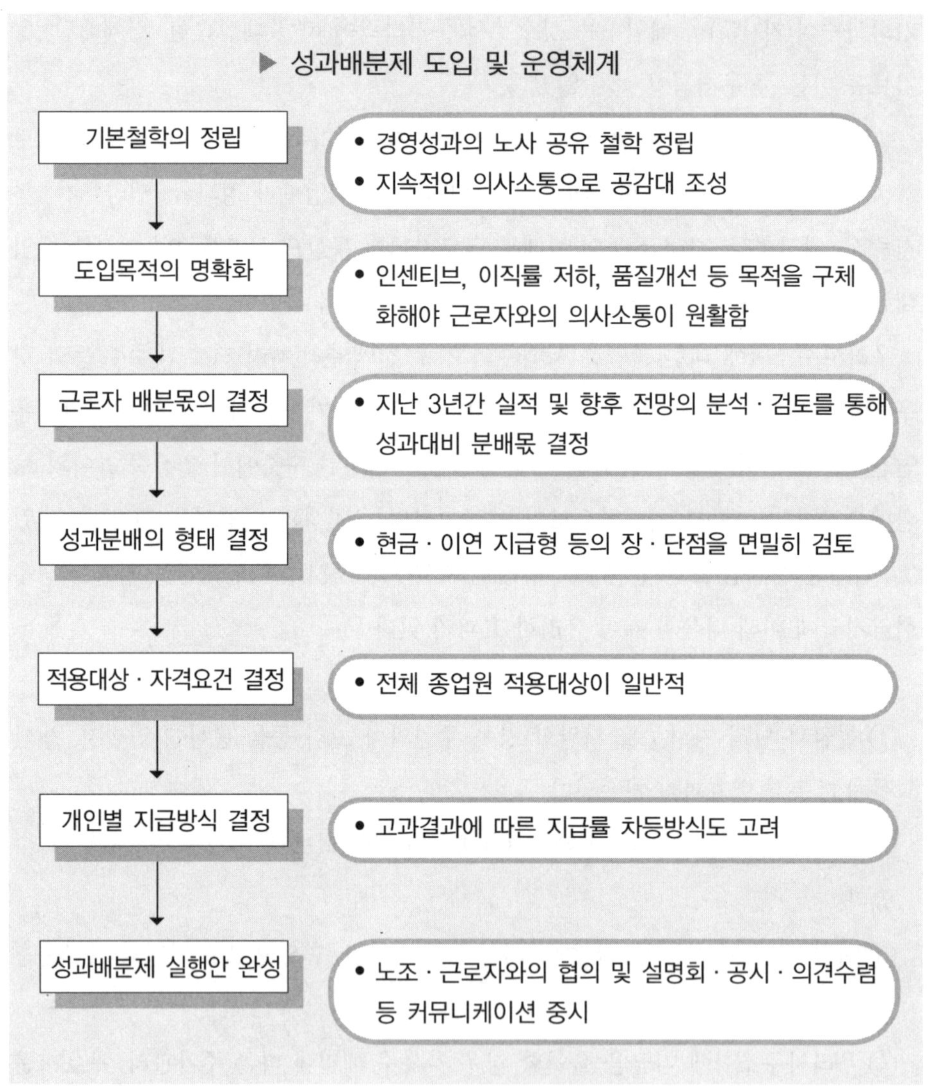

▶ 성과배분제 도입 및 운영체계
기본철학의 정립
• 경영성과의 노사 공유 철학 정립
• 지속적인 의사소통으로 공감대 조성
도입목적의 명확화
• 인센티브, 이직률 저하, 품질개선 등 목적을 구체화해야 근로자와의 의사소통이 원활함
근로자 배분몫의 결정
• 지난 3년간 실적 및 향후 전망의 분석 · 검토를 통해 성과대비 분배몫 결정
성과분배의 형태 결정
• 현금 · 이연 지급형 등의 장 · 단점을 면밀히 검토
적용대상 · 자격요건 결정
• 전체 종업원 적용대상이 일반적
개인별 지급방식 결정
• 고과결과에 따른 지급률 차등방식도 고려
성과배분제 실행안 완성
• 노조 · 근로자와의 협의 및 설명회 · 공시 · 의견수렴 등 커뮤니케이션 중시

성과배분제 도입시 충분한 노사협의를 통해 성과배분제의 적용대상, 성과측정 기준, 지급방법, 시기, 성과확인 등을 명확히 정해야 한다. 특히 성과배분제를 도입하기 위하여 기존 단체협약의 변경이 필요한 경우에는 노사합의로 단체협약을 변경하거나, 취업규칙을 변경해야 할 필요가 있으므로 이러한 절차를 준수해야 한다.

1. 성과배분제로 전환 절차

성과배분제는 기업경영 성과에 따른 사후보장이므로 사전에 정해진 임금과는 별도로 지급되는 것이 원칙이다. 따라서 본연의 성과배분제는 임금의 성질이 부인되는 것이므로 만약에 이를 기존의 임금체계를 변경 · 대체수단으로 도입하고자 할 경우에는 이와 같은 비임금성을 근로자에게 반드시 주지시키고 근로계약변경에 대한 동의가 수반되어야 한다.

① 고정급을 성과배분으로 전환하는 경우의 변경절차

만약 종전의 임금체계를 그대로 유지하면서, 추가적으로 성과급제를 신설하는 경우에는 회사의 안대로 실행하면 될 것이다. 종전의 임금체계를 변경하여 통상 기본급을 두면서, 상여금 중 일부를 고정상여로 하고, 나머지 부분을 목표이익 달성을 조건으로 하는 업적 상여로 운용하는 경우가 많다.

이러한 임금체계의 변경이 다른 근로조건 변경과 연계되지 않은 상태에서 이루어지는 경우 고정급 중 일부의 지급 여부가 불투명해지므로 이는 근로자에 대한 불이익한 변경으로 볼 수 있어 이에 따른 절차를 갖추어야 한다.

근로자 과반수로 조직된 노조가 있다면 그 노동조합의 동의를 얻어 취업규칙의 불이익변경에 따른 동의를 얻고 성과배분제의 도입을 추진하여야 할 것이며, 당해 노동조합이 근로자 과반수로 조직된 경우가 아닌 때에는 전 근로자를 상대로 근로

자 과반수의 동의를 받아 실시하지 않으면 실효성이 없다. 한편 성과배분제의 도입
과정에 비록 과반수로 조직된 노동조합이 아니더라도 그 노조의 동의까지 얻는 것
도 필요하다. 왜냐하면 성과배분제를 도입하였음에도 불구하고 노조가 그와는 다
른 임금체계를 고집하는 경우 단체교섭의 난항은 명약관화하며 성과배분의 효과도
사실상 거두기 어렵기 때문이다.

| 성과배분의 전환 범위 |

종전에 실시하던 임금 모두를 성과배분제로 전환할 수 있는지가 문제된다. 모두
성과배분으로 전환될 경우 이미 근로계약의 토대를 떠난 다른 유형의 계약관계(위
임 내지 도급 등)를 이루는 것으로 보아야 하기 때문에 적어도 근로관계 속에서 성과
배분제가 이루어지기 위해서는 최소한의 임금부분이 주어져 있어야 하며, 하한선
도 최저임금법에 의한 최저임금액 이상이어야 할 것이다.

| 노사협의회 또는 노사공동위원회의 결의를 통한 도입 여부 |

1. 노사협의회를 통한 성과배분제의 도입

성과배분제에 관한 노사협의회의 협의권한은 「근로자참여및협력증진에관한법
률」 제19조 제1항 제1호, 제9호에 근거를 두고 있다. 노사협의회에서 성과배분제
에 관하여 협의하고 의결한 경우 그러한 노사협정의 효력은 최소한 취업규칙과 동
등한 효력을 갖는 것으로 보아야 할 것이다.

2. 노사공동위원회의 결의를 통한 성과배분제의 도입

우선 노사공동위원회는 단체협약 또는 노사협의회를 통하여 설치되어야 할 것이다. 노사공동위원회가 일정한 사항을 결정하고 집행할 수 있는 독자적인 지위를 갖기 위해서는 위원의 구성, 임기, 위원회 및 위원의 권한, 위원회 의사진행과 집행, 기타 사후관리 등에 관한 내부운영규정 등을 갖추어야 한다. 이들 노사공동위원회는 의결기관으로서의 성격을 지녀야 하기 때문에, 노사간의 의견 불일치가 발생하는 경우에는 합리적인 조정이 이루어질 수 있도록 사전에 절차를 마련하는 것이 필요하다.

| 성과배분제 도입시 노사간에 결정해야 할 사항 |

성과배분제는 일반적으로 다음과 같은 경로를 통해 시행되게 되므로, 이들 사항에 대해서는 노사간의 합의를 거쳐야 한다. 이때 적어도 기업위험의 일정부분을 근로자가 함께 부담한다는 점이 합리적으로 수용될 수 있기 위해서는 근로자가 일정한 부분에 대해서 경영에 참가한다는 것을 전제로 해야 할 것이다.

① 운영주체 및 적용대상 성과산정지표 → ② 목표설정 → ③ 성과측정 및 확인방법 → ④ 성과측정 및 지급시기 → ⑤ 성과배분 지급방식 → ⑥ 성과배분 지급형태

| 성과배분제와 균등대우의 원칙 |

성과배분제를 실시하는 경우 일의 성과에 따라 차등적으로 배분하는 이 제도가 균등대우에 위반되지 않는지가 문제될 수 있다. 적법한 절차에 의해 성과배분제가 도입되어 합리적인 배분이 이루어지는 경우 균등대우의 원칙에 반하지 아니한다. 예를 들어 스톡옵션제를 시행할 경우 최소의 근속연수를 전제로 하거나 회사의 귀속감에 연계시켜 실시하는 경우 합리적 차별로 볼 수 있을 것이다.

| 성과배분의 임금성 여부 |

성과배분의 임금성 여부의 판단이 중요한 의미를 갖는 것은 현행법이 임금에 대한 정의를 두면서 이를 기초로 다른 요소의 결정기초수단으로 삼기 때문이다. 예컨대 근로기준상에는 퇴직금 산정 및 시간외 수당의 산정기초, 사회보장의 경우에는 고용산재보험료의 산정기준이 임금총액이다. 또한 임금총액은 의료보험료를 위시한 각종 보험료 산정기초, 세법상의 소득세 산정기초 등으로 각각 활용되고 있다.

성과배분의 이름 아래 실시되는 모든 형태에 대해 일률적인 기준설정은 가능하지 않다. 왜냐하면 성과배분의 정형화된 유형이 주어져 있는 것이 아니라 성과배분의 이름하에 각 기업에서 이루어지는 형태는 매우 복합적으로 이루어지기 때문에, 명칭에 따라 일률적인 판단을 하기 어렵기 때문이다. 그러나 본래의 의미에서 기업의 매출, 영업실적 등에 따라 근로자에게 일정한 성과급을 지급하기로 한 경우, 이러한 성과급은 사전에 확정적으로 근로자에게 지급되는 것이 아니라, 사후에 지급되는 보상이므로 임금으로 보기 어렵다.

특히 법이론적으로 볼 때 성과배분은 기업활동에 따른 위험부담을 근로자가 사용자와 동일하게 부담하는 형태가 되기 때문에, 사용자의 목적성취 여부와 관계없이 노동력의 처분 가능한 상태에 둔 대가로 임금이 지급되어야 하는 근로계약의 본질에 비추어 본다면, 당연히 근로의 대상이 될 수 없다. 만약 비용절감을 목표로 설정하고 이를 성취한 조건으로 근로자에게 일정한 성과급을 지급하는 것은 근로의 대상이 될 수 없다. 또한 영업 및 매출액에 대한 성과배분을 스톡옵션으로 행하는 경우, 실제 부여시점에서 그 가치를 인정할 수 없을 뿐만 아니라 실제 행사하는 경우에도 행사가치를 일률적으로 확정할 수도 없으므로 근로의 대상이 되지 않는다.

> **참고**
>
> **스톡옵션의 경우, 네 가지 시점에 존재**(부여시점 – 행사시점 – 매각시점 – 권리행사 만료시점).
>
> 부여시점에서는 그 가치를 전혀 산정할 수 없으며(이론적인 옵션가치는 존재하나 실제로 실현된 이익은 전혀 없다. 주당 10,000원으로 100주를 매입할 수 있는 권리만 부여), 행사시점(법정 제한기간 경과 및 약정 제한기간 경과) 이후 실현가치가 행사가격을 웃돌지 않아 행사 만료시점까지 근로자가 행사하지 않을 경우 옵션가치마저도 없어지게 된다. 그러나 행사를 위한 제한시점 경과 후 행사·매각하여 이익을 가졌다면 이때에 비로소 성과급의 효과가 구체적으로 나타나게 되는 것인데, 이때에도 매각시점의 선택에 따라 실현된 가치가 서로 다르게 나타나게 된다.

마지막으로 근로자에 대한 성과의 배분을 사용자가 사내근로복지기금에 출연하는 형태로 이루어지는 경우에도 근로의 대상적 기초를 인정할 수 없다.

또는 '선택적 복리후생제도'로서 의료비·학자금·보장성 보험·문화생활 등을 도입하는 경우, 그것이 사회보장제도가 완비되기 이전의 시대적 상황하에서는 임금적 급여로 볼 수도 있었으나, 사회보장제도의 구비와 더불어 임금인상의 보조적인 성격이 아닌 현재의 상황하에서는 이를 임금으로 보기 어려울 것이다.

 **평균임금의 임금총액 산입 여부**

관례적으로 지급한 예가 없고 기업이윤에 따라 일시적·불확정적으로 지급되는 성과급은 평균임금에 포함되지 않는다.

일반적으로 단체협약·취업규칙 등에 미리 명시되어 있거나 전 근로자에게 관례로서 계속 지급해 온 사실이 인정되는 성과급은 평균임금에 포함될 것이나, 관례적으로 지급한 예가 없고 기업이윤에 따라 일시적·불확정적으로 지급되는 성과급은 평균임금에 포함되지 아니한다.

다만 취업규칙·단체협약 등 당사자간 협의로 산출된 퇴직금이 누진지급률 등에 의해 결과적으로 근로기준법에 의한 법정 퇴직금 기준을 상회한다면, 이 경우 법위반의 문제는 발생하지 않는다.

(1995. 2. 6., 근기 68207-212)

그러나 기존의 임금 중에서 기본급을 제외한 나머지 부분(상여금 및 각종 수당)에 대한 체계를 성과배분제도로 전환하는데 근로자가 동의하면서도 그 부분에 대한 비임금성(非賃金性)에 대하여 인식하지 않은 경우에는 해석상의 문제를 야기할 수 있다.

이러한 경우에는 임금구성부분 중 일부를 성과배분제로 전환함에 있어서 근로자는 종전에 지급 받았던(임금으로서의) 상여금액 정도가 계속 유지되는 것을 기대하며, 단지 그 이상의 성과를 창출하기 위한 동기유인의 의미에서 성과배분제로의 전환에 동의를 한 것으로 보아야 할 부분이 많기 때문이다. 이러한 경우가 발생한 때에는 중요부분에 대한 착오로 인한 의사표시의 취소가 가능한 것으로 해석될 수 있다. 만약 사용자도 성과배분제로 전환하면서 근로자와 동일하게 생각하였다면 이 경우는 오히려 당사자의 진의에 맞게 해석하는 것이 타당하므로 '임금'의 결정만을 성과배분의 결정요소에 결부시킨 것으로 볼 수 있을 것이다. 그러므로 노사 양

당사자가 성과배분제도의 법적 의미를 명확하게 이해하고 진의로 동의한 경우라면, 성과배분제의 성질상 임금으로 파악될 수 없을 것이다.

그러나 다음 판례에서 언급하듯이 성과배분제를 도입하였다 하더라도 이름뿐이며, 실제로는 일정액이 계속적·정기적으로 지급된 것으로 볼 수 있다면 임금성이 당연히 인정될 수 있을 것이다. 그러므로 성과배분제도가 도입되었다 하더라도 구체적인 내용과 당사자의 의사 등을 감안하여 개별적으로 임금성 여부에 관한 판단을 해야 한다.

 **특별보조금의 임금성 여부**

취업규칙이나 근로계약에 '특별보조금' 또는 '초과업적 상여금'의 지급조건, 금액, 지급시기를 미리 정함이 없이 '특별연체감출운동' 전개 및 '판매촉진프로그램 추진운동'의 성과에 따라 경영협의회의 결의를 거쳐 지급하는 경우라면, 이는 일시적 상황 또는 일정목표 달성에 기인하여 은혜적·호의적 성격으로 지급되는 것이므로 임금의 성격을 갖는 것으로 볼 수 없다.

(2000. 7. 25., 임금 68207-272)

 **주식지원금의 임금 여부**

해당 사업장의 단체협약·취업규칙 등에 사용자의 지급의무가 명시되어 있지 않고 관례적으로 지급해온 사실이 없이 회사의 경영성과에 따라 1회에 한하여 일시적으로 지급된 금품이라면 근로기준법상 임금으로 볼 수 없다.

(1998. 2. 16., 임금 68207-78)

자산운영에 따라 목표수익금을 초과할 경우 초과수익금의 일정부분을 지급 받기로 한 약정에 의한 성과급이 임금에 해당하는지 여부

이는 개별 근로자의 업무성과를 높이기 위하여 본연의 업무와 관련된 특정업무를 부여한 후 그 결과에 따라 성과급을 지급하기로 내부적 기준을 정한 것에 불과한 것으로서, 그 형식이 사용자와 근로자간에 임금 등 근로조건을 정한 근로계약이나 또는 사용자가 근로자와의 개개의 근로계약을 정형화하여 일반적인 규정으로 제정한 취업규칙의 형태라고 볼 수 없고, 성과급 지급조건의 충족 여부가 일정액의 자산을 운용한 결과 평균 수익률을 초과하여야 하는 등 별도의 평가기준에 따라 비로소 결정되어지고, 그 평가결과에 따라서는 금액을 달리하게 되거나 또는 지급하지 않을 수도 있게 되는 등 그 지급사유의 발생이 불확정적이고 일시적인 것으로 보인다.

따라서 이와 같은 지급조건과 목적 등에 비추어 볼 때에 자산운용 결과 초과수익의 발생 여부에 따라 지급이 결정되는 성과급을 기왕의 근로로 그 지급이 확정되어 사용자에게 지급의무가 부과되는 근로기준법 제18조의 규정에 의한 임금으로 볼 수는 없는 것으로 봄이 타당하다.

(2002. 2. 5., 임금 68207-78)

경영성과를 기초로 지급하는 이익분배금이 임금에 해당하는지 여부

임금지급 체계를 연봉제 형태로 변경하면서 기존의 정기상여금은 기본급화하여 그 전액이 연봉액에 반영되어 있는 것과는 별도로 이익분배금에 대해서는 취업규칙 제68조의 규정에 "연간 기업업무실적을 참작하여 상여금을 지급할 수 있다."고 명시하고 연간 경영실적, 즉 경영이익이 발생되는 경우에는 내부품의 절차를 거쳐 이를 각 사업부별로 평가하여 동 금품의 지급기준·지급금액을 거쳐 이를 각 사업부서별로 평가하여 동 금품의 지급기준·지급금액 등을 확정, 지급하고 있는 경우 이의 임금 여부에 대하여 이와 같은 이익분배금은 경영이익의 발생이라는 요건의 충족 여부에 따라 비로소 지급기준이나 금액이 확정됨으로써 그 지급사유가 일시적 또는 불확정적으로 발생되는 것이므로 이는 지급조건이나 목적 등에 비추어볼 때에 기왕의 근로의 대상으로 지급이 확정되는 근로기준법 제18조의 규정에 의한 임금의 성격을 가진다고 보기는 어려울 것으로 사료된다.

(2002. 2. 28., 임금 68207-78)

성과상여금의 임금성 여부

상여금이 계속적 · 정기적으로 지급되고 그 지급액이 확정되어 있다면 이는 근로의 대가로 지급되는 임금의 성질을 갖는다고 할 것이나(당원 1983. 2. 8., 선고 81다카1140 판결 ; 1982. 11. 23., 선고 81다카1275 판결 등 참조) 그 지급 사유의 발생이 불확정이고 일시적으로 지급되는 것은 임금이라고 볼 수 없을 것이며(당원 1982. 10. 26., 선고 82다카342 판결 참조), 또 그 상여금이 퇴직금 산정의 기초가 되는 평균임금에 산입될 수 있는지의 여부는 특별한 사정이 없는 한 퇴직 당시를 기준으로 판단하여야 한다(당원 1996. 5. 14., 선고 95다19256 판결 참조). 원심판결 이유에 의하면 원심은 그 내세운 증거에 의하여 피고 회사에서는 1994년도 임금 및 근로조건 개선에 관한 노사간 협정이 체결되어 정기상여금 500%와 성과상여금 50%를 기본으로 하고, 그 외에 1994년도 경영 실적에 따라 연내에 50%의 특별성과상여금을 추가 지급하기로 하여 1994년 7월에 전 직원에 대하여 이를 지급한 사실, 그 뒤 1995. 7. 25. 체결된 1995년도 임금 및 근로조건 개선에 관한 임금협정에서는 위 특별성과상여금 50%를 포함하여 600%의 상여금을 기본으로 하고 1995년도 경영 실적에 따라 연내에 30%의 특별상여금을 추가 지급하기로 하는 약정이 이루어져 1995년에 전 직원에 대하여 모두 630%의 상여금이 지급된 사실을 인정한 다음, 위 특별성과상여금은 일시적 · 우발적이거나 은혜적 · 호의적 지급이 아니라 근로의 대가인 임금의 성질을 가지는 것이라고 판단하였다.

그러나 1994년도 임금협정에 규정된 특별성과상여금의 지급조건은 "1994년도의 경영 실적에 따라" 연내에 특별성과상여금 50%를 지급한다는 것이므로 그 지급 여부가 확정되어 있다고 볼 수 없다. 또한 원고는 1995. 4. 22. 퇴직하였으므로 위 특별성과상

| 성과배분의 통상임금 내지 평균임금 산입 여부 |

본래의 의미에서의 성과배분제도에 대해서는 임금성이 부인되므로 통상임금 및 평균임금성은 당연히 부인되나 외형적으로는 성과배분이라지만 실질적으로는 임금성이 인정되는 경우라면, 그것에 대한 통상임금 내지 평균임금 해당성에 관한 개별적 판단이 이루어져야 할 것이다. 이에 관하여는 그 동안의 판례를 참고하여 개별 사안별로 판단되어야 할 것이다.

지급의무 발생이 특수하고 우연하면 근로의 대상이 아니다

사용자가 근로자에게 지급하는 금품이 평균임금 산정의 기초가 되는 임금총액에 포함될 수 있는 임금에 해당하려면 먼저 그 금품이 근로의 대상으로 지급되는 것이어야 하므로 비록 그 금품이 계속적·정기적으로 지급된 것이라 하더라도 그것이 근로의 대상으로 지급된 것으로 볼 수 없다면 임금에 해당한다고 할 수 없는데, 여기서 어떤 금품이 근로의 대상으로 지급된 것이냐를 판단함에 있어서는 그 금품 지급의무의 발생이 근로제공과 직접적으로 관련되거나 그것과 밀접하게 관련된 것으로 볼 수 있어야 하고, 이러한 관련 없이 그 지급 의무의 발생이 개별 근로자의 특수하고 우연한 사정에 의하여 좌우되는 경우에는 그 금품의 지급이 단체협약·취업규칙·근로계약 등이나 사용자의 방침 등에 의하여 이루어진 것이라 하더라도 그러한 금품은 근로의 대상으로 지급된 것으로 볼 수 없다.

(1995. 5. 12., 대법원 94다55934)

지급조건과 지급방법이 미리 규정되고, 정기적으로 지급된 성과배분상여금의 임금성 여부

성과배분상여금이 지급조건과 지급방법이 미리 규정되고 정기적으로 지급되는 경우는 물론 그렇지 않은 경우라도 사실상 관례로 업무성과에 따라 지급되는 것이라면 임금으로 보아야 할 것이다.

(1996. 9. 17., 서울고판 96나22190)

임금 여부의 판단(인센티브 · 창립기념 격려금 · 구정상여금 · 하계휴가비 · 추석귀성여비 · 상여금)

피고 회사가 각 해당 연도에 사장결재를 거쳐 인센티브 및 창립기념 격려금을 지급해 왔고, 추석귀성여비 · 하계휴양비가 계속적 · 정기적으로 지급되고 있다거나 관례가 형성되었다고 인정할 만한 증거가 없으며, 상여금 또한 당해 근로자가 그 지급일 현재 재직중일 것을 조건으로 지급의무가 발생하는 임금이라 볼 수 있다. 따라서 1998년 2월 인센티브 및 1998년 3월 창립기념 격려금 · 구정상여금 · 하계휴가비 · 추석귀성여비, 원고들의 퇴직일까지 산정된 1998년 10월 상여금 부분은 피고 회사에게 지급의무가 있는 임금에 해당하지 않는다고 할 것이고 원고들이 이를 실제로 지급 받지도 않았으므로 근로기준법상 임금에 해당함을 전제로 각 감원이 포함된 평균임금을 기초로 산정된 퇴직금과 실제로 지급 받은 퇴직금과의 차액의 지급을 구하는 원고들의 청구는 이유 없다.

(2000. 12. 28., 서울지법 2000가합31064)

제 11 장 여성 관련법과 임금관리

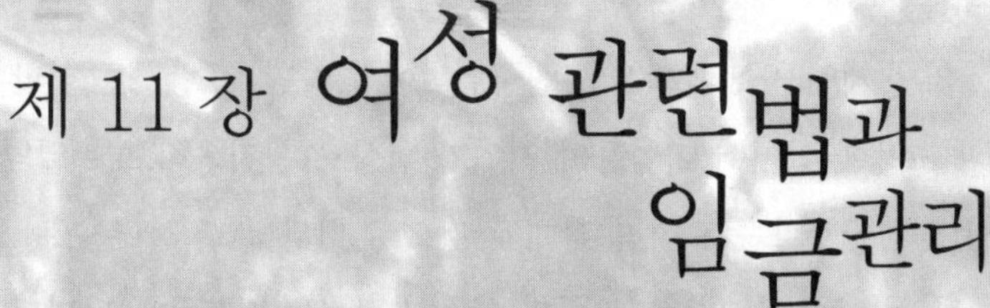

1. 여성 임금 현황과 여성 관련법
2. 여성 관련 법체계
3. 차별금지법과 임금관리
4. 모성보호제도와 임금관리

| 여성 임금 현황 |

1. 선진국의 임금 현황

① 프랑스

프랑스의 통계연구소의 2001년 연구결과에 의하면, 프랑스는 지난 20년 동안 노동시장과 고용에 있어서 여성들의 지위가 남성보다 지속적으로 열악했을 뿐만 아니라, 남녀 임금격차는 오히려 확대된 것으로 나타났다. 물론 프랑스에서는 지난 수십 년 동안 노동시장의 남녀평등이 상당히 진전된 것으로 나타났다.

▶ 프랑스의 남녀 임금격차

	전체 근로자	정규직 근로자
1991년	75.1%	84.2%
1998년	75.8%	88.2%

자료) Ponthieux & Meurs(1999) : 「Labour Force Surveys」.

② 미국

미국의 경우 1980년에 여성근로자의 임금수준은 남성근로자의 64.4%이었으나, 1990년에 70.1%, 2000년에는 76.0%로 격차가 좁혀졌다.

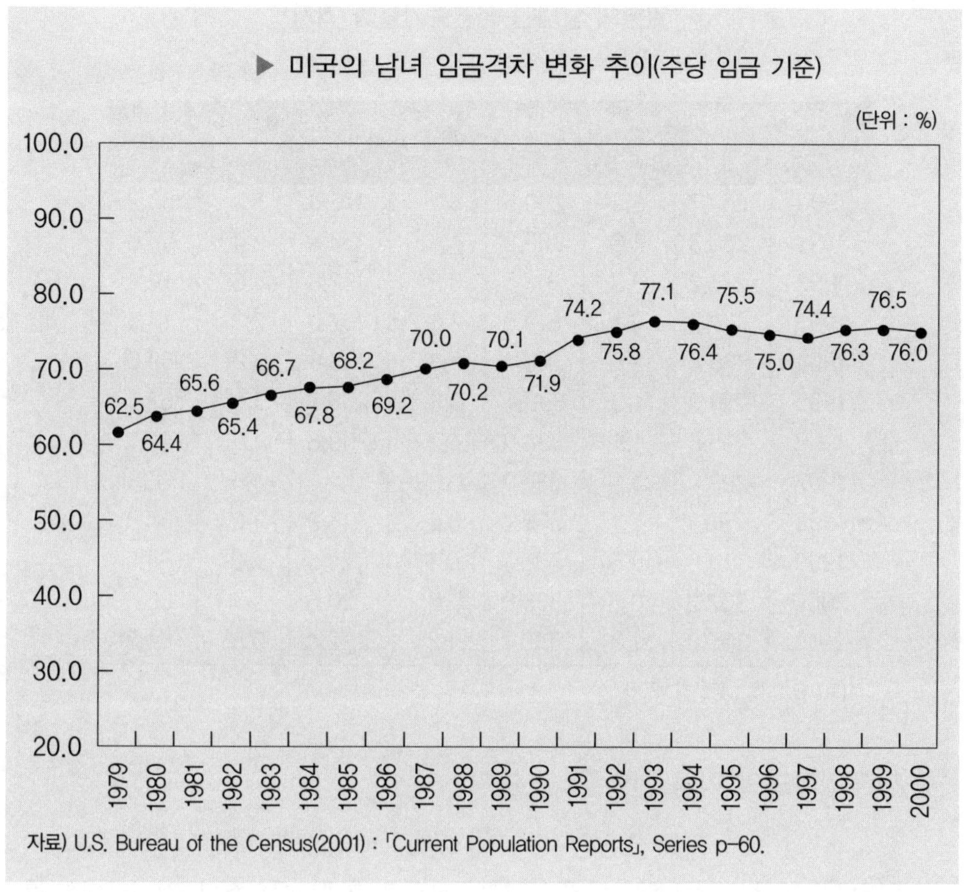

③ 일 본

일본의 임금증가율은 1990년 이후 지속적으로 증가세가 둔화되는 추이를 보여왔는데 하락 폭이 여성보다 남성이 훨씬 큰 결과 남녀 임금격차는 지속적으로 완화되어 2001년 일본의 남녀 임금격차는 65.3%로서, 앞에서 살펴본 주요 선진국과 비교하면 남녀 임금격차가 상당히 크며 최근에는 우리나라와 비슷한 수준이다.

▶ 일본의 남녀간 임금증가율과 격차

(단위 : 엔, %)

구성 / 연도	전체 임금	증가율	임금	증가율	임금	증가율	임금 격차
1990	254.7	5.3	290.5	5.2	175.0	5.2	60.2
1991	266.3	4.6	303.8	4.6	184.4	5.4	60.6
1992	275.2	3.3	313.5	3.2	192.8	4.6	61.4
1993	281.1	2.1	319.9	2.0	197.0	2.2	61.5
1994	288.4	2.6	327.4	2.3	203.0	3.0	62.0
1995	291.3	1.0	330.0	0.8	206.2	1.6	62.4
1996	295.6	1.5	334.0	1.2	209.6	1.6	62.7
1997	298.9	1.1	337.0	0.9	212.7	1.5	63.1
1998	299.1	0.1	336.4	−0.2	214.9	1.0	63.8
1999	300.6	0.5	336.7	0.1	217.5	1.2	64.5
2000	302.2	0.5	336.8	0.0	220.6	1.4	65.4
2001	305.8	1.2	340.7	1.2	222.4	0.8	65.3

자료) 日本 厚生勞動省, 2002.

2. 우리나라의 임금 현황

우리나라 여성의 경제활동 참가율은 지속적으로 확대되어왔으나, 선진국에 비해 경제활동 참가율이 현저히 떨어지는 것으로 조사되고 있다.

▶ 여성의 경제활동 참가율 현황

구 분	한 국	일 본	미 국
여성의 경제활동 참 가 율	48.3%	49.3%	64.9%
출산기 여성 (25~29세)의 경제 활동 참가율	55.9%	69.9%	77.1%

자료) ILO(2001) : 『2000 ILO yearbook of labour statistics』

한편 우리나라의 여성이 경제활동에 참가한다 하더라도 남성근로자에 비해 근로조건에 상당한 차이가 있는데, 대표적으로 임금에 대한 남녀간 격차를 살펴보도록 한다.

우리나라의 임금에 대한 여성근로자의 임금수준은 지속적으로 증가하는 추이를 보였으나, 여전히 주요 선진국에 비하면 낮은 수준이며 남녀 임금격차 또한 높은 편이다.

우리나라는 1980년 이후 지속적으로 남녀 임금격차가 개선되어왔으며 1997년 IMF 경제위기 이후에는 남녀 임금격차가 더욱 완화되다가 1999년에는 일시적으로 남녀 임금격차가 다시 악화되었다가, 2000년에는 개선되는 추이를 보이고 있어 임금격차는 다소 완화되고 있는 것으로 나타났다.

▶ 우리나라의 성별 임금격차(1997~2001년)

(단위 : 원, %)

연 도	임 금 총 액		임 금 총 액	
	남	여	남	여
1997	1,261,941	789,063	100.0	62.5
1998	1,274,784	804,343	100.0	63.1
1999	1,358,343	866,570	100.0	63.8
2000	1,473,789	954,292	100.0	64.8
2001	1,558,940	1,015,178	100.0	65.1

자료) 노동부 : 「임금구조기본통계조사보고서」. 각 연도 재구성.

기업 내에서 남녀 임금격차를 발생시키는 요인은 상당히 많다. 이러한 요인을 세분화해서 보면 먼저 남녀 근로자의 특성, 즉 연공·숙련 그리고 능력 등의 차이를 들 수 있다. 그리고 남녀 근로자의 근로형태(노동성과 결근, 이직 등)의 차이, 노동조합 가입현황(남녀 근로자의 노동조합원 여부의 차이)이 있다. 이 밖에도 남녀 근로자가 취업해 있는 사업체 특성 예컨대 이윤, 사업체 규모, 임금지불 의사, 자본비율 등의 차이, 남녀 근로자가 집중되어 있는 능력이나 숙련수준에 대한 노동력 수급 현황의 차이에 의해서도 임금격차가 발생되기도 한다. 마지막으로 이러한 요인들로서 설명되는 여성에 대한 임금차별에 의해서도 남녀 임금격차가 발생된다.

　향후 수직적·수평적 남녀 직종격리 현상은 더욱 악화될 가능성이 크고, 연봉급 및 성과급의 도입으로 임금과 관련된 노사의 정보 불균형이 확대됨에 따라 임금차별이 더욱 심화될 가능성이 높다.

여성 관련 법체계

1. 헌 법

1987년 10월 29일 개정된 헌법은 "모든 국민은 법 앞에 평등하며 성별, 종교, 사회적 신분에 의하여 정치적 · 경제적 · 사회적 · 문화적 생활의 모든 영역에 있어서 차별을 받지 아니한다."는 규정(제11조 제1항) 외에도 "여자의 근로는 특별한 보호를 받으며, 고용 · 임금 및 근로조건에 있어서 부당한 차별을 받지 아니한다."는 규정(제32조 제4항)과 "혼인과 가족생활은 개인의 존엄과 양성평등을 기초로 성립되고 유지되어야 하며, 국가는 이를 보장한다."는 규정(제36조 제1항)을 두고 있다.

현행 헌법이 모든 영역에서의 성별에 의한 차별을 금지하는 것(제11조 제1항)을 헌법의 기본원칙으로 하고 있는 한편, 여자의 근로에 대한 특별한 보호(제34조 제1항)와 "여자의 복지와 권익향상"(제34조 제3항)과 "모성의 보호"(제36조 제2항)를 규정하는 것도 헌법이 지향하는 실질적 남녀평등이념을 표현한 것이라 볼 수 있다.

2. 여성차별철폐협약

1985년 1월 26일부터 우리나라에서 발효한 동 협약은 '여성에 대한 차별'을 "정치적 · 경제적 · 문화적 · 시민적 또는 기타의 분야에 있어서 결혼여부에 관계없이 남녀동등의 기초 위에서 인권과 기본적 자유를 인식, 향유 또는 행사하는 것을 저해하거나 무효화하는 효과 또는 목적을 가지는 성에 근거한 모든 구별, 배제 또는 제한"으로 정의하고 있다. 이 협약에서 우대를 명시하지 않은 것은 여성들이 오랫동안 차별을 받아왔기 때문에 이를 제거하기 위한 우대, 보호가 필요하다는 논의에 기초한 것이다.

3. 근로기준법

근로기준법은 1953년 5월 10일 제정될 때부터 제5조에서 "균등처우"란 표제하에 "사용자는 근로자에 대하여 남녀의 차별적 대우를 하지 못하며 국적, 신앙 또는 사회적 신분을 이유로 근로조건에 대한 차별적 대우를 하지 못한다."라고 규정하였다.

종전 모성보호규정 및 기타 건강과 안전을 위한 특별보호규정을 담고 있던 근로기준법 제5장은 2001년 8월의 대대적인 개정에 의해 기존의 여자에서 여성으로 전환하고 기존 60일이었던 산전·후 휴가기간이 90일로 확대되는 등 임산부 및 산후 1년이 경과하지 않은 여성에 대한 보호규정을 강화되었다. 반면, 일반 여성에 대한 연장·야간·휴일근로제한은 2001년 11월부터 대폭 완화되었다. 또한 주 40시간제 도입과 함께 그 동안 생리휴가가 유급휴가에서 무급휴가로 변경되었다.

4. 남녀고용평등법

1987년 12월 4일 제정되고 2001년 8월 14일 최종개정(제4차 개정)된 남녀고용평등법은 "헌법의 평등이념에 따라 고용에 있어서 남녀의 평등한 기회 및 대우를 보장하는 한편, 모성을 보호하고 직장과 가정생활의 양립과 여성의 직업능력개발 및 고용촉진을 지원함으로써 남녀고용평등 실현을 목적으로 한다."(제1조).

이 법은 종전에는 여성에 대한 차별만을 금지하고 근로여성의 복지증진을 도모하는 것을 궁극적 목적으로 하였으나, 2001년 개정시에 법이 제정된 지 약 14년 만에 남녀에 대한 차별을 금지하고 남녀고용평등 실현을 궁극적 목적으로 하는 법으로 성격과 목적이 변화되었다.

차별금지법과 임금관리

| 차별금지 관련 법규정 |

남녀고용법에서 "차별"이란 "사업주가 근로자에게 성별, 혼인 또는 가족상의 지위, 임신, 출산[190] 등의 사유로 합리적인 이유 없이 채용 또는 근로의 조건을 달리하거나 그 밖의 불이익한 조치를 취하는 경우를 말한다."(제2조 제1항 본문의 제1문). 그리고 그 제2문에서 "사업주가 채용 또는 근로의 조건을 동일하게 적용하더라도 그 조건을 충족시킬 수 있는 남성 또는 여성이 다른 한 성에 비하여 현저히 적고 그로 인하여 특정 성에게 불리한 결과를 초래하며 그 기준이 정당한 것임을 입증할 수 없는 경우에도 차별로 본다."고 규정하여 간접차별개념을 도입하고 있다.

차별의 예외는 "1. 직무의 성질상 특정 성이 불가피하게 요구되는 경우, 2. 근로여성의 임신 · 출산 · 수유 등 모성보호를 위한 조치를 취하는 경우, 3. 현존하는 차별을 해소하기 위하여 국가 · 지방자치단체 또는 사업주가 잠정적으로 특정 성을 우대하는 조치를 취하는 경우"의 세 가지로 제한되고 있다(제2조 제1항 단서).

이 법은 동일한 사업장 내에 남녀가 동일 가치 노동에 종사하면 동일한 임금을 지급하여야 함을 규정하고 있을 뿐 아니라(제8조) 임금 외의 금품 등(제9조)에서 남녀를 차별하는 행위도 엄격하게 금지하고 있다. 그 밖에 이 법은 육아휴직 등 모성보호를 위한 지원조치를 함께 규정하고 있다.

한편 동일노동을 하고 있음에도 여성이라는 이유로 임금, 기타 금품의 지급에 있어 남녀를 차별대우하는 것에 대하여 근로기준법은 물론이고 남녀고용평등법은 이를 더 구체화하여 성별 · 직종분리로 인한 임금차별까지 접근할 수 있도록 "동일가치노동 동일임금" 지급원칙을 명시하고 있다.

---

190) 제4차 법개정시에 차별의 사유에 "출산"이 삽입되었다.

법률명	법 규 정
헌법	● 법 앞의 평등과 성차별금지의 원칙(제11조 제1항) ● 고용 · 임금 및 근로조건에 있어서 여성차별 금지(제32조 제4항)
근로기준법	● 남녀균등처우원칙(제5조)
남녀고용평등법	● 사업주의 남녀평등의무 – 동일가치노동의 남녀 동일임금(제8조, 제9조)

| 동일가치노동의 의미 |

▶ 남녀고용평등법의 동일가치노동 동일임금 규정

조 문	내 용
제8조 (임금)	① 사업주는 동일한 사업 내의 동일가치의 노동에 대하여는 동일한 임금을 지급하여야 한다. 〈신설 1989. 4. 1.〉 ② 동일가치노동의 기준은 노동수행에서 요구되는 기술 · 노력 · 책임 및 작업조건 등으로 하고, 사업주가 그 기준을 정함에 있어 제25조(분쟁의 자율적 해결)의 규정에 의한 고충처리기관의 근로자를 대표하는 자의 의견을 들어야 한다. 〈개정 2001. 8. 14.〉 ③ 임금차별을 목적으로 사업주에 의하여 설립된 별개의 사업은 동일한 사업으로 본다. 〈신설 1989. 4. 1.〉

남녀고용평등법 제8조 제1항에 의하면, "사업주는 동일한 사업 내의 동일가치의 근로에 대하여는 동일한 임금을 지급하여야 한다."고 남녀 동일임금의 원칙에 관한 명문규정을 두고 있다. 사용자는 근로자의 성별의 차이를 이유로 '동일한 사업장' 내에서 '동일한 가치의 근로'를 제공한 경우에는 임금에 있어서 차별적 취급을 해서는 안 된다. 즉 동일한 가치의 근로임에도 불구하고 여성이라는 이유로 임금을 달리하는 것을 금지하는데 그 실질적 의의가 있다.

여기서 '임금'이라 함은 위에서 언급했듯이 근로기준법 제18조에 정의하고 있는 '임금'을 말하는데, 단순히 임금액뿐만 아니라 임금체계 · 임금형태 · 지급방법 등에 대한 차별적인 대우도 포함된다.

우리나라 남녀고용평등법에 규정하고 있는 동일노동이라는 것은 '똑같은 근로(identical work)', '유사근로(simulate work)', 그리고 '동일가치노동(equal value work)'를 모두 포괄하고 있는 개념이라고 볼 수 있다.

| 동일가치노동의 판단기준 |

동일가치노동 동일임금원칙은 남녀가 똑같은 노동을 하는 경우에는 적용하기 쉽지만, 남녀가 다른 종류의 일을 하는 경우에는 판단하기 어렵다. 남녀고용평등법 제8조(임금) 제2항에 의하면, "동일가치노동의 기준은 노동수행에서 요구되는 기술, 노력, 책임 및 작업조건 등으로 한다."고 규정하고 있다(2001. 8. 14. 개정).

노동부의 남녀고용평등업무처리지침(예규 제209호)의 제5조는 그 동안 학설이나 판례에서 해석해 온 기준을 그대로 규정하고 있다. 즉 '동일가치노동의 판단기준'을 좀더 구체적으로 설명해 보면, 노동부의 「남녀고용평등업무처리규정」 제5조(동일가치노동 동일임금 지급) 제2항에서는 위에서 언급한 "기술, 노력, 책임 및 작업조건 등"이라 함은 노동부의 「남녀고용평등업무처리규정」 제5조 제2항 제1~4호에서는 당해 업무가 요구하는 내용에 관한 것으로서, 각 용어의 정의를 다음과 같이 정의하고 있다.

① 기술 : 자격증, 습득된 경험 등 업무수행 능력 또는 솜씨의 객관적 수준
② 노력 : 업무수행에 필요한 육체적 · 정신적 힘의 작용
③ 책임 : 업무에 내재된 의무의 성격 · 범위, 사업주가 당해 직무에 의존하는 정도
④ 작업조건 : 소음, 열, 물리적 · 화학적 위험의 정도 등 당해 업무에 종사하는 근로자가 통상적으로 처하는 작업환경

또한 「남녀고용평등업무처리규정」 제5조 제3항에서는 "서로 비교되는 남녀간의 근로가 동일가치인지를 판단할 경우에는 남녀고용평등법 제6조의2 제2항에 예시된 네 가지 기준 외에 당해 근로자의 학력, 경력, 근속연수를 종합적으로 고려해야 한다."라고 하고 있다. 따라서 근로자의 기술·노력·책임·작업조건에 차이가 있는 것은 동일가치노동라 할 수 없고, 이들 사항의 차이에서 생기는 임금의 차이는 남녀 동일임금의 원칙에 위반되지 않는다. 그러나 여성이 일반적으로 근속연수가 짧고, 근무성적 내지 능률이 낮으면 주된 생계유지자가 아니라는 점 등을 이유로 실제로 해당 여성근로자가 그러한가를 불문하고 일률적으로 임금의 차별대우를 하는 것은 이 원칙에 위반된다.

우리나라에서 최초로 동일가치노동의 남녀동일임금원칙의 적용을 주장하며 제기된 소송은 연세대의 여성 일용직 청소원들이 유사한 노동을 하는 남자방호원들과의 임금차별을 문제삼아 1990년 9월에 제기한 임금차액청구소송이다. 서울 민사지방법원 서부지원(1991. 6. 27., 선고 90가단7848)은 "원고는 임시직으로서 주로 옥내청소업무를 담당하는 반면, 남자방호원은 정식직원으로서 제반 규율을 적용 받고 건물 및 시설의 관리와 청소, 외곽순찰 등의 업무를 주로 담당하고 남자일용직 청소원도 주로 여자들에게 부적합한 옥외청소, 세차, 야간경비, 도서관, 수영장 등의 관리업무에 종사하는 등 남녀간에 그 담당하는 업무의 성질·내용·책임의 정도·작업조건 등에 비추어 볼 때, 동일가치의 노동에 해당되지 않는다."며 원고패소 판결을 내린 바 있다.

그러나 최근 대법원은 판례(2003 3. 14., 대법원 2002도3883)를 통해 동일가치노동 동일임금관련 판단기준을 제시하면서 상기한 노동부 규정을 그대로 인용하여 최초로 임금차별을 인정하는 판결을 내림으로써 향후 기업의 임금관리에 실질적인 영향을 주게 되었다.

> **남녀간 학력·경력·기술에 별다른 차이가 없음에도 합리적인 이유 없이 임금을 차별함은 '남녀고용평등법' 위반이다**
>
> ● 취업규칙상 성별을 임금결정의 중요기준으로 삼고 있고, 실제로 일용직 채용에 있어 성별에 따라 임금을 차별하고 있다.
> ● 뿐만 아니라 남녀 모두 연속공정에 따라 작업하면서 위험도나 작업환경의 별 차이도 없고, 남녀 모두 일용직으로서 책임도에 있어서도 별 차이가 없다.
> ● 여자에 비해 더 체력이 소모되어도 특별한 노동강도를 요하거나 특별한 기술·경험을 요구되는 것이 아닌 만큼, 이 사건의 경우 임금차별을 정당화할 정도가 아니다.
> ※ 수행업무 : 남성(무거운 원료나 기계 운반), 여성(청소나 잉크보충 등)
>
> (2003. 3. 14., 대법원)

｜기업 내 동일임금 체계 구축을 위한 과제｜

우리나라는 아직 연공급 체계가 공존하고 있는 상황이고, 직무급이나 성과급 체계를 도입했다 하더라도 직무분석이 이루어지지 않아 동일임금 체계를 구축하는 것이 어려운 실정이다. 특히 남녀 직종분리가 심각한 상황에서는 비교대상인 남성 집단이 없는 직무에 종사하는 여성근로자와 그렇지 않은 직무에 종사하는 (대부분이 남성)근로자 간의 임금격차에 대한 합리적인 기준이 없다. 뿐만 아니라 이러한 임금격차 중에서 어느 정도가 남녀차별에 기인한 것인 지를 객관적으로 파악하기 힘들다. 향후 기업은 이와 같은 문제점을 해결하기 위해서는 기본적으로 해당 직무에 대한 직무평가가 이루어져야 한다.

1. 동일임금원칙에 위배되는 유형

① 남녀고용평등업무처리규정

노동부가 고용에 있어서 남녀에게 평등한 기회 및 대우를 보장하는데 필요한 사항을 정하기 위해 마련한 「남녀고용평등업무처리규정」 제5조 제6항에서는 남녀고용평등법 제8조에 의한 동일가치노동 동일임금원칙에 어긋나는 경우는 다음과 같이 실시하고 있다.

● 여성의 임금은 보편적으로 가계보조적이라는 고정관념 등에 기초하여 일률적으로 동일직군의 남성보다 적은 임금을 지급하는 경우
● 근로의 질·양 등에 관계없이 근로자에게 생활보조적·후생적 금품(가족수당·교육수당·통근수당·김장수당 등. 단, 임금의 법주에 포함되는 것에 한함)을 지급함에 있어 성을 이유로 차별하는 경우
● 기본급·호봉산정·승급 등에 있어서 성에 따라 그 기준을 달리 적용함으로써 임금을 차별하는 경우
● 모성보호 등을 위하여 여성근로자에게 더 많은 비용이 지출된다는 이유로 여성의 임금을 낮게 책정하는 경우
● 기타 합리적인 이유 없이 동일가치노동에 대해 남녀의 임금을 차등 지급하는 경우
● 군복무자에 대하여 호봉을 가산하는 경우에 있어서 그 가산의 정도가 군복무기간을 웃돌거나 병역면제자 또는 미필자인 남성에게도 호봉가산을 적용하여 지급하는 경우
● 여성이 대다수인 직종의 임금을 합리적인 이유 없이 다른 직종보다 낮게 정하여 지급하는 경우

② 전형적인 위반 유형

* *동일직급 내 낮은 호봉부여*

여성의 임금은 보편적으로 가계보조적이라는 고정관념 등에 기초하거나 모성보호 등을 위해 여성근로자에게 더 많은 비용이 지출됨을 이유로 같은 직급의 남성보다 일률적으로 임금을 낮게 책정하는 차별적 처우가 된다.

* *군복무기간을 호봉에 가산하는 경우*

사업주가 근로자에 대한 호봉을 부여함에 있어 군복무기간을 감안하여 그 기간에 상당한 수준만큼 호봉에 가산·차등을 두는 것은 합리적인 이유 있는 차별로 볼 수 있으나, (병역의무가 없는)여성근로자와 군 미필자·면제자인 남성근로자를 구분하여 그들 사이의 차등을 두는 것은 합리성이 인정되지 않으므로 성별에 의한 차별에 해당된다고 할 수 있다(1994. 5. 21., 부소 68240-177).

* *남녀 분리호봉, 초봉·기본급·승급액 등의 차별*

남녀 사이에 다른 보수표를 적용하거나, 경력·학력 등 객관적 조건이 같음에도 불구하고 초임급, 기본급, 호봉산정, 승급 등에 있어서 성에 따라 그 기준을 달리 적용하거나 합리적인 요건과는 상관없이 여성이라는 이유로 임금인상률을 남성보다 낮게 하는 것은 차별적 처우로 해석된다(1975. 4. 10., 日本秋田地裁判決).

* *가족수당의 차별*

임금협정서상의 가족수당 직급규정에 "단, 여직원은 배우자가 부양능력을 상실한 경우에만 포함한다."라고 단서규정을 두고 있는 경우 이는 가족수당 지급에 있어 여성근로자에게만 제한조건을 부과한 것으로 성별에 의한 차별대우로 보며(1993. 3. 6., 부소 68247-62), 그 지급 여부는 성별이 아닌 실제 배우자의 사별·이혼·별거 여부 및 실제 부양 여부에 따라 판단하여야 한다(1991. 3. 14., 근기 01254-3534). 그러나 배우자가 있는 자를 가족수당 지급기준으로 하면서 미혼인 남녀 모두에게 가족수당을 지급하지 않는 경우는 차별로 볼 수 없다.

2. 동일임금원칙에 위배되지 않는 유형

「남녀고용평등업무처리규정」 제5조 제7항에서는 바로 위와 같은 이유 이외에 성차별적 임금차별로 보지 않는 경우는 다음과 같다.
① 비교되는 남녀근로자가 동일하거나 비슷한 일을 하더라도 이들 사이의 학력·경력·근속연수·직급 등의 차이가 객관적이고 합리적인 기준으로 정립되어 임금이 다르게 지급되는 경우,
② 임금형태를 직무급·능률급·능력급 등으로 정하여 비교되는 남녀근로자 사이에 능력 또는 업적상의 격차가 구체적이고 객관적으로 존재함으로써 임금이 차등 지급되는 경우

3. 기 타

그러나 남녀간에 실질적인 임금차이가 근로자가 여성이기 때문에 받는 차별인지 합리적인 이유로 인한 차이인지를 결정하는 것이 쉽지 않다. 만약 '고용주'가 이러한 임금 차이가 성 이외의 다른 요소에 의한 합리적인 것임을 입증할 수 없다면 그들은 성에 의한 불법적인 임금차별을 행한 것으로 판정 받게 된다. 이것은 임금차이가 성 이외의 다른 합리적인 어떤 이유로 인한 것이라면 임금차별이 성립하지 않는다는 것을 의미한다.

임금차별에 대한 입증책임과 벌칙

1. 벌 칙

남녀 동일임금원칙에 위반하는 경우에는 벌칙(3년 이하의 징역 또는 2,000만 원 이하의 벌금, 제37조 제2항)에 처해지며, 이들 위반행위는 동시에 근로기준법상 남녀차별금지에도 위반하므로 근로기준법의 벌칙(500만 원 이하의 벌금, 제115조)도 적용된다.

한편, 남녀고용평등법은 제24조에서 양벌규정을 두고 있다. 즉 법인의 대표자나 법인 또는 개인의 대리인, 사용인, 기타의 종업원이 그 법인 또는 개인의 업무에 관하여 제22조의 위반행위를 한 때에는 그 행위자를 벌하는 외에 그 법인이나 개인에 대하여도 동 조의 벌금형을 받게 된다.

▶ 근로기준법과 남녀고용평등법의 벌칙 비교

사 항	근로기준법	남녀고용평등법
남녀의 차별적 대우금지 (근로기준법 제5조)	500만 원 이하의 벌금 (제111조)	
동일가치노동의 동일임금지급 (남녀고용평등법 제8조)		3년 이하의 징역 또는 2,000만 원 이하의 벌금 (제37조 제2항)

2. 위반의 사법적 효력과 입증책임

남녀고용평등법 및 근로기준법 제5조에 위반하여 차별적으로 지급한 임금은 차별적 취급을 한 부분이 무효가 되고(근로기준법 제22조) 근로자는 사용자에게 그 부분의 지급을 청구할 수 있다[191].

그런데 차별임금 여부를 법원에서 다투게 되는 경우 민사소송법상 입증책임의 부담주체가 문제된다. 고용차별과 관련한 분쟁에 있어 그 판단자료가 될 수 있는 인사 및 경영자료 등을 일반적으로 기업이 공개하지 않는다는 점에서 근로자가 그 차별 여부를 입증하는 것은 매우 어렵다. 우리나라에서는 1989년 4월 1일 남녀고용평등법의 제2차 개정시에 "이 법과 관련된 분쟁해결에서의 입증책임은 사용자가 부담한다."는 규정(제19조)을 신설하였고, 2001년 8월 14일 개정시에는 간접차별개념에서 사용자가 적용하는 조건이나 기준이 성차별적 의도가 있는 것이 아니라 직무와 관련하여 정당하게 취해진 것임을 입증해야 할 책임을 부과하였다.

| 임금 외의 금품에 있어서의 차별금지 |

1. 법규정

남녀고용평등법 제9조에 의하면, "사업주는 임금 외에 근로자의 생활을 보조하기 위한 금품의 지급 또는 자금의 융자에 있어서 여성인 것을 이유로 남성과 차별대우를 해서는 안 된다."고 규정하고 있다. 이와 관련해서, 「남녀고용평등업무처리규정」 제5조의2(임금 외의 금품 등) 제1항에서는 "법 제6조의3 규정에서 '임금 외의 금품'이라 함은 근로기준법 제18조의 규정에 의한 임금 외의 일체의 금품을 말한다."고 규정하고 있고, 같은 조 제2항에서는 "법 제6조의3 규정에 의한 임금 외의

---

191) 1993. 4. 9., 대법원 92누15765.

금품지급 등에 있어서의 성차별 행위는 다음과 같다. 1. 여성근로자를 지급대상에서 배제하는 경우, 2. 여성근로자에 대해서만 불리한 조건을 정하거나 제한조건을 부과하는 경우"를 규정하고 있다.

2. 임금 외 금품의 차별 여부

① 차별에 해당하는 경우

예를 들면, 근로의 질·양 등에 관계없이 부여되는 주택수당,[192] 가족수당,[193] 교통수당 및 김장수당 등과 같은 생활보조적 또는 후생적 금품을 지급하거나 지급을 융자함에 있어 남녀간에 지급 여부 및 지급기준을 달리 적용하는 것은 차별대우에 해당된다. 먼저 성차별에 해당하는 경우로서, 가족수당 등을 지급함에 있어, "배우자가 없는 여성근로자", "배우자가 있는 자. 다만 여성근로자는 배우자 불구·폐질인 경우", "배우자가 있는 자. 다만, 여성근로자는 배우자가 생활능력 또는 부양능력이 없는 경우"와 같이 남녀근로자 사이에 지급요건 또는 지급기준 등을 달리하는 경우에는 차별대우에 해당된다.[194] 그리고 임금 외에 근로자의 생활을 보조하기 위한 금품의 지급 또는 자금의 융자에 있어서 여성인 것을 이유로 하는 차별대우도 금지된다.

② 차별에 해당하지 않는 경우

그 다음으로 성차별에 해당하지 않는 경우로서, '배우자가 있는 자'를 가족수당 등의 지급기준으로 하여 성별에 관계없이 이를 지급 여부의 기준으로 하는 경우는 성차별에 해당되지 않는다.[195]

---

192) 1994. 6. 21., 부소 68240-200 ; 1995. 2. 11., 감독 68213-480에서는 "회사에서 직원에게 주택임차 또는 구입자금을 대출하여 주면서 남자사원에게만 적용하고 결혼한 여사원에게는 적용하지 아니하는 것은 남녀고용평등법 위반임과 동시에 근로기준법 제5조 위반이다."라고 행정해석을 하고 있다.
193) 1992. 3. 25., 부소 01254-116.
194) 1992. 3. 6., 부소 68247-62.
195) 1993. 3. 6., 부소 68254-60.

예를 들면, "배우자가 있는 자. 다만 소득수준이 일정수준 이하인 자에 한함", "소득세법상 배우자 공제대상이 되는 경우", "주민등록상 세대주" 등과 같이 일정한 기준에 따라 가족수당을 지급하는 것은 성차별이 아니다.

3. 벌 칙

남녀고용평등법 제10조 임금 외 금품을 차별한 경우(제37조 제2항) 500만 원 이하의 벌금에 해당한다.

모성보호제도와 임금관리

| 산전 · 후 휴가제도와 산전 · 후 휴가수당 |

▶ 근로기준법 관련 규정

종 전	개 정 내 용
제72조【산전 · 후 휴가】① 사용자는 임신중의 여자에 대하여는 산전 · 후를 통하여 60일의 유급보호휴가를 주어야 한다. 다만 유급보호휴가는 산후에 30일 이상 확보되도록 한다. ② 임신중의 여자근로자의 청구가 있는 경우에는 경이한 근로에 전환시켜야 하며, 시간외 근로를 시키지 못한다.	제72조【임산부의 보호】① 사용자는 임신중의 여성에 대하여 산전 · 후를 통하여 90일의 보호휴가를 주어야 한다. 이 경우 휴가기간의 배치는 산후에 45일 이상이 되어야 한다. ② 제1항의 규정에 의한 휴가 중 최초 60일은 유급으로 한다. ③ 사용자는 임신중의 여성근로자에 대하여 시간외 근로를 시키지 못하며, 당해 근로자의 요구가 있는 경우에는 경이한 종류의 근로로 전환시켜야 한다.

종 전	개 정 내 용
● 휴가기간 　– 산전 · 후 휴가 60일 부여 　　(산후 30일 확보) ● 임금 　– 사업주 부담(60일)	– 산전 · 후 휴가 90일로 확대 　(산후 45일 확보) – 최초 60일 유급 – 사업주 부담 60일, 사회분담 30일 〈부칙규정〉 – 제72조 제1항의 개정규정은 2001. 11. 1. 이후 출산하는 근로자로부터 적용

1. 산전 · 후 휴가의 부여

① 취 지

'산전 · 후 휴가제도'라 함은 여성근로자의 건강보호와 태아의 순조로운 발육을 위해서 출산 전에 일정기간 동안 취업을 중단시켜야 할 필요가 있고, 또한 출산 후에 있어서도 임신 · 출산 등으로 인하여 소모된 체력을 회복시키기 위하여 일정기간 휴양이 필요하며 동시에 유아를 보살펴야 할 필요가 있어 산전 · 후를 통하여 최소한의 보호휴가를 주도록 하는 것을 말한다.

② 대 상

임신중인 근로자에게 근로계약의 형태와 관계없이 보장하는 것으로 입양의 경우에는 제외되며, 산전 · 후 휴가는 해당 사업장에 근무하는 근로자에게 부여하는 제도이므로 휴가기간 중 근로계약이 만료되는 경우에 계약만료의 시점에서 산전 · 후 휴가가 종료된다.

③ 기 간

사용자는 여성근로자가 임신한 경우 산전 · 후를 통하여 90일의 유급출산휴가를 부여하여야 한다. 특히, 산후에 45일 이상의 휴가를 확보되도록 해야 한다(제72조 제1항).[196) 197)]

산전 · 후 휴가기간은 강행규정이므로 사업주의 시기변경권이나 근로자의 권리 포기가 인정되지 않고 반드시 산전 · 후를 통하여 분할 없이 90일을 부여하여야 하며, 기간의 배치는 산후에 45일 이상 보장되어야 한다.

이 경우 휴가일수 '90일'의 기간은 90근로일이 아니라 '역일(曆日)'을 기준으로

---

196) 선진국에서는 대체로 12주의 휴가가 보장되며 그 기간중의 생활은 의료보험상의 보험급여에 의하여 보장되는 경향이다.
197) 국가공무원도 산전 · 후 휴가가 90일이다(국가공무원복무규정 제20조).

하여 계산한다. 따라서 산전·후 휴가 기간 중에 주휴일·법정휴일·약정휴일 등이 포함되어 있는 경우에는 이를 휴가일수에서 제외하지 않는다.[198] 이 점에서 연·월차 휴가와 다르다.[199] 다만 노사 당사자간 특약에 의하여 법정휴일 또는 약정휴일을 제외한다고 규정하였다면 그에 따르면 된다.[200] 또한 생리휴가가 겹치는 경우에도 산전·후 휴가가 연장되지 아니한다. 또한 단시간근로자의 산전·후 휴가는 일(日) 단위로 부여되며 휴가기간 90일의 산정은 달력에 의해 산정하되 90일 중에 들어 있는 소정근로일이 실제 유급휴일의 대상이 될 것이다.

④ 소정근로일수의 산정

산전·후 휴가기간은 연(월)차휴가를 산정하기 위한 소정근로일수를 계산함에 있어 그 기간을 '출근한 것으로 보아' 휴가 발생 여부 및 발생일수를 산정한다.

따라서 산전·후 휴가기간 중에 발생한 연·월차유급휴가는 산전·후 휴가가 종료된 후 이를 '적치' 하여 사용할 수 있다. 다만 월의 전부가 산전·후 휴가기간인 경우 당해 월에 대한 월차휴가를 부여하지 않아도 될 것이다. 여기서 월차유급휴가에 대해서는 "연차유급휴가기간을 산정할 때 산전·후 기간을 출근으로 본다."고 한 것을 준용하여 산전·후 기간 중이라도 월차수당을 지급하여야 한다는 하급심 판례가 있다.[201]

---

198) 1987. 7. 28., 근기 01254-12061.
199) 근로기준법 제72조에 의한 산전·후 휴가기간은 법령상 또는 그 성질상 출근한 기간으로 볼 수 있다. 따라서 동 기간 동안 근로자의 근로 제공이 없었다고 하더라도 소정근로일수를 계산함에 있어서는 이를 포함하여야 하고, 소정근로일수를 개근한 근로자에 대해서는 근로기준법에 의한 월차휴가를 부여하여야 한다. 다만 월차유급휴가의 성질에 비추어 산전·후 휴가의 사용으로 인하여 특정월의 전부를 출근하지 않은 경우 또는 특정 월의 소정근로일수를 개근하지 않은 경우에는 당해 월의 월차유급휴가를 부여하지 않더라도 법 위반은 아닌 것으로 판단된다(1999. 6.19., 근기 68207-1397).
200) 2000. 8.10., 근기 68207-2385.
201) 1993. 5. 7., 서울민지판 92나27668

⑤ 출산 후 45일의 확보

출산휴가는 분만예정일을 참작하여 근로자 본인이 개시일을 지정(청구)함으로써 실현되며, 산후에는 별도의 청구가 없더라도 45일 이상 당연히 근로제공의무가 면제된다. 다만 출산이 예상과 달리 지연되어 출산 당일까지 이미 45일 이상의 휴가를 사용한 경우에도 출산 후 45일의 유급휴가를 주어야 한다.

즉 산전에 휴가를 받은 근로자가 분만예정일보다 늦게 출산함으로써 산전에 45일을 초과하여 출산 후의 휴가기간이 실제 45일이 확보가 안 되는 경우에도 최소 산후 45일의 보호휴가를 의무적으로 주어야 하고, 이 경우 산전·후 휴가의 총 기간이 90일을 초과할 수도 있으나 유급휴가일이 산전·후를 통산하여 90일이 초과되어야 하는 것은 아니므로 90일이 초과하는 휴가일수에 대하여는 무급(無給)으로 처리하여도 근로기준법 제72조 위반은 아니다.[202] 다만 이 경우 산전 45일을 초과한 부분에 대해서는 단체협약과 취업규칙 등에 별도로 정한 바가 있다면 무급으로 그에 따르면 된다.[203]

⑥ 산전·후 휴가의 단축사용

일부 사업장에서 근로자가 90일의 휴가를 단축하여 사용하겠다는 경우 어떻게 해야 하는가에 대한 질의가 있지만, 근로자의 요구가 있다고 하여 90일 미만의 산전·후 휴가를 부여하는 것은 법 제72조 제1항에 위반된다.

다만 출산휴가를 받을 수 있는 자가 60일 이내의 유급휴가만 사용한 경우에는 그 부족한 일수에 휴가근로를 한 것으로 보아야 하고, 따라서 유급으로 당연히 지급되는 통상임금(출산휴가수당)과 당해 유급휴가일의 근로에 대한 소정의 임금을 지급하여야 한다.

---

202) 1991.4.9., 근기 01254-4937.
203) 1997. 9. 11., 부소 68240-203.

⑦ 유 · 사산, 조산시의 휴가

유 · 사산, 조산의 경우에는 근로기준법 제72조 제1항에서 규정된 내용 중 '산
(産)'의 범위에는 정상적인 만기출산뿐만 아니라 임신 4개월 이후(이 때 4개월의 의
미는 1개월을 28일로 계산한 85일 이상을 의미함)에 유산, 조산하는 경우까지 포함되는
것이기 때문에 출산휴가는 그 취지로 보아 임신 8개월(1개월을 28일로 계산하여 197
일) 이후의 분만(순산이든 사산이든)에 대하여 부여되는 것이라 해석된다.[204] 따라서
임신 4개월(1개월을 28일로 계산하여 84일 다음 85일) 이후 7개월 사이의 조산, 사산
한 경우에는 출산휴가를 부여하지 않아도 되지만 출산 후 45일의 유급휴가는 확보
되어야 한다고 해석된다.[205]

2. 산전 · 후 휴가기간 중의 임금지급

① 최초 60일에 대한 수당지급

사용자는 법 개정에 따라 90일의 휴가를 부여하여야 하나, 이 중 유급으로 주어
야 하는 기간은 최초 60일에 한한다(제72조 제2항). 따라서 최종 30일분에 대해서는
사용자는 동 기간중의 임금을 지급할 의무가 없다. 산전 · 후 휴가기간은 평소의 임
금을 상실하지 않으며 휴식을 보장받도록 하여야 하지만, 종전보다 늘어난 30일만
큼의 사업주 부담가중을 덜어주기 위하여 휴가기간 90일 중 종전 유급휴가로 보장
하던 최초 60일간 사용자가 급여를 지급하도록 한 것이다. 이로서 산전 · 후 휴가기
간 중 60일분의 임금은 종전과 같이 사용자가 취업규칙, 단체협약 등에서 정한 바
가 없을 경우에는 '통상임금'을 지급하여야 한다. 다만 '단시간근로자'의 유급임금
은 산전 · 후 휴가일수에 '일급' 통상임금을 곱한 금액이 된다.

---

204) 노동부 근로여성정책국, 모성보호법 관련 해설자료, 2001. 10. 참조 ; 2002. 9. 11., 평정 68240-180.
205) 1991.5.7., 근기 01254-6425

② 고용보험에 의한 30일분 지급

늘어난 30일분 통상임금 상당액인 임금은 '고용보험법'에 의하여 지급하도록 되어 있다. '고용보험' 피보험가입기간이 산전·후 휴가 종료일 전까지 180일 이상 되는 근로자에게 지급하되, 산전·후 휴가가 종료된 날부터 6개월 이내에 신청하여야 한다(고용보험법 제55조의7). 고용보험법에 의한 산전·후 휴가급여는 산전·후 휴가기간 중 60일을 초과한 일수(30일 한도)에 대하여 근로기준법상 통상임금을 지급하되, 상한액과 하한액을 시행령에서 정하여 지급할 수 있도록 한다(고용보험법 제55조의8).

이에 최고 135만 원 범위 내에서 본인의 통상임금을 고용보험에서 지급받을 수 있다. 고용보험 피보험자격이 없거나 기간이 미달한 자는 고용보험에서 산전·후 휴가급여를 받을 수 있으므로 무급휴가 처리하여도 법에 저촉되지 아니한다.

3. 근로제공의무의 경감 등 모성보호

① 시간외 근로의 금지

사용자는 임신중인 여성근로자에 대하여 '시간외 근로'를 시켜서는 아니 된다(제72조 제3항 전단). 이는 시간외 근로로 임신중의 근로자에게 과중한 신체적·정신적 부담을 주는 것을 방지하여 산모 및 태아를 보호하기 위한 것이다.

또한 임신중인 여성근로자에 대해서는 현행법의 '탄력적 근로시간제'를 실시할 수 없다.

② 경이한 근로로의 전환

'임신중인 여성근로자'의 청구가 있는 경우에는 경이한 업무에 전환시켜야 한다(제72조 제3항 후단).

근로기준법은 '경이한 업무'의 내용에 대해서는 아무런 규정도 두지 않고 있으므로 '경이한 근로'의 여부는 사회통념(社會通念)에 따라 구체적으로 판단할 수 있는 것인데, 대체로 임신중의 여자 본인이 그 신체적 조건에서 감당할 수 있는 업무, 즉 수행하기에 신체적·정신적으로 보다 수월하고 용이한 업무로서 당해 근로자가 원칙적으로 청구한 업무를 말한다.

③ 해고 등의 제한

'산전·후 유급 휴가기간 중의 여성근로자'에 대하여는 '해고'가 제한된다(근로기준법 제30조 제2항). 천재 지변, 기타 부득이한 사유로 인하여 사업계속이 불가능한 경우로서 노동부장관의 인정을 받은 경우를 제외하고는 산전·산후의 휴직기간과 그 후의 30일 동안에는 여성근로자를 해고할 수 없다(위반시 5년 이하의 징역이나 3,000만 원 이하의 벌금 ; 근로기준법 제110조).

또한 근로계약 체결시 퇴직사유의 제한에 대해서 사업주는 임신·출산 등의 사유로 합리적인 이유 없이 채용 또는 근로의 조건을 달리 할 수 없으며, 특히 근로자에게 가장 강력한 불리한 처우인 해고와 다름없는 부당한 퇴직으로부터 임산부를 보호하기 위하여 명문으로 금지규정을 두고 있다(위반시 5년 이하의 징역 또는 3,000만 원 이하의 벌금 ; 남녀고용평등법 제11조, 제37조).[206]

4. 법적용 사업장 및 벌칙규정

1인 이상 전 사업장에 적용한다. 산전·후 휴가 관련 규정은 2001년 11월 1일 이후에 출산하는 근로자부터 적용하고 있으며(근로기준법 부칙 제2항), 동 규정을 위반할 경우 근로기준법 제72조 및 제113조 제1호에 따라 2년 이하의 징역 또는 1,000만 원 이하의 벌금에 처한다.[207]

---

206) 2002. 7. 13., 평정 68240-84.
207) 2002. 7. 23., 평정 68240-102.

육아휴직제도와 육아휴직급여

1. 남녀고용평등법 관련 규정(2001. 8. 14. 전면 개정)

종 전	개 정 내 용
제11조【육아휴직】① 사업주는 생후 1년 미만의 영아를 가진 근로여성 또는 그를 대신한 배우자인 근로자가 그 영아의 양육을 위하여 휴직을 신청하는 경우에 이를 허용하여야 한다. 다만 대통령령이 정하는 경우에는 그러하지 아니하다. ② 제1항의 규정에 의한 육아휴직기간은 1년 이내로 하되, 당해 영아가 생후 1년이 되는 날을 경과할 수 없다. ③ 사업주는 제1항에 규정한 육아휴직을 이유로 불리한 처우를 해서는 아니 되며, 제2항의 육아휴직 기간은 근속기간에 포함한다. ④ 육아휴직의 신청방법·신청절차, 기타 필요한 사항은 대통령령으로 정한다.	제19조【육아휴직】① 사업주는 생후 1년 미만의 영아를 가진 근로자가 그 영아의 양육을 위하여 휴직(이하 "육아휴직"이라 한다)을 신청하는 경우에 이를 허용하여야 한다. 다만 대통령령으로 정하는 경우에는 그러하지 아니하다. ② 제1항의 규정에 의한 육아휴직기간은 1년 이내로 하되, 당해 영아가 생후 1년이 되는 날을 경과할 수 없다. ③ 사업주는 제1항의 규정에 의한 육아휴직을 이유로 해고·기타 불리한 처우를 해서는 아니 되며, <u>육아휴직기간 동안은 당해 근로자를 해고하지 못한다.</u> 다만 사업을 계속할 수 없는 경우는 그러하지 아니하다. ④ 사업주는 제1항의 규정에 의한 육아휴직 종료 후에는 <u>휴직 전과 동일한 업무 또는 동등한 수준의 임금을 지급하는 직무에 복귀</u>시켜야 한다. 또한 제2항의 육아휴직기간은 근속기간에 포함한다. ⑤ 육아휴직의 신청방법, 신청절차, 기타 필요한 사항은 대통령령으로 정한다. 제20조【직장과 가정생활의 양립 지원】① 국가는 사업주가 근로자에게 제19조의 규정에 의한 육아휴직을 부여한 경우 당해 근로자의 생계비용과 사업주의 고용유지비용의 일부를 지원할 수 있다. ② 제1항의 규정에 의한 비용의 지원요건, 지원절차, 기타 필요한 사항은 따로 법률로 정한다.

영 제5조 【육아휴직의 적용 제외】 법 제19조 제1항 단서의 규정에 의하여 사업주가 육아휴직을 허용하지 아니할 수 있는 경우는 다음 각 호와 같다. 〈개정〉

1. 육아휴직을 개시하고자 하는 날 이전에 당해 사업에서의 계속 근로기간이 1년 미만인 근로자
2. 동일한 영아에 대하여 배우자가 육아휴직(다른 법령에 의한 육아휴직을 포함한다)중인 근로자
3. 동일한 영아에 대하여 육아휴직을 한 적이 있는 근로자. 다만 배우자의 사망·부상·질병 및 신체적·정신적인 장애 또는 이혼 등으로 인하여 당해 영아의 양육이 곤란하게 된 경우에는 그러하지 아니하다.

▶ 해 설

항 목	원 칙	원 칙
대상	1세 미만의 영아를 가진 근로자 (남녀 불문)	당해 사업장 1년 이상 근무를 요함
기간	1년 이내 (영아가 만 1세가 되기 전까지)	부모의 분할사용 외 원칙적 분할사용 불가
신분보장	• 육아휴직을 이유로 한 해고, 기타 불이익 처우 금지 및 육아휴직기간중 해고 금지 • 휴직종료 후 휴직 전과 동일한 또는 동등한 수준의 임금을 지급하는 업무로의 복귀 • 육아휴직기간은 근속기간에 포함	• 위반시 3년 이하의 징역 또는 2,000만 원 이하의 벌금 • 위반시 500만 원 이하의 벌금 • 위반시 500만 원 이하의 벌금
지원제도	• 근로자에게 육아휴직급여지원 • 사용주에게 육아휴직장려금지원	고용보험법에 의한 수급자격·절차 참고

2. 육아휴직제도의 강화

① 의 의

'육아휴직제도'라 함은 근로자가 육아로 인해 퇴직하는 것을 방지하고 직장생활과 가정생활을 조화롭게 양립할 수 있도록 지원하는 제도로서 1세 미만의 영아를 가진 남녀근로자가 그 영아의 양육을 위해 휴직할 수 있도록 한 것을 말한다.

② 대 상

1세 미만의 영아(직접 출산뿐만 아니라 입양이나 대리모의 경우 포함)를 가진 당해 사업장에서 1년 이상 근무한 근로자이며, 동일한 영아에 대해 육아휴직을 한 적이 있거나 배우자가 육아휴직 중인 경우 육아휴직을 신청할 수 없다.

다만 배우자의 사망·부상·질병 및 신체적·정신적인 장애 또는 이혼으로 인해 당해 영아의 양육이 곤란하게 된 경우에는 육아휴직을 한 적이 있는 근로자도 신청할 수 있다(위반시 육아휴직을 허용하지 않은 경우 500만 원 이하의 벌금 ; 남녀고용평등법 제37조 제3항).

생후 1년 미만의 영아를 가진 근로자가 신청하면 사업주는 반드시 허용하여야 하는 제도로서 부부가 모두 근로자일 경우 2인이 동일 사업장에 종사하느냐 여부와 관계없이 둘 중 1인만 사용할 수 있다. 단, 다음 각호에 해당하는 경우 신청자격이 없다.

- 당해 사업에서 계속근로기간 1년 미만인 경우('계속근로기간'이란 근로계약기간과 관계없이 사실상 계속근로기간이므로 근로기준법상 계속근로 여부 판단과 동일함)
- 배우자가 이미 육아휴직중인 경우
- 동일 영아에 대하여 육아휴직을 한 적이 있는 경우(다만 배우자가 없거나 양육이 불가능한 경우 제외)

③ 기간 및 사용방법

휴직기간은 최장 1년으로 하되, 당해 영아가 생후 1년이 되는 날을 경과할 수 없다(제19조 제2항). 이로 인하여 육아휴직을 사용할 수 있는 최장기간은 남성이 출산일부터 휴직을 개시할 경우에는 1년, 출산한 여성이 육아휴직을 할 경우는 산후 45일을 제외한 10.5개월로 하고 있다.

동일 근로자의 분할 사용은 금지하나, 부부가 근로자인 경우 육아휴직기간 1년 범위 내에서 나누어 사용할 수 있다.

④ 육아휴직 등을 이유로 한 해고 금지

종 전	개 정 내 용
육아휴직기간 중 해고금지규정 없음	육아휴직기간 중 해고금지 규정 신설(제19조 제3항)

육아휴직기간 중에는 '해고'가 금지된다. 이 규정은 근로기준법 제30조 제2항의 규정에 의한 산전·후 휴가 및 산재요양 중인 자의 절대해고 금지의 취지를 반영한 것으로 장기간의 휴직중 근로자가 실직의 위협으로부터 벗어나 안정적으로 영아의 정신적·육체적 건강한 발육을 도모할 수 있도록 하는 취지이다(제19조 제3항 1문 전반. 위반시 3년 이하의 징역 또는 2,000만 원 이하의 벌금 ; 남녀고용평등법 제37조 제2항). 따라서 육아휴직기간에는 합리적인 해고사유가 있더라도 휴직종료 전에는 해고할 수 없다. 예외적으로 사업주가 사업을 계속할 수 없는 경우에는 해고가 불가피하다. 다만 산전·후 휴가와는 달리 휴직 종료 후 30일 제한은 없다.

또한 육아휴직을 이유로 한 '불이익 처우'는 금지된다(제19조 제3항 1문 후반). 이 규정은 근로자에게 육아휴직을 이유로 한 불리한 처우를 금지하여 고용 불안을 막아 제도의 실효성을 확보하려고 한 것이다. 예외적으로 사업주가 사업을 계속할 수 없는 경우에는 불리한 처우가 불가피할 것이다(제19조 제3항 단서. 위반시 3년 이하의 징역 또는 2,000만 원 이하의 벌금 ; 남녀고용평등법 제37조 제2항).

⑤ 육아휴직 후 직무복귀

육아휴직 종료 후에는 휴직 전과 동일한 업무 또는 동등한 수준의 임금이 지급되는 직무에 복귀시켜야 한다(제19조 제4항 전단). 이 규정은 육아휴직 후 직무복귀를 법으로 보장함으로써 근로자가 안정된 신분에서 육아휴직을 할 수 있도록 하는 취지이다.

⑥ 육아휴직과 근속연수

육아휴직기간은 근속기간에 포함시키도록 하였으므로 근속기간과 관련 있는 호봉승급, 퇴직금계산 등에서는 반드시 포함시켜 산정되어야 한다(제19조 제4항 후단. 위반시 500만 원 이하의 벌금 ; 남녀고용평등법 제37조 제3항).

육아휴직기간은 근로계약관계는 유지되면서 법률상 정당하게 근로제공 · 보수지급의무가 정지된 상태이므로 결근한 것으로 볼 수 없으며, 육아휴직을 이유로 불리한 처우를 금지하고 있으므로 연(월)차 휴가일수 산정시 육아휴직을 한 근로자에게도 보장하고자 한다. 다만 해당 기간 전부가 육아휴직기간인 경우 연차(월차)휴가는 부여하지 않아도 될 것이다.

2. 육아휴직급여의 지급

법 제20조 【직장과 가정생활의 양립 지원】① 국가는 사업주가 근로자에게 제19조의 규정에 의한 육아휴직을 부여한 경우 당해 근로자의 생계비용과 사업주의 고용유지비용의 일부를 지원할 수 있다. 〈신설〉
② 제1항의 규정에 의한 비용의 지원요건, 지원절차 기타 필요한 사항은 따로 법률로 정한다.

현행 육아휴직은 '무급' 휴직으로서 사업주에게 급여지급의무가 없기 때문에 휴직중인 근로자의 생계안정을 지원하여 근로자가 마음놓고 유아의 양육에 전념할 수 있도록 하기 위하여 육아휴직급여를 지급하되, 그 지원 수준·절차 등은 제도를 운영할 '사회보험(고용보험법)'에서 따로 정하도록 하였다.

그리고 고용보험법(제55조의2)상 '육아휴직 급여의 지급 조건'은 다음과 같다.

* 육아휴직 개시일 이전에 피보험 단위기간 180일 이상일 것
* 육아휴직을 30일 이상 부여 받을 것(산전·후 휴가기간은 제외)
* 육아휴직 개시일 이후 1개월부터 종료일 이후 6개월 이내에 신청
* 천재 지변, 본인의 질병 및 부상 등 대통령령이 정하는 경우 예외 인정
   - 2001. 11. 1. 이후 육아휴직을 개시한 자부터 적용
   - 매월 30만 원, 월별로 신청, 휴직기간 중 1개월 미만의 기간은 일할 계산

① 육아휴직의 신청 및 철회 등

육아휴직을 개시하고자 하는 날의 30일 전까지 신청하는 것을 원칙으로 하되, 부득이한 경우 7일 전까지 신청할 수 있다.

또한 육아휴직을 신청한 후 개시 전에 부득이한 사유로 육아휴직을 할 필요가 없게 된 경우 육아휴직을 철회할 수 있도록 하고, 그 육아휴직 신청은 없었던 것으로 보는 제도로서, 근로자 입장에서 휴직이 필요 없게 되었음에도 불구하고 휴직을 하게 되는 불합리한 결과를 방지하고 있다.

한편 육아휴직은 휴직개시 당시 명시한 휴직 종료일에 종료되며 사업주는 그 시기를 예측하여 복직에 필요한 절차를 준비하여야 하며, 육아휴직 중인 근로자가 산전·후 휴가나 새로운 육아휴직을 개시하는 경우에 그 휴가 또는 휴직의 개시일 전날 육아휴직을 종료한다(시행령 제9조 제4항).

② **벌칙규정**

사용자가 육아휴직신청을 받아들이지 않거나 육아휴직이 종료된 후 원직복귀 등을 행하지 않으면 500만 원 이하의 벌금, 육아휴직을 이유로 감봉·해고 등의 불이익 조치를 행하면 3년 이하의 징역 또는 2,000만 원 이하의 벌금에 처한다고 규정하고 있다(제37조).

| 유급수유시간 |

1. 관련 규정

종　　　전	현행 내용
-	제73조【육아시간】 생후 1년 미만의 유아를 가진 여성근로자의 청구가 있는 경우에는 1일 2회 각각 30분 이상의 유급수유시간을 주어야 한다. 〈개정 2001. 8. 14.〉

2. 주요 내용

육아시간은 수유시간과 함께 생후 1년 미만의 유아를 가진 여성근로자의 청구가 있는 경우에는 1일 2회 각각 30분 이상의 유급수유시간을 주어야 한다(제73조. 위반 시 2년 이하의 징역 또는 1,000만 원 이하의 벌금 : 제113조 제1항).

직접 출산이나 혼인 유무를 불문하고 생후 1년 미만의 유아를 가진 여성근로자가 사업주에게 청구하여 1일 2회 각각 30분 이상의 유급수유시간을 사용할 수 있다. 여기서 '유아'는 반드시 그 여성근로자가 출산한 아이에 한정되지 않고 여성근로자의 기혼, 미혼 여부도 불문한다.

육아시간은 제53조에서 정한 '휴게시간' 으로 볼 수 없으며, 육아시간의 활용방법은 노사가 합의하여 출·퇴근 시간을 조정하여 활용할 수 있을 것이다. '1일 2회 각각 30분 이상' 으로 규정되어 있지만, 이는 1일 8시간 근로를 전제하는 것이므로 예컨대 1일 4시간 근로를 하는 경우에는 1회만 부여하여도 무관하다.

'수유시간' 은 반드시 수유 목적으로만 사용하여야 하는 것은 아니고 유아를 보살피려는 목적으로 사용하면 충분하다. 또한 육아시간은 본인의 청구를 전제로 부여된다. 따라서 여성근로자가 청구하면 원칙적으로 주어야 하며, 사용자가 임의로 수유시간을 변경할 수는 없을 것이다.

3. 벌칙규정

위의 위반시에는 벌칙규정이 적용되는데, 근로기준법 제73조 및 제113조 규정에 의거 2년 이하의 징역 또는 1,000만 원 이하의 벌금에 처하도록 하고 있다.

| 생리휴가 |

1. 근로기준법 관련 규정

종　　전	현 행 내 용
제71조【생리휴가】사용자는 여성인 근로자에 대하여 월 1일의 유급생리휴가를 주어야 한다. 〈개정 2001. 8. 14.〉	제71조【생리휴가】사용자는 여성인 근로자에 대하여 월 1일의 생리휴가를 주어야 한다. 〈개정 2003. 8. 14.〉

우리나라의 생리휴가제도는 근로기준법의 제정시(1953. 5. 10.)부터 명문화되어 유급생리휴가로 운영되다가 주 40시간제 법안 도입시 무급화하였다. 생리휴가는

여성들이 여성의 고유한 신체적 특성인 생리기간에 무리한 취업을 함으로써 모성건강을 해치는 일을 방지하고 휴식과 안정을 취하도록 생리기간중에 휴가를 부여하는 제도를 말한다.

2. 주요 내용

① 부여대상

근로기준법상의 근로자라면 근로형태나 근로자의 종류와 관계없이 부여요건을 충족하고 예외 인정 대상이 아닌 경우에는 생리휴가를 부여하여야 한다. 여성인 '단시간근로자'(주당 근로시간이 15시간 이상)에 대하여 생리휴가를 주어야 한다(제71조). 여성인 '파견근로자'에 대해서는 '사용사업주'가 부여 의무자이고, '파견사업주'는 임금지급자가 된다.

② 연령과 생리휴가

생리휴가제도의 성질상 연령과 관계없이 사실상 생리를 하고 있는 여성근로자에게 부여하는 것이며 여성근로자의 청구와는 관계없이 발생한다. 그런데 생리를 가진 여성에게만 적용되고 고령 등으로 생리가 없는 자에게는 적용되지 않는다.[208]

그리고 연령상 생리현상이 없을 것으로 판단되는 여성근로자의 생리사실 유무의 입증책임은 휴가부여 의무면제를 주장하는 '사용자'에게 있다.[209]

③ 생리현상이 없는 자

임신중의 여자는 생리가 일시적으로 중단되므로 생리휴가를 줄 필요가 없다는 것이 행정해석 및 판례의 입장이다.[210]

그러나 생리현상이 없음(임신중, 폐경, 자궁제거 등)에도 불구하고 임산부 등이 부

---

208) 1990. 10. 12., 근기 01254-1418.
209) 1989. 11. 7., 근기 01254-15552 ; 1991. 1. 23., 근기 01254-986.

당하게 생리휴가를 사용한 경우 동 휴가에 대하여 지급된 임금은 과오납(過誤納) 임금의 '사후 회수 원칙'에 따라 반환 등 조치를 할 수 있을 것이나, 이를 당사자와 사전 협의를 거쳐 근로자가 현재까지 사용하지 아니한 연차휴가로 대체하는 것도 원만한 노사관계 형성을 위해 할 수 있을 것이다.[211]

④ 사전통고 및 대체부여

생리휴가는 근로일에 근로제공의무를 면하는 휴가이므로 근로자가 휴가일을 지정(통지)하여야 하고, 휴가일을 1월에 1일 지정하는 이상 휴가를 부여하여야 한다. 생리휴가는 소정근로일수의 개근과 관계없이 여성에게 특수한 생리 현상에 기초하여 주어지는 것이므로 당해 월의 소정근로일수의 개근 여부, 일용근로자, 임시직근로자, 격일제 근로, 주5일 근로제 등 고용형태 및 근로형태와 관계없이 부여하여야 한다. 다만 사전 또는 사후에 근로자가 통지하지 않으면 생리휴가로 인정되지 않고 '결근'으로 처리된다.[212] 즉 여성근로자가 사전통지 없이 생리휴가를 사용하고, 사후에 통지한 경우에 대해서는 이론이 있으나, 생리휴가일 당일까지 통지를 하지 않고 있다가 무단결근하고서 나중에 생리휴가로 대체할 것을 통보하는 것은 '권리남용'이라고 할 수 있다. 생리휴가는 연월차 휴가와 달리 적치하여 사용할 수 없으며 그 달이 지나면 소멸한다.[213]

3. 벌칙적용

벌칙적용은 위반시 500만 원 이하의 벌금에 처하도록 되어 있다(제115조).

---

210) 1989. 10. 31., 근기 01254-15552 ; 1993. 5. 7., 서울민지판 92나27668. 그러나 이병태는 생리가 일시 중단되어 있더라도 모성보호를 이유로 생리휴가를 주어야 한다고 본다. 또한 임신중에는 비록 생리는 없지만 건강진단 등을 비롯한 모성보호를 위하여 생리휴가를 주는 것이 타당하다는 견해도 있다(민법 『변호사가 풀어주는 노동법 Ⅰ』. p. 363).
211) 1999. 6. 16., 여원 68247-163.
212) 1991.3.27., 대법원 90다15631.
213) 1998. 12.29., 부소 68240-300.

제 12 장 비정규직 임금관리와 법률문제

비정규직의 고용 현황 [214]

1997년 말부터 진행된 경제위기를 극복하는 약 3여 년에 걸친 과정에서 노동시장에 나타난 가장 뚜렷한 현상 중의 하나는 '노동시장의 비정규화'라고 할 수 있다. 최근 통계를 인용하여 현황을 소개한다.

| 비정규직 규모의 증가 |

1. 여성을 중심으로 한 노동시장 비정규화

최근 5년간의 전체 임금근로자의 성별 종사상 지위의 분포는 다음 표에 나타나 있다. 2000년 6월 현재 상용직 근로자의 비중은 1996년 같은 월의 56.6%(7,374천 명)에서 9.5% 하락한 47.1%(6,256천 명)를 보이고 있다.

▶ 종사상 지위별 비중 추이

(단위 : %)

		1996	1997	1998	1999	2000
전 체	상 용	56.6	54.3	53.2	47.8	47.1
	임 시	29.4	31.0	32.7	33.0	34.4
	일 용	14.0	14.7	14.1	19.2	18.5
남 자	상 용	66.2	64.7	65.1	59.5	58.9
	임 시	20.9	22.2	23.1	25.0	26.4
	일 용	12.4	13.1	11.9	15.5	14.7
여 자	상 용	40.7	38.2	34.2	30.1	29.8
	임 시	42.8	44.6	48.1	45.0	46.2
	일 용	16.5	17.1	17.7	24.9	24.0

자료) 통계청 : 『경제활동인구조사』. 각 연도 6월 원자료.

이러한 변화는 임시직 근로자의 비중이 29.4%(3,853천 명)에서 34.4%(4,561천 명)로 5.0% 상승하고, 일용직 근로자의 비중이 14.0%(1,839천 명)에서 18.5%(2,452천 명)로 4.5% 상승한 것으로 분석될 수 있다. 상대적으로 일용직을 중심으로 노동시장의 비정규화가 진행되었음을 알 수 있다.

2. 청소년층과 고령층을 중심으로 한 비정규근로의 확산

4개 연령층에 대한 최근 5년간의 종사상 지위별 분포를 보면 청소년층의 상용직 근로자 비중이 1996년 51.6%에서 2000년 35.3%로 16.3%나 격감하였으며, 고령층의 경우 1996년 이미 37.1%의 낮은 비중을 보였으며 2000년에는 약 10% 하락한 26.3%에 불과하여 최근의 경제위기가 노동시장의 비정규화에 미친 영향은 청소년층과 고령층에 집중되었다고 볼 수 있다.

▶ 연령대별 종사상 지위별 비중 추이

(단위 : %)

		1996	1997	1998	1999	2000
15~24세	상 용	51.6	48.5	43.1	35.4	35.3
	임 시	42.2	42.8	46.4	48.0	48.3
	일 용	6.2	8.7	10.5	16.6	16.4
25~39세	상 용	62.8	60.7	58.6	53.5	53.8
	임 시	26.6	29.4	31.2	32.3	34.2
	일 용	10.6	10.6	10.2	14.2	12.0
40~54세	상 용	55.3	53.7	54.3	50.4	48.7
	임 시	25.7	26.8	27.2	26.1	28.5
	일 용	19.0	19.5	18.5	23.5	22.8
55세 이상	상 용	37.1	37.9	35.7	29.6	26.3
	임 시	30.5	31.2	37.2	35.8	35.3
	일 용	31.4	30.9	27.1	34.6	38.4

자료) 통계청 : 『경제활동인구조사』. 각 연도 6월 원자료.

---

214) 노동부의 용역으로 한국노동연구원이 2002년 6월 급여계산기간 동안 1,283천 개소의 사업장을 대상으로 실시한 비정규근로자의 근로실태조사의 연구분석 결과를 요약하여 인용함.

3. 저학력을 중심으로 비정규화

노동시장의 비정규화는 학력수준과의 관계에 있어 고학력일수록 정규근로를 유지할 가능성이 높은 반면, 저학력은 비정규근로로 근로할 확률이 높은 것으로 조사되었다.

▶ 학력수준별 종사상 지위별 비중 추이

(단위 : %)

		1996	1997	1998	1999	2000
고졸 미만	상 용	31.0	29.6	25.1	21.7	21.3
	임 시	38.1	39.3	43.0	38.5	39.8
	일 용	30.9	31.2	31.9	39.8	38.9
고졸	상 용	57.6	55.0	51.1	45.6	44.7
	임 시	32.2	33.9	36.8	37.2	39.3
	일 용	10.2	11.1	12.1	17.2	16.0
대졸 미만	상 용	55.7	54.7	45.4	39.3	36.9
	임 시	32.3	31.6	36.1	38.4	41.0
	일 용	12.1	13.7	18.5	22.3	22.1
초대졸	상 용	75.2	73.5	68.5	62.4	62.3
	임 시	22.0	23.5	28.2	29.7	30.5
	일 용	2.8	3.0	3.3	7.9	7.2
대졸 이상	상 용	88.6	85.6	83.9	79.1	79.6
	임 시	10.3	13.2	14.6	18.2	18.0
	일 용	1.0	1.3	1.5	2.7	2.4

자료) 통계청 :『경제활동인구조사』. 각 연도 6월 원자료.

| 비정규근로자의 분포 |

1. 고용형태별

비정규근로의 다양한 고용형태별 분포를 보면, 일용근로가 27%로 주종을 이루며 단기계약근로의 비중도 25%로 높게 나타나고 있고 시간제근로는 18%, 용역근로는 16%, 독립도급근로는 9%를 차지하고 있다.

▶ 비정규근로자의 고용형태별 분포

(단위 : 천 명, %)

	전 체	시간제	단기계약	일용근로	일시대체	용역근로	파견근로	재택가내	독립도급
전 체	1,360	18.3	25.0	26.8	1.0	16.0	3.7	0.3	9.0
성 별									
남 자	643	12.4	25.2	34.4	0.9	18.2	3.5	0.3	5.2
여 자	717	23.5	24.8	20.0	1.1	14.0	3.8	0.4	12.4
교육수준별									
중졸이하	285	8.2	19.8	36.3	0.7	29.4	1.8	0.2	3.6
고 졸	704	18.5	22.4	27.5	1.1	15.2	3.9	0.3	11.1
초대졸	133	21.2	37.0	15.0	1.3	8.7	8.3	0.4	8.2
대졸이상	164	26.5	42.9	8.6	1.0	4.3	3.8	0.5	12.4
미 상	74	31.0	7.9	45.1	0.5	10.7	1.0	0.5	3.4

자료) 통계청 : 『경제활동인구조사』. 각 연도 6월 원자료.

여성의 경우 상대적으로 시간제근로와 독립도급근로에 치중하며, 남성은 일용근로와 용역근로의 저학력일수록 일용근로와 용역근로의 비중이 높게 나타나며 고학력일수록 단기계약근로와 시간제근로에 치중되어 있다.

2. 산업별

산업별로 보면 제조업이 약 20%, 서비스업 중 비정규근로자를 많이 사용하는 산업은 도매 및 소매업(약 17%), 숙박 및 음식업(약 13%), 금융 및 보험업(약 12%)의 순이다. 산업별로 볼 때 비정규근로자 중 남성의 비중이 높은 산업은 건설업(94%), 운수업(76%) · 부동산 및 임대업(69%) 등이며, 여성의 비중이 높은 산업은 숙박 및 음식업(78%) · 금융 및 보험업(73%) · 보건사회복지사업(70%) · 교육서비스업(64%) 등이다.

3. 사업체 규모별

비정규근로자는 상대적으로 사업체규모가 작은 사업장에 종사하는 비중이 높은 편이어서, 1~4인 영세사업체가 27%를 차지하는 반면 300인 이상 대규모 사업체는 약 7%를 차지하고 있다.

▶ 비정규근로자의 사업체 규모별 분포

(단위 : 천 명, %)

	전 체		남 성		여 성	
전 체	1,360	(100.0)	643	(100.0)	717	(100.0)
0인	181	(13.3)	72	(11.3)	109	(15.1)
1 ~ 4인	362	(26.7)	149	(23.1)	214	(29.8)
5 ~ 9인	171	(12.5)	97	(15.1)	73	(10.2)
10 ~ 29인	243	(17.9)	126	(19.6)	117	(16.4)
30 ~ 99인	193	(14.2)	93	(14.5)	100	(13.9)
100 ~ 299인	108	(7.9)	60	(9.4)	48	(6.7)
300 ~ 499인	33	(2.4)	17	(2.6)	17	(2.3)
500인 이상	68	(5.0)	28	(4.4)	40	(5.6)

주 : ( ) 안의 숫자는 해당 근로자 대비 비중.

| 비정규근로자의 임금수준 |

1. 월평균 정기급여

비정규근로자의 월평균 정기급여(정액급여와 초과급여)는 916,000원으로 비정규 근로자의 경우 특별급여의 적용률(33%)과 지급액(17,000원)이 낮음에 따라 임금총 액은 933,000원으로 조사되었다.

비정규근로자의 월평균 정기급여를 고용형태별로 살펴보면 월평균 정기급여는 시간제근로자가 568,000원으로 가장 적고, 독립도급종사자가 1,617,000원으로 가 장 많게 나타나고 있으며 50만 원 미만의 저임금근로자의 비중은 약 22%로 나타 났다.

시간제근로자의 경우 월평균 정기급여가 가장 낮은데, 이는 근로시간이 다른 유 형의 비정규근로자에 비하여 상대적으로 짧은데 크게 기인하며 50만 원 미만을 받 는 근로자의 비중은 52%에 이르는 것으로 나타났다.

▶ 고용형태별 비정규근로자의 정기급여

(단위 : 천 명, %, 천 원/월)

	전체	~50만	50~100만	100~150만	150만~	평 균
전 체	1,360	22.1	46.8	19.8	11.3	916
고용형태						
시간제	248	51.8	39.9	5.3	3.0	568
단기계약	339	7.0	50.8	29.2	13.0	1,052
일용근로	364	27.0	44.2	19.7	9.2	831
일시대체	14	22.2	53.6	18.9	5.3	805
용역근로	217	13.8	62.5	18.0	5.7	834
파견근로	50	7.1	52.7	31.5	8.7	993
재택가내	4	8.1	60.7	20.2	11.0	1,011
독립도급	122	11.2	25.8	21.8	41.2	1,617

2. 근로시간

2002년 6월 현재 민간 전 산업의 비정규근로자의 주당 총근로시간은 39.7시간으로 나타나고 있다. 비정규근로자의 주당 총근로시간을 고용형태별로 살펴보면 총근로시간은 시간제근로자가 31.7시간으로 가장 짧고, 용역근로자가 49.1시간으로 가장 길게 나타나고 있다.

▶ 고용형태별 비정규근로자의 주당 총근로시간

(단위 : 천 명, %, 시간/주)

	전체	36 미만	36~44	45~52	52 초과	평 균
전 체	1,360	30.4	28.2	25.9	15.5	39.7
고용형태						
시간제	248	57.4	20.0	14.0	8.6	31.7
단기계약	339	12.4	42.4	29.3	15.9	43.8
일용근로	364	41.3	17.3	26.4	14.9	35.6
일시대체	14	26.8	25.1	21.7	26.4	41.3
용역근로	217	13.9	20.3	37.2	28.6	49.1
파견근로	50	12.2	39.9	23.7	24.2	44.5
재택가내	4	25.5	43.8	21.2	9.5	41.4
독립도급	122	30.1	47.2	20.9	1.9	38.0

| 비정규근로와 최저임금 |

실태조사 자료는 최저임금 이하의 임금을 받는 비정규근로자의 비중이 정규근로자의 비중보다 훨씬 높음을 보여준다. 이는 정규근로의 경우 최저임금제도가 비교적 철저히 적용되는 반면 비정규근로에는 제대로 적용되지 않고 있음을 반영한다.

▶ 고용형태별 비정규근로자의 시간당 임금

(단위 : 천 명, %, 원/시간)

	전체	2,000 미만	2,000~4,000	4,000~6,000	6,000 이상	평 균
전 체	1,360	3.2	37.9	25.8	33.1	5,926
고용형태						
시간제	248	4.1	59.9	18.5	17.4	5,305
단기계약	339	1.6	26.4	35.0	37.1	6,127
일용근로	364	1.2	35.8	23.2	39.8	5,880
일시대체	14	1.5	50.5	31.2	16.9	4,710
용역근로	217	7.8	51.7	23.5	17.0	4,227
파견근로	50	0.8	22.2	47.9	29.1	5,478
재택가내	4	1.9	24.7	45.1	28.3	5,986
독립도급	122	4.4	11.9	17.2	66.5	10,090

| 사회보험 및 부가급부 적용 |

4대 사회보험의 적용률은 고용보험이 44%, 건강보험 41%, 국민연금 38%, 산재보험 52%로 나타났으며, 고용형태별로 보면 단기계약근로와 파견근로 및 용역근로의 경우 70% 안팎의 높은 수준을 보인 반면 일용근로나 시간제근로의 경우 20~40% 안팎의 낮은 비율을 보였으며, 특히 독립도급근로자의 경우는 10% 미만으로 낮게 나타났다.

한편 부가급부 중 상여금과 퇴직금의 적용실태를 파악하고 있는데 전반적인 적용률은 상여금의 경우 33%, 퇴직금의 경우 47%로 조사되었다.

▶ 고용형태별 부가급부 적용률

(단위 : 천 명, %)

	전 체	상여금		퇴직금	
		적용률	동등적용률	적용률	동등적용률
전　체	1,360	32.9	17.8	47.4	39.0
시 간 제	248	22.8	7.7	38.2	29.3
단기계약	339	48.4	28.9	68.0	60.0
일용근로	364	17.0	3.4	25.7	16.8
일시대체	14	21.7	7.1	21.1	14.0
용역근로	217	47.9	39.2	76.9	70.4
파견근로	50	62.1	49.1	72.5	64.5
재택가내	4	37.2	11.8	36.9	17.5
독립도급	122	20.6	1.0	14.6	4.5

주 : 적용률=(동등적용+부분적용)/(동등적용+부분적용+미적용)×100
　　 동등적용률=(동등적용)/(동등적용+부분적용+미적용)×100

| 노사정위원회 논의 경과 |

앞에서 살펴본 바와 같이 최근 비정규직 근로자의 숫자가 증가할 뿐 아니라 비정규직과 정규직간 격차가 심각한 문제가 되자 노동계의 요구에 따라 2001년 7월 23일 자로 노사정위원회에 비정규직근로자대책특별위원회(이하 비정규특위라 한다)가 구성되어 비정규직 관련 주요 쟁점과 대책을 논의하여 왔다.

비정규특위는 그 동안 고용형태별로 기간제근로와 파견근로 그리고 단시간근로·특수형태근로 등으로 나누어 그 대책방안을 논의하여 왔으며, 2002년 5월 6일 비정규근로 통계와 근로감독·사회보험 및 기타 복지증진 등에 대한 노사정 제1차 합의를 이룬 바 있고, 제2차 기본합의를 도출하고자 시도하였음에도 노사간에 여전한 상당한 의견차이로 합의에 이르지 못하고 2003년 5월 23일 공익위원안이 본회의에 정식보고 된 바 있다.

비정규직과 관련한 제1차 합의와 공익안은 향후 비정규직 문제의 방향성을 제시하면서 무엇보다 첨예한 노사의 입장을 절충하고 향후 정부의 입법준비시 참고점이 될 수 있으므로 다음과 같이 주요 사항을 소개한다.

| 노사정 합의사항(2002. 5. 6.) |

▶ 비정규직 근로자 보호에 관한 입장

구 분	노 동 계	경 영 계
기간제근로	• 합리적 사유가 있는 경우에 한하여 기간제 근로계약허용 (일시적·계절적 업무 등) • 업무의 성질에 따른 최소한의 기간 인정 • 최장 2년 고용시 기간의 정함이 없는 계약으로 간주	• 기간제 근로계약 사유설정 반대 • 계약기간은 상한 1년에서 3년으로 연장
파견근로	• 허용업종 축소 • 파견기간 최장 2년 제한(현행) • 동일업무 계속 사용금지	• 허용업종 확대 • 파견기간 제한 폐지 • 동일업무 계속 사용
단시간근로	• 근로시간 상한 규제(통한 근로자의 70%) • 소정근로시간 초과시 가산임금지급	• 현행 유지
특수고용형태	• 근로자성 인정을 위해 근기법 개정(근로자 개념 확대)	• 근로자성 인정을 위한 근기법 개정 반대

1. 비정규직 근로자의 범위와 통계 개선

비정규직 근로자의 분류는 국제기준과 우리나라의 특성을 감안하여야 하는데, 고용형태에 의하여 비정규직 근로자를 '한시적 또는 기간제 근로자, 단시간 근로자, 파견 용역 호출 등의 형태로 종사하는 근로자'로 분류하고 노동시장의 특성상 위의 범위에는 포함되지 않으나 고용이 불안하고 근로기준법 등 노동관계법의 보호와 사회보험의 적용을 필요로 하는 '취약근로자'를 추가하였다.

2. 근로감독강화

비정규직 근로자 및 취약근로자의 근로조건을 보호하기 위하여 근로감독관의 수를 증원하고 법개정 등 관련 입법과 전담기구를 설치하는 등 근로감독을 강화하기로 하였다.

3. 사회보험의 적용확대 및 복지증진

비정규직 근로자에 대한 고용보험, 국민건강보험, 산재보험, 국민연금 등 사회보험의 적용과 직업능력개발 확대 및 복지증진을 추진하기로 하였다.

| 공익위원안(2003. 5. 23.) |

1. 기간제 근로

▶ 기간제 근로에 대한 노사 및 공익안 비교

노 동 계 안	경 영 계 안	공 익 안
- **합리적 사유**가 있는 경우에 한하여 허용(출산·육아, 질병·부상 등으로 발생한 결원의 대체 경우나, 계절적 사업의 경우 또는 일시적·간헐적으로 업무가 증대한 경우 노사합의 등 절차적 제한을 거쳐 허용) - **허용기간** : 업무성질에 따른 최소기간만 허용. 근로계약기간은 **최장 1년**. 단, 1회에 한하여 반복갱신을 허용하여 최대 2년까지 허용 - **2년 초과고용시 기간의 정함이 없는 계약으로 간주** - **동일가치노동 동일임금원칙규정**	- 유기근로계약 **사유설정반대** - **계약기간은 상한 1년에서 3년으로 연장** - 기간의 정함이 없는 계약간주나 **정규직 전환의무 반대** - **동일노동 동일임금원칙 명문화 반대**	- **일정기간 사용 후 무기계약간주.** 단, 예외적인 경우 계속적 유기계약체결 허용 - **차별금지원칙 명문화** - 근로조건 **서면 명시의무** - 통상근로자 **전환노력의무** - **계약기간 원칙**의 명문화

2. 파견근로

▶ 파견근로에 대한 노사 및 공익안 비교

노 동 계 안	경 영 계 안	공 익 안

− 현행 근로자 파견법은 **직업안정법상의 직업소개와 근로자 공급사업과 함께 재정비** 필요
− 파견근로 **허용업종**은 전문지식, 기술, 경험을 요구하면서 **'합당한 이유'가** 있는 업무로 한정
− 파견근로 **허용기간은 1년, 반복갱신하여 최장 2년까지 허용(현행)**
− **동일업무 계속사용 금지**
	− 파견근로의 현행 **허용업종 negative list로 전환**
	− **파견기간 제한폐지**, 노사합의에 의해 갱신이 가능하도록 허용
	− **중·고령자에 대한 파견기간연장** 등 파견근로 활성화 필요
	− **동일업무 계속사용 허용**
		− **불법파견 규제**
		  • 근로감독강화
		  • 파견법에 의한 근로자로 간주한다.
		  • 사용사업주에 직접 고용된 것으로 본다.
		− 서면계약 고지 의무화
		− **차별금지규정** 실효성제고 **처벌규정강화**
		− 등록·모집형 시정
		− 허용업종 심사·조정기구 설치
		− 간주규정 개선
		− 동일업무 계속사용규제
		− 집단적 권리 및 노사협의회 참여권보장

3. 단시간근로

▶ 단시간근로에 대한 노사 및 공익안 비교

노 동 계 안	경 영 계 안	공 익 안
- 단시간근로 근로시간 상한설정 - 소정근로시간 **초과시 가산임금 지급** - 1주 노동시간이 15시간 미만의 **초단시간근로자 별도규정 삭제**	- 단시간근로의 **상한설정**에 대해서는 현행 규정 유지 - 단시간근로를 위한 별도의 **초과근로시간 상한설정 반대** - 법 내 연장근로시 **가산임금 지급 없음**	- **비례보호원칙** - 명목적 단시간근로자 • **실근로시간 초과시 통상근로자로 보거나 가산임금 지급** - **초단시간근로자 비례보호** - 통상근로자 **전환규정** - **차별금지** - **서면계약체결 의무**

4. 특수형태근로

▶ 특수형태근로에 대한 노사 및 공익안 비교

노 동 계 안	경 영 계 안	공 익 안
- **근로자성 (부분)인정** - 노동조합및노동관계조정법 : **근로자 및 사용자 정의 추가 보완** - 근기법상 **사용자와 근로자의 개념 확대필요**	- **근로자성 인정에 반대**하고 현행대로 개별사안별로 판례의 해석론을 따르도록 함 - **노동조합및노동관계조정법 개정반대** - 특수형태업무 종사자 보호의 필요성은 노동법 적용이 아닌 **민법, 상법,** 또는 **경제법에 의해 해결 가능**	- **특별법상 보호방안**('**유사근로자의 단결활동 등에 관한 법**' 제정) - 기타 **개별적 근로관계법적, 집단적 노사관계법적, 경제법적 방안**(독점규제및공정거래에관한법률, 약관규제법 등) 및 **사회보험법상 보장방안** 등 심도 있는 **추가논의 필요**

근로자의 근무형태, 내용, 근로의 종류가 서로 상이할 때에는 근로조건에 격차가 발생할 수 있다. 그러나 실질적으로 동일한 근로를 제공하고 있음에도 불구하고 오로지 비정규직이라는 지위의 특수성만을 근거로 하여 근로조건에서 차별을 두는 경우 근로기준법상 균등대우의무나 동일가치노동 동일임금이라는 노동법의 기본적인 원칙에 반한다는 주장이 노동계를 중심으로 심각하게 거론되고 있다. 그러나 입법론적 해결은 노사간 입장차로 인해 쉽지 않아 보인다.

이하에서는 비정규직 문제와 관련하여 관심이 높아지고 있는 근로기준법 제5조 균등대우의 내용을 살펴보고 비정규직과 관련하여 논의되고 있는 동일가치노동 동일임금관련 문제 그리고 비정규직 보호차원에서 거론되고 있는 단체협약의 효력확장제도를 검토하고자 한다.

| 근로기준법 제5조 균등대우원칙 |

근로기준법 제5조는 "사용자는 근로자에 대하여 남녀의 차별적 대우를 하지 못하며 국적, 신앙, 사회적 신분을 이유로 근로조건에 대한 차별적 처우를 하지 못한다."고 규정하고 있다.

1. 국적을 이유로 한 차별금지

국적이라 함은 국적법상 지위를 말하며 생물학적·인류학적 인종과는 다른 개념이다. ILO에서 1958년도에 "고용 및 직업상 차별대우에 관한 권고(제111호)"를 채택한 이래 국적을 이유로 근로조건에 있어 차별을 하지 못한다는 원칙은 세계 각국에서 일반적으로 승인되고 있다.

국적에 의해 차별대우가 문제될 수 있는 것은 주로 한국인 근로자와 한국의 국적을 가지고 있지 않은 외국인 근로자와의 차별적인 대우라고 할 수 있다. 또한 2중 국적자, 무국적자에 대하여 차별하는 경우도 동 조 위반이라고 할 것이다.

불법취업 외국인이라 함은 출입국관리법 등 관련 법규를 위반하여 취업하고 있는 사람을 말하는데 이러한 경우도 근로기준법 제14조에 규정된 대로 "임금을 목적으로 근로를 제공하는 자"라는 점, 법 제5조가 국적을 이유로 한 차별을 금지하는 점, 출입국관리법은 단속법규로서 그 법을 위반하였다 하더라도 해당 외국인이 근로를 제공한 법률행위에 영향을 주기 어렵다는 점, 상시근로자 산정시에 근로자로 포함된다는 점 등을 감안할 때 이들을 근로기준법 및 산업재해보상보험법상 근로자로 보아야 할 것인 바 당연히 임금과 관련한 제반 법적 규제의 대상도 된다.

다른 합리적 이유 없이 국적에 따라 근로조건을 차별하면 근로기준법 제5조 위반이 된다. 외국인 근로자와 내국인 근로자 사이의 근로조건 등을 종합적으로 비교한 후 차별이 있다면, 이러한 차별이 국적만을 이유로 한 것인지 아니면 업무능력·직장보장 정도·생계비·채용시 여건 등을 감안한 차별인지를 검토하여야 한다.

예를 들면, 인력의 수급차질 때문에 외국인 조종사에게만 복리후생적 제 급여, 승진 및 직장보장과 근무기간 중장기간의 교육, 훈련 등 혜택이 부여된다면 임금수준의 차이만을 가지고 근로기준법 제5조 위반으로 볼 수 없다. 단, 퇴직금차등지급금지제도에 위반하여서는 안 될 것이며, 업무능력 등을 감안한 차별이라고 하더라도 그 차별은 단체협약·취업규칙·근로계약 등에 근거를 둔 차별이어야 합리성이 인정될 것이다.

외국인력 고용 현황

▶ 외국인력 현황(2003. 2.)

(단위 : 명, %)

전 체	합법체류자					불법체류자
	소 계	합법근로자				
		전 문 기술인력	연수취업자	산업연수생	해투기업 연수생	
367,158 (100.0)	79,350 (21.6)	21,229 (5.8)	11,801 (3.2)	32,576 (8.9)	13,744 (3.7)	287,808 (78.4)

자료) 노동부, 2003.

▶ 불법체류자 연도별 현황

(단위 : 천 명, %)

1994	1995	1996	1997	1998	1999	2000	2001	2002	2003. 2.
48	82	129	148	100	135	189	255	289	288

외국인력 고용형태와 고용허가제 도입

현재 외국인력 고용과 관련하여 출입국관리법에 의거 네 가지 종류의 형태가 운영되고 있다. 즉 전문기술직에 대해 체류자격을 부여하는 '전문기술인력 취업제도', 1993년부터 도입되어 불법체류 문제 등으로 개선이 요구되어온 '산업연수생제도', 서비스업 분야에 외국국적 동포에게만 취업활동을 허용하는 '취업관리제도'와 산업연수생제도의 문제점을 해결하기 위해 2003년 7월 31일 국회를 통과한 「외국인근로자의고용등에관한법률」에 의해 실시되고 있는 '고용허가제' 등이다.

고용허가제는 인력부족 업종 직종에 대해 적정규모의 외국인력 도입, 내국인 구인노력의무 부과 등 내국인 고용보호 장치 마련, 송출비리 방지를 위해 투명한 외국인력 도입절차 마련, 국내취업 외국인근로자에 대해서는 내국인근로자와 동일하게 법적 근로조건 보호 등의 내용을 담고 있으며 산업연수생제도와는 상당히 다른 제도이다.

구 분	산업연수생	고용허가제	비 고
근로자성	• 연수 1년+취업 2년	• 취업 3년	• 연수의 경우 사실상 근로에 종사함에도 근로자성을 부인하고 있어 국내외의 비판
도입 및 관리 주체	• 민간단체(중기협 등)	• 국가 또는 공공기관	• 송출비리 방지 및 절차의 투명성 확보
배정시스템	• 사업주, 근로자 모두 선택의 여지가 없는 강제 배정 시스템	• 사업주가 근로자 직접 선정 및 자율적인 근로계약 체결	• 사업주가 원하는 적격의 기능인력 선발
내국인 고용기회보호	• 인력부족 여부와 관계없이 공단입주, 수출업체 등 가점에 의한 인원 배정	• 내국인 구인노력에도 불구하고 인력을 채용하지 못한 기업에 외국인력 배정	• 적재적소에 인력 배치

출입국관리법 제17조 등은 외국인이 입국할 경우 체류자격, 체류기간 등에 일정한 제한을 가하고 있으며 누구든지 "고용될 수 있는 체류자격"이 없는 외국인을 채용하지 못하도록 규정하고 있다.

외국인근로자의 파견법 적용

외국인근로자도 파견근로자보호법이 적용되는 파견근로자가 될 수 있다. 파견근로자보호등에관한법률은 파견근로자의 고용안정과 복지증진에 이바지하고 인력수급을 원활하게 함을 목적으로 하는 법률임이 명백하고, 근로자의 지위는 근로기준법 제5조에서 명시하고 있듯이 국적을 불문하고 차별적 대우를 받지 않게 되어 있으며, 근로자파견사업에 대하여 노동부장관의 허가를 받도록 하고 있는 입법취지 역시 무분별한 근로자파견으로 인해서 근로자가 입게 될 피해 등을 막기 위하여 정부가 파견사업주를 감독하고자 하는 것으로서 그 주된 목적이 근로자를 보호하기 위한 것이므로, 외국 국적의 근로자라고 하여 파견근로자보호등에관한법률이 적용되는 파견근로자의 범위에서 제외된다고 할 수 없다.

(2000. 9. 29., 대법원 2000도3051)

기술연수 목적의 외국인근로자 근로자성

기술연수 목적으로 입국한 외국인인 중국인 근로자가 임금을 목적으로 근로를 제공하고 있다면 근로기준법상 근로자로서 근무중 사고시 산업재해보상보험법상의 요양급여를 받을 수 있다.

(1997. 10. 10., 대법원 97누10352)

2. 신앙을 이유로 한 차별금지

특정종교 또는 종교가 없는 것을 이유로 임금을 비롯한 근로조건에 대해 차별적인 처우를 하지 못한다. 여기서의 신앙은 불교, 기독교 등 종교적인 신념뿐만 아니라 정치적인 신념 등도 포함한다.

3. 사회적 신분을 이유로 하는 차별금지

① 원 칙

사회적 신분이라 함은 사람이 태어나면서 갖는 사회적 지위를 말한다. 근로기준법 제5조는 봉건적, 특권적 신분을 근거로 하여 차별적 대우를 금지하는 것이라는 견해가 노동법 학자들의 입장이다.

반면에 헌법 제11조 제1항의 사회적 신분은 후천적인 것도 포함해서 자신의 의사에 의해서는 피할 수 없는 사회적인 분류를 모두 지칭한다는 것이 헌법학자들의 입장이다. 행정해석은 근로기준법 제5조의 사회적 신분은 사회에서 차지하는 계속적 지위 또는 상대적 신분을 말하는 것이라고 하여 후천적인 것을 배제하지 않고 있으며, 비정규 문제와 관련하여 고용형태가 사회적 신분에 포함되는지에 대한 논란이 있다.

② 구체적 판단

근로자의 업무능력, 기능, 능률, 업무의 난이도, 일정자격의 충족 등의 차이에 따라 근로조건이 다른 경우 동 조 위반으로 볼 수 없을 것이다. 그러므로 근로자의 개인적인 직무, 능률, 근무부서의 난이도에 따라 상여금 지급의 차등을 두는 것이나 사용자가 일부 성실한 근로자를 선정하여 시간외 근로를 시키는 것이나 정당한 전환배치에 따라 근무부서가 달라지고 이에 따라 수당변화가 생겨 임금액에 차등이 생기는 경우나 근속연한에 따라 근로조건에 차등을 두는 경우 동 조 위반으로 보기 어려울 것이다.

비정규직의 경우 대부분 정규직에 비해 근속연수가 짧은 상황이어서 실질적으로 고용형태의 차별 여부를 다툰다는 것은 상당한 어려움이 있다.

우리나라는 성별 외에 동일가치노동 동일임금원칙을 명시하고 있지는 않으며, 외국에서도 동일가치노동 동일임금원칙은 국제적으로는 남녀 사이의 임금결정 원칙으로 전개되어 왔다.

1919년 베르사이유 조약 13편 제427조 제3항 제7호에서 1951년 ILO(국제노동기구) 제100호 협약(동일가치노동에 대한 남녀근로자의 동일보수에 관한 협약 = 동일보수협약)에 이르는 과정이 이것을 잘 보여주고 있다.

그러나 최근에는 동 원칙은 반드시 남녀 사이에 한정되지 않는다. 1994년 ILO 제175호 협약(단시간근로 협약)은 단시간근로자는 단시간으로 일하고 있다는 것만으로 비교가능한 전일제 근로자에게 비교해 낮은 기본임금(근로시간, 실적 내지 생산액에 따라 비례적으로 계산된다)을 받지 않는다는 취지로 규정(제5조)하였지만, 동 협약을 채택하는 과정에서 ILO는 "단시간고용에 있어서 대부분 여성이 차지하고 있기 때문에 동일가치노동 동일임금의 문제는 단시간근로자의 임금·급여와의 관계에서 중요한 요소로 되어 있다."[215]라고 취지를 표명하였다.

한편 UN(국제연합)에서는 1979년 여성차별철폐조약이 남녀 사이의 동일노동 동일보수 대우원칙을 정하고 있지만〔제11조(d)〕, 1966년(1976년 발효) 국제인권규약에서는 "공정한 임금 및 어떠한 차별도 없는 동일가치의 노동에 관한 동일보수, 특히 여성에 관하여는 동일한 노동에 대해서 동일보수뿐만 아니라 남성과 동일한 근로조건을 보장해야 한다〔제7조(a) (i)〕." 라는 취지의 규정을 두고 있다.

여기서 말하는 "어떠한 차별도 없는 동일가치의 노동에 관한 동일보수"라고 함은 "남녀 근로자 사이의 동일노동 동일임금의 원칙에 한정하는 것이 아니다."라고 하고 있다. 이와 같이 동일가치노동 동일임금원칙은 남녀 사이에서 정사원·단시간근로자 사이로 확대, 그리고 오늘날에는 널리 임금결정의 일반적인 법원칙이 되는 추세이다.

---

215) Patrick Bolle, Perspective :「Part-timework : Solution or trap」. ILR, Vol. 136(1977년), No. 4, p. 565.

1. 비정규직과 단체협약의 효력확장 관련 논의

단체협약의 효력확장제도는 현행법상 사업장단위와 지역단위 등 두 가지 종류가 있다.

하나는 노조법 제35조에 규정하고 있는 것으로서, "일반적 구속력"이라고 하기도 하고 "사업장단위의 효력확장"이라고 부르기도 한다. 노조법 제35조는 "하나의 사업 또는 사업장에 상시 사용되는 동종의 근로자 반수 이상이 하나의 단체협약의 적용을 받게 된 때에는 당해 사업 또는 사업장에 사용되는 다른 동종의 근로자에 대하여도 당해 단체협약이 적용된다."고 규정하고 있다. 다른 하나는 노조법 제36조에 규정하고 있는 것으로, "지역적 구속력" 또는 "지역단위의 효력확장제도"라고 한다. 노조법 제36조는 "하나의 지역에 있어서 종업하는 동종의 근로자 2/3 이상이 하나의 단체협약의 적용을 받게 된 때"에 일정한 절차를 거쳐서 "당해 지역에서 종업하는 다른 동종의 근로자와 그 사용자에 대하여도 당해 단체협약을 적용한다."고 규정하고 있다.

사업장단위의 효력확장제도의 요건은 ① 하나의 사업 또는 사업장에 ② 상시 사용되는 ③ 동종의 근로자 중 ④ 반수 이상이 하나의 단체협약의 적용을 받게 된 때이다. 지역단위의 효력확장제도의 요건은 ① 하나의 지역에 있어서 ② 종업하는 ③ 동종의 근로자 ④ 2/3 이상이 하나의 단체협약의 적용을 받게 된 때 ⑤ 행정관청이 일정한 절차를 거쳐서 확장적용을 결정할 것이다.

양 제도의 중요한 차이점은 전자가 대상 근로자의 1/2을 넘으면 적용되는 데 대하여 후자는 2/3라는 수적 차이점 외에 사업장 단위의 효력확장제도는 '상시' 사용될 것을 요구하는 반면, 지역단위의 효력확장제도는 '상시' 사용될 필요는 없다는 데 있다. 임시직 · 일용직 · 파트타임 · 파견근로자 등 비정규직 근로자에 대한 이 제도의 활용가능성 여부와 관련하여 문제되는 요건은 '상시 사용'의 의미, '동종'의 의미이다. 그러나 우리나라에서 단체협약의 효력확장제도에 대한 해석론이 분분한 상황이고, 현실에 있어 실제로 적용되기는 어렵다고 생각된다.

4 고용형태별 법제와 임금관리

▶ 고용형태에 따른 비정규직 유형과 활용분야

구 분	유 형		활 용
직접고용	계약직 · 임시직 · 상용직 · 수당직, 일용직, 촉탁 · 아르바이트, 단시간근로, 시간제, 호출근로, 재택근로, 계절근로, 인턴, 프리터 등		주로 상업서비스업, 금융업 등
간접고용	사용관계 성립 파견근로	사용관계 불성립 도급(용역), 위임 등	주로 제조업, 건설업 등

기업에서는 상대적으로 낮은 비용으로 근로자를 고용하고 경기변동에 따르는 고용조정이 용이하다는 장점 때문에 비정규직에 대한 선호도가 높다. 그러나 일부 자발적 비정규직을 제외하면 비정규근로는 상대적으로 낮은 임금률, 저조한 의료보험이나 국민연금 등의 부가급부 혜택, 그리고 미비한 고용안정성으로 인해 이에 대한 개선의 요구가 높은 실정이다.

이렇게 노사간에 긴장이 고조되고 있는 비정규직 문제와 관련하여 차별대우 논란이 일고 있다. 다음은 대표적인 비정규직 유형으로서 직접고용 유형 중 단시간근로, 기간제 근로, 간접고용 유형에서는 파견근로에 대한 법제에 대하여 행정해석을 중심으로 살펴본다.

| 단시간근로 |

1. 근로기준법 적용 일반

단시간근로자도 원칙적으로 근로기준법이 적용된다. 단시간근로자의 근로조건은 당해 사업장의 동종 업무에 종사하는 통상근로자의 근로시간을 기준으로 산정한 비율에 따라 결정한다(근로기준법 제25조 제1항).

단, 1주간의 소정근로시간이 현저히 짧은 단시간근로자[4주간(4주간 미만으로 근로하는 경우에는 당해 주간)을 평균하여 1주간의 소정근로시간이 15시간 미만인 근로자를 말함]에 대해서는 근로기준법의 일부를 적용하지 않는다. 즉 1주간 소정근로시간이 15시간 미만인 근로자에게는 퇴직금, 주휴일, 연ㆍ월차휴가에 관한 규정은 적용이 제외된다(근로기준법 제25조 제3항, 같은 법 시행령 제9조 제2항 및 제3항).

2. 단시간근로자의 노무관리

① 근로계약 체결 및 해고

사용자는 단시간근로자를 고용하고자 할 때에는 임금, 근로시간, 기타의 근로조건을 명시한 근로계약서를 작성(표준근로계약서 붙임 참조)하여 이를 근로자에게 교부하여야 한다(근로기준법 제24조, 제25조 및 같은 법 시행령 제9조).

- 임금의 구성항목ㆍ계산방법 및 지불방법에 관한 사항을 명시
- 근로시간(시업 및 종업시각)과 휴게시간, 근로일 및 휴일 등에 관한 사항을 명시
- 취업의 장소와 종사하여야 할 업무에 관한 사항을 명시(이상 근로기준법 시행령 제7조)
- 계약기간, 기타 근로조건에 관한 사항(근로기준법 제24조)

단시간근로자에 대해서도 근로계약서, 근로자명부, 임금대장 등 근로계약에 관한 중요한 서류를 3년 간 보관하여야 한다(근로기준법 제40조 및 제41조).

- 근로자명부에는 근로자의 성명 · 생년월일 · 이력과 종사하는 업무, 고용 또는 고용갱신 연월일, 계약기간을 정한 경우에는 그 기간, 기타 고용에 관한 사항을 기재하여야 한다(근로기준법 시행령 제15조).

단시간근로자를 해고하고자 하는 경우에도 정당한 사유가 있어야 한다(근로기준법 제30조 제1항).

② 임금의 지급 및 계산

단시간근로자의 임금산정 단위는 시간급을 원칙으로 하며, 임금지급시에는 근로기준법상의 통화불 · 직접불 · 전액불 · 정기불의 임금지급원칙을 준수(근로기준법 제42조)하여야 하고, 최저임금도 적용한다. 각종 수당 등에 대해서는 취업규칙 또는 근로계약 등으로 정하는 바에 의하여 지급한다.

단시간근로자가 계속하여 1년 이상을 근로하고 퇴사하는 경우 퇴직금으로 30일분 이상의 평균임금을 지급하여야 한다.

③ 소정근로시간과 연장근로

** 소정근로시간*

단시간근로자의 1주간의 소정근로시간은 주당 40시간(44시간) 이내에서 정해야 한다(근로기준법 제21조 및 제49조).

단시간근로자로 하여금 소정근로일이 아닌 날에 근로하도록 하거나 소정근로시간을 초과하여 근로하도록 하고자 할 경우에는 근로계약서 · 취업규칙 등에 그 내용 및 정도를 명시하여야 한다.

** 연장 · 야간 · 휴일 근로와 수당*

연장근로를 하는 경우 당사자간에 합의하여야 하고, 법 내 연장근로(법 내 연장근로라 함은 소정근로시간을 초과하여 법정 근로시간까지 근로시간을 연장하는 것)에 대해서는 사용자가 가산임금의 지급여부 및 지급률 등을 정할 수 있으나, 소정근로시간에 연장근로시간을 더한 총근로시간이 1주 또는 1일의 법정한도를 초과하는 경우에는 반드시 가산임금을 지급하여야 한다.

야간·휴일근로에 대해서도 마찬가지이며, 가산임금을 지급하기로 한 경우에는 그 지급률을 근로계약서·취업규칙 등에 명시하여야 한다(근로기준법 시행령 별표 1의2 제3호).

④ 휴게·휴일·휴가

휴게

1일 근로시간이 4시간인 경우에는 30분 이상, 8시간인 경우에는 1시간 이상의 휴게시간을 근로시간 도중에 주어야 한다(근로기준법 제53조).

휴일

1주간의 소정근로일수를 개근한 근로자에 대해서는 1주에 평균 1회 이상의 유급 휴일을 부여하고(근로기준법 제54조), 주휴수당은 1일 소정근로시간 수에 시간급 임금을 곱하여 산정한다(1일의 소정근로시간 수는 4주간의 소정근로시간을 그 기간의 총 일수로 나누어 산출된 시간 수로 한다).

주유수당 산정 예

⇒ 1주에 6일, 각 6시간을 일하는 단시간근로자가 시간급을 3,000원으로 정했다면
　주휴수당 = 3,000원×6시간 = 18,000원
⇒ 1주간에 월, 수, 금요일 각 6시간을 일하는 근로자가 시간급을 3,000원으로 정했
　다면 주휴수당 = 3,000원×(18시간×4주÷24일) = 9,000원

1주간에 휴무일이 2일 이상인 사업장의 경우에는 휴무일 중 1일은 유급으로 주고, 나머지는 무급으로 부여하면 된다.

1개월간의 소정근로일수를 개근한 경우에는 월차유급휴가를 부여(근로기준법 제
57조)하고, 1년간 소정근로일수를 개근(또는 9할 이상 출근)한 자에 대해서는 연차유
급휴가를 부여(근로기준법 제59조)하고, 수당은 시간급을 기준으로 지급한다.

연차휴가 산정 예

⇒ 단시간근로자의 연 · 월차휴가 산정방식

$$= \text{통상근로자의 월차 또는 연차휴가일수} \times \frac{\text{단시간근로자의 소정근로시간}}{\text{통상근로자의 소정근로시간}} \times 8\text{시간}$$

** 휴 가*

여성인 단시간근로자에 대해서는 통상근로자와 동등하게 유급생리휴가와 유급
산전 · 후 휴가를 일단위로 부여하여야 한다(근로기준법 제71조 및 제72조).

3. 단시간근로자의 사회보험 적용

① 고용보험의 적용

단시간근로자에 대해서도 원칙적으로 고용보험 · 산재보험이 적용된다. 다만 1
개월간의 소정근로시간이 80시간 미만인 단시간근로자(1주간의 소정근로시간이 18
시간 미만인 자를 포함)에 대해서는 고용보험법이 적용되지 않는다(고용보험법 제8조
제2호 및 고용보험법 시행규칙 제2조).

② 산재보험의 경우

단시간근로자에 대해서도 원칙적으로 산업재해보상보험이 적용된다. 따라서 보
험료 산정시 단시간근로자의 임금총액을 포함하여야 하고, 업무상 부상 또는 질병

으로 인해 요양하고 있는 기간 중에 근로계약이 해지되는 경우에도 해당 부상, 질병이 완쾌되거나 일시보상을 행할 때까지는 요양보상, 휴업보상 등을 행해야 한다.

| 기간제 근로 |

1. 기간제 근로와 법률문제

기간제란 흔히 임시직, 계약직, 일용직으로 불리는 근로계약형태를 의미한다. 근로기준법 제23조에는 "기간의 정함이 있는 것과 사업완료에 필요한 기간을 제외하고는 근로계약기간은 1년을 초과할 수 없다."고 규정되어 있는 바, 이때 기간의 정함이 있는 계약이 바로 기간제 근로이다. 대부분의 비정규 고용형태는 기간제 근로의 특성을 가지게 되는데 원칙적으로 기간제 근로라 하더라도 노동법상 임금과 관련된 모든 제도들은 적용되는 것이 원칙이다. 임금과 관련하여 계약직 근로자로서 형식적으로 입·퇴사 절차를 반복하였다 하더라도 노동법상 연차휴가 내지 퇴직금 지급시 계속근로를 산정하기 위해서는 당해 기간을 모두 통산하여 계산하여야 한다.

사실상 계속 근무한 근로자에 대한 중간해고의 효력과 퇴직금 지급의무

피고 조합이 원고를 일정기간 채용한 뒤 해임하고 대부분 바로 그 다음날 다시 임명하거나 해임한 날로부터 불과 4일 또는 20일 후에 다시 임명한 것처럼 서류를 만들어 놓았으나, 원고는 사실상 그 동안 계속 근무한 경우에는 해고로서의 효력은 생기지 아니 하고, 또한 일용으로 임금을 계산한 일용관계가 중단없이 계속되어 상용근무자와 같이 월급으로 임금을 받았다면 위 조합의 보수규정상 정원에 있는 고용원에 준하여 퇴직금을 지급하여야 한다.

(1976. 9. 14., 대법원 76다 1812)

임시고용원의 계속근로 여부

형식상으로는 비록 일용직근로자로 되어 있다 하더라도 일용관계가 중단되지 않고 계속되어 온 경우에는 상용근로자로 보아야 할 것이고, 근로계약이 만료됨과 동시에 근로계약기간을 갱신하거나 동일한 조건의 근로계약을 반복하여 체결한 경우에는 갱신 또는 반복한 계약기간을 모두 합산하여 계속근로연수를 계산하여야 할 것이며, 또한 임시고용원으로 채용되어 근무하다가 중간에 정규사원으로 채용되어 공백기간 없이 계속 근무한 경우처럼 근속기간 중에 근로제공형태(직종 또는 직류)의 변경이 있는 경우에도 이미 고용원으로서 근무한 기간과 정규사원으로서의 근무기간을 통산한 기간을 퇴직금 산정의 기초가 되는 계속근로연수로 보아야 한다.

(1996. 6. 28., 서울지법 96가합16815)

2. 단기간 근로자의 임금관리[216)

1년 미만 단기계약 근로자는 기간의 정함이 있는 근로계약 아래서 사용되는 근로자로서 일용직·계약직·임시직·촉탁직·계절근로 등 명칭 여하를 불문하고 근로계약기간이 1년 미만인 근로자를 의미하며, 대표적인 형태로는 근로계약을 1일단위로 체결하는 일용직 근로자와 일용직 근로자 외에 계속근로기간이 1년 미만인 근로자를 말한다. 1년 미만 단기계약 근로자에 대해서도 원칙적으로 근로기준법의 관련 제 조항이 적용되며, 다만 상시 4인 이하의 근로자를 사용하는 사업 또는 사업장은 근로기준법의 일부 규정만이 적용된다.

따라서 단기계약 근로자라 하더라도 근로계약 체결시 임금, 근로시간 등 주요 근로조건을 명시하여 근로계약을 체결해야 하며 근로자의 성명·생년월일·이력과 종사하는 업무, 고용 또는 고용갱신 연월일, 계약기간을 정한 경우에는 그 기간의 기타 고용에 관한 사항을 기재한 근로자명부(근로기준법 시행령 제15조)와 임금대장 등을 작성하여 3년간 보존하여야 한다.

근로자가 서류상으로는 2개월마다 2~3일씩 해고되었다가 다시 채용된 것으로 되어 있으나 실제로는 계속근로한 경우에 대한 판단

근로자가 서류상으로는 2개월마다 2~3일씩 해고되었다가 다시 채용된 것으로 되어 있지만 사실상으로는 그 기간 동안 계속하여 근로한 경우에는 해고로서의 효력은 생길 수 없으므로 상용근로자로 봄이 상당하고, 이러한 상용근로자에 대해서는 회사의 취업규칙 및 보수규정상의 직원에 준하여 그에 규정된 제 수당, 상여금 및 퇴직금을 지급하여야 한다.

(1975. 6. 24., 대법원 74다1625)

3. 일용직 근로자의 임금관리

사용기간이 30일 미만인 일용직 근로자에 대해서는 근로자 명부를 작성하지 않을 수 있다(근로기준법 시행령 제16조). 한편 일용직 근로자의 경우 원칙적으로 1일 단위의 근로계약을 체결하게 되므로 당일 근로가 종료되면 계약이 해지되어 해고의 문제는 발생하지 않는 것이 원칙이며, 원칙적으로 근로계약기간의 만료로 근로관계가 해지되는 것으로 본다. 그러나 당해 일의 근로시간 중에 즉시 해고하고자 하는 경우에는 정당한 사유가 있어야 하며(근로기준법 제30조 제1항), 일용직 근로자는 근로계약을 계속적·반복적으로 갱신한다 해도 3개월을 계속 근무하지 않은 경우에는 해고예고의 대상이 되지 않는다(근로기준법 제35조).

** 임금지급원칙 준수*

근로기준법상의 통화불, 직접불, 전액불, 정기불의 임금지급원칙을 준수(근로기준법 제42조)해야 하므로 1개월 이상의 계속근로를 예정하고 있는 경우에는 매월 1회 이상 일정한 기간을 지정하여 임금을 지급할 수 있다. 다만 일단위로 근로계약

---

216) 2000. 1. 3., 근기 68201-1.

을 체결하는 일용직 근로자의 경우는 매일, 근로계약서상의 근무시간 종료 직후에 임금을 지급할 수 있다. 또한 각종 수당 등에 대해서는 취업규칙 또는 근로계약 등으로 정하는 바에 의하여 지급한다.

시간급 또는 일급 단위가 원칙

일용직 근로자의 임금산정은 원칙적으로 시간급 또는 일급 단위를 원칙으로 하며, 시간급 임금을 일급의 통상임금으로 산정할 경우에는 1일의 소정근로시간 수에 시간급임금을 곱하여 산정한다(근로기준법 시행령 제6조).

한편, 1일의 소정근로시간이 연장 또는 야간 근로를 예정하고 있어 근로계약상 연장 또는 야간 근로에 대한 가산임금을 포함한 금액을 1일의 임금으로 하고 있는 경우에는 일급 통상임금을 포괄역산방식에 의해 산출할 수 있다.

휴업수당

일용직 근로자의 경우 당해 일에 근로계약을 체결하고 근로를 개시한 이후에 사용자의 귀책사유로 인해 휴업을 하게 된 때에는 당해 일 휴업 이전의 근로시간에 대해서는 시간급으로 산정한 임금을 지급하되, 휴업한 시간에 대해서는 근로를 제공하였을 경우 받기로 한 금액의 70/100을 근로자에게 지급해야 한다.

연장근로와 가산임금의 산정

휴게시간을 제하고 1주간 근로시간은 40(44)시간을, 1일의 근로시간은 8시간을 초과할 수 없다(근로기준법 제49조).

단, 당사자 간에 합의한 경우에 한해서 1주 12시간을 한도로 연장 근로할 수 있으며(근로기준법 제52조) 연장, 야간 및 휴일근로에 대해서는 통상임금의 50/100 이상을 가산하여 지급하여야 한다(근로기준법 제55조).

* *휴게, 휴일 · 휴가관리와 수당지급*

휴게시간 : 근로시간이 4시간인 경우에는 30분 이상, 8시간인 경우에는 1시간 이상의 휴게시간을 근로시간 도중에 주어야 한다(근로기준법 제53조).

주휴일 : 일용직 근로자의 경우도 근로계약을 반복적으로 체결하여 6일간을 계속 근로한 경우에는 주휴일을 유급으로 주어야 한다(근로기준법 제54조). 단, 6일간을 계속 근로함으로써 유급주휴 부여 요건을 충족한 경우에도, 주휴일을 부여해야 할 날 직전일에 근로관계가 종료된 때에는 주휴일을 부여하지 않을 수 있다(1997.4. 2., 근기 68207-424).

1주 5일 근무제를 채택한 사업장의 경우에 일용직 근로자가 1주 5일을 계속 근로한 경우에는 1일의 유급휴일과 1일의 무급휴일을 부여하면 된다.

월차휴가 : 44시간제 적용사업장의 경우 1개월간 소정근로일을 개근한 경우에는 월차유급휴가를 부여하되(근로기준법 제57조), 월차유급휴가의 적치사용은 근로관계가 종료되는 때까지로 한다. 단, 1개월간 소정근로일수를 개근한 경우에도 휴가청구권 발생일 당해 일에 근로관계가 종료되었다면 월차유급휴가를 부여하지 않을 수 있다.

생리휴가 : 여자인 1년 미만 단기계약근로자에 대해서도 생리휴가를 부여하여야 한다(개정 근로기준법 제71조).

일용직 근로자에 대한 여타 관계법 적용 : 1년 미만 단기계약 근로자에 대해서도 고용보험법, 최저임금법 등이 적용된다.

일당제 근로자의 예비군 훈련시 임금지급 여부

"타인을 사용하는 자는 그가 고용하는 자가 예비군 대원으로 동원되거나 훈련을 받는 때에는 그 기간을 휴무로 하거나 그 동원이나 훈련을 이유로 불이익한 처우를 해서는 아니 된다."는 향토예비군설치법 제10조, "타인을 고용하는 자는 그가 고용하는 자가 민방위대원으로 동원되거나 교육 또는 훈련을 받는 때에는 그 기간을 휴무로 하거나 이를 이유로 불이익한 처우를 해서는 아니 된다."는 민방위기본법 제23조, "사용자는 근로자가 근로시간 중에 선거권, 기타 공민권의 행사 또는 공의 직무를 집행하기 위하여 필요한 시간을 청구하는 경우에는 거부하지 못한다."는 근로기준법 제9조의 본문, "임금은 통화로 직접 근로자에게 그 전액을 지급하여야 한다."는 근로기준법 제36조 (신법 제42조) 본문 등의 규정취지와 회사와 운전기사들 간에 체결된 근로계약의 내용, 임금지급 방법(일당도급제의 일종인 일당적치제), 근로형태 등 원심이 적법하게 확정한 사실관계로 미루어 볼 때, 원심이 비록 이 사건의 경우와 같이 임금의 지급형태가 일당 도급제라고 할지라도 사용자는 향토예비군훈련으로 인하여 일을 하지 못한 피고용자에 대하여 최소한의 임금을 지급하여야 할 것이다.

(1989. 5. 9., 대법원 89도1801)

| 파견근로 |

근로자파견이란 파견사업주가 근로자를 고용한 후 그 고용관계를 유지하면서, 근로자파견계약의 내용에 따라 사용사업주의 지휘·명령을 받아 사용사업주를 위한 근로에 종사하는 것을 의미하는데 이러한 계약이 적법하게 성립하는 한 중간착취 문제는 발생하지 않는다(중간착취의 예외).

이들 파견근로자도 노동3권을 향유하므로 노동조합을 결성하여 단체교섭, 단체협약 체결을 할 수 있는 지위를 가졌고, 이론적으로 파견근로자가 단체교섭을 요구하는 경우 파견업체 및 사용업체는 각각 이에 응하지 아니하면 부당노동행위에 해당할 수 있다고 보아야 하며, 단체협약을 체결하는 경우 이 내용에 구속될 수 있다고 보아야 할 것이다.

판례 파견근로자에 대한 파견사업주의 사용자책임

경영상의 필요성은 인정되더라도 해고회피의 노력 등 절차적 요건을 결한 해고는 부당해고에 해당한다. 파견근로자보호등에관한법률상에 정한 파견근로자의 근로계약·임금 관계 등에 관하여는 파견사업주에게 근로기준법상의 사용자 책임이 있다. 파견사업주가 차량소유업체에 근로자를 파견하였다가 파견계약이 해지됨에 따라 파견근로자를 해고하는 경우에 있어 여기에 경영상의 필요성은 인정되지만 근로자들과의 협의나 해고회피노력 등을 다하지 아니하였으므로 이는 부당해고에 해당한다.

그러나 이러한 행위가 노동조합의 설립·활동과는 무관하므로 부당노동행위에 해당하지 않는다.

(2001. 5. 16., 중노위 2001부해632, 부노163)

1. 근로자 파견법(파견근로자보호등에관한법률)의 적용범위

근로자파견이란 파견사업체가 파견근로자를 고용한 후 사용사업자와의 사이에 근로자파견계약에 따라 근로자를 파견하여 사용사업주의 지휘·명령을 받아 사용사업주를 위한 근로에 종사하도록 사용하는 것이다(파견근로자보호등에관한법률 제2조 제1항). 그리고 이 법의 적용을 받는 근로자파견사업은 근로자파견을 '業'으로 행하는 것[217]을 말한다.

기업간 자주 이루어지는 사외파견은 근로자파견에 해당하지 않는다.

---

217) '業'으로 행한다는 의미는 일정한 목적을 위하여 동종의 행위를 반복하여 계속하는 것을 말하는 것으로서, 영리를 목적으로 하는가의 여부는 묻지 않는다.

특히 근로자파견법의 규제를 회피하기 위하여 위장으로 도급이나 업무위탁계약의 형식을 취하는 사례가 많으므로, 근로자파견과 도급의 구별은 큰 의미를 지닌다. 근로자파견은 자신이 고용하는 근로자를 타인을 위하여 근로하게 한다는 점에서는 도급과 일견 유사한 측면이 있지만, 근로자파견은 근로자가 사용사업주의 지휘·명령을 받아 근로하는 반면에 도급에 있어서는 근로자가 수급인의 이행보조자의 지위에 있고 도급인의 지휘·명령을 받지 않는다는 점에서 근본적인 차이가 있다.

노동부고시[218]에 의하면 도급으로 인정받기 위하여는 '노무관리상의 독립성'과 '사업경영상의 독립성'이라는 두 가지 기준을 충족시켜야 한다.

'노무관리상의 독립성'이란 자신이 고용하는 근로자의 노무를 직접 이용하는 것으로서 작업관리상의 독립성, 근로시간 관리상의 독립성, 질서의 유지확인, 인사관리상의 독립성을 갖추어야 한다. '사업경영상의 독립성'이란 사업을 자기 책임하에 독립적으로 수행하는 것으로서 경리상의 독립성, 법률상의 독립성, 업무처리상의 독립성을 갖추어야 한다.

2. 위법한 근로자파견사업

근로자파견법에 의한 근로자파견은 합법적인 근로자공급으로 인정되므로 직업안정법의 적용을 받지 않지만(직업안정법 제4조 제7호), 근로자파견법을 위반하여 이루어지는 위법한 근로자공급은 직업안정법에 의한 형사처벌을 받는다.

또한 근로자파견법은 파견사업을 하고자 하는 자에게 허가요건 등 소정절차를 의무화하고 파견허용대상업무를 일정범위로 제한하는 등 절차상 또는 실체적인 제한·금지규정을 두고 있다. 따라서 근로자파견법의 제한·금지규정에 위반하여 자신이 고용한 근로자를 사용사업주에게 공급하는 행위는 모두 위법한 근로자공급에 해당된다.

근로자파견법의 적용범위를 이와 같은 모든 위법한 근로자공급에 적용할 것이

---

218) 「근로자파견사업과 도급 등에 의한 사업의 구별기준에 관한 고시」, 1998. 7. 20., 노동부고시 제98-32호.

냐, 아니면 합법적인 근로자파견사업에 대해서만 근로자파견법을 적용할 것이냐의
문제는 특히 2년의 파견기간 초과시 고용간주규정의 해석과 관련하여 매우 중요한
의미를 지닌다.

만일 근로자파견법의 대상을 합법적인 근로자파견사업으로 한정한다면 2년의
파견기간 초과시 고용간주규정〔제6조 제3항, 사용사업체의 동종근로자와의 균등처우
(제21조), 차별적 근로자파견계약 해지의 금지(제22조)〕을 둘러싼 적용범위가 달라지게
된다.

최근 대법원은 도급을 위장한 불법파견근로를 해온 노동자들을 사용사업주가 직
접 고용해야 한다는 확정 판결을 통해 불법파견 및 위장도급의 경우 고용의제 규정
이 아니고 처음부터 직접 근로계약관계가 성립되었다고 판단하고, 당해 해고를 부
당해고로 결론 지었다.

위장도급시 직접 고용관계를 인정한 사례

피고보조참가인 회사(이하 '참가인'이라고 한다)는 1997년 8월경부터 주식회사 인사
이트코리아(이하 '인사이트코리아'라고 한다)와 도급업무 계약을 체결한 이래 그 도급
계약을 갱신체결하면서, 원고들을 비롯한 140여 명의 인사이트코리아 소속 근로자들
을 전국에 소재한 참가인의 11개 물류센터에서 근무하게 하였는데, 위 업무도급계약상
인사이트코리아는 자신이 고용하는 종업원을 관리하고 직접 지휘·감독하기 위하여
현장대리인을 선임하여야 하고, 참가인은 계약의 이행에 관한 지시를 현장대리인이
아닌 종업원에게는 직접 행하지 아니하도록 되어 있음에도 불구하고, 참가인은 원고
들을 포함한 인사이트코리아 소속 근로자에 대하여 현장대리인을 경유하지 아니하고
업무지시, 직무교육실시, 표창, 휴가사용승인 등 제반 인사관리를 직접 행해 온 사실,
인사이트코리아는 참가인의 자회사인 주식회사 인플러스가 그 주식의 100%를 소유
하고 있는 회사로서, 역대 대표이사는 참가인의 전임 임원이 선임되었고 거의 전적으
로 참가인의 업무만을 도급받아 오는 등 형식상으로는 독립 법인으로 운영되어 왔지
만 실질적으로는 모자(母子)회사의 관계로서 사실상의 결정권을 참가인이 행사해 온

사실을 인정한 다음, 참가인과 인사이트코리아 사이에 체결된 업무도급계약은 진정한 의미의 업무도급이 아닌 '위장도급'에 해당한다고 판단하였다.

인사이트코리아는 참가인의 자회사로서 형식상으로는 독립된 법인으로 운영되어 왔으나 실질적으로는 참가인 회사의 한 부서와 같이 사실상 경영에 관한 결정권을 참가인이 행사하여 왔고, 참가인이 물류센터에서 근로할 인원이 필요한 때에는 채용광고 등의 방법으로 대상자를 모집한 뒤 그 면접과정에서부터 참가인의 물류센터 소장과 관리과장 등이 인사이트코리아의 이사와 함께 참석한 가운데 실시하였으며, 원고들을 비롯한 인사이트코리아가 보낸 근로자들에 대하여 참가인의 정식직원과 구별하지 않고 업무지시, 직무교육실시, 표창, 휴가사용 승인 등 제반 인사관리를 참가인이 직접 시행하고, 조직도나 안전환경점검팀 구성표 등의 편성과 경조회의 운영에 있어서 아무런 차이를 두지 아니하였으며, 그 근로자들의 업무수행능력을 참가인이 직접 평가하고 임금인상 수준도 참가인의 정식 직원들에 대한 임금인상과 연동하여 결정하였음을 알 수 있는 바, 이러한 사정을 종합하여 보면 참가인은 '위장도급'의 형식으로 근로자를 사용하기 위하여 인사이트코리아라는 법인격을 이용한 것에 불과하고, 실질적으로는 참가인이 원고들을 비롯한 근로자들을 직접 채용한 것도 마찬가지로 참가인과 원고들 사이에 근로계약관계가 존재한다고 보아야 할 것이다.

그렇다면 참가인이 2000. 11. 1. 원고들을 계약직 근로자의 형식으로 신규채용하겠다고 제의한 데 대하여 원고들이 동의하지 아니한다는 이유로 참가인이 원고들의 근로제공은 수령하기를 거부한 것은 부당해고에 해당한다 할 것이다.

참가인과 인사이트코리아 사이의 파견근로자보호등에관한법률(이하 '파견근로자법'이라고 한다) 제2조 소정의 근로자파견계약이 성립된 것임을 전제로 하여, 참가인은 파견근로자법이 시행된 1998. 7. 1. 이후 2년을 초과하여 원고들을 파견근로자로서 사용하였으므로 파견근로자법 제6조 제3항에 의하여 원고들을 고용한 것으로 의제되고, 위와 같은 해석은 원고들이 담당한 업무가 파견근로자법 제5조 제1항 소정의 파견허용업무에 해당하는지 여부에 따라 달라지지 않는다고 판단하였는 바, 파견근로자법은 제2조 1호에서 파견근로자법이 적용되는 "근로자파견"이라 함은 파견사업주가 근로자를 고용한 후 그 고용관계를 유지하면서 근로자파견계약의 내용에 따라 사용사업주의 지휘 명령을 받아 사용사업주를 위한 근로에 종사하게 하는 것을 말한다고 규정하고 있어서, 참가인과 원고들 사이에 바로 실질적인 근로계약관계가 존재한다고 보아야 할 이 사건에서 파견근로자법상의 근로자파견계약이 성립되었음을 전제로 제6조 제3

3. 파견대상업무

근로자파견이 적법하기 위하여는 파견대상업무가 다음과 같은 근로자파견업무에 한정되어야 한다. 근로자파견사업은 제조업의 직접생산 공정업무를 제외하고 전문지식·기술 또는 경험 등을 필요로 하는 업무로서 대통령령이 정하는 업무를 대상으로 한다(법 제5조 제1항, 동 시행령 제2조 제1항 참조). 그리고 '대통령령이 정하는 업무'로 열거된 26개 업무(별표 제1)의 분류는 통계법의 규정에 의한 한국표준직업분류(통계청 고시 제1992-1호)에 의한 것이다. 다만 출산·질병·부상 등으로 결원이 생긴 경우 또는 일시적·간헐적으로 인력을 확보하여야 할 필요가 있는 경우에는 근로자파견사업을 행할 수 있다(법 제5조 제2항). 그리고 이 경우에 사용사업주는 당해 사업 또는 근로자대표와의 성실한 협의를 거쳐야 한다(법 제5조 제3항).

이와 같이 근로자파견은 법에서 허용하는 범위 내에서 이루어져야 하지만, 다음과 같은 경우에는 근로자를 파견하거나 사용할 수 없다.

첫째, 파견사업주는 쟁의행위중인 사업장에 쟁의행위로 중단된 업무의 수행을 위하여 근로자를 파견하여서는 안 된다(법 제16조 제1항, 벌칙 제44조 제3호). 이는 노동조합의 쟁의행위를 무력화할 수 있는 대체근로를 방지함으로써 노동조합의 단체행동권을 보장하기 위해서 이며, 노동조합및노동관계조정법 제43조 제1항에 위반되는 것은 당연하다(벌칙 제91조 제3항).

둘째, 근로기준법 제31조의 규정에 의하여 경영상의 이유로 해고를 한 후 원칙적으로 2년간은 파견근로자를 사용하여서는 안 된다. 다만 사업장에 근로자 과반수로 조직된 노동조합이 있는 경우에는 그 노동조합의 동의가 있을 때에는(근로자 과반수로 조직된 노동조합이 없는 경우에는 근로자 과반수를 대표하는 자) 6개월이 경과하면 파견근로자를 사용할 수 있다(법 제16조 제2항).

4. 근로자파견계약의 기간 및 종료

근로자파견기간은 다음의 세 가지 경우로 나누어진다(법 제6조).

첫째, 전문지식 · 기술 또는 경험을 필요로 하는 업무의 경우 파견기간은 1년 이내가 원칙이며, 파견사업주 · 사용사업주 · 파견근로자의 합의로 1회에 한하여 1년의 범위 안에서 연장할 수 있다. 그리고 사용사업주가 2년을 초과하여 계속적으로 파견근로자를 사용하는 경우에는 2년의 기간이 만료된 날의 다음 날로부터 파견근로자를 고용한 것으로 본다. 파견사업주가 2년을 초과하여 근로자를 파견하는 경우에는 3년 이하의 징역 또는 2,000만 원 이하의 벌금형에 처해야 하며, 파견기간을 초과하여 파견받은 사용사업주는 1년 이하의 징역 또는 1,000만 원 이하의 벌금에 처해야 한다(법 제43조, 제44조). 또한 파견사업주는 사용사업주가 근로기준법 및 산업안전보건법을 위반한 경우에는 근로자파견을 정지하거나 파견계약을 해지할 수 있다(법 제22조 제2항). 그러나 사용사업주는 파견근로자의 성별 · 종교 · 사회적 신분이나 파견근로자의 정당한 노동조합 활동 등을 이유로 근로자파견계약을 해지해서는 안 된다(법 제22조 제1항).

5. 임금관리

파견사업주가 파견계약에 따라 근로자를 파견하려면 근로자를 채용하고 근로계약을 체결해야 하므로 근로기준법상 근로계약 체결에 관련된 규정에 관하여는 파견사업주가 사용자로서의 책임을 진다(법 제34조 단서).

파견사업주는 근로자를 파견근로자로 채용하고자 하는 경우에는 미리 본인에게 그 취지를 알려주어야 하며, 파견근로자로 채용되지 않은 자를 파견하는 경우에는 본인의 동의를 얻어야 한다(법 제24조). 또한 파견사업주는 근로자파견시 당해 파견근로자에게 종사업무, 근로시간 등 근로조건을 기재한 근로자파견계약서의 내용을 알려 줄 의무가 있는데(법 제26조), 이는 근로기준법상의 근로조건 명시의무(근로기준법 제24조)의 일환이라 할 것이다.

파견근로자는 파견사업주와 근로계약을 체결하고 파견사업주와 사용사업주 사이의 파견계약에 의하여 사용사업주의 지휘명령하에 근로를 제공하지만, 이에 대하여 임금을 지급할 의무는 파견사업주에게 있다. 따라서 근로기준법상 임금, 퇴직금, 휴업수당, 가산임금, 휴가수당 등에 관한 규정(근로기준법 제34조, 제42~47조, 제55조)과 재해보상(근로기준법 제81~95조)에 대하여는 파견사업주가 책임진다.

그러나 파견사업주가 사용사업주의 귀책사유로 인하여 임금을 지급하지 못한 때에는 사용사업주는 파견사업주와 연대하여 책임을 진다. 사용사업주의 귀책사유란 사용사업주가 정당한 사유 없이 근로자파견계약을 해지한 경우와 사용사업주가 정당한 사유 없이 근로자파견계약에 의한 근로자파견의 대가를 지급하지 아니한 경우를 말한다.

근로기준법상 근로시간 · 휴일 · 휴가에 관한 규정에 대하여는 파견근로자를 지휘 명령하여 근로를 제공받는 사용사업주가 사용자로서 책임을 지나, 예외적으로 연차휴가에 대하여는 파견사업주가 책임을 진다(법 제34조 제1항 단서). 산업안전보건법의 일정부분에 대하여는 파견사업주와 사용사업주가 공동으로 책임을 지며, 건강진단의 일부는 사용사업주가 단독으로 책임을 부담한다(법 제35조).

파견사업주는 파견근로자에 대하여 근로계약의 상대방으로서의 지위를 가지므로 근로기준법상 해고 및 근로관계 종료에 관한 규정(근로기준법 제30~33조, 제37조, 제38조)에 대하여는 파견사업주가 사용자로서의 책임을 진다(법 제34조 단서).

2년 이상 계속근로한 파견근로자의 해고의 정당성

파견근로자들에 대해 근태 및 업무수행에 관한 권한 등을 직접 수행한 기간이 2년 이상 되었다면 회사의 정규근로자로 봐야 한다. 피신청인 회사에서 삼정물산 서울지점을 흡수·통합한 점, 한국 삼정물산(주) 총무부장이 신청인들의 이직을 지시한 점, 신청인들이 피신청인 회사와 삼정물산 서울지점에 근무한 기간으로 2년이 경과한 점, 삼정물산 서울지점장·부서장 및 일본인 근로자들은 동 지점이 폐점되자 일부는 본국으로 귀국하고 귀국자를 제외한 근로자들은 지점장과 같이 피신청인 회사가 동 지점과 병존하면서 신청인들을 전과 같이 사용한 것은 두 개의 회사가 별개라고 볼 수 없어 고용승계를 한 것이라 할 수 있다.

따라서 사실상 피신청인 회사가 신청인들을 사용한 것은 신청인들에 대한 근태 및 업무수행에 관한 권한 등을 피신청인이 직접 수행하면서 신청인들을 사용한 1998년 3월 이전으로 2년 이상이 경과됐다고 볼 수 있다. 결국 신청인들은 피신청인 회사 근로자들로 판단되므로 신청인들에 대한 계약해지는 부당해고로 봐야 한다.

(2001. 2. 15., 지노위 2000부해798)

| 도급근로자와 임금보장 |

근로기준법 제46조는 도급근로자에 대하여 근로시간에 상응하는 일정액의 임금을 보장하고 있다. 이 규정의 취지는 임금의 전부 또는 일부가 도급, 기타 이에 준하는 제도로 지급되는 경우 원자재 공급 등과 같이 근로자의 책임이 아닌 사용자의 책임으로 인해 근로자의 대기시간이 길어진다거나 하는 이유로 임금이 극단적으로 저액이 될 경우를 예상하여 최소한도의 생활급을 가급하도록 함으로써 도급근로자의 생활을 보장하고자 하는 데 있다. 기타 이에 준하는 제도라 함은 청부제, 성과급제, 능률급제 등으로 볼 수 있으며 근로기준법의 적용을 받지 않는 민법상의 도급은 본조의 적용대상이 아니다.

1. 고정급의 비중이 높은 경우

임금구성으로 보아 고정급이 60% 이상인 경우에는 도급, 기타 이에 준하는 제도를 사용하는 것으로 볼 수 없다는 취지의 일본의 행정해석(1978. 3. 14., 일본노동성 기발 제150호)이 있는데, 이는 휴업수당을 예상한 것으로 이러한 의견을 받아들인다면 우리의 경우 70% 이상 또는 70% 이하라 하더라도 통상임금액 수준이면 도급, 기타 이에 준하는 제도로 볼 수 없을 것이다.

학습지 교사의 위탁계약의 해지의 정당성

학습지 교사 위탁계약의 해지는 부당노동행위에 해당하지 않는다. 학습지 교사가 참가인 회사로부터 위탁업무의 수행과정에서 업무 내용이나 수행방법 및 업무수행 시간 등에 관하여 참가인 회사로부터 구체적이고 직접적인 지휘·감독을 받고 있지 아니하는 점, 학습지 교사는 참가인 회사의 정사원과 달리 그 채용부터 소속지국의 결정, 출퇴근시간, 겸업의 자유, 위탁관계의 종료에 이르기까지 그 제한이 거의 없는 점 등을 종합해 보면 원고와 같은 학습지 교사는 참가인 회사와 사이에 사용·종속관계하에서 임금을 목적으로 근로를 제공하는 근로자라고 볼 수 없다. 그렇다면 이 사건 학습지 교사 위탁계약의 해지는 그 정당성에 대해 나아가 살필 필요도 없이 부당노동행위에 해당할 여지가 없다 할 것이다.

(2003. 6. 12., 서울행법 2003구합537)

보험모집인의 근로자성 여부

보험모집인은 근로기준법과 노동조합및노동관계조정법상 근로자가 아니다. 신청인(모험모집인)들의 조회나 석회 참석은 일반 근로자와 같은 강제성이 부여된 것이 아니라 수수료 제도로서 통제되므로 임의성이 보장되고, 조회나 석회자리의 회의는 보험상품의 내용이나 판매기법 등에 관한 것이거나 실적확인 등으로 보험업무를 위탁하는 사업자로서 위탁자 지위에서 행하는 최소한의 교육 내지는 지도에 불과한 것이다. 또 신청인들은 위촉계약에서 수탁한 업무만을 수행하고 근로내용이나 시간과 관계없이 보험모집인 제 수당 지급규정에 의해 자신의 노력으로 체결된 보험계약의 계약고 · 수금액 등 실적에 따라 지급항목 및 지급액이 결정되는 수당을 받고, 규정에 정해진 실적에 미치지 않으면 기본수당도 지급 받지 못하는 근로의 대상성이 없는 중개수수료의 성격을 지니고 있으므로 근로자라고 볼 수 없다.

(2001. 4. 16., 중노위 2000부해637, 638 및 2000부해 166, 167)

2. 보장액의 수준

일부 도급의 경우에는 고정급 이외의 도급분에 대해 근로시간에 응하여 일정액의 임금이 지급되도록 해야 한다거나, 그 보장액은 평균임금의 60% 또는 70% 이상이어야 한다는 견해가 있으나 이에 대한 판례 또는 행정해석은 없다. 제시된 견해의 기준을 밑돌더라도 법 위반으로 볼 근거가 없으므로 최저임금을 넘는다면 본 조항 위반으로 보기 힘들 것이다.

3. 위반의 효과

근로기준법 제46조를 위반한 자에 대하여는 같은 법 제115조 규정에 따라 500만원 이하의 벌금에 처해질 수 있다.

4. 도급근로자의 최저임금

임금이 도급제, 기타 이와 유사한 형태로 정해져 있는 경우에는 생산고 또는 업적의 일정단위에 의하여 최저임금액을 정할 수 있다. 임금이 도급제로 정해져 있는 경우란 근로시간과는 관계없이 임금이 생산단위당 도급단가에 의하여 지급되는 것을 의미한다(1990. 12. 22, 임금32240-17712). 그러나 현재까지는 도급제 근로자에 대하여 별도로 최저임금액을 정하지 아니하였는 바, 도급제 근로자에게도 결정·고시된 일반 최저임금이 적용된다고 하겠다.

비정규직과 임금대장관리

근로기준법 제47조에 의하면 각 사업장별로 근로자에 대한 인적사항과 근태 및 임금 관련 항목을 기입한 임금대장을 작성하도록 하고 있다. 이것은 근로형태에 따른 예외를 두고 있지 않기 때문에 비정규 근로와 비정규직 관리시 특히 임금대장상 누락이 없도록 유의하여야 한다.

| 임금대장 작성의무와 장소 |

사업의 종류 및 규모에 관계없이 근로기준법의 적용대상사업 또는 사업장에서는 각 사업장별로 임금대장을 작성 기입하여야 하는 것이다. 그러므로 사용자는 기업이 수 개의 지점을 가지고 있을 경우에는 본사 소재지에서만 작성의무를 지는 것이 아니라 개개 지점마다 당해 지점에 소속된 근로자에 대한 임금대장을 작성하여야 한다.

| 임금대장의 작성방법 |

1. 임금대장의 양식

임금대장의 양식은 근로기준법 시행령 제22조에 의한 서식의 내용에 따라 작성하여야 한다. 이와 같은 양식은 근로자 개인마다 월별로 하는 것이 원칙이나 필요에 따라서는 월별 연명식으로 작성하여도 무방하다. 그러나 필요 기재사항을 생략해서는 안 된다. 이와 같은 임금대장은 근로자 명부와는 달리 일용직 근로자를 포함한 모든 근로자에 대하여 작성하고, 개인별로 매임금 지급기일마다 지체 없이 소정사항을 기입해야 한다.

2. 임금대장의 기재사항(근로기준법 시행령 제22조)

임금대장에 기입해야 할 사항은 임금과 가족수당 계산의 기초가 되는 사항, 임금액, 기타 각 영으로써 정하는 사항으로 규정하고, 그 구체적인 내용은 근로기준법 시행령에 규정하고 있다.

필요적 기재사항은 1. 성명, 2. 주민등록번호, 3. 고용연월일, 4. 종사하는 업무, 5. 임금 및 가족수당 계산의 기초가 되는 사항, 6. 근로일수, 7. 근로시간수, 8. 연장·야간 근로 또는 휴일근로를 시킨 경우에는 그 시간수, 9. 기본급·수당·기타 임금의 내역별 금액(통화 이외의 것으로 지급된 임금이 있는 경우에는 그 품명 및 수량과 평가총액), 10. 법령 또는 단체협약에 특별한 규정이 있는 경우에 임금의 일부를 공제한 경우에는 그 금액 등을 개인별로 기재하여야 한다(근로기준법 시행령 제1항).

단, 사용기간이 30일 미만인 일용근로자에 대해서는 앞의 1호 및 5호 사항의 기재의무가 없다. 또한 근로시간 적용제외 근로자와 제10조 4인 이하의 근로자를 사용하는 사업 또는 사업장의 경우 앞의 7호 및 8호의 사항을 기재하지 않을 수 있다.

3. 임금대장 보존기간

임금대장 및 임금의 결정·지급방법 및 임금계산의 기초에 관한 사항은 3년간 보관하여야 한다(근로기준법 제41조). 임금대장에 있어서는 최후의 기입을 한 날을 기준으로 한다(근로기준법 시행령 제17조).

4. 임금대장 작성위반의 효과

법 제47조에 의한 임금대장을 작성하지 않았거나 소정내용을 기재하지 않은 사
용자는 500만 원 이하의 벌금에 처한다(근로기준법 제115조).

5. 상여금

상여금에 대하여는 법령에 정함이 없으므로 지급액, 지급조건, 지급방법에 대해
단체협약·취업규칙 등의 규정을 따르는 것이 원칙이며, 지급유형에 따라 평균임
금 포함 여부가 결정된다. 만일 단체협약·취업규칙 등에 지급기간, 지급대상을 정
한 경우에는 그 기간 또는 그 대상자에게만 지급하면 된다. 아울러 근속연수에 따
라 지급률을 달리하거나, 근태 불량이나 실적 저조 등에 대한 제재수단으로 차등지
급할 수도 있으며, 대기발령자에게는 지급하지 않는다는 등의 원칙을 취업규칙에
정할 수도 있다.

● 참 고 문 헌 ●

김수곤 · 양병무 :『한국기업의 임금관리 개선방안』. 한국경제연구원, 1995.

김수복 :『근로기준법쟁점사례해설』. 중앙경제사, 1993.

김수복 :『임금퇴직금을 둘러싼 법률문제』. 중앙경제사, 1990.

김수복 :『채용에서 퇴직까지의 노사문제』. 중앙경제사, 1997.

김수복 :『취업규칙의 작성과 운용』. 중앙경제사, 1998.

김태홍 · 양혁승 · 이승길 :『동일가치노동의 판단을 위한 비교기준에 관한 연구』. 한국여성개발원, 2001.

김태홍 · 전윤구 :『동일가치노동에 대한 동일임금모델개발』. 한국여성개발원, 2002.

김형배 :『노동법』. 박영사, 2002.

노동부 :『성과배분제 도입매뉴얼』. 2001.

노동부 :『연봉 · 성과배분제 현황』. 2002.

노사정위원회 :『비정규직 근로자대책 논의현황』. 각 호.

노사정위원회 :『노사관계소위원회 활동보고서』. 각 호.

안희탁 :『능력주의시대의 인사고과』. 경총 노동경제연구원, 1994.

안희탁 · 양병무 :『직무급의 이론과 실무』. 경총 노동경제연구원, 1992.

양병무 · 문강분 · 황인철 :『임금관리와 법률문제』. 경총 노동경제연구원, 1999.

이병태 :『노동법』. 현암사, 1998.

이상국 · 최영우 :『근로자파견의 법률지식』. 청림출판, 1998.

이승길 :『여성과 노동법제』. 경총 노동경제연구원, 2003.

이철수 :『임금에 대한 법리』. 한국노동연구원, 1993.

제갈선우 :『근로시간의 법리와 운용』. 길안사, 1998.

조문형 :『임원인사관리의 실제』. 한국인사관리협회, 1997.

하갑래 :『근로기준법』. 중앙경제사, 1997.

하경효 :『연봉제와 생산직월급제 도입에 따른 현행 노동법상의 문제점』. 한국경영자총협회, 1995.

한국경영자총협회 :『파트타임고용과 법률실무』. 1992.

한국ILO협회 :『국제노동기준 － ILO조약 · 권고』. 1996.

허병도 · 윤보기 :『임금실무』. 중앙경제사, 1991.

『노동법률』. 각 호.

『노동법통람』. 각 호.

『월간노동』. 각 호.

『근로기준법 질의회시집』. 각 호.

『월간 비정규노동』. 각 호.

日本 勞務行政研究所 :『勞政時報』第3146號. 1994. 1.

G. T. Mikovich and J. M. Newman :『Compensation, Business Publications』. INC. Plano, U. S. A., 1995.

● 참 고 사 이 트 ●

www.elabor.co.kr   www.lmg.go.kr   www.molab.go.kr
www.nodong.org   www.scourt.go.kr   www.workingvoice.com

가림출판사 · 가림M&B · 가림Let's에서 나온 책들

문 학

바늘구멍
켄 폴리트 지음 / 홍영의 옮김

미국 추리작가 협회의 최우수 장편상을 받은 초유의 베스트 셀러로 전쟁을 통한 두뇌싸움을 치밀하고 밀도 있게 그려낸 추리소설. 신국판 / 342쪽 / 5,300원

레베카의 열쇠
켄 폴리트 지음 / 손연숙 옮김

최고의 모험, 폭력, 음모 그리고 미국적인 열정 속에 담긴 두 남녀의 사랑이야기를 독자들의 상상을 뒤엎는 확실한 긴장감으로 마지막까지 흥미진진한 켄 폴리트의 장편 추리소설. 신국판 / 492쪽 / 6,800원

암병선
니시무라 쥬코 지음 / 홍영의 옮김

암병선을 무대로 인간생명의 존엄성을 지키기 위해 불의와 맞서는 시라도리 선장의 꿋꿋한 의지와 애절한 암환자들의 심리가 생생하게 묘사된 근래 보기드문 걸작. 신국판 / 300쪽 / 4,800원

첫키스한 얘기 말해도 될까
김정미 외 7명 지음

이 시대의 젊은 작가 8명이 가슴속 깊이 간직했던 나만의 소중한 이야기를 살짝 털어놓은 상큼한 비밀 이야기. 신국판 / 228쪽 / 4,000원

사미인곡 上 · 中 · 下
김충호 지음

파란만장한 일생을 보낸 정철의 생애를 통해 난세를 살아가는 우리에게 삶의 지혜와 기쁨을 선사하는 대하 역사 소설. 신국판 / 각 권 5,000원

이내의 끝자리
박수완 스님 지음

앞만 보고 살아가는 우리에게 자신을 뒤돌아볼 수 있는 여유를 갖게 해주는 승려시인의 가슴을 울리는 주옥 같은 시집. 국판변형 / 132쪽 / 3,000원

너는 왜 나에게 다가서야 했는지
김충호 지음

세상에 대한 사랑의 아픔, 그리움, 영혼에 대한 고뇌를 달래야 했던 시인이 살아 있는 영혼을 지닌 이들에게 전하는 사랑의 메시지. 국판변형 / 124쪽 / 3,000원

세계의 명언
편집부 엮음

위인이나 유명인들의 글, 연설문 혹은 각 나라에서 전해져 오는 속담을 통하여 지난날을 되새겨보는 백과전서로서, 오늘을 반성하는 교과서로서, 그리고 미래를 설계하는 참고서로서 역할을 해줄 것이다. 신국판 / 322쪽 / 5,000원

여자가 알아야 할 101가지 지혜
제인 아서 엮음 / 지창국 옮김

남녀가 함께 살면서 경험으로 터득한 의미심장하면서도 재미있는 조언들을 발췌한 내용으로 독신의 삶을 청산하려는 이들이 알아야 할 유용하고 상상력 풍부한 힌트로 가득찬 감동의 메시지이다. 4 · 6판 / 132쪽 / 5,000원

현명한 사람이 읽는 지혜로운 이야기
이정민 엮음

현대를 살아가는 우리들에게 삶의 가치를 부여해주고 자기 성찰의 기회를 갖게 해준다. 신국판 / 236쪽 / 6,500원

성공적인 표정이 당신을 바꾼다
마츠오 도오루 지음 / 홍영의 옮김

자신뿐만 아니라 주위 사람들의 마이너스 사고를 플러스 사고로 바꾸어서 사람의 마음을 움직이며, 그리고 사람의 마음에 남는 최고의 웃는 얼굴을 만드는 비법 총망라! 신국판 / 240쪽 / 7,500원

태양의 법
오오카와 류우호오 지음 / 민병수 옮김

불법 진리 사상의 윤곽과 그 목적 · 사명을 명백히 함으로써 한 사람 한사람의 인간이 깨달음을 추구하고 영적으로 깨우치기 위한 명확한 방향을 제시하였다. 신국판 / 246쪽 / 8,500원

영원의 법
오오카와 류우호오 지음 / 민병수 옮김

일찍이 설해졌던 적도 없고 앞으로도 설해지지 않을 구원의 진리를 한 권의 책에 이론적 형태로 응축한 기본 삼법의 완결편. 신국판 / 240쪽 / 8,000원

석가의 본심
오오카와 류우호오 지음 / 민병수 옮김

석가모니의 사고방식을 현대인들에 맞게 써 현대인들이 친근하게 석가모니에게 다가설 수 있게 한 불교 가이드서. 신국판 / 246쪽 / 10,000원

옛 사람들의 재치와 웃음
강형중 · 김경익 편저

옛 사람들의 재치와 해학을 통해 한문의 묘미를 터득하고 한자를 재미있게 배우며 유머감각까지 높일 수 있는 일석삼조의 효과 만점. 신국판 / 316쪽 / 8,000원

지혜의 쉼터

쇼펜하우어 지음 / 김충호 엮음

쇼펜하우어의 철학체계를 통하여 풍요로운 삶의 지혜를 얻고
기쁨을 얻을 수 있도록 꾸며 놓은 철학이야기.
4 · 6판 양장본 / 160쪽 / 4,300원

헤세가 너에게

헤르만 헤세 지음 / 홍영의 엮음

순수한 애정과 자유를 갈구하는 헤세의 아름다운 세상을 통한
깨끗한 정신세계를 공유할 수 있는 기회를 제공.
4 · 6판 양장본 / 144쪽 / 4,500원

사랑보다 소중한 삶의 의미

크리슈나무르티 지음 / 최윤영 엮음

금세기 최고의 사상가이자 철학자인 크리슈나무르티가 인간의
정신적 사고의 구조와 본질을 규명하여 인간의 삶에 대한 가장
완벽한 해답을 제시. 신국판 / 180쪽 / 4,000원

장자-어찌하여 알 속에 털이 있다 하는가

홍영의 엮음

동양 사상의 저변에 흐르고 있는 자연에의 경외감을 유감없이
표현한 장자를 통하여 인간 본연의 자세로 돌아가 나를 돌아보
는 계기를 만들어 주는 책. 4 · 6판 / 180쪽 / 4,000원

논어-배우고 때로 익히면 즐겁지 아니한가

신도희 엮음

인간에게 필요불가결한 윤리와 도덕생활의 교훈들을 평이한
문체로 광범위하게 집약한 논어의 모든 것!!
4 · 6판 / 180쪽 / 4,000원

맹자-가까이 있는데 어찌 먼 데서 구하려 하는가

홍영의 엮음

반성과 자책을 통해 잃어버린 양심을 수습하고 선으로 복귀할
것을 천명하는 맹자 사상의 집대성!! 4 · 6판 / 180쪽 / 4,000원

아름다운 세상을 만드는 사랑의 메시지 365

DuMont monte Verlag 엮음 / 정성호 옮김

독일에서 출간 이후 1백만 권 이상 판매된 베스트셀러. 특별히
소중한 사람을 행복하게 만드는 독창적인 사랑고백법 365가지
를 수록한 마음이 따뜻해지는 책.
4 · 6판 변형 양장본 / 240쪽 / 8,000원

황금의 법

오오카와 류우호오 지음 / 민병수 옮김

불법진리의 연구 및 공부를 통하여 종교적 깨달음의 깊이를 더
해 주는 불서. 신국판 / 320쪽 / 12,000원

왜 여자는 바람을 피우는가?

기젤라 룬테 지음 / 김현성 · 진정미 옮김

각계 각층의 여자들과의 인터뷰를 바탕으로 하여 여자들이 바
람 피우는 이유를 진솔하게 해부한 여성 탐구서.

국판 / 200쪽 / 7,000원

건 강

식초건강요법

건강식품연구회 엮음 / 신재용(해성한의원 원장) 감수

가장 쉽게 구할 수 있고 경제적인 식품이면서 상상할 수 없을
정도로 뛰어난 약효를 지닌 식초의 모든 것을 담은 건강지침
서! 신국판 / 224쪽 / 6,000원

아름다운 피부미용법

이순희(한독피부미용학원 원장) 지음

피부조직에 대한 기초 이론과 우리 몸의 생리를 알려줌으로써
아름다운 피부, 젊은 피부를 오래 유지할 수 있는 비결 제시!

신국판 / 296쪽 / 6,000원

버섯건강요법

김병각 외 6명 지음

종양 억제율 100%에 가까운 96.7%를 나타내는 기적의 약용버
섯 등 신비의 버섯을 통하여 암을 치료하고 비만, 당뇨, 고혈
압, 동맥경화 등 각종 성인병 예방을 위한 생활 건강 지침서!
신국판 / 286쪽 / 8,000원

성인병과 암을 정복하는 유기게르마늄

이상현 편저 / 캬오 샤오이 감수

최근 들어 각광을 받고 있는 새로운 치료제인 유기게르마늄을
통한 성인병, 각종 암의 치료에 대해 상세히 소개.
신국판 / 312쪽 / 9,000원

난치성 피부병

생약효소연구원 지음

현대의학으로도 치유불가능했던 난치성 피부병인 건선 · 아토
피(태열)의 완치요법이 수록된 건강 지침서.
신국판 / 232쪽 / 7,500원

新 방약합편

정도명 편역

자신의 병을 알고 증세에 맞춰 스스로 처방을 할 수 있고 조제
할 수 있는 보약 506가지 수록. 신국판 / 416쪽 / 15,000원

자연치료의학

오홍근(신경정신과 의학박사 · 자연의학박사) 지음

대한민국 최초의 자연의학박사가 밝힌 신비의 자연치료의학으
로 자연산물을 이용하여 부작용 없이 치료하는 건강 생활 비법
공개!! 신국판 / 472쪽 / 15,000원

약초의 활용과 가정한방

이인성 지음

주변의 흔한 식물과 약초를 활용하여 각종 질병을 간편하게 예
방 · 치료할 수 있는 비법제시. 신국판 / 384쪽 / 8,500원

역전의학

이시하라 유미 지음 / 유태종 감수

일반상식으로 알고 있는 건강상식에 대해 전혀 새로운 관점에
서 비판하고 아울러 새로운 방법들을 제시한 건강 혁명 서적!!
신국판 / 286쪽 / 8,500원

이순희식 순수피부미용법
이순희 (한독피부미용학원 원장) 지음

자신의 피부에 맞는 관리법으로 스스로 피부관리를 할 수 있는 방법을 제시하고 책 속 부록으로 천연팩 재료 사전과 피부 타입별 팩 고르기.   신국판 / 304쪽 / 7,000원

21세기 당뇨병 예방과 치료법
이현철 (연세대 의대 내과 교수) 지음

세계 최초 유전자 치료법을 개발한 저자가 당뇨병과 대항하여 가장 확실하게 이길 수 있는 당뇨병에 대한 올바른 이론과 발병시 대처 방법을 상세히 수록!   신국판 / 360쪽 / 9,500원

신재용의 민의학 동의보감
신재용 (해성한의원 원장) 지음

주변의 흔한 먹거리를 이용하여 신비의 명약이나 보약으로 활용할 수 있는 건강 지침서로서 저자가 TV나 라디오에서 다 밝히지 못한 한방 및 민간요법까지 상세히 수록!!

신국판 / 476쪽 / 10,000원

치매 알면 치매 이긴다
배오성 (백상한방병원 원장) 지음

B.O.S.요법으로 뇌세포의 기능을 활성화시키고 엔돌핀의 분비 효과를 극대화시켜 증상에 맞는 한약 처방을 병행하여 치매를 치유하는 획기적인 치유법 제시.   신국판 / 312쪽 / 10,000원

21세기 건강혁명 밥상 위의 보약 생식
최경순 지음

항암식품으로, 다이어트식으로, 젊고 탄력적인 피부를 유지할 수 있게 해주는 자연식으로의 생식을 소개하여 현대인들의 건강 길라잡이가 되도록 하였다.   신국판 / 348쪽 / 9,800원

기치유와 기공수련
윤한홍 (기치유 연구회 회장) 지음

누구나 노력만 하면 개발할 수 있고 활용할 수 있는 기 수련 방법과 기치유 개발 방법 소개.   신국판 / 340쪽 / 12,000원

만병의 근원 스트레스 원인과 퇴치
김지혁 (김지혁한의원 원장) 지음

만병의 근원인 스트레스를 속속들이 파헤치고 예방법까지 속 시원하게 제시!!   신국판 / 324쪽 / 9,500원

김종성 박사의 뇌졸중 119
김종성 지음

우리나라 사망원인 1위. 뇌졸중 분야의 최고 권위자인 저자가 일상생활에서의 건강관리부터 환자간호에 이르기까지 뇌졸중의 예방, 치료법 등 모든 것 수록.   신국판 / 356쪽 / 12,000원

탈모 예방과 모발 클리닉
장정훈 · 전재홍 지음

미용적인 측면과 우리가 일상적으로 고민하고 궁금해 하는 털에 관한 내용들을 다양하고 재미있게 예들을 들어가면서 흥미롭게 풀어간 것이 이 책의 특징.   신국판 / 252쪽 / 8,000원

구태규의 100% 성공 다이어트
구태규 지음

하이틴 영화배우의 다이어트 체험서.
저자만의 다이어트법을 제시하면서 바람직한 다이어트에 대해서도 알려준다. 건강하게 날씬해지고 싶은 사람들을 위한 필독

서!   4 · 6배판 변형 / 240쪽 / 9,900원

암 예방과 치료법
이춘기 지음

암환자와 가족들을 위해서 암의 치료방법에서부터 합병증의 예방 및 암이 생기기 전에 알 수 있는 방법에 이르기까지 상세하게 해설해 놓은 책.   신국판 / 296쪽 / 11,000원

알기 쉬운 위장병 예방과 치료법
민영일 지음

소화기관인 위와 관련 기관들의 여러 질환을 발병 원인, 증상, 치료법을 중심으로 알기 쉽게 해설해 놓은 건강서.
신국판 / 328쪽 / 9,900원

이온 체내혁명
노보루 야마노이 지음 / 김병관 옮김

새로운 건강관리 이론으로 주목을 받고 있는 음이온을 통해 건강을 돌볼 수 있는 방법 제시.   신국판 / 272쪽 / 9,500원

어혈과 사혈요법
정지천 지음

침과 부항요법 등을 사용하여 모든 질병을 다스릴 수 방법과 우리 주변에서 흔하게 접할 수 있는 각 질병의 상황별 처치를 혈자리 그림과 함께 해설.   신국판 / 308쪽 / 12,000원

약손 경락마사지로 건강미인 만들기
고정환 지음

경락과 민족 고유의 정신 약손을 결합시킨 약손 성형경락 마사지로 수술하지 않고도 자신이 원하는 부위를 고치는 방법을 제시하는 건강 미용서.   4×6배판 변형 / 284쪽 / 15,000원

정유정의 LOVE DIET
정유정 지음

널리 알려진 온갖 다이어트 방법으로 살을 빼려고 노력했던 저자의 고통스러웠던 다이어트 체험담이 실려 있어 지금 살 때문에 고민하는 사람들이 가슴에 와 닿는 나만의 다이어트 계획을 나름대로 세울 수 있을 것이다.
4×6배판 변형 / 196쪽 / 10,500원

머리에서 발끝까지 예뻐지는 부분다이어트
신상만 · 김선민 지음

한약을 먹거나 침을 맞아 살을 빼는 방법, 아로마요법을 이용한 다이어트법, 운동을 이용한 부분비만 해소법 등이 실려 있으므로 나에게 맞는 방법을 선택해 날씬하고 예쁜 몸매를 만들 수 있을 것이다.   4×6배판 변형 / 196쪽 / 11,000원

알기 쉬운 심장병 119
박승정 지음

서울아산병원 심장 내과에 있는 저자가 심장병에 관해 심장질환이 생기는 원인, 증상, 치료법을 중심으로 내용을 상세하게 해설해 놓은 건강서.   신국판 / 248쪽 / 9,000원

알기 쉬운 고혈압 119
이정균 지음

생활 속의 고혈압에 관해 일반인들이 관심을 가지고 예방할 수 있도록 고혈압의 원인, 증상, 합병증 등을 상세하게 해설해 놓은 건강서.   신국판 / 304쪽 / 10,000원

역 학

역리종합 만세력
정도명 편저

현존하는 만세력 중 최장 기간을 수록하였으며 누구나 이 책을
보고 자신의 사주를 쉽게 찾아보고 맞춰 볼 수 있게 하였다.
신국판 / 532쪽 / 10,500원

작명대전
정보국 지음

독자들 스스로 작명할 수 있도록 한글 소리 발음에 입각한 작명의
원리를 밝힌 길라잡이서.　신국판 / 460쪽 / 12,000원

하락이수 해설
이천교 편저

점서학인 하락이수를 직역으로 풀어 놓아 원작자의 깊은 뜻을
원형 그대로 전달하고 원문을 공부하려는 사람들에게 도움이
되는 해설서이다.　신국판 / 620쪽 / 27,000원

현대인의 창조적 관상과 수상
백운산 지음

관상학을 터득하여 적절히 운명에 대처해 나감으로써 어느 분
야에서든지 성공적인 삶을 누릴 수 있는 비법을 전해줄 것이
다.　신국판 / 344쪽 / 9,000원

대운용신영부적
정재원 지음

수많은 역사와 신비로운 영험을 지닌 1,000여 종의 부적과 저
자가 수십 년간 연구·개발한 200여 종의 부적들을 집대성한
국내 최대의 영부적이다.　신국판 양장본 / 750쪽 / 39,000원

사주비결활용법
이세진 지음

컴퓨터와 역학의 만남!! 운명의 숨겨진 비밀을 꿰뚫어 보는 신
녹현사주 방정식의 모든 것을 수록.
신국판 / 392쪽 / 12,000원

컴퓨터세대를 위한 新 성명학대전
박용찬 지음

이름 속에 운명을 바꾸는 비결이 있다. 태어난 아기 이름은 물
론 개명·상호·아호 짓는 법까지 사람이 살아가면서 필요한
모든 이름 짓기가 총망라되어 각자의 개성과 사주에 맞게 이름
을 짓는 작명비법을 수록.　신국판 / 388쪽 / 11,000원

길흉화복 꿈풀이 비법
백운산 지음

길몽과 흉몽을 구분하여 그림과 함께 보기 쉽게 엮었으며, 특
히 요즘 신세대 엄마들에게 관심이 많은 태몽이 여러 가지로
자세하게 풀이되어 있다.　신국판 / 410쪽 / 12,000원

새천년 작명컨설팅
정재원 지음

혼자 배워야 하는 독자들도 정말 이해하기 쉽도록 구성된 신세
대 부모를 위한 쉽고 좋은 아기 이름만들기의 결정판.
신국판 / 470쪽 / 13,000원

백운산의 신세대 궁합
백운산 지음

남녀궁합 보는 법뿐만 아니라 인간관계, 출세, 재물, 자손문제,
건강문제, 성격, 길흉관계 등을 미리 규명할 수 있도록 쉽게 풀
어놓았다.　신국판 / 304쪽 / 9,500원

동자삼 작명학
남시모 지음

최초의 한글 성명학으로 한글의 독창성·우수성·과학성을 운
명철학 차원에서 검증한, 한국사람에게 알맞은 건물명·상
호·물건명 등의 이름을 자신에게 맞는 한글이름으로 지을 수
있는 작명비법을 제시한다.　신국판 / 496쪽 / 15,000원

구성학의 기초
문길여 지음

방위학의 모든 것을 통하여 개인의 일생운·결혼운·사고운·
가정운·부부운·자식운·출세운을 성공적으로 이끄는 비법
공개.　신국판 / 412쪽 / 12,000원

법률 일반

여성을 위한 성범죄 법률상식
조명원(변호사) 지음

성희롱에서 성폭력범죄까지 여성이었기 때문에 특히 말 못하
고 당해야만 했던 이 땅의 여성들을 위한 성범죄 법률상식서.
사례별 법적 대응방법 제시.　신국판 / 248쪽 / 8,000원

아파트 난방비 75% 절감방법
고영근 지음

예비역 공군소장이 잘못 부과된 아파트 난방비를 최고 75%까
지 줄일 수 있는 방법을 구체적인 법적 근거를 토대로 작성한
아파트 난방비 절감방법 제시.　신국판 / 238쪽 / 8,000원

일반인이 꼭 알아야 할 절세전략 173선
최성호(공인회계사) 지음

세법을 제대로 알면 돈이 보인다.
현직 공인중개사가 알려주는 합법적으로 세금을 덜 내고 돈을
버는 절세전략의 모든 것!　신국판 / 392쪽 / 12,000원

변호사와 함께하는 부동산 경매
최환주(변호사) 지음

새 상가건물임대차보호법에 따른 권리분석과 채무자나 세입자
의 권리방어기법은 제시한다. 또한 새 민사집행법에 따른 각
사례별 해설도 수록.　신국판 / 404쪽 / 13,000원

혼자서 쉽고 빠르게 할 수 있는 소액재판
김재용 · 김종철 공저

나홀로 소액재판을 할 수 있도록 소장작성에서 판결까지의 실제 재판과정을 상세하게 수록하여 이 책 한 권이면 모든 것을 완벽하게 해결할 수 있다.　신국판 / 312쪽 / 9,500원

"술 한 잔 사겠다"는 말에서 찾아보는 채권 · 채무
변환철 지음

일반인들이 꼭 알아야 할 채권 · 채무에 관한 법률 사항을 빠짐없이 수록.　신국판 / 408쪽 / 13,000원

알기쉬운 부동산 세무 길라잡이
이건우 지음

부동산에 관련된 모든 세금을 알기 쉽게 단계별로 해설. 합리적이고 탈세가 아닌 적법한 절세법 제시.

신국판 / 400쪽 / 13,000원

알기쉬운 어음, 수표 길라잡이
변환철(변호사) 지음

어음, 수표의 발행에서부터 도난 또는 분실한 경우의 공시최고와 제권판결에 이르기까지 어음, 수표 관련 법률사항을 쉽고도 상세하게 압축해 놓은 생활법률서.　신국판 / 328쪽 / 11,000원

제조물책임법
강동근 · 윤종성 공저

제품의 설계, 제조, 표시상의 결함으로 소비자가 피해를 입었을 때 제조업자가 배상책임을 져야 하는 제조물책임 시대를 맞아 제조업자가 갖춰야 할 법률적 지식을 조목조목 설명해 놓은 법률서.　신국판 / 368쪽 / 13,000원

알기 쉬운 주5일근무에 따른 임금 · 연봉제 실무
문강분 지음

최근의 행정해석과 판례를 중심으로 임금관련 문제를 정리하고 기업에서 관심이 많은 연봉제 및 성과배분제, 비정규직문제, 여성근로자문제 등의 이슈들과 주40시간제 법개정, 퇴직연금제 도입 등 최근의 법 · 시행령 개정사항을 모두 수록한 임금 · 연봉제실무 지침서.　4 · 6배판 변형 / 544쪽 / 35,000원

생활 법률

부동산 생활법률의 기본지식
대한법률연구회 지음 / 김원중 감수

부동산관련 기초지식과 분쟁해결을 위한 노하우, 테크닉을 제시하고 권두 특집으로 주택건설종합계획과 부동산 관련 정부 주요 시책을 소개하였다.　신국판 / 480쪽 / 12,000원

고소장 · 내용증명 생활법률의 기본지식
하태웅 지음

스스로 고소 · 고발장을 작성할 수 있도록 예문과 서식을 함께 소개. 또 민사소송에 대해서도 자세하게 설명.
신국판 / 440쪽 / 12,000원

노동 관련 생활법률의 기본지식
남동희 지음

4만 여 건 이상의 무료 상담을 계속하고 있는 저자의 상담 사례를 통해 문답식으로 풀어나가는 노동 관련 생활법률 해설의 최신 결정판.　신국판 / 528쪽 / 14,000원

외국인 근로자 생활법률의 기본지식
남동희 지음

외국인 연수협력단의 자문위원으로 오랜 시간 실무를 접했던 저자의 경험을 바탕으로 외국인 근로자의 체류자격 및 취업자격 등 법적 문제와 법률적 지위를 상세하게 다루었다.
신국판 / 400쪽 / 12,000원

계약작성 생활법률의 기본지식
이상도 지음

국민생활과 직결된 계약법의 기초를 이루는 핵심 기본지식을 간단명료한 해설 및 관련 계약서 작성 예문과 함께 제시.

신국판 / 560쪽 / 14,500원

지적재산 생활법률의 기본지식
이상도 · 조의제 공저

현대 산업사회에서 중요시되고 있는 특허, 실용신안, 의장, 상표, 저작권, 컴퓨터프로그램저작권 등 지적재산의 모든 것을 체계화하여 한 권으로 요약하였다.　신국판 / 496쪽 / 14,000원

부당노동행위와 부당해고 생활법률의 기본지식
박영수 지음

노사관계 핵심사항인 부당노동행위와 정리해고 · 징계해고를 중심으로 간단 명료한 해설과 더불어 대법원 판례, 노동위원회에 의한 구제절차, 소송절차 및 노동부 업무처리지침을 소개.
신국판 / 432쪽 / 14,000원

주택 · 상가임대차 생활법률의 기본지식
김운용 지음

전세업자들이 보증금 반환소송이나 민사소송, 경매절차까지의 기본적인 흐름을 알 수 있도록 인터넷을 통한 실제 법률 상담을 전격 수록.　신국판 / 480쪽 / 14,000원

하도급거래 생활법률의 기본지식
김진홍 지음

경제적 약자인 하도급업자를 위하여 하도급거래 관련 필수적인 법률사안들을 쉽게 해설함과 동시에 실무에 필요한 12가지 하도급표준계약서를 소개. 신국판 / 440쪽 / 14,000원

이혼소송과 재산분할 생활법률의 기본지식
박동섭 지음

이혼과 관련하여 해결해야 할 법률문제들을 저자의 실무경험을 바탕으로 명쾌하게 해설하였다. 아울러 약혼이나 사실혼과기로 인한 위자료문제도 함께 다루어 가정문제로 고민하는 사람들에게 길잡이가 되도록 하였다. 신국판 / 460쪽 / 14,000원

부동산등기 생활법률의 기본지식
정상태 지음

등기를 하지 않으면 어떤 위험이 따르고, 등기를 하면 어떤 효력이 생기는가! 등기신청은 어떻게 하며, 필요한 서류는 무엇이고, 등기종류에는 어떤 것들이 있는가 등 부동산등기 전반에 걸쳐 일반인이 꼭 알아야 할 법률상식을 간추려 간단, 명료하게 해설하였다. 신국판 / 456쪽 / 14,000원

기업경영 생활법률의 기본지식
안동섭 지음

사업을 구상하고 있는 사람이나 현재 경영하고 있는 사람 및 관리실무자에게 필요한 법률을 체계적으로 알려주고 관련 법률서식과 서식작성 예문도 함께 소개.

신국판 / 466쪽 / 14,000원

교통사고 생활법률의 기본지식
박정무 · 전병찬 공저

교통사고 당사자가 쉽게 응용할 수 있도록 단계별 해결책을 제시함과 동시에 사고유형별 Q&A를 통하여 상세한 법률자문 역할을 하였다. 신국판 / 480쪽 / 14,000원

소송서식 생활법률의 기본지식
김대환 지음

일상생활과 밀접한 소송서식을 중심으로 소장작성부터 판결을 받을 때까지 그 서식작성요령을 서식마다 항목별로 자세하게 설명하였다. 신국판 / 480쪽 / 14,000원

호적 · 가사소송 생활법률의 기본지식
정주수 지음

개명, 성 · 본 창설, 취적절차 및 법원의 허가 및 판결에 의한 호적정정절차, 친권 · 후견절차, 실종선고 · 부재선고절차에 상세한 해설과 함께 신고서식 작성요령과 구비할 서류 및 재판절차에 대하여 자세히 설명. 신국판 / 516쪽 / 14,000원

상속과 세금 생활법률의 기본지식
박동섭 지음

상속재산분할, 상속회복청구, 유류분반환청구, 상속세부과처분취소 등 상속관련 사건들을 해결하는 데 도움이 되도록 상속법과 상속세법을 상세하게 함께 수록.
신국판 / 480쪽 / 14,000원

담보 · 보증 생활법률의 기본지식
류창호 지음

살아가다 보면 담보를 제공하거나 보증을 서는 일이 비일비재하다. 이렇게 담보를 제공하거나 보증을 섰는데 문제가 생겼을

때의 해결방법을 법조항 설명과 함께 실례를 실어 알아 본다.
신국판 / 436쪽 / 14,000원

소비자보호 생활법률의 기본지식
김성천 지음

소비자의 권리 실현 보장 관련 법률 및 소비자 파산 문제를 상세한 해설 · 판례와 함께 모두 수록. 신국판 / 504쪽 / 15,000원

처 세

성공적인 삶을 추구하는 여성들에게 우먼파워
조안 커너 · 모이라 레이너 공저 / 지창영 옮김

사회의 여성을 향한 냉대와 편견의 벽을 깨뜨리고 성공적인 삶을 이루려는 여성들이 갖추어야 할 자세 및 삶의 이정표 제시!!
신국판 / 352쪽 / 8,800원

聽 이익이 되는 말 話 손해가 되는 말
우메시마 미요 지음 / 정성호 옮김

직장이나 집안에서 언제나 주고받는 일상의 화제를 모아 실음으로써 대화의 참의미를 깨닫고 비즈니스를 성공적으로 이끌기 위한 대화술을 키우는 방법 제시!! 신국판 / 304쪽 / 9,000원

성공하는 사람들의 화술테크닉
민영욱 지음

개인간의 사적인 대화에서부터 대중을 위한 공적인 강연에 이르기까지 어떻게 말하고 어떻게 스피치를 할 것인가에 관한 지침서. 신국판 / 320쪽 / 9,500원

부자들의 생활습관 가난한 사람들의 생활습관
다케우치 야스오 지음 / 홍영의 옮김

경제학의 발상을 기본으로 하여 사람들이 살아가면서 생활에서 생각해 볼 수 있는 이익을 보는 생활습관과 손해를 보는 생활습관을 수록, 독자 자신에게 맞는 생활습관의 기본 전략을 설계할 수 있도록 제시. 신국판 / 320쪽 / 9,800원

코끼리 귀를 당긴 원숭이-히딩크식 창의력을 배우자
강충인 지음

코끼리와 원숭이의 우화를 히딩크의 창조적 경영기법과 리더십에 대비하여 자기혁신, 기업혁신을 꾀하는 창의력 개발법을 제시. 신국판 / 208쪽 / 8,500원

성공하려면 유머와 위트로 무장하라
민영욱 지음

21세기에 들어 새로운 추세를 형성하고 있는 말 잘하기. 이러한 추세에 맞추어 현재 스피치 강사로 활약하고 있는 저자가 말을 잘하는 방법과 유머와 위트를 만들고 즐기는 방법을 제시한다. 신국판 / 292쪽 / 9,500원

등소평의 오뚝이전략
조창남 편저

중국 역사상 정치·경제·학문 등의 분야에서 최고 위치에 오른 리더들의 인재활용, 상황 극복법 등 처세 전략·전술을 통해 이 시대의 성공인으로 자리매김하는 해법 제시.
신국판 / 304쪽 / 9,500원

노무현 화술과 화법을 통한 이미지 변화
이현정 지음

현재 불교방송에서 활동하고 있는 이현정 아나운서의 화술 길라잡이서. 노무현 대통령의 독특한 화술과 화법을 통해 리더로서, 성공인으로서 갖추어야 할 화술 화법을 배우는 화술 실용서. 신국판 / 320쪽 / 10,000원

성공하는 사람들의 토론의 법칙
민영욱 지음

다양한 사람들의 다양한 욕구를 하나로 응집시키는 수단으로 등장하고 있는 토론에 관해 간단하고 쉽게 제시한 토론 길라잡이서. 신국판 / 280쪽 / 9,500원

사람은 칭찬을 먹고산다
민영욱 지음

말 한마디에 천냥 빚을 갚는다는 속담이 있다. 현대에서 성공하는 사람으로 남기 위해서는 남을 칭찬할 줄도 알아야 한다. 성공하는 사람이 되기 위해서 알아야 할 칭찬 스피치의 기법, 특징 등을 실생활에 적용해 설명해놓은 성공처세 지침서.
신국판 / 268쪽 / 9,500원

명 상

명상으로 얻는 깨달음
달라이 라마 지음 / 지창영 옮김

티베트의 정신적 지도자이자 실질적 지도자인 달라이 라마의 수많은 가르침 가운데 현대인에게 필요해지고 있는 인내에 대한 이야기. 국판 / 320쪽 / 9,000원

어 학

2진법 영어
이상도 지음

2진법 영어의 비결을 통해서 기존 영어학습 방법의 단점을 말끔히 해소시켜 주는 최초로 공개되는 고효율 영어학습 방법. 적은 시간을 투자하여 영어의 모든 것을 획기적으로 향상시킬 수 있는 비법을 제시한다. 4·6배판 변형 / 328쪽 / 13,000원

한 방으로 끝내는 영어
고제윤 지음

일상생활에서의 이야기를 바탕으로 하는 영어강의로 영어문법은 재미없고 지루하다고 생각하는 이 땅의 모든 사람들의 상식을 깨면서 학습 효과를 높이기 위한 공부방법을 제시하는 새로운 영어학습서. 신국판 / 316쪽 / 9,800원

한 방으로 끝내는 영단어
김승엽 지음 / 김수경·카렌다 감수

일상생활에서 우리가 무심코 던지는 영어 한마디가 당신의 영어수준을 드러낸다는 사실을 깨닫게 하는 영어 실용서. 풍부한 예문을 통해 참영어를 배우겠다는 사람, 무역업이나 관광 안내업에 종사하는 사람, 영어권 나라로 이민을 가려는 사람들에게 많은 도움을 줄 것이다. 4·6배판 변형 / 236쪽 / 9,800원

해도해도 안 되던 영어회화 하루에 30분씩 90일이면 끝낸다
Carrot Korea 편집부 지음

온라인과 오프라인을 넘나들면서 영어학습자들의 각광을 받고 있는 린다의 현지 생활 영어 수록. 교과서에서 배울 수 없었던 생생한 실생활 영어를 90일 학습으로 모두 끝낼 수 있다.
4·6배판 변형 / 260쪽 / 15,000원

바로 활용할 수 있는 기초생활영어
김수경 지음

다양한 상황에 대처할 수 있도록 인사나 감정 표현, 전화나 교통, 장소 및 기타 여러 사항에 관한 기초생활영어를 총망라.
신국판 / 240쪽 / 10,000원

바로 활용할 수 있는 비즈니스영어
김수경 지음

해외 출장시, 외국의 바이어 접견시 기본적으로 사용할 수 있는 상황별 센텐스를 수록하여 해외 출장 준비 및 외국 바이어 접견을 완벽하게 끝낼 수 있게 했다.
신국판 / 252쪽 / 10,000원

생존영어55
홍일록 지음

살아 있는 영어를 익힐 수 있는 기회 제공. 반드시 알아야 할 핵심 센텐스를 저자가 미국 현지에서 겪었던 황당한 사건들과 함께 수록, 재미도 느낄 수 있다. 신국판 / 224쪽 / 8,500원

스포츠

수열이의 브라질 축구 탐방 삼바 축구, 그들은 강하다
이수열 지음

축구에 대한 관심만으로 각 나라의 축구팀, 특히 브라질 축구
팀에 애정을 가지고 브라질 축구팀의 전력 및 각 선수들의 장
단점을 나름대로 분석하고 연구하여 자신의 의견을 피력하고
있는 축구 길라잡이서. 신국판 / 280쪽 / 8,500원

마라톤, 그 아름다운 도전을 향하여
빌 로저스 · 프리실라 웰치 · 조 헨더슨 공저 / 오인환 감수 / 지
창영 옮김

마라톤에 입문하고자 하는 초보 주자들을 위한 마라톤 가이드
서. 올바르게 달리는 법, 음식 조절법, 달리기 전 준비운동, 주
자에게 맞는 프로그램 짜기, 부상 예방법을 상세하게 설명하고
있다. 4 · 6배판 / 320쪽 / 15,000원

레포츠

퍼팅 메커닉
이근택 지음

감각에 의존하는 기존 방식의 퍼팅은 이제 그만!!
저자 특유의 과학적 이론을 신체근육 운동학에 접목시켜 몸의
무리를 최소한으로 덜고 최대한의 정확성과 거리감을 갖게 하
는 새로운 퍼팅 메커닉 북. 4 · 6배판 변형 / 192쪽 / 18,000원

아마골프 가이드
정영호 지음

골프를 처음 시작하는 모든 아마추어 골퍼를 위해 보다 쉽고
빠르게 이해할 수 있도록 내용이 구성된 아마골프 레슨 프로그
램서. 4 · 6배판 변형 / 216쪽 / 12,000원

인라인스케이팅 100%즐기기
임미숙 지음

레저 문화에 새로운 강자로 자리매김하고 있는 인라인 스케이
팅을 안전하고 재미있게 즐길 수 있도록 알려주는 인라인 스케
이팅 지침서. 각단계별 동작을 한눈에 알아볼 수 있도록 세부
동작별 일러스트 수록. 4 · 6배판 변형 / 172쪽 / 11,000원

배스낚시 테크닉
이종건 지음

현재 한국배스스쿨에서 강사로 활약하고 있는 아마추어 배스
낚시꾼이 중급 수준의 배스 낚시꾼들이 자신의 실력을 한 단계
업그레이드 시킬 수 있도록 루어의 활용, 응용법 등을 상세하
게 해설. 4 · 6배판 / 440쪽 / 20,000원

나도 디지털 전문가 될 수 있다!!!
이승훈 지음

깜찍한 디자인과 간편하게 휴대할 수 있다는 장점 때문에 새로
운 생활필수품으로 자리를 잡아가고 있는 디카 · 디캠을 짧은
시간 안에 쉽게 배울 수 있도록 해놓은 초보자를 위한 디카 ·
디캠길라잡이서. 4 · 6배판 / 320쪽 / 19,200원